비트겐슈타인과
세기말 빈

# Wittgenstein's Vienna

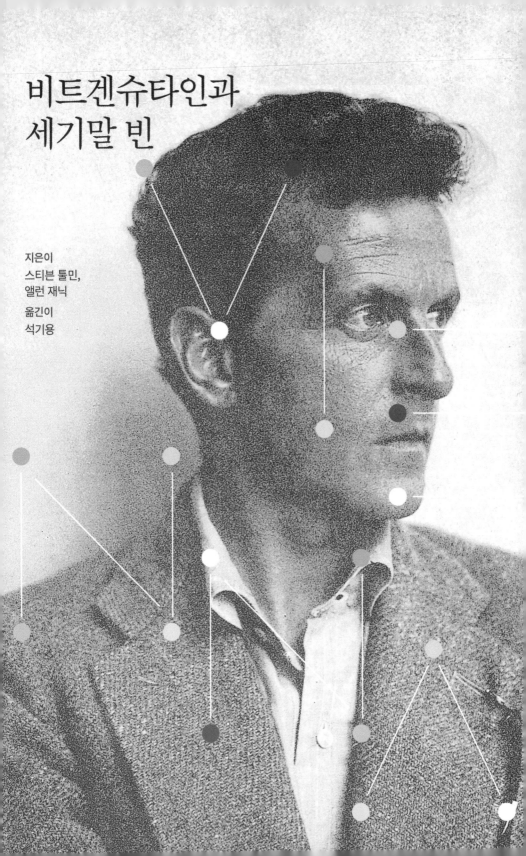

# 비트겐슈타인과
# 세기말 빈

지은이
스티븐 툴민,
앨런 재닉

옮긴이
석기용

# ∽◈ 차례 ◈∽

# 서문

　루트비히 비트겐슈타인은 두 권의 중요한 철학 책을 쓴 인물로 가장 널리 알려져 있다. 한 권은 1차 세계대전이 끝난 직후 출판된 《논리철학논고*Logisch-philosophische Abhandlung*》이고, 다른 한 권은 1951년 임종의 시간에 이르러서도 끝내 탈고하지 못한 《철학적 탐구*Philosophische Untersuchungen*》이다.

　그렇지만 굳이 출간된 저술들이 아니라 해도, 그는 역시 탁월한 환경에서 자라난 탁월한 사람이었다. 1895년에서 1914년 사이, 철학은 물론이고 미술과 건축, 음악, 문학, 심리학 등 제 분야에서 생산적이고 독창적이며 창조적인 활동이 최고조에 달해 있던 그 시기에, 그는 빈Wien 풍의 삶에서 하나의 문화적 구심점을 형성했던 가문의 저택에서 유년기와 청년기를 보냈다. 그리고 비트겐슈타인을 개인적으로 알 기회가 있던 사람이라면 누구나 비트겐슈타인이 위에 언급한 모든 분야는 물론이고 그 밖의 더 많은 분야에까지 직접적인 관심과 지식을 갖추고 있다는 사실을 곧 알아챌 수 있었다. 그래서 우리는 이 책에서 후기 합스부르크 왕조 시대의 빈과 그곳의 문화적 풍토에 관한 그림을 그려 보고자 하였다. 우리는 그런 작업이 비트겐슈타인을 지적으로 사로잡고 있던 생각들과 그의 지적인 성취들을 더 잘 이해할 수 있도록 해 줄 것이라고 믿는다.

　이와 함께 우리는 이 책이 개인사적인 측면에서든 지성사적인 측면에서든 어떤 의미에서도 비트겐슈타인의 전기가 아니라는 점을 미리 분명하게 밝혀야겠다. 그 대신 이 책에서 우리는 1장의 끝부분에서 규정한 하나의 구체적인 문제와 그에 대한 하나의 가설적인 해결책에 관심을 두었다. 근거만

충분하다면 그 해결책은 비트겐슈타인이 빈 사람들, 독일어권의 사상, 당대의 예술 등과 맺고 있던 연결 고리들의 의의를 재확립하는 데 기여할 것이다. 그러한 연결 고리들은 비트겐슈타인이 훗날 영어권 철학자들, 예를 들면 케임브리지와 코넬 대학교의 학자들과 교제함으로써 불명료해진 것들이었다. 당연한 얘기겠지만 우리는 이 문제를 효율적으로 다루기 위해 상당한 분량의 정황 증거들을 수집해야만 했고, 그렇게 확보한 자료 중에는 특히 카를 크라우스나 프리츠 마우트너같이 비교적 널리 알려져 있지 않은 인물들에 대한 것들이 많았다. 우리는 비트겐슈타인에게만 초점을 맞추기 위해 우리가 밝혀낸 세부적인 측면들을 전부 사장시켜 버리느니 차라리 풍부함과 복잡성이 모두 담긴 총체적인 그림을 내놓기로 결정하였다. 이것은 비트겐슈타인을 주인공으로 삼지만 그렇다고 무대 위에 그 사람 하나만을 올리지는 않는 방식이라고 하겠다. 다른 얘기를 다 떠나서, 우리가 보기에는 그런 주변 이야기들만 가지고도 충분히 훌륭한 글감이 되겠구나 싶었다.

이 책에서 제시할 논증과 관련하여, 우리가 펼칠 여러 주장들의 성격과 이 책의 구조에 대한 몇 가지 해명 차원의 언급을 덧붙여야겠다. 그런 점에서 먼저 밝힐 것은, 2장은 후기 합스부르크라는 무대의 공식적인 역사를 소개하려는 의도로 쓴 것이 아니라는 점이다(그런 일에는 카를 쇼르스케와 같이 풍부한 재능과 경험을 지닌 사람이 필요할 것이다). 2장은 뒤에서 전개될 분석 작업에 필요한 배경을 설정하기 위해 표본적으로 선정된 삽화와 항목들을 한데 모아 놓은 부분에 해당한다. 2장은 부분적으로 브루노 발터와 슈테판 츠바이크같이 그때 그곳에 있던 사람들의 자전적인 회상과 로베르트 무질 같은 당대 작가들의 저술에, 또 부분적으로는 빈을 포함한 여러 도시에서 광범위한 분야의 친구들과 지인들을 만나 나눈 대화에, 그리고 마지막으로 표준적인 역사의 권위에 부분부분 의존하고 있다. 빈의 무질이나 쇼르스케를 알고 있는 사람에게는 2장에 실려 있는 내용이 전혀 놀랍지 않을 것이다. 정작 우리가 이 장을 준비하는 과정에서 발견한 가장 놀랄 만한 사실 한 가지는, 우리에게 도움을 준 다양한 작가와 화자 들이 진술하고 기술한 내용이 어떨 때는 수식어 하나에 이르기까지 정확히 일치하곤 했다는 점이다.

카를 크라우스에 관한 장은 이야기가 또 다르다. 지금까지 크라우스에 대한 학술적 연구는 주로 존과 이거스의 연구 같은 문학적인 측면, 혹은 프랭크 필드의 연구처럼 역사적인 측면을 통해서 이루어져 왔다. 우리의 이번 논의는 그런 기존의 연구물들을 심하게 논박하거나 아예 폐기시킬 정도까지는 아니지만, 적어도 크라우스의 저술과 견해 속에서 철학적이고 윤리적인 신선한 해석을 이끌어 낸다는 점에서 실제로 기존의 연구에서 진일보한 셈이다. 우리는 크라우스에게 자신을 둘러싼 주위 환경을 향해 고함쳤던 전형적인 윤리의 대변자라는 중대한 의의를 부여했고, 그것은 이 책에서 새로이 주장되고 있는 바이자 그 자체로 평가되어야만 하는 하나의 요점이다. 어느 정도까지는 우리가 루트비히 비트겐슈타인과 프리츠 마우트너를 병치시키는 방식에 대해서도 똑같은 이야기가 적용된다. 비트겐슈타인이 《논고》의 한 중요한 대목에서 자신의 철학적 접근 방식을 마우트너의 방식에 명시적으로 대비시키고 있음에도 불구하고, 우리는 《논고》 자체가 실제로 마우트너의 초창기 '언어비판'에 대한 응답으로 기획되었다는 점을 입증할 그 이상의 증거를 갖고 있지 않다. 그러므로 이런 측면에서 볼 때 마우트너와 비트겐슈타인의 관계에 관한 우리의 견해는 솔직히 말해 추측에 가깝다고 할 수 있다.

우리의 노동 분업에 관해 언급하자면, 2, 3, 4, 5장을 준비하는 데 필요한 주된 작업은 재닉이 맡았고 1, 7, 8, 9장은 툴민이 맡았으며 6장은 공동 작업으로 이루어졌다. 그러나 책 전반에 걸쳐서 우리 두 사람은 공동으로 작업을 했으며, 마지막 탈고 과정에도 모두 동의하였다. 이 책에서 제시된 중심 견해가 비정통적인 데다 저자들 각자의 배경과 접근 방식이 현저하게 달랐음에도 불구하고, 모든 주요한 논점들에 대하여 우리가 매우 신속하고도 편안하게 실질적인 합의에 도달할 수 있었던 점은 무척 놀랍고도 기쁜 일이었다. 구체적으로 말해 툴민은 개인적으로 비트겐슈타인을 알고 있었고, 1941년에 한 차례, 그리고 1946년에서부터 1947년 사이에 또 한 차례 케임브리지에서 비트겐슈타인의 강의를 들었으며, 이 책에서 자신이 맡은 과제도 물리학, 과학철학, 철학적 심리학의 관점에서 우선적으로 접근하고 있다. 한편 재닉은 비트겐슈타인의 저술을 훨씬 나중에야 접하게 되었는데, 그는 윤리학, 철학 일반, 그리고 지성사 분야에서 미리 준비해 놓은 자료를 가지고 빌라노바 대학교에서 쇼펜하우어와 비트겐슈타인의 대비를 주제로 석사학위를 받았다. 그리고 그가 브랜다이스 대학교에서 받은 박사학위 논문의 상당 부분은 이 책 속에도 포함되어 있다. 이런 차이점에도 불구하고 우리가 비트겐슈타인의 저술과 그 의의에 대하여 공통된 견해에 도달하는 데는 아무런 어려움이 없었다. 우리의 견해는, 예를 들면 맥스 블랙과 엘리자베스 앤스콤의 주석서들에 나타나는 것과 같은 '표준적인 해석'에서 현저하게 벗어나 있는데, 그러한 기존의 해석은 거의 전적으로 비트겐슈타인이 고틀로프 프레게나 버트런드 러셀 같은 논리학자들과 교류했다는 사실에 기반을 둔 것이다. 이에 관해 우리는 G. H. 폰 브릭트Georg Henrik von Wright 교수를 비롯하여 다른 여러 사람들과 나눈 대담을 통해 많은 용기를 얻었다. 그 사람들은 당시 독일어권의 물리학, 철학, 문학 등에 매우 익숙해 있었다. 이 사실은 단지 논리학자이자 언어철학자로서의 비트겐슈타인뿐만 아니라 이른바 빈 사람이자 이론물리학과 공학을 공부했던 학생으로서의 비트겐슈타인을 함께 고려하는 것이 얼마나 필요한 일인지를 깨닫게 해 주었다.

　미국, 오스트리아, 그 밖의 여러 나라에 살고 있는 수많은 친구와 동료들이 우리의 작업에 많은 도움을 주었다. 처음으로 이 주제를 재닉에게 소개해 준 빌라노바 대학교의 마이클 슬래터리는 소중한 비평가로서 우리를 지켜봐 주었다. 브랜다이스 대학교의 해리 존은 아낌없는 조언을 해 주었고, 특히 후기 합스부르크 시대에 대한 그의 해박한 지식은 큰 도움이 되었다. 이 책의 예비 작업 중 일부는 툴민이 《인카운터》에 투고한 글과 1969년 1월에 열린 보스턴 과학철학 학회에 제출한 논문에 포함되었다. 빈에서 재닉은 수많은 사람들과 폭넓은 대화를 나누었다. 특히 개인적인 시간을 희생해 가면서까지 도움을 준 사람들 중에는 마르셀 파우스트, 라울 노이커, 루돌프 코더, 그리고 파울 시크 박사가 있다. 같은 얘기를 인스브루크 대학교 브레너 기록보관소의 발터 메틀라글에게도 할 수 있을 것이다. 덧붙여 오스트리아 국립도서관과 빈 대학교 도서관 사서들이 각 단계마다 매우 큰 도움이 되었다.

무엇보다도 우리는 기쁜 마음으로 루트비히 비트겐슈타인의 가족 모두에게 가장 따스한 감사의 뜻을 표하고자 한다. 그들은 우리에게 한 인간으로서의 비트겐슈타인과 그의 가족사, 그리고 그가 자란 삶의 주변 환경에 관해 매우 많은 정보와 생생한 그림을 전해 주었다. 그중에서도 특히 비트겐슈타인의 조카인 토머스 스톤버러의 자발적이고도 관대한 협조가 없었다면 우리의 모든 작업은 훨씬 더 힘들었을 것이다. 세기의 전환점에서 브루노 발터가 비트겐슈타인 집안사람들에게서 발견했던 "인본주의와 문화의 향취가 흠씬 배어 있는 분위기"는 시간이 흘렀건만 조금도 퇴색하지 않은 것이다.

앨런 재닉
스티븐 툴민

# 1
# 문제와 방법에 관하여

우리가 다루려는 주제는 네 겹으로 되어 있다. 한 권의 책과 그 책의 의미, 한 인간과 그의 사상, 한 문화와 그 문화의 주요 관심사, 한 사회와 그 사회의 문제들이 그것이다. 그 사회란 바로 카카니아Kakania를 가리킨다(로베르트 무질이 만든 이 말에는 상이한 차원의 두 가지 의미가 결합되어 있다. 표면적으로 이 말은 '제국과 황실'을 뜻하는 독일어 표현 'Kaiserlich-Königlich'의 머리글자 K.K를 따서 만든 신조어이다. 당시 그 약자는 합스부르크 제국의 모든 주요 기관들을 식별하는 표시로 사용되었다〔2장에 나오는 무질의 인용문을 참조〕. 그러나 독일에서 아이를 키울 때 자주 쓰는 말에 친숙한 사람에게 그 표현은 또한 '대변 나라' 혹은 '똥의 땅'이라는 2차적 의미를 동반한다). 다른 말로 하자면 로베르트 무질이 자신의 소설 《특성 없는 남자》 1권에서 매우 감각적인 냉소를 담아 포착해 낸 바 있는, 오스트리아-헝가리 제국의 마지막 25년에서 30년 사이 합스부르크 왕조가 지배하던 빈 사회를 일컫는다. 그 문화란 아직 유아기에 있거나 언뜻 그렇게 보이는 20세기 문화로서, 지그문트 프로이트, 아르놀트 쇤베르크, 아돌프 로스, 오스카어 코코슈카, 그리고 에른스트 마흐 같은 사람들로 대표되는 1900년대 초반의 '모더니즘' 문화를 가리킨다. 그리고 그 사람은 바로 빈의 으뜸가는 철강 부호이자 예술 후원자의 막내로 태어나 넥타이와 가족의 재산을 벗어 던지고 톨스토이적인 검소함과

금욕의 삶을 택한 루트비히 비트겐슈타인이다. 끝으로 그 책은 비트겐
슈타인의 《논리철학논고》이다.[1] 이 책은 "모든 본질적인 측면에서 철
학의 문제들에 대한 최종적인 해결책"[2]을 제시했다고 주장되는 고도로
농축적인 금언체의 언어철학 문헌으로서, 출간 당시부터 그 시대를 대
표하는 주요한 작품으로 인식되었다.[3] 하지만 오늘날까지도 이 책은
지금껏 출판된 것들 가운데 가장 이해하기 힘든 책으로 남아 있다. 마
치 수수께끼나 실화소설roman à clef*과도 같은 그 책을 놓고 독자들은
셀 수 없이 많은 상이한 해석을 갖다 붙일 수 있다.

학술적인 기준으로 볼 때 우리의 목표는 매우 급진적인 것이다. 즉
우리는 앞서 언급한 네 가지 주제를 제각기 나머지 주제들을 숙고하고
연구하는 거울로 활용하고자 한다. 우리의 생각이 옳다면 합스부르크
제국의 쇠퇴와 몰락 과정에서 드러난 핵심적인 취약성들은 그곳 시민
들의 생활과 경험에 깊숙이 스며들어 있었고, 그리하여 그것은 가장
추상적인 분야까지 포함하여 당시의 사상계 및 문화계 전역에서 활동
하던 예술가와 작가 들이 공유하는 핵심적인 관심사들을 형성하고 조
건 짓게 되었다. 그 결과 카카니아적인 환경의 문화적 산물들은 그것들
이 창작된 사회, 정치 및 윤리적 맥락이 무엇이었는지를 우리에게 말해
주고 조명해 줄 수 있는 어떤 전형적인 특징들을 공유하게 되었다. 앞
으로 주장하겠지만, 바로 그런 특징들이 비트겐슈타인의 《논고》에 가
장 간결하게 요약되어 있는 것이다.

누구든 이런 식의 논제를 제기하려면, 당장 그것이 야기할 반대 의
견을 인식하고 있어야 한다. 이러한 반론은 순전히 그 논제의 **형식** 때
문에 제기되거나, 또는 주장을 전개하는 과정에 필연적으로 수반될 수

---

* 열쇠(실마리)를 가진 장편소설이라는 뜻으로, 독자가 작품 속 등장인물과 사건에서 실제 인
물이나 사건 등을 알아차릴 수 있도록 집필한 소설. 이하 모든 각주는 옮긴이 주이다.

밖에 없는 지적인 방법 및 증명상의 심각한 문제점들 때문에 야기되기도 한다.[4] 그래서 우리는 여기서 다음과 같은 점을 곧장 지적함으로써 논의를 시작하고자 한다. 즉, 어째서 우리의 견해에 의하면, 우리가 선정한 네 가지 주제 하나하나가 정통 학자들의 분석에 특별한 문제를 제기하고 역설들을 내어놓는 것인지, 그리하여 특히 학제 간 연구를 요하는 특별한 유형의 가설들을 요청하게 되는 것인지 말이다.

카카니아의 역설들에 대한 우리의 시험적인 해결책들이 그런 역설들을 특별히 신비화하거나 과장하는 일은 없을 것이다. 어떤 시대정신이나 그와 유사한 역사적인 수면 성분virtus dormitiva* 따위를 꾸며 내 우리의 설명적 분석을 위한 신빙성 없는 실마리로 활용하는 대신, 우리는 단지 합스부르크 빈의 마지막 나날 동안 벌어진 사회적이고 문화적인 상황을 제대로 입증하는 수많은 사실들에만("그 상황을 환기시켜 줄 것들을 한데 모으는 데만") 주의를 기울일 것이다. 그리고 우리는 간접적인 뒷받침이 될 만한 것과 즉각적으로 확인 가능한 몇 가지를 포함하여 엄격히 제한된 수의 보완적 가설들을 우리가 펼칠 논증의 '빠진 전제들'로서 첨가할 것이다.

우리가 관심을 기울이게 될 미해결 문제들은 다음과 같은 방식으로 발생한다. 즉, 우리가 오스트리아-헝가리 제국의 마지막 나날, 혹은 카를 크라우스가 빈정대며 부르곤 했던 인류 최후의 나날Die Letzten Tage der Menschheit을 다루는 일에 착수하면서, 이미 저마다 일련의 방법론과 문제 들이 독자적으로 '확립되어 있는' 개별적인 '연구 분야들'로 학술적인 기획을 세분화하는 기존 방식을 무조건 존중한다고 가정해 보라.

---

* 겉보기에는 그럴듯하지만 실제로는 공허한 동어반복을 꼬집기 위해서 몰리에르가 사용한 표현.

그것은 우리가 네 가지 주제에 관해 차례로 구체적인 논의를 채 시작하기도 전에, 우리가 제기하기로 작정한 문제들과 우리가 발전시키기로 마음먹은 고려사항들을 모두 추출해내서 따로따로 분리시키는 결과가 되고 말 것이다.

(그런 가정하에서라면) 합스부르크 왕조의 정치 및 헌정의 역사는 전적으로 그 자체로 논의되어야 할 주제이다. 1890년에서 1919년 사이에 벌어진 왕조의 흥망성쇠에 관한 서사적인 설명은, 생각건대 프란츠 요제프 황제와 프란츠 페르디난트 대공의 행동과 저의, 합스부르크의 외무장관 에렌탈과 러시아 외무장관 이즈볼스키가 나눈 대화들, 온갖 다양한 당파와 민족 들의 태도, 1909년에 열린 자그레브 반역 재판*과 그에 연루된 프리트융 사건†이 야기한 국력의 부식 효과, 그리고 떠오르는 신성 토마슈 마사리크‡의 이야기 등을 중심으로 구성되어야 할 것이다. 한편 쇤베르크의 12음계 작곡 기법의 기원은 완전히 다른 이야기가 될 것이다. 음악사가라면 아마도 이 경우 바그너나 리하르트 슈트라우스, 그리고 쇤베르크의 초창기 작품에 사용된 낡은 온음계 작법의 명백한 예술적 고갈이 드러낸 기술적인 문제들에 관하여 쇤베르크가 어떠한 관심을 기울였는지에 주의를 집중해야 할 것이다(크라우스 같은 언론인과 쇤베르크의 관계가 그의 음악 이론을 이해하는 데 직접적인 중요성을 가진다는 사실이 아마도 그 음악사가에게는 곧바로 떠오르지

---

* 오스트리아-헝가리 제국의 배후 조종에 따라, 현 크로아티아의 수도 자그레브에서 크로아티아 당국이 세르비아인 53명을 반역죄로 기소한 사건.
† 오스트리아-헝가리 제국이 크로아티아의 정치평론가 프리트융에게 크로아티아의 민족주의자인 프라노 수필로가 크로아티아-세르비아 연합전선에서 세르비아를 위해 일한다며 허위 문서를 제공해 프리트융이 수필로를 비난하자 수필로가 프리트융을 고소한 사건.
‡ 체코슬로바키아의 초대 대통령으로 1891년에 오스트리아 제국의회에 진출하였으며 1900년대 초반에는 민족주의적 성향이 강해진 오스트리아-헝가리 제국의 의회에서 좌파 슬라브 야당의 지도자로 부상했다.

않을 것이다). 분리파* 화가들이 정통 학술원풍의 기성 회화 활동과 절연하게 된 예술적 전향에 관해서도 마찬가지다. 한스 캘젠의 법리학에 나타나는 '법실증주의'의 태동 역시 마찬가지다. 릴케와 호프만슈탈의 문학적 야심과 성공도 그렇다. 볼츠만이 통계열역학에서 사용한 분석적 방법들, 바우하우스 건축학교의 선각자들인 아돌프 로스와 오토 바그너가 수행한 역할들, 그리고 빈학파Wiener Kreis의 철학 프로그램들도 그렇다. 각각의 경우마다 공인된 첫 단계는 문제가 된 발전 과정을, 이를테면 미술론이나 법 이론, 건축 설계나 인식론 등과 같이 어느 정도 독자성을 띤 개별 학문들의 역사 속에서 일어난 개별 사건들로 취급하는 것이다. 그와 같은 학문들 사이의 상호작용이 각 분야의 고유한 내적 진화만큼이나 의미심장한 것일 수 있다는 제안은 그나마 모든 내적 요인이 명백하게 고갈되어 버리고 난 다음에야 비로소 울며 겨자 먹기로 고려될 것이다.

괴팍한 성품과 엉뚱한 기질로 가히 전설적이라 할 만큼 악명을 떨친 루트비히 비트겐슈타인 같은 사람의 삶과 성격에 관해서도, 최소한 철학적 논의에 대한 그의 직접적인 지적 공헌을 평가하고자 할 때는, 그런 개인적인 요소들은 한쪽으로 치워 두는 것이 언뜻 보아도 절대적으로 필요하다고 생각될 것이다.[6] 이를테면 언어철학자나 논리사가 들의 관점에서 《논고》를 고려한다고 하면, 비트겐슈타인의 숨김없는 찬사의 대상이었던 고틀로프 프레게와 버트런드 러셀에서부터 논의를 시작하여, 비트겐슈타인의 형식적이고 개념적인 혁신이 러셀과 프레게가 풀지 못하고 남겨 둔 논리학과 철학의 장애물들을 어느 정도까지

---

* 제체시온the Sezession이라고도 하며, 1897년에 빈에서 시작되었다. 과거의 예술 전반에서 분리하여 건축, 공예, 회화, 조각 등을 새로운 시대에 맞는 새로운 예술로 만들어 내려 한 종합적인 운동으로서 근대 디자인 혁신의 계기를 마련하였다.

극복했으며, 그것을 통해 비트겐슈타인 자신은 어디까지 나아갈 수 있었는지 탐구하는 것 말고 다른 접근 방법을 생각하기는 어려울 것 같다.

인습적인 학술 탐구 양식들을 통해서도 당시 빈의 상황을 사실상 완벽하게 이해할 수 있다고**만 한다면**, 앞서 언급한 각각의 경우마다 그런 식의 연구 방침도 물론 채택할 만하다고 말할 수 있을 것이다. 하지만 우리가 지금 펼치는 설명은 방법론적으로 말하자면 그와는 정반대의 가정에 근거를 두고 있다. 즉 1900년대 초반의 빈이 처한 사회·문화적 상황의 유별난 특징들을 고려할 때, 예컨대 헌정사, 음악 작법, 물리 이론, 정치 저널리즘, 철학적 논리학의 영역들을 인습적으로 분리하면서 아예 시작부터 문제들을 따로따로 추출해 내는 방식에 대하여 이번만은 의문을 품을 수밖에 없다는 것이다. 왜냐하면 우리가 그런 분리·추출 작업의 타당성을 절대적인 것으로 간주하는 한, 루트비히 비트겐슈타인이라는 인간과 그의 첫 철학적 걸작에 관한, 그리고 빈의 모더니즘과 합스부르크라는 그 사조의 배경에 관한 가장 놀라운 사실들 중 일부가 여전히 설명되지 않은 채 불가해한 것으로 남게 될 것이기 때문이다. 반면 다음의 한 가지 조건하에서는 바로 그 특징들을 완전히 납득할 수 있게 되고, 모든 역설의 그림자도 떨쳐 버릴 수 있게된다. 즉 이른바 '1) 사회·정치적 발전, 2) 예술과 과학의 상이한 각 분야들이 당시에 품고 있던 일반적인 목적과 관심사, 3) 도덕과 가치의 문제에 관한 비트겐슈타인의 개인적인 태도, 그리고 4) 철학에 관한 문제들'이라는 네 가지 항목들 간의 교차적인 상호작용을, 우리가 각각의 문제들이 1900년대에 빈에서 이해된 방식 그대로, 그리고 비트겐슈타인이 장차 《논고》를 그 최종 결과물로 내놓게 될 탐구 작업에 막 착수했던 바로 그 시점에 그 자신이 그런 문제들에 관해 생각해 보았을 법한 방식 그대로 고찰한다는 조건이다.

예를 들어 19세기 후반의 표준에 따르면, 오스트리아-헝가리 혹은 이중 군주국 혹은 합스부르크 왕가(그 나라를 가리키는 수없이 많은 표현들 중에서 단 세 가지만을 들자면 그렇다)는 광대한 영지와 군건하게 다져진 권력 구조, 그리고 확고한 정체政體 안정성의 오랜 역사를 가진, 공인된 '초강대국' 중 하나였다. 그러나 1918년에 이르러 수 세기에 걸친 정치적 건축물은 마치 모래성처럼 붕괴되고 말았다. 1945년에 일본의 황실은 군사적 패배라는 결말 앞에서도 머리는 조아리되 황실 자체는 재앙을 입지 않을 만큼의 권한을 유지하였다. 그리고 1918년 이후 빌헬름 2세의 독일 역시 비록 황실의 수장은 잃었지만 비스마르크가 마련해 놓은 정치적 통일성은 보존하였다. 반면에 합스부르크라는 초강대국의 경우에는 군사적 패배가 곧바로 군주국의 권능뿐 아니라, 제국을 하나로 묶어 왔던 기존의 모든 정치적 결속까지 일거에 산산이 무너뜨리고 마는 결과로 이어졌다. 수 세기 동안 합스부르크 왕가의 현존은 조상 전래의 영지 전역에 걸친 지배적인 정치적 실체, 아니 아마도 유일한 정치적 실체라고 해야 할 것이다. 그러나 남아 있는 성곽과 관청 건물의 건축 양식, 그리고 트란실바니아*와 바나트† 같은 독일어권 지역들을 제외한다면, 오늘날의 발칸 지역은 과거에 합스부르크 제국이 존재했다는 흔적을 거의 드러내지 않는다. 합스부르크 제국은 1938년부터 1944년까지의 히틀러 점령기나 1941년부터 1945년까지의 일본의 대동아 공영권보다 훨씬 미미한 흔적만을 남긴 채 사라져 버렸다. 오히려 왕가의 최대 경쟁국이었던 오스만 제국이 발칸 반도의 생활과 풍습에 더 영속적인 흔적을 남겼으며, 그런 풍경은 마케도니아나 남부 세르비아 지역에서는 누구든 금방 발견하게 되는 사실들이다. 그

---

* 루마니아 북서부 지방을 총칭하는 옛 지명.
† 루마니아 서쪽 끝 지방을 가리키는 옛 지명.

곳의 많은 도시와 마을에는 아직도 이슬람 사원이 있으며, 터키어는 그리스어, 왈라키아어, 슬라브어, 그리고 알바니아어 권역의 마을에서 여전히 의사소통의 매체로 인정받고 있다.[7]

그러나 누구든 이중 군주국의 표준적인 정치사를 읽고 나면, 1차 세계대전이 합스부르크의 권력과 영향력에 그토록 파멸적인 결과를 불러왔다는 사실에 당혹감을 느끼지 않을 수 없다. 1848년 혁명의 후폭풍*, 프러시아에 당한 군사적 패배, 마자르인과 체코인, 루마니아인과 남부 슬라브인 사이에서 잇달아 전개된 모든 민족주의 운동들까지 모조리 이겨 낸 그 나라가 어째서 그다음의 위기 앞에서는 그렇게 결정적으로 철저하게 붕괴되었단 말인가? C. A. 매카트니의 《합스부르크 제국 1790~1918》 같은 포괄적이고 권위 있는 저술에서도 독자들은 나무들에 관해서 좀더 많은 정보를 얻을 수 있을 뿐, 숲에 대해서는 읽기 전과 마찬가지로 상당 부분 미혹 속에 남게 된다. 그러나 따지고 보면 그런 사실에 그다지 놀랄 이유는 없다. 학술적인 게임의 모든 규칙들을 고려해 볼 때, 그러한 저술의 일차적인 과제는 해당 시기 동안의 정권의 헌정사를 구성하게 되는 모든 정치적 담화, 책략, 협약, 회담, 법령 등에 관한 상세한 지식을 긁어모으는 것이다. 그런데 그런 방법은 과학과 예술과 철학의 사상들, 윤리적이고 사회적인 태도들, 개개인과 공동체의 열망들로 구성된 더 큰 틀에는 관심이 덜 가게 만들기 십상이다. 그 틀은 그 모든 정치적 행동들이 벌어졌던 터전이자 그런 행동들이 나름의 수단과 장기적인 효과를 얻기 위해 필수적으로 의존했던 어떤 특징을 지닌다. 그러한 사상과 태도가 당면한 사회·정치적 변화 과정

---

* 1848년에 프랑스에서 일어난 혁명을 말한다. 2월 혁명이라고도 불리는 이 혁명은 오스트리아와 프로이센, 헝가리, 보헤미아 및 이탈리아의 여러 지역으로 순식간에 퍼져 나갔고, 이 혁명의 결과로 프랑스에서는 군주제가 폐지되고 공화정이 등장하였으며, 합스부르크 왕가가 지배하던 지역에서는 장원제가 완전히 폐지되었다.

에 직접적인 관련성을 가지는 사례는 매우 드물지만, 우리는 세기의 전환기를 맞이한 오스트리아에서 바로 그런 보기 드문 경우를 발견하게 될 것이다.

마찬가지로 만일 우리가 20세기 초반의 빈에서 유행한 건축과 회화, 언론과 법률, 철학과 문학, 음악, 연극, 그리고 조각을 단지 우연히 같은 시기에 같은 장소에서 진행된 것일 뿐인 수없이 많은 개개의 독자적인 활동들로만 본다면, 우리는 다시 한 번 그 모든 분야에 관한 가장 의미심장한 한 가지 사실, 즉 그 모든 활동들이 같은 시기에 같은 장소에서 진행되고 있었다는 **바로 그 사실**에 대해서는 눈을 감은 채, 각각의 분리된 분야마다 어마어마한 분량의 상세한 기술적 정보들을 축적하는 것으로 우리의 노력을 마감하게 될 것이다. 이런 측면에서, 거의 매일같이 논쟁을 벌이는 일에 익숙해 있었고 직업적 전문화의 필요성은 거의 느끼지 못했던 화가, 음악가, 작가 들이 예술적이고 문화적인 삶을 주된 관심사로 삼아 단단한 밀착 집단을 형성하고 있던 후기 합스부르크의 빈과, 학문과 예술의 전문화를 당연한 것으로 받아들이고 다양한 창조 활동의 영역들이 실질적으로는 제각기 무관하게 함양되고 있는 오늘날의 영국 또는 미국 사이에 존재하는 실로 심원한 차이는 우리를 쉽게 오도할 수 있다. 만일 우리가 1900년대 빈의 문화에 오늘날의 전문화 경향을 그대로 반영해도 상관이 없다면, 실제로 (예를 들어) 당시의 미술사와 문학을 분리해서 고려하는 일은 합당하고도 적절한 것일 수 있다. 그러나 그것은 사실 위험스럽게도 당시 빈의 상이한 예술과 과학 분야들 사이에 존재했던 상호의존성을 간과하는 것이다.

쇼펜하우어와 키르케고르에 대한 관심이 되살아난 것은 말할 것도 없고, 12음계 음악, '현대적인' 건축 양식, 법실증주의와 논리실증주의, 비구상적 회화, 그리고 정신분석학의 출현에 이르기까지 이 모든 일이 동시에 벌어졌으며, 그런 현상이 거의 대부분 빈에 집중되었다는 사실이 단지 철저한 우연의 일치에 불과한 것인가? 젊은 지휘자 브루노 발터가 구스타프 말러와 함께 빈에 있는 비트겐슈타인 가족의 대저택을 정기적으로 방문했던 것이 분명하고 (아마도 대화를 하던 중에 칸트주의 철학에 대한 공통의 관심사를 발견해서였는지) 훗날 말러가 1894년 성탄절에 발터에게 쇼펜하우어 전집을 선물하기에 이른 것이 단지 신기한 전기적 사실에 지나지 않는 것일까? 그리고 아르놀트 쇤베르크가 작곡가와 음악 이론가로서의 혁명적인 활동과 더불어 놀랄 만한 그림들과 매우 뛰어난 몇 편의 산문을 잇달아 내놓았다는 사실이 그의 개인적인 다재다능함에 대한 일신상의 찬사로 그칠 일일까? 물론 그렇게 생각할 수도 있을 것이다. 그렇지만 쇤베르크가 자신의 위대한 음악 저서 《화성법 강의》 한 권을 언론인이자 작가인 카를 크라우스에게 선사하면서 다음과 같은 글귀를 적어 보낸 것을 알게 되면 그 생각이 바뀔 것이다. "아마도 저는, 독립적인 존재로 남고 싶은 사람이라면 그 이상은 배우지 말고 자기가 알아서 해야 할 것까지 당신에게 배우고 만 것 같습니다."[9]

반대로 만일 우리가 쇤베르크 자신의 실천과 증언을 있는 그대로 받아들일 자세가 되어 있다면, 우리는 기존의 탐구 방법들을 바꾸어야만 할 것이다. 음악가인 쇤베르크가 크라우스 같은 언론인에게 커다란 빚을 졌다고 인정할 수밖에 없었다는 사실이 왜 오늘날의 우리에게는 역설적으로 보이는 것일까? 그리고 좀더 일반적으로 말해서, 1880년대 후반에 이르기까지 거의 아무런 도전도 받지 않고 많은 분야에서 나름의 위치를 지키고 있던 당시의 기성 예술과 학문의 방법들이 어째서 바로 그 동일한 시기에 우리의 할아버지 세대에게는 경이와 공포의 대상이었던 모더니즘의 치명적인 공격을 받아 결국은 설 자리를 잃고

만 것일까? 만일 우리가 12음계 작곡법의 참신한 원리들이나 클림트가 이룩한 회화 양식의 혁신들, 혹은 프로이트가 마이네르트와 브로이어에게 진 빚의 범위 등에만 우리의 주의를 한정한다면, 우리는 결코 이런 질문들에 답하는 데 성공하지 못할 것이다. 더 나아가 우리는 우리의 사회적 관점을 확장하지도 못할 것이며, '꿈의 도시'라는 이미지에 자부심을 가지고 있던 그 빈이 어째서 동시에 그 도시의 가장 통렬한 사회 비판가에 의해 '세계 파괴의 실험장'으로 묘사될 수 있었는지도 깨달을 수 없게 될 것이다.

유사한 역설과 비일관성이 한 인간으로서의 비트겐슈타인과 한 철학자로서의 비트겐슈타인에 대한 우리의 관점을 모두 왜곡시킨다. 종종 언급되는 바와 같이, 위대한 지적 진지함과 강렬한 윤리적 열망을 가지고 있는 저술가에게 영향을 미칠 수 있는 가장 심각한 불행 중 하나는 그 사람의 사상이 영국인에 의해 '귀화'되는 일이다. 조지 버나드 쇼의 그 모든 도덕적 분개, 정치적 독설, 그리고 사회적 풍자는 그의 글을 읽은 영국의 대중이 그를 아일랜드 출신의 익살꾼이자 희극 작가로 확실히 분류해 버린 바로 그 순간에 그 힘을 도둑맞고 말았다. 그리고 어느 정도는 이와 동일한 운명이 루트비히 비트겐슈타인에 대한 오늘날의 평판을 형성하게 되었다. 어쨌거나 영국과 미국의 직업적인 철학자들 대부분의 눈에 비친 그대로 말이다.

비트겐슈타인이 프레게의 제안에 따라 러셀과 처음 만나고, 1914년 이전과 1929년 이후로 또다시 그의 삶에 지대한 영향을 미친 케임브리지의 지성들의 매력적인 모임에 얽혀들게 되었을 때, 그는 유별난 선입관과 매우 한정된 역사를 가진, 적극적이고 완고하며 자기주장이 센 사람들의 집단과 그 문화적 상황 속으로 발을 들여놓고 있었던 것이다.[11] 특히 러셀은 그에게 매료되어 강한 호기심을 느꼈으며, 한마디로 그에게 깊은 인상을 받았다. 러셀로서는 이 빼어난 외국 젊은이가 자신이 해 놓은 논리적인 작업에 그토록 많은 관심을 가지고 있는 데다, 자신이 풀지 못한 문제들을 자신이 손을 뗀 바로 그 지점에서부터 기꺼이 떠맡으려는 것이 분명하다는 사실을 알게 된 것이, 만족스럽고 고무적인 일이었다.[12] 따라서 러셀 자신이 비트겐슈타인을 매우 재능이 많은 친구이자 제자로 생각했고, 기호논리학과 인식론에서 자신이 다룬 문제들을 전적으로 염두에 두고 비트겐슈타인의 견해와 저술 들을 고찰하였다는 사실은 충분히 이해할 만하다. 그리고 나중에 비트겐슈타인이 형식적인 준準 수학적 방법과 문제 들을 포기하고, 인간의 언어에 대해 좀더 광범위한 '자연사적' 접근을 선호하게 된 것이 러셀에게는 매우 이단적이며 심지어는 변절과도 같은 것으로 여겨질 정도로 큰 충격이 되었으리라는 점 또한 충분히 헤아릴 수 있는 일이다.[13] 그렇지만 비트겐슈타인이 버트런드 러셀을 통해 케임브리지의 다른 철학자들에게 소개되었고, 그렇게 영어권 강단 철학자들의 전체적인 연결망에도 알려지게 되었다는 바로 그 사실이, 결과적으로 비트겐슈타인의 사상에 대한 차후의 해석 전체에 케임브리지 지향이라는 낙인을 찍는 원인이 되었다. 이런 사실의 결과로 학자 비트겐슈타인과 인간 비트겐슈타인에 대한 우리의 견해 사이에는 깊은 간극이 벌어지게 된 것이다. 분명히 그는 (케임브리지의 동료들도 동의하는 바와 같이) 의복이나 사회적 의견 등과 관련해서 비영국적인 습관을 갖고 있었으며, 흔히 볼 수 없는 도덕적 진지함과 강렬함을 지닌, 호기심 많고 과민하며 괴벽스러운 인물이었다. 그렇지만 케임브리지의 철학자들은 영국 철학의 발전에 그가 외견상으로 기여하고 있던 전무후무한 공헌을 이유로 이러한 낯선 기이함과 독특한 기질에는 기꺼이 눈을 감아 주었다.

비트겐슈타인이 박사학위 논문으로 《논고》를 제출했을 때 G. E. 무어는 심사 보고서에 다음과 같은 촌평을 실어 보냈던 것으로 알려져 있다. "비트겐슈타인 씨의 논문은 천재의 작업이라는 것이 나의 개인적인 의견입니다. 그것은 그렇다 치고, 이 논문은 분명히 케임브리지의 철학 박사학위가 요구하는 기준에 마땅히 부합합니다."[14] 그리고 영어권 동료들과 계승자들의 눈에 비트겐슈타인은 끝까지 이른바 '천재'로 남았다. 영국인들은 비트겐슈타인에게 비범하고도 경이로운, 아마도 전무후무한 철학적 창의성과 더불어 개인적으로는 기이한 습관을 지닌 외국인이라는 꼬리표를 붙임으로써, 일찍이 버나드 쇼의 사회 · 정치적 교훈을 완벽하게 중화시켰던 것과 같은 방식으로 그의 인격과 도덕적 열정의 파급 효과를 완화시켰다. 케임브리지 트리니티 칼리지의 특별 연구원fellow으로서 자신에게 주어진 모든 인습적인 특권을 거부하였고, 시내에 모습을 드러낼 때는 언제나 셔츠의 단추를 풀고 지퍼를 채운 파카 한두 벌을 걸쳤으며, 미학적인 관점이 아니라 윤리적인 관점에서 볼만한 가치가 있는 유일한 영화는 오로지 서부 활극밖에 없다고 열정적으로 고집했던 한 인간과, 다른 한편으로 프레게, 러셀, 그리고 무어의 이론 위에서 명민한 변주곡을 펼치며 영국의 철학적 논의를 저만큼 전진시켰던 한 철학자 사이에 단지 우연적인 연관성을 넘어 그 이상의 어떤 것이 있을 수 있으리라는 생각이 영국인들에게는 거의 떠오르지 않았던 것 같다. 그의 가족사와 성장 과정에 들어 있을 무엇인가가 그의 개인적인 습성들을 설명해 주리라는 점에는 의심의 여지가 없겠지만("알다시피, 그는 빈 사람이었고, 또 프로이트가 어쩌고저쩌고 등등"), 그래도 우리는 형식논리학자이자 언어철학자로서 비트겐슈타인이 발전시킨 명제들에 우리의 직업적인 관심을 집중해야 하지 않겠는가!

　그것이 바로 무어가 퇴임하고 비트겐슈타인이 케임브리지의 철학 교수로 임명된 후 그곳에서 보낸 마지막 몇 년 동안에 케임브리지의 제자들이 그를 바라보던 관점이었다.[15] 생각해 보면 2차 대전 기간 동안이나 1946년과 1947년에 케임브리지에서 마지막으로 가르친 2년 동안, 그의 강의를 들었던 우리 대부분은 여전히 그의 사상과 논증 방법, 그리고 그의 토론 주제 자체를 전적으로 독창적인 비트겐슈타인만의 어떤 것으로 여기고 있었다. 영국적인 바탕 위에서 고려해 보건대, 그가 후기에 펼쳤던 가르침들은 예전에 《논고》가 무어에게 그렇게 보였던 것처럼 실로 독보적이고도 비범한 주장으로 비쳤다. 우리 자신에 관해 얘기하자면, 우리는 비트겐슈타인에게 지독한 바보라는 인상을 심어 주었다. 그는 도저히 우리를 가르칠 수 없다며 대놓고 비난했으며 가끔은 자기가 이해시키려 애쓰고 있는 요점이 무엇인지 우리에게 일깨워 줄 수 없어 절망했다. 왜냐하면 우리도 우리 나름의 철학적 문제들을 가지고 휴얼관Whewell's Court 꼭대기에 있는, 집기도 거의 없는 독수리 둥지 같은 방으로 그를 찾아갔기 때문이었다. 그리고 우리는 매우 즐거운 마음으로 그의 강의에서 아주 커다란 부분을 차지하는 다양한 사례와 우화들을 고이 가져다가 이전부터 염두에 두고 있던 영미권의 의문들에 적용해 보곤 하였다. 그의 비난은 그저 무시해 버렸다. 좋게 생각해서 우리는 그것을 농담으로 받아들였다. 나쁘게 보자면 당시 우리는 그런 비난이 그저 예전에 《논고》에서 제시한 자신의 '참된 사유들'을 놓고 '공격당할 수 없는 결정적인 것'이자 철학의 문제들에 대한 '최종적인 해결책'이라고 말했을 때의 바로 그 지적 자만심이 다시 드러나는 것으로만 여겼다.[16]

　그러나 지금 회고해 보건대, 결국 비트겐슈타인과 케임브리지 학생들 상호 간의 몰이해가 **진짜**였던 것은 아닌지, 그리고 그 몰이해가 비트겐슈타인 자신이 확신했던 것처럼 실제로도 그렇게 전면적이고도 철저한 것은 아니었는지 진지하게 의문을 제기해 볼 필요가 있다. 우리가 이 책에서 논의할 이야기가 실제로 어떤 타당성을 가진다면, 그 타당성이 내포하게 될 한 가지 사실은, 영어권 청자들은 비트겐슈타인에게 접근할 때 자신들이 가지고 있던 선입관들로 인해 결국 그가 말하고자 하는 요점을 거의 다 이해하지 못했다는 사실일 것이다. 당시에 우리는 그를 분열된 인간, 즉 전무후무할 정도의 독창적인 기법을 지닌 천재적인 영어권 철학자로서, 우연찮게 극단적인 도덕적 개인주의와 평등주의에 몸소 천착하게 된 사람 정도로 생각하였다. 차라리 거꾸로 그를 어쩌다 영국에서 살면서 활동하게 된 사람으로서 여러 분야 가운데 특히 철학에서 재능과 개성을 발휘한 완전무결한 본토박이 빈의 천재로 생각했다면 아마 훨씬 더 나았을 것이다. 그 당시 비트겐슈타인은 마치 지적인 창의력을 가진 거미처럼 자신의 후기 철학의 모든 골자를 자기 머릿속에서 줄줄 뽑아내고 있는 듯이 보였다. 그러나 실제로 그의 사유 재료 중 많은 부분은 영국인 청자들이 거의 몰랐던 실제 출처가 있었으며, 그가 주의를 집중하기 위해 고른 문제들 중 상당수는 이미 1차 대전을 전후로 독일어권 철학자들과 심리학자들 간에 논의되어 오던 것들이었다. 만일 우리와 비트겐슈타인 사이에 지적인 간극이 존재했다면, 그것은 그의 철학적 방법과 설명 방식, 그리고 그가 다룬 주제가 (우리가 생각했던 것처럼) 전무후무한 미증유의 것들이기 때문이 아니었다. 오히려 그것은 문화 충돌의 증상이었다. 다시 말하자면, 논리학과 윤리학이 서로 연결되어 있을 뿐만 아니라 이른바 언어비판Sprachkritik과도 밀접하게 결부되어 있던 1914년 이전의 신新칸트주의적인 환경이 만들어 낸 지적인 문제들과 개인적인 태도들을 마음에 품고 있던 빈 출신의 한 사상가와, 무어와 러셀, 그리고 그들의 동료들이 추종한 신흄주의적인(그리고 그렇기 때문에 전前칸트적인) 경험론이 만들어 낸 철학적 의문들을 간직하고 있던 학생 청중들 사이의 충돌이었던 것이다.

지금 펼치는 논증에서 우리는 철학에 대한 비트겐슈타인의 실질적 공헌이 가지는 중요성이나 독창성을 의심할 만한 이야기라고는 전혀 하지 않게 될 것이다. 그와는 반대로 일단 그의 논변이 원래의 맥락 속으로 되돌려지고 그가 품었던 문제들의 원천이 확인되고 나면, 그의 사상이 담고 있는 진정한 참신성과 중요성은 오히려 훨씬 더 명백해질 것이다. 그렇지만 우리는 앞으로 펼칠 논의에서, 이를테면 레오나르도 다빈치가 해부학자이자 도안가였고, 아르놀트 쇤베르크가 화가이자 수필가인 동시에 음악 이론가이자 카를 크라우스의 추종자였던 것처럼, 도덕적 개인주의자 비트겐슈타인과 '진리표'와 '언어게임'을 창안한 기술적인technical 철학자 비트겐슈타인 또한 마땅히 단일하고도 일관된 한 인격체의 두 갈래 측면이었음을 주장할 수밖에 없을 것이다.

인간 비트겐슈타인과 철학자 비트겐슈타인 사이의 관계를 새로이 주목해야 할 필요성은 아직까지 해결되지 않은 역설과 문제로 이루어진 넷째 미제의 집합으로 우리의 주의를 기울일 때 더욱 분명하게 확인된다. 거기서의 역설과 문제는 《논고》 자체에 대한 해석에서 직접적으로 발생한다. 우리가 언급했듯이 비트겐슈타인의 저술은 흔히 20세기의 수리논리학이나 영국의 분석철학이 발전하는 데 공헌한 것으로 여겨져 왔다. 그가 러셀과 프레게, 무어와 존 위즈덤과 같은 사람들과 맺은 친교는 그의 문화적 태생과 지적 관심사에 포함된 나머지 모든 것들에 과도한 그림자를 드리웠다. 그는 '진리표 그리기 방법'의 공동 창안자로서, 두 차례의 세계대전 사이의 기간 동안 맹위를 떨친 실증주의에 지배적인 영향을 미친 사람으로서, '사적 언어private language', '직시적 정의ostensive definition', 그리고 '감각 자료sense data'에 대한 비판가로서, '지적 속박intellectual cramps', '언어게임', 그리고 '삶의 형식forms of life'의 분석가로서, 아니 간단히 말해 버트런드 러셀과 G. E. 무어의 사고와 방법을 받아들여 그것들을 처음 고안한 당사자들이 상상했던 수준을 훨씬 넘어서는 차원으로 정제해 낸 사람으로서 뭇사람들의 갈채와 공격을 동시에 받아 왔다. 그렇지만 우리가 《논고》의 출판을 철두철미하게 철학적 논리학의 역사상의 한 페이지를 장식하는 사건으로만 간주한다면, 그 책의 한 가지 중요한 측면이 통째로 불가사의한 것으로 남고 만다. 분명히 논리학, 언어 이론, 그리고 수리철학 내지 자연과학의 철학에만 전력투구하는 듯이 보이는 70여 쪽이 지나고 나서, 우리는 언뜻 보기에 고개를 갸웃거리게 만드는 다섯 쪽의 결말 부분(명제 6.4 이후)에 느닷없이 마주치게 된다. 그리고 우리는 거기서 유아론, 죽음, 그리고 '세계의 바깥에 놓여 있어야만' 하는 '세계의 의미'에 관한 독단적인 논제들과 연달아 부딪히게 된다. 논리철학적인 예비 작업과 막판에 등장한 이들 도덕 신학적인 금언들에 각각 할당된 지면이 완벽한 불균형을 이루는 이러한 상황에서 우리가 받게 되는 유혹은, 그 마지막 명제들을 그저 부수 의견이라 치부하고 마치 어떤 법정 판결의 말미에 겉치레로 제기되는 건성의 추가 조항인 양, 그냥 깨끗이 잊어버리는 것이었다. 그런 추가 조항은 해당 사건에 대해서는 법률상의 함의를 갖지 않기 때문에, 그에 따른 구속력도 없다.[17]

그렇지만 《논고》를 이런 식으로 읽는 것은 정당한 것인가? 윤리, 가치, 그리고 '삶의 문제들'에 대한 그 마지막 고찰들은 단지 인기를 노린 허풍이거나 지면을 메우려는 헛소리, 혹은 사사로운 추가 항목에 불과한 것인가? 아니면 실제로 그 부분이 본문의 내용과 어떤 필수 불가결한 관계를 맺고 있음에도 통상적인 해석이 그 점을 간과하고 있는 것인가? 우리가 전문 기술적인 영어권 철학의 세계에 머무르는 한, 이러한 의심은 아마도 학술적인 호기심에 그치고 말 것이다. 그러나 우리가 케임브리지에서 오스트리아로 지역을 옮겨 그곳에서는 《논고》가 흔히 윤리적인 논문으로 간주되었다는 사실을 알게 된다면, 앞서 제기한 의문은 그야말로 생생한 문제가 된다. 비트겐슈타인과 가장 친했던 오스트리아인들은 비트겐슈타인이 어떤 문제를 놓고 고심할 때, 그 문제는 언제나 윤리적인 관점에서 나온 것이었다고 주장한다. 그리고 이런 의미에서 그의 친구 중 한 명은 비트겐슈타인에게서 키르케고르의 모습을 곧장 떠올렸다.[18] 그의 가족과 친구들의 눈에 《논고》는 단지 윤리에 관한 한 권의 책 이상의 것이었다. 《논고》는 윤리의 본성을 **보여준**showed 윤리적인 **행위**deed였던 것이다. 그리고 이런 느낌은 그가 루트비히 피커와 교환한 서신들을 비롯해, 최근에 출판된 파울 엥겔만의 선집인 《비트겐슈타인 전기 및 서한집》을 통해서 한층 강화되고 있다.[19] 《논고》가 출판된 이래 이 책에 관해 글을 쓴 사람 가운데 그 누구보다 비트겐슈타인과 많은 대화를 나눈 엥겔만이 보기에, 그 책의 요지는 철저히 윤리적인 것이었다. 엥겔만은 다른 모든 종류의 지적인 토대로부터 윤리학을 떼어 내고자 하는 시도가 비트겐슈타인의 기본적인 사유의 특징이라고 보았다. 윤리학은 '말없는 신념'의 문제이고, 확실히 비트겐슈타인의 다른 관심사는 바로 그 근본적인 개념에서 나온다고 본 것이다.

따라서 우리는 《논고》를 논리학과 언어 이론에 관한 저술로 다루는 기존의 영어권 문헌들과, 비트겐슈타인이 하고 있던 작업을 매우 다른 견지에서 바라본 빈 지성계에 여전히 널리 퍼져 있는 전통 사이에 직접적인 충돌이 빚어지고 있음을 발견한다. 버트런드 러셀이 《논고》의 서문을 쓴 이래로, 영어권 철학자들은 거의 보편적으로 《논고》의 근본적인 관심이 철학적 논리학의 기술적인 문제들과 언어와 세계의 관계를 해명하는 데 있다고 생각해 왔다. 그들은 비트겐슈타인이 처음에, 러셀이 책의 내용을 오해하고 있다며 출판 단계에 있던 책의 회수를 고려할 정도로[20] 강하게 그의 서문을 거부했다는 사실을, 단지 러셀이 그 책의 몇 군데 제한적인 측면들을 와전했음을 지적하는 것일 뿐이라고 해석한다. 그리고 그들은 그 책이 기본적으로 언어의 논리에 관한 탐구이며, 다만 가치의 문제에 관해서도 몇 가지 흥미로운 함축을 담고 있을 뿐이라고 꾸준히 생각해 왔다. 이런 해석은 카르나프나 에이어 같은 논리실증주의자들이 그 책을 품에 안고 경험주의자의 성서로 추앙했다는 사실에서 한층 더 무게를 얻어 왔다. 그리고 비록 비트겐슈타인과 가까이 지냈던 엘리자베스 앤스콤 같은 사람이 논리실증주의자들의 견해를 《논고》에 대한 올바른 이해와 무관한 것으로 결론지었지만, 그녀 자신이 내놓은 대안적 견해 역시 사람들이 비트겐슈타인의 가장 중요한 선배 철학자인 프레게에 대해 너무 주의를 덜 기울이고 있다는 비판이었을 뿐, 결국은 논의의 초점을 계속해서 논리학에 두고자 하는 데는 변함이 없었다.[12]

따라서 《논고》를 이해하고자 애쓰는 사람은 그 책에서 다루는 가장 주요한 문제가 무엇인지를 놓고 두 가지의 대조적인 견해를 접하게 된다. 이 견해들을 편의상 '윤리적'인 해석과 '논리적'인 해석이라고 부를 수 있겠다. 두 가지 견해 모두 훌륭한 지지 근거가 있고, 《논고》의 특정한 측면들을 설명하고 있기는 하지만, 여전히 어느 쪽도 완전한 설명이라 하기에는 불충분하다. 다시 한 번 말하건대 이 책에서 제시할 우리의 분석은 영어권 주류 철학계의 통상적인 해석 쪽으로 기운 균형추를 역전시켜 놓는 결과를 낳을 것이다. 여기서 우리는 누구든 《논고》를 비트겐슈타인 본인의 의도에 부합하는 방식으로 이해하고자 한다면, '윤리적'인 해석의 우위성을 받아들여야 한다는 점을 주장할 것이다. 그렇게 하고자 하는 데는, 이어지는 각 장에서 우리가 끌어모으게 될 모든 정황적 증거들과는 전혀 별도로 두 가지 직접적인 이유가 존재한다. 첫째로 비트겐슈타인 본인이 생전에 그 책에 관해 제시된 모든 해석에 반대했다는 점이다. 그리고 그 뒤로 이어진 대부분의 해석들도 그가 살아 있을 때 출판된 것들과 비교할 때 단지 세부적인 내용에서만 다를 뿐이다. 둘째는 '논리적'인 전제와 태도를 가지고 《논고》에 접근한 사람들이 나중에 펼친 추론들에 비해, 파울 엥겔만의 체험적인 증언을 더 권위 있는 것으로 간주해야 한다는 점이다. 결국 엥겔만은 비트겐슈타인이 그 책을 쓰던 당시에 그와 긴밀히 접촉하고 있었고, 따라서 두 사람은 그 저술에 관해 자주 논의할 기회를 가졌을 것이기 때문이다.

《논고》 해석에 관해 엥겔만이 제공하는 가장 중요한 제안이란, 그 책은 반드시 특수한 문화적 환경에서 탄생한 것으로 고려되어야 한다는 점이다. 엥겔만은 그 환경을 비트겐슈타인이 성장기를 보낸 빈이라는 도시 및 그러한 환경 속에서 카를 크라우스와 아돌프 로스의 작품들을 통해 가장 인상적으로 표현된 바 있는 어떤 특별한 흐름과 동일시한다.[22] 불행하게도 엥겔만 자신은 크라우스와 로스의 빈에 관해서는 매우 적은 정보만을 전하고 있으며, 그것은 세기말fin-de-siècle 빈의 문화적 풍경을 드러내기에는 너무나 빈약한 것이었다. 그래서 지금 이 책의 주된 목표 중 하나는 엥겔만이 열어 놓은 탐구의 영역, 이른바 전기 비트겐슈타인의 저술이 가지는 역사적 차원을 좀더 깊게 추적해 보자는 것이다.

비트겐슈타인의 역사적 배경에 관해 보충이 될 만한 다른 통찰들을 내놓은 저술가들은 극히 드문 형편이다. 비트겐슈타인의 친구이자 제자였던 모리스 드루어리는 비트겐슈타인이 키르케고르를 19세기의 가장 중요한 사상가로 생각했다고 전한다.[23] 앤스콤 여사는 비트겐슈타인의 저술은 오로지 프레게의 저술들과의 관계를 통해서만 올바르게 이해된다고 제안한다.[24] 여러 명의 저술가가 비트겐슈타인의 견해와 쇼펜하우어의 견해 사이에 유사점과 대조점이 있음을 주목하였다.[25] 에리히 헬러와 베르너 크라프트는 크라우스, 마우트너, 란다우어 등 비트겐슈타인과 같은 시대에 살았던 중부 유럽의 다른 사상가들이 언어의 본성에 관해 저술한 글들과 《논고》 사이의 관계를 강조한다.[26] 또 다른 한편으로 에리크 슈테니우스와 모리스 엥겔은 《논고》와 비트겐슈타인의 후기 철학에 공통적으로 칸트적인 요소가 들어 있음을 지적한다.[27] 그러나 이 모든 제안들에도 불구하고, 만일 누군가가 《논고》에 관한 핵심적인 역설, 즉 '윤리적'인 비트겐슈타인과 '논리적'인 비트겐슈타인을 어떻게 화해시킬 것이며, 강단에서 집도된 후대의 외과수술이 그 사람과 그의 저술을 바라보는 우리의 관점에 남긴 깊은 흉터를 어떻게 치유해야 할 것인가 하는 문제를 완전히 해결해 보고자 한다면, 그 사람은 빈의 문화적 풍경이 지닌 본질적 특징을 조명하기 위해 지금 이야기된 것들보다 훨씬 더 많은 작업을 수행해야 할 것이다.

연구 방법에 관해 지금까지 펼친 예비적 논의 속에서 우리가 주장하고자 하는 바는, 지금껏 정설로 인정받아 온 학술적 분석이 비트겐슈타인의 빈과 비트겐슈타인 본인에 대한 우리의 그림에 사실상 부적절하고 적용 불가능한 추출과 분리의 작업을 강요한다는 것이다. 그것이 부적절한 데는 두 가지 이유가 있는데, 그중 하나는 일반적인 것이고 다른 하나는 철학에 고유한 것이다. 첫째, 문제가 된 모든 분리·추출은 지성과 예술의 전문화를 당연시한다는 것이다(분리·추출 자체가 바로 그런 전문화의 산물이다). 하지만 그런 전문화는 후기 합스부르크 빈의 문화적 삶 속에서는 전혀 주지되어 있지 않았으며, 그 후 50여 년의 세월이 흐르면서 비로소 정착하게 된 현상일 뿐이다. 둘째, 그런 분리·추출은 철학을 독자적인 직업적 학술 분야로 보는 생각을 매우 두드러지게 반영하고 있으나, 그것은 2차 대전이 끝난 뒤에야 영국과 미국의 대학에서 유력해진 생각일 뿐, 1914년 이전의 오스트리아와는 전혀 무관하다는 것이다. 비트겐슈타인의 빈에서는 교양 있는 상류사회의 모든 사람이 철학을 논했고, 예술적인 것이든 과학적인 것이든 법적인 것이든 정치적인 것이든 상관없이 후기 칸트주의적인 사유의 주요한 결과들이 자기들의 모든 관심사에 직접적인 영향을 미친다고 생각하였다. 그들에게 철학은 독자적이며 자족적인 어떤 분야에 대한 전문적인 관심사가 아니라, 당대 문화의 다른 모든 측면들과 연관되어 있는 다면적인 사유의 영역이었다.

이러한 대비를 놓고 볼 때, 또 다른 의문이 하나 생겨난다. 1920년 이후 《논고》는 그 자체로 새롭게 '전문 직업화된' 철학의 초석이 되었다. 그렇게 생겨난 새로운 철학의 풍토 속에서, 철학의 '기술적'인 문제들을 더 광범위한 문화적 모태에서 분리해 내고, 그러한 이론적인 분석들을 독립적인 기반 위에 정초하려는 시도가 이루어졌다.[28] 이를테면, 순수하게 수학적인 문제나 정리들을 다룰 때처럼 철학도 외부로부터의 모든 이질적인 간섭에서 벗어나고자 했던 것이다. 그렇지만(우리는 지금 물어야만 한다) 어쨌든 그것이 과연 비트겐슈타인 자신의 본래 의도에 부합되는 것이었을까? 그리고 만일 우리가 주로 《논고》를 다른 사람들이 물려받아 더 높이 쌓아 올린 학문 전통들 가운데 한 요소로만 간주한다면, 우리는 정말로 그 책에 대한 올바른 이해를 기대할 수 있을까? 이것 또한 이제부터 수행할 탐구 작업에 비추어 우리가 나름대로의 방식으로 답하게 될 질문이다. 지금으로서는 한 가지만 지적하면 충분하다. 비트겐슈타인 본인은 자신이 유년 시절에 친숙하게 접했던 폭넓은 문예와 문화의 전통들과 전혀 단절하려 하지 않았다는 것이다. 그가 예전의 철학 고전들에 비교적 무지했던 측면은 독일과 오스트리아를 무대로 한 주요 인사들에 대한 풍부하고도 다채로운 섭렵을 통해 상쇄되었다. 그리고 그가 자신의 두 권의 주저에 붙이기 위해 선택한 제목들은 그보다 더 전형적일 수는 없을 두 명의 빈 출신 저술가에게 빌린 것이었다. 바로 퀴른베르거가 쓴 《논고》와 네스트로이가 쓴 《탐구》가 그것이다.

조지 산타야나는 사유의 역사에 무지한 사람들은 그 역사를 반드시 반복할 수밖에 없게 된다고 역설하곤 했다. 이에 덧붙여 우리는 그와 유사한 한 가지 지당한 결론을 추가하고자 한다. 사상의 맥락에 무지한 사람들은 반드시 그 사상을 오해할 수밖에 없다는 것이다. 예를 들어 수학의 가장 순수한 영역들처럼 극히 소수의 자족적인 몇몇 이론 분야에서라면, 아마도 특정한 개념과 논증을 그것들을 도입하고 사용한 역사·문화적인 환경과 분리시키고, 그것들의 장점이나 결점을 그런 환경과 무관하게 고립적으로 고찰해 볼 수도 있을 것이다(그래서 라마누잔이 인도에 따로 떨어져 살면서도 유럽 수학계에 지대한 공헌을 할 수 있을 정도의 수준 높은 수 이론을 독학으로 통달하는 일이 가능했다). 그러나 나머지 다른 분야는 상황이 다르다. 그리고 철학에서는 그렇게 상황을 달리 인식하는 것이 불가피할 것이다. 철학에서 역사의 불순물을 걸러내서 철학의 문제들을 이미 수학에서는 익숙해진 유형의 추상적이고 일반적인 형식으로 다시 짜 맞추려는 실증주의자들의 대담한 노력에도 불구하고, 청년 비트겐슈타인도 예외일 수 없는 현실 속 인간들의 철학적 문제와 사상 들은 지질학의 표본처럼 그것들이 원래 있던 장소에서 우리를 맞이한다. 그리고 원래 있던 곳에서 그것들을 쪼개고 떼어 내는 과정에서 우리는 애초에 그것들을 구현해 낸 역사·문화적인 모태를 너무 쉽게 잊어버린 채, 결국에는 그것들의 원주인이 아닌 바로 우리 자신의 선입관을 반영하는 조각상을 그 위에 덧씌우고 마는 것이다.

어떻게 하면 이런 결과를 피할 수 있겠는가? 비트겐슈타인의 경우에 적용할 수 있는 가능한 한 가지 방법은 우리의 사고 중심에 하나의 핵심적인 질문을 간직하는 것이다. 그 질문은 바로 이것이다. 비트겐슈타인이 프레게, 러셀과 교류하기 **이전부터** 이미 마음에 품고 있던 철학적 문제는 무엇이었는가? 1970년대인 지금도* 비트겐슈타인과 《논고》에 대한 권위 있는 학술 서적들은 여전히 비트겐슈타인의 철학적인 관심사와 선입관이 그 두 사람을 만난 **이후에** 비롯된 것이라고 생각하게끔 만든다. 즉 철학에 대한 비트겐슈타인의 관심은, 그가 프레게와 러셀의 수리논리학을 접하고 뒤이어 러셀과 무어의 인식론과 언어분석을 접함으로써 비로소 눈뜨게 되었다는 것이다(비트겐슈타인에 관해 데이비드 페어스가 최근에 쓴 소론이 이러한 해석의 경향에 꼭 들어맞는 실례이다).[29] 그렇지만 이런 관점에 **반대되는** 강력한 근거가 분명히 존재한다. 비트겐슈타인이 그 두 사람을 만나 "프레게의 위대한 작업과 나의 친구 버트런드 러셀 씨의 저술들"[30]에 신세를 지기는 했지만, 그들에게 다가갈 때 주도권을 쥐고 있던 사람은 바로 비트겐슈타인이었다는 점을 기억해야 한다. 비트겐슈타인은 그들과 만난 이후에 비로소 철학에 관심을 가지게 된 것이 아니라, **이미** 마음속에 철학적인 문제 꾸러미를 온전히 품고 있었으며, 오히려 러셀과 프레게의 논리적인 방

---

* 이 책은 1973년에 처음 출판되었다.

법들을 사용하여 그런 문제들에 대한 해결책을 찾아보리라 희망했던 것으로 보인다. 그러한 문제들 자체의 기원을 따져 보자면, 아마도 그는 빈 식 양육과 교육의 과정에서 그런 문제들에 마주쳤을 것이다.

비트겐슈타인을 프레게, 러셀 및 무어의 철학적 '제자'나 '후계자'로 보는 모든 그림 속에는 대체로 그럴듯하지 않은 무언가가 분명히 존재한다. 우리는 프레게가 비트겐슈타인의 질문을 이해하지 못해 무척 당혹스러워 했고, 러셀이 더 잘 도와줄 수 있을 것이라는 희망으로 그를 러셀에게 보냈다는 사실을 알고 있다. 그러나 러셀이 쓴 《논고》의 서문에 대한 비트겐슈타인의 반응을 두고 판단해 보건대, 거기서 두 사람의 엇갈린 심중은 확실히 전면적인 것이었다. 이런 측면에서 볼 때 우리는 그를 완전히 독립적인 철학자로 대우하는 편이, 그리고 그가 프레게를 찾아가 도움과 조언을 얻기 전부터 친숙해 있던 사상과 저술가들을 살펴보는 방법을 통해 애초에 그의 마음 한가운데를 차지했던 문제들을 확인할 수는 없을지 생각해 보는 편이 훨씬 더 나을 것이다. 그것은 바로 엥겔만의 《비트겐슈타인 전기 및 서한집》이 우리에게 시도하도록 고무하는 작업이며, 또한 비트겐슈타인의 친구이자 그의 유저를 관리하는 유고 관리자인 G. H. 폰 브릭트가 예전에 제시했던 의견과도 궤를 같이하는 것이다. 폰 브릭트는, 자신이 비트겐슈타인에 관해 기억하는 두 가지 가장 중요한 사실은, 첫째 그가 빈 사람이라는 것, 둘째 그가 물리학적 지식에 통달한 공학도였다는 것이라고 얘기한 바 있다.[31]

그리고 좀더 직접적인 증거가 없는 상황에서, 우리는 우선 비트겐슈타인이 자랄 당시의 상황을 고찰할 준비가 되어 있어야만 비로소 그가 애초에 고려한 철학적 의문들이 과연 무엇이었는가라는 질문에 답해 볼 희망을 가질 수 있다. 산업 재벌이었을 뿐만 아니라 후기 합스부르크 빈의 문화, 그중에서도 특히 음악 문화의 중심부에 위치해 있던 매우 독특한 환경의 비트겐슈타인 가문에서 태어났고, 하인리히 헤르츠와 루트비히 볼츠만 같은 사람들의 수학과 물리학 이론을 탄탄하게 학습했던, 대단히 민감한 성격을 가진 한 총명한 청년을 염두에 둘 때, 그에게는 과연 어떤 부류의 문제들이 **진정한** 철학의 문제들로 모습을 드러낼 수밖에 없었던 것이며, 또 어떤 부류의 문제들이 러셀의 논리적 기법들을 통해 논박의 여지가 없는 결정적이고, 따라서 최종적인 해결 방안을 제시할 수도 있었을 법한 것들일까?

이 질문에 답하려면 비트겐슈타인이 프레게를 비롯해 훗날 케임브리지의 분석철학자들에게서 가져와 자신의 철학적 목적을 위해 사용했던 사상과 방법 들에 관해서는 잊어야 한다. 그 대신 우리는 비트겐슈타인이 어린 시절을 보냈던 빈을 직접 들여다보아야 한다. 즉 빈의 사회·정치적 문제들, 문화적인 관심사들, 그리고 무엇보다도 음악가, 저술가, 법률가 및 그 밖의 모든 종류의 사상가들이 강단 철학자들 못지않게 마음속에 품고 있던 바로 그 일반적인 철학적 뼈대를 고찰해 보아야 하는 것이다. 그리고 《논고》가 그 책이 탄생한 시대를 이해하기 위한 열쇠가 되는 책이라는 측면에서, 우리는 이 탐구가 양쪽의 방향으로 이해의 빛을 비추어 주리라고 희망할 수 있다. 즉 인간 루트비히 비트겐슈타인과 그의 언어관에 대한 우리의 견해를 재평가하는 과정에서, 20세기 중반의 예술과 사상의 많은 부분을 탄생시킨 문화의 요람이었던 당시 빈의 환경이 대체 어떠했는지 또한 좀더 분명하게 알 수 있게 되리라는 것이다.

이 책의 중심적인 목표가 될 비트겐슈타인에 관한 가장 중요한 질문에 대해 이야기했으니, 이제 우리는 그 질문을 잠시 접어 두어야 한다. 왜냐하면 그 질문에 답하기 위한 첫째 단계는 (우리의 생각이 옳다면)

복잡한 학제 간 연구에 몰두하는 것이 되어야 하기 때문이다. 다시 말해 당시 오스트리아의 정치와 사회, 문화와 철학의 관심사들을 서로 대비하여, 그 각각의 관심사들이 어떻게 형성되고, 또 어떻게 서로를 반영하게 되었는지 알아내야 하는 것이다. 만일 누군가 오로지 비트겐슈타인이 채택한 **논리적 방법**의 역사적 기원에만 관심이 있다면, 프레게와 러셀이 으뜸가는 비중을 차지하게 된다는 사실에 의문을 제기할 필요는 없을 것이다. 하지만 그의 철학 사상의 역사적 기원은 전혀 다른 것으로 밝혀질 것이다. 그리고 그것은 우선 광범위한 오스트리아적 맥락에 대한 우리의 독자적인 지식을 바탕으로 삼아 그 위에 비트겐슈타인의 성장 배경과 교육을 가설적으로 재구성해 볼 때만 인식될 수 있다.

따라서 이 책의 첫 부분에서 우리는 합스부르크 군주국의 마지막 몇십 년 동안 '흥겨운 빈'이 어떤 정치·사회적 특징을 지니고 있었는지 연구할 것이다. 거기에서 우리는 경제적 급변과 소란스러운 소수 인종 문제로 괴로워하는 어느 초강대국을 보게 될 것이다. 사실 그 권력체가 기존에 확립한 헌정 구조는 본질적으로 변화하는 역사적 상황이 빚어내는 새로운 요구들에 적응할 수 없는 것이었다. 그런 다음 우리는 그러한 후기 합스부르크의 환경 속에서 모든 분야의 저술가와 사상가, 예술가의 관심을 끈 공통의 주제와 문제들에 초점을 맞추게 될 것이며, 그중에서도 가장 논리정연하기로 정평이 난 웅변가인 카를 크라우스에 주목할 것이다. 그곳은 정치의 언어에서부터 한참 건너 건축 설계의 원리에 이르기까지 기존의 모든 매체, 즉 모든 표현 수단들 자체가 그것들이 본래 전달하고자 의도했던 '메시지'와 단절되어 있었고, 그 수단들이 진정한 기능을 수행하는 데 필요한 모든 능력을 빼앗겨 버린 사회였다.

크라우스가 사유의 결정적인 도구로서 언어비판을 요청했을 때, 그는 당대의 사유와 표현 속에 담겨 있는 바로 그 흐트러진 모습에 도덕적 증오심을 품고 있었다. 그런 모습은 인격적 고결성의 적이자, 부패하고 위선적인 사람들의 정치적 기만 앞에 사람들을 무방비 상태로 내몰게 되는 원인이었다. 그러나 사회적 논쟁의 정직성을 회복하려는 크라우스의 일인 십자군 운동은 그 이상의 것을 폭넓게 함축하고 있었다. 그의 운동은 지성과 예술의 다른 행위 영역 안에서 곧장 반향을 불러일으켰으며, 모든 분야에서 기존에 사용되던 표현 수단에 대한 비판을 요구하는 것으로 점차 확대되었다. 그 목적은, 예를 들면 감상벽이 창조적인 예술 활동을 훼방할 때 동원되는 모든 구태의연하고 무의미한 치장들을 걷어치움으로써, 그 활동이 지닌 원래의 고유한 기능을 발휘하는 데 필요한 표현 능력들을 회복하자는 것이었다. 어떻게 특정 '매체'가 특정 '메시지'의 표현 수단으로 어울릴 수 있었을까? 도대체 어떻게 어떤 무언가가 다른 어떤 무언가를 표현하거나 상징하는 수단으로 기능할 수 있었을까? 우리는 이러한 비판을 자신의 과제로 삼았던 사람들을 예술과 지성의 모든 분야에서 발견하게 된다. 예를 들어 우리가 음악이나 그림, 건축, 일상 언어 따위를 하나의 '표상Darstellung'으로 간주할 수 있다면, 그것은 도대체 어떤 의미인가? 그리고 그런 표상이 지녔다고 얘기될 수 있는 또 다른 '기호적 기능symbolic function'은 무엇인가? 마셜 매클루언이 지난 몇 년간 대중화시킨 이 모든 논의들은 이미 크라우스와 볼츠만, 로스와 쇤베르크가 살았던 빈에서 훨씬 더 진지하고 엄격하게 논의되었다.

앞으로 보게 되겠지만 언어, 상징체계, 그리고 모든 종류의 표현 매체가 우리에게 '표상Darstellung'이나 '그림Bild'을 제공한다고 보는 생각은 비트겐슈타인의 《논고》에서 유래한 것이 아니라, 이미 1910년경 빈의 모든 문화 토론의 장에서 일상화되어 있었다. 이 개념은 특히 과학자들 사이에서는, 최소한 헤르츠가 물리 이론을 자연현상에 대한 그림이나 표상을 제공하는 것으로 규정한 이래 널리 통용되고 있었다.[32] 물리학과는 반대쪽 극단에 있다고 할 수 있는 예술 분야에서도, 마찬가지로 그 개념은 미술가와 음악가 사이에서 친숙한 것이었다. 예를 들면 아르놀트 쉰베르크는 음악적 사유에 관해서 〈음악적 사고와 그것의 표상에 관한 논리, 기법, 그리고 예술〉이라는 제목의 소론을 썼다.[33]

비트겐슈타인이 무대에 막 들어섰을 무렵, 빈의 응접실에서는 이미 사람들이 대체로 칸트의 전통에서 흘러나온 용어들, 그중에서도 특히 '반反철학자' 쇼펜하우어의 용어들을 가지고 이런 논의를 15년 내지 20여 년째 벌이고 있던 상황이었다. 우리는 비트겐슈타인의 업적이 이 토론을 시작했다는 데 있는 것이 아니라, 문제의 논쟁거리들에 대하여 완벽하고도 일반적인 결정적 분석을 제공함으로써 이야기의 가닥을 최종적으로 한데 묶어 냈다는 데 있다고 주장할 것이다. 그리고 그가 그 작업을 수행한 방식은 그에게는 개인적으로 또 다른 이점으로 작용하였다. 즉 그로 인해 자신의 윤리적 견해에 관한 몇 가지 절박한 지성적 문제들을 말끔히 제거할 수 있게 되었다는 것이다. 그리고 그러한 결과는 자신의 견해에 어떤 지성적 토대를 마련함으로써가 아니라, 확실히 도덕적 문제들에 대해서는 지적 토대에 관한 그 어떤 질문도 올바르게 제기될 수 없다는 키르케고르적인 견해에 나름대로 반박의 여지가 없는 듯 보이는 결정적인 버팀목을 제공함으로써 얻을 수 있었다.

지금까지 우리는 앞으로의 각 장이 어떤 순서로 전개될 것인지를 서술하였고, 탐구의 성격과 방법에 관해서는 조금만 언급하였다. 그런데도 벌써 우리는 강단 철학자들, 다시 말해 전문적인 직업 철학자들이 우리의 설명에 흡족해하지 않는 모습을 떠올릴 수 있다. 영어권 철학을 배경으로 비트겐슈타인을 바라보는 한, 그를 20세기의 1세대 전문 철학자 중 한 명으로 보는 모든 그림은 여전히 옹호 가능한 것처럼 보인다. (그 그림 속에서 그는 얼마나 혁명적으로 보이는가!) 대조적으로 일단 그가 태어난 환경 속에서 그를 바라보게 되면, 그런 그림의 부적절성은 너무나 분명해진다. 왜냐하면 그럴 때 우리는 논리-언어적인 비트겐슈타인과 윤리적인 비트겐슈타인을 분리시킴으로써 발생하는 역설들뿐만 아니라, 또 다른 하나의 수수께끼와 마주칠 것이기 때문이다. 즉 정말로 비트겐슈타인은 러셀과 무어가 시작한 언어분석 프로그램을 더욱 멀리까지 발전시켜 나가는 과정에서 너무나도 우연히 그때까지 빈의 모든 동시대인을 성가시게 만들고 있던 표상에 관한 일반적인 문제까지 함께 해소하게 되었던 것이고, 거기에 공교롭게도 그 사람들이 실제로 쓰고 있던 바로 그 용어들을 사용했을 뿐이라는 말인가!

요약하자면 이 책에서 제기된 역사적인 논증들은 비트겐슈타인의 **믿음들**이라기보다는 그의 **문제들**을 조명하기 위해 계획되었다. 비트겐슈타인같이 심오하고 독자적이며 독창적인 사람이라면, 자기 나름의 지적이고 도덕적인 믿음들을 단지 몇몇 빼어난 선배나 동료 철학자의 역사적인 영향력에 의거하여 수용하지는 않는다. 그런 측면에서 우리는 그의 논증들은 그 자체의 힘으로 서 있도록 놔두고, 그가 어떻게 해서 그런 믿음들에 대하여 반박의 여지가 없는 결정적인 정당화를 제공하는 작업에 착수하게 되었는지를 고찰해야 한다. 그러나 비트겐슈타인의 입장에서 볼 때 그러한 논증과 믿음 들에 나름의 유의미성을 제공했던 바로 그 문제들을 이해하는 단계에 이르게 되면, 우리는 더 이상 그의 사상과 그것을 설명해 줄 역사·문화적 맥락을 칼로 무 자르듯 두 쪽으로 분리할 수 없게 될 것이다. 논리학과 언어철학 문헌으로 간주되는 《논고》와 《철학적 탐구》는 그 자체로 우뚝 서 있으며, 또한 앞으로도 계속 그렇게 서 있을 것이다. 대조적으로 지성적인 문제들에 대한 해결책으로 간주되는 루트비히 비트겐슈타인의 논증들은, 다른 철학자들의 경우와 마찬가지로, 그가 처음 문제설정Problemstellung을 할 때 필수적인 측면을 형성했던 역사·문화적 배경 속의 여러 요소들과 연관 지을 때에야 비로소 완전하게 납득 가능하고, 또한 그렇게 남을 것이다.

# 2
# 역설의 도시, 합스부르크 빈

아, 빈이여, 꿈의 도시여! 세상에 빈과 같은 곳은 없도다!
— 로베르트 무질, 《특성 없는 남자》

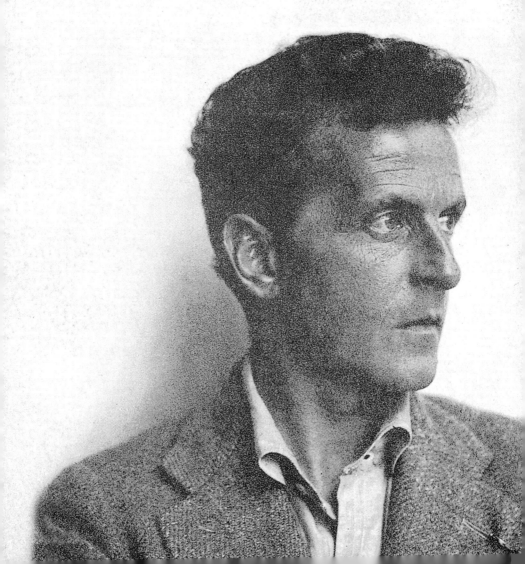

## 빈 생활의 이중성

대중의 상상 속에서 '빈'이라는 이름은 슈트라우스의 왈츠, 매혹적인 카페, 감칠맛 나는 페이스트리 과자, 그리고 어떤 근심 걱정도 없이 만사를 포용하는 쾌락주의 등과 같은 의미를 지닌다. 그러나 그 껍데기를 아주 조금이라도 벗겨 본 사람에게는 매우 다른 그림이 드러난다. 왜냐하면 꿈의 도시 빈의 신화를 만들어 내는 데 동원되는 이 모든 요소들이 동시에 빈 식 삶의 또 다른 어두운 단면이 되기 때문이다.

  가장 잘 알려져 있는 슈트라우스의 왈츠 작품 〈아름답고 푸른 도나우〉는 오스트리아-헝가리 제국의 군대가 자도바라는 마을에서 프러시아 군대에게 패퇴하고 난 지 몇 주 후에 작곡되었는데, 그 패배는 합스부르크 왕가가 더는 게르만 세계의 헤게모니를 주장할 수 없게 될 정도로 결정적인 것이었다.[1] 프란츠 요제프의 군대가 비스마르크의 군대 앞에 그렇게 신속하게 무너져 버렸다는 사실은 이중 군주국이 이제는 기껏해야 이류 국가로 전락해 버렸음을 분명하게 말해 주는 것이었다. 마찬가지로 슈트라우스의 가장 성공적인 오페라 〈박쥐〉는 훗날 오스트리아인들이 검은 금요일이라고 부르게 되는 1873년 5월 9일의 끔찍한 주식시장 붕괴에 충격을 받은 빈 시민들의 기분을 전환하는 효과를 발휘하였다.[2]

왈츠는 언제나 빈 사람들의 삶의 기쁨joie de vivre을 나타내는 상징이었지만 동시에 또 다른 얼굴도 가지고 있었다. 독일에서 온 한 방문객은 슈트라우스와 그의 왈츠가 악마의 소굴로 가는 비상구를 제공한다고 묘사하였다.

아프리카 토인처럼 혈기에 넘치고, 삶에 열광하며 … 흥분한 듯 들떠 있고, 아름답지 않고, 다혈질적인 그는 바로 왈츠로 우리의 육체에서 사악한 악마를 불러낸다. 왈츠는 … 우리의 오관을 달콤한 황홀경으로 사로잡는 현대판 주술 의식이다. 특히 더 아프리카적인 것은 그가 자신의 춤곡을 지휘하는 방식이다. 그의 왈츠가 내뿜는 뇌우가 작렬할 때, 그의 팔다리는 더 이상 자신의 것이 아니다. 그의 바이올린 활대는 팔과 함께 춤을 추고 … 그 박자는 두 발에 생기를 불어넣는다. 또한 그 가락은 그의 얼굴 앞에 들어 올려진 샴페인 잔들을 덩실거리게 만들고, 악마가 사방에 나타난다. … 이 음험한 사람의 손에 위험한 힘이 쥐어진 것이다. 음악에 대해 온갖 종류의 착상을 떠올려 볼 수 있고, 검열도 왈츠와는 무관할 수 있으며, 음악은 사유의 경로를 통하지 않고 우리의 감정을 직접 자극한다는 이 모든 사실이 그에게는 크나큰 행운으로 다가올 것이다. … 연인들은 술을 마시고 흥청거리며 왈츠를 춘다. … 욕망을 분출한다. 하느님도 그들을 막지 않는다.[3]

당시의 관찰자들은 곧잘 춤에 대한 빈 사람들의 열정이 일종의 병리적인 현상이자 꿈의 도시에서 빚어지는 일상사의 가혹한 현실에서 도피하고픈 사람들의 욕구를 반영하는 것이라고 이야기했으며, 이 인용문역시 그러한 평가의 하나일 뿐이다.

빈의 거리에 줄지어 늘어선 활기찬 카페들은 빈 식 생활양식의 본질적인 부분을 형성하였다. 그곳에서는 누구나 커피나 포도주 한 잔을 시켜 놓고 세계 각국에서 날아온 신문이나 잡지를 읽으며, 하루 종일 시간을 보낼 수 있었다. 그리고 그런 카페들은 근심 걱정 없는 이완된 삶의 구현으로서 지금까지도 여행객들의 발길을 늘 사로잡고 있다. 그러나 빈의 음악과 춤이 그랬던 것처럼 도시의 이 명물에도 이면이 존재하였다. 19세기 내내 그리고 바로 지금 현재까지도, 빈은 심각한 주택 부족 현상을 겪고 있으며, 노동 계층의 주택 보급 사정은 언제나 질적인 면과 양적인 면에서 모두 불충분하였다. 그들의 아파트는 처량했으며 난방도 제대로 되지 않았다. 그래서 사람들은 그런 구질구질하고 냉랭한 거처를 벗어나고픈 욕구를 늘 품어 왔다. 그리고 그 욕구는 도처에 널려 있는 따뜻하고 쾌적한 카페들로 충족되었다. 이번에도 마찬가지로 빈에 있는 카페들의 매력은 대부분의 빈 시민들이 겪고 있던 고달픈 삶의 현실이 가진 또 다른 얼굴이었다. 그리고 이와 유사한 이중성이 빈 생활의 여러 측면을 특징짓는다.[4]

죽은 뒤에 문화적 영웅으로 칭송받게 된 사람들이 살아 있는 동안 그렇게 야박한 대접을 받았던 도시는 빈 말고는 거의 찾아보기가 어렵다. 음악 분야만 보더라도, 누구든 프란츠 슈베르트, 후고 볼프, 그리고 아르놀트 쇤베르크의 이름을 그 예로 쉽게 떠올릴 수 있다. 그러나 구스타프 말러의 경우만큼 그러한 표리부동이 유난히 뚜렷한 사례도 없을 것이다. 왜냐하면 그는 궁정 오페라단을 이전과는 비교도 할 수 없는 발군의 연주단으로 키워 낸 최고의 지휘자로 추앙받았지만, 다른 한편으로는 (유대인이라는 이유로) 타락한 작곡가라는 비난을 동시에 받았기 때문이다.[5] 음악과 회화에서도 대체로 빈약하고 틀에 박힌 평가 기준과 판단력을 지닌 한슬리크와 마카르트 같은 인물들이 범속한 목소리가 빈 사회 전체를 호령할 수 있었다. 그리고 이 에두아르트 한슬리크라는 인물 자체가 또한 오스트리아적인 역설의 한 부분을 차지한다. 이 브람스 옹호자는 1846년에 〈탄호이저〉에 대한 열광적인 평론을 통해 누구보다 먼저 리하르트 바그너의 찬미가를 부른 사람이 되었지만, 나중에는 바그너와 앙숙이 되었다.[6] 이렇듯 문화 창조의 모태임을 자부하던 그 도시에서 진정한 혁신자들의 삶은 그토록 고달프기만 했던 것이다.

빈은 또한 세기의 전환기에 세계 의학의 중심지였다. 오늘날의 미국이 의료과학 분야에서 발군의 실력을 갖추게 된 것은 미국의 의학 수준이 창피할 정도로 낮던 시절에 수천 명의 의과대학 학생들이 헤브라, 스코다, 크라프트에빙, 빌로트 등과 같은 빈 의료계의 권위자들 밑에서 연구하기 위해 유학을 왔던 덕분임을 절대로 간과할 수 없다. 하지만 정작 그런 권위자들의 본거지에서는 정신분석에 관한 프로이트의 작업과 세균 감염에 대한 제멜바이스의 작업 등 선구적인 연구 성과들이 제대로 인정받지 못하고 있었다. 왜냐하면 당시 사람들이 그들의 작업이 지닌 중대성을 인식할 수 있을 만큼 폭넓은 시야를 가지고 있지 않았기 때문이다. 프로이트의 사례는 너무나 잘 알려져 있기에 여기서 굳이 되풀이할 필요는 없을 것이다. 산파와 산부인과 의사의 더러운 손톱이 산모와 아기 모두에게 치명적인 감염을 야기할 수 있다는 사실을 발견한 제멜바이스는 이것을 빈 사회에 널리 알리는 일이 불가능하다는 사실도 함께 발견하였다. 왜냐하면 제멜바이스의 발견에 반대하는 정치적으로 영향력이 있는 의사들이, 그가 자신의 발견을 임상적으로 실험해 볼 수 없게끔 자리에서 쫓아내고는, 아예 그에게 의학적 불신의 딱지를 붙여 버렸기 때문이었다. 자신과 자신의 작업에 퍼부어진 숱한 조롱을 견디지 못한 제멜바이스는 구명救命의 발견을 한 지 15년 만에 정신병동에서 죽고 말았다.[8]

인간의 삶에서 성이 차지하는 역할에 관한 프로이트의 견해가 함축하는 여러 가지 사실들은 빈 중산층 사람들의 감성에 상처를 주었다. 한편 카를 크라우스의 풍자와 논쟁은 명쾌하고 재기 넘치는 능란한 산문 형식으로 그들의 위선과 허풍을 공격하였다. 그 결과 빈 사람들은 프로이트와 크라우스가 제기한 문제들을 논의하는 것조차 두려워하게 되었고, 그래서 글을 쓸 때도 절대로 그 두 사람의 이름을 공개적으로 언급하지 않았다. 그들도 암묵적으로는 두 사람의 주장이 진실임을 인정하였던 것이다. 여기서 유래한 '침묵의 음모Totschweigentaktik'도 프로이트의 저술이 번역을 통해 세상에 알려지는 것을 막지는 못했다. 그러나 크라우스는 고도로 관용적이고, 익살스럽고, 구어체적인, 그래서 결과적으로 번역이 불가능한 독일어를 구사했기 때문에 널리 알려지는 데 제약을 받았다. 소설 《특성 없는 남자》를 통해 그 어떤 역사서나 문학 작품보다도 19세기 말 빈의 퇴폐적인 분위기를 훌륭하게 포착해 냈던 저 통렬하고 편견 없는 방관자 로베르트 무질이 다음과 같이 언급했을 때, 실제로 그는 수많은 오스트리아 사람들의 심경을 대변하고 있었던 것이다. "세상에는 너무 길고 뚱뚱한 데다 머리도 없고 발도 없기 때문에 누구도 맞서 싸울 수 없는 것이 두 가지가 있다. 바로 카를 크라우스와 정신분석학이다."[9] 빈이 그야말로 지성과 문화의 중심지였다고 해도, 그 도시가 스스로 키워 낸 비평가들을 견뎌 낼 재간은 없었다.

한편에는 나치주의와 독일의 반유대주의 정책이, 그리고 다른 한편에는 시온주의가 존재하는 대립적인 사회 정치 운동의 기원은 바로 구舊 빈에 있다. 그것은 현대 가톨릭 사회사상의 핵심적인 요소들과 '오스트리아 식 마르크스주의Austro-Marxism'로 알려진 마르크스 사상의 독창적 수용이 공존했던 것과 같은 맥락이다. 구 빈의 온갖 이중성과 역설 중에서 결코 빼놓을 수 없는 것은, 바로 수백 년 동안 합스부르크의 수도였던 이 도시가 **통상적인 이름조차 없던** 한 왕국의 수도였다는 사실이다! 항상 그렇듯 무질이 최고의 해설을 제공한다.

모든 사물과 모든 사람에게 그 나라는 제국-황실kaiserlich-königlich이자 제국과 황실kaiserlich und königlich이었다. 그럼에도 불구하고 어떤 부류의 기관과 사람이 k.k.로 지칭되고, 또 어떤 부류가 k.u.k.로 지칭되는지를 확실히 구분하려면 신비의 비법이 요구되었다. 문서상으로 이 나라는 자국을 오스트리아-헝가리 군주국이라고 칭했다. 그러나 평상시에 말할 때는 누구나 '오스트리아'라고 불렀다. 다시 말해 국가 차원에서는 서약을 통해 엄숙하게 포기했지만 정서적인 모든 측면에서는 결코 버리지 않고 간직해 왔던 그 이름으로 알려져 있는 것이다. 이것은 감정이 헌법만큼이나 중요하며, 법규는 삶에 있어 진정으로 중요한 문제가 아니라는 사실을 보여 주는 징표이다. 국가 제도상으로는 자유주의 국가였지만, 그 통치 체계는 관료적이었다. 통치 체계는 관료적이었지만, 삶에 대한 일반 대중의 태도는 자유주의적이었다. 법 앞에서 모든 시민은 평등했다. 그러나 물론 모든 사람이 시민은 아니었다. 부여된 자유를 매우 엄격하게 행사하는 의회가 존재하지만, 정작 의회의 문은 대개 닫혀 있었다. 하지만 '긴급 공권력 사용 법안'이라는 것도 있기 때문에, 그 법안을 이용하면 의회 없이도 일처리가 가능했다. 그리고 모든 사람이 절대주의를 기쁜 마음으로 받아들이려는 순간마다 군주는 이제는 다시 의회 정치로 복귀해야만 할 때라고 선포했다.[10]

합스부르크 군주국과 그 나라의 수도에 담겨 있는 제도적·사회적 역설을 이보다 간명하게 보여 줄 수는 없을 것이다. 겉으로 보기에 뚜렷이 드러나는 세속의 감각적인 호사와 번영은, 좀더 깊은 차원에서는 그곳의 비참한 상황 그 자체와 동일한 것이었다. 당당한 위풍을 과시하며 기쁨을 누리던 그 사회의 안정성은 그 밑에 깔려 있는 문화적 혼돈을 가까스로 감추고 있는 생기 잃은 겉치레의 한 표현에 불과한 것이었다. 좀더 자세히 음미해 보면, 그곳의 모든 표면상의 번영은 그 반대의 상황으로 연결된다. 이것이 이중 군주국에서의 삶의 모든 국면에 스며들어 있던 근본적인 진실이었다. 이와 같은 역설들이 그 나라의 정치와 사회 풍속, 음악과 언론, 제국의 귀족과 노동자 계층에 한결같이 반영되어 있었던 것이다.

## '하느님의 도구'로서의 합스부르크 왕가

심각하게 의심해 볼 필요도 없이, 이러한 사태를 유발한 핵심적인 요인은 합스부르크 제국의 통치 왕조가 하우스마흐트Hausmacht라는 개념, 즉 합스부르크 왕가는 하느님이 부리는 지상의 도구라는 이념을 확고부동하게 견지했다는 사실에 있다. 오스트리아-헝가리 제국이 장차 유럽에서 맞이하게 될 운명은 앞서 언급한 제국 수도의 물리적 구조와 더불어 하우스마흐트의 이념을 마지막에서 두 번째로 구현한 인물, 즉 프란츠 요제프 황제*에 의해 대부분 결정되었다. 합스부르크 왕가의 숭고한 이념은, 프란츠 요제프 본인과 그의 조부 프란츠 1세†, 그리고 3월 혁명 이전 시대인 1835년에서 1848년까지의 13년(소위 삼월전기 Vormärz) 동안 우둔한 황제 페르디난트 1세를 대신해 전前 황제 프란츠 1세의 유지를 충실히 받든 메테르니히 같은 사람들을 통해서, 120여 년의 기간 동안 제국의 정책을 좌지우지했다. 그런 정책이 가장 악명

---

* 재위 1848~1916년.

† 재위 1804~1835년.

높게 현실화된 것이 바로 프란츠 1세 때 가동되기 시작한 소위 '메테르니히 체제'로서, 그것은 합스부르크의 영토 내에서 혁명과 혁명적인 사고방식을 철저히 배제하려는 장치였다. (사실을 말하자면 메테르니히는 그 체제를 고안하지도 않았을 뿐만 아니라 그 체제에 포함된 정책들 모두에 동의하지도 않았다.)[11] 그러나 변화라는 것 자체를 거부한 프란츠 1세는 그 정도로 만족하지 않았다. 실제로 그는 변화를 매우 두려워하였고, 그래서 선왕인 '혁명적' 황제 요제프 2세*의 정책에 반대하면서도, 이른바 '현상 유지'를 문자 그대로 철두철미하게 실천해야 한다고 주장하면서 선왕이 임명한 관료들의 경질마저 거부하였다.[12]

프란츠 1세의 목표는 경찰국가의 '법과 질서Ruhe und Ordnung'였다. 검열은 엄격하고도 포괄적이었다. 철도망 건설은 철도가 혁명의 수송 수단이 될 수 있다는 이유에서 금지되었다.[13] 프로테스탄트 신학교가 건립되었고, 따라서 성직 수임 후보자들은 교육을 받으러 국외로 나갈 필요가 없었다. 그랬다가는 새로운, 어쩌면 체제 전복적인 생각들을 접하고 돌아오게 될지도 모를 일이기 때문이었다.[14] 변화란 그 어떤 것이든 합스부르크의 이념을 위협하는 것이었다. 프란츠 1세는 이렇게 말한 바 있다. "나의 왕국은 벌레 먹은 집과 비슷하다. 만일 어느 한쪽이 망가지기라도 하면, 그다음에는 얼마나 더 많이 무너져 내릴지 누구도 장담할 수 없다."[15] 메테르니히 역시 다른 식으로 그와 유사한 입장을 축약한 바 있다. "나는 유럽은 가끔 통치하지만, 오스트리아는 항상 통치한다."[16] 프란츠 1세가 죽은 후에도 메테르니히는 선왕의 정책을 집행하는 역할을 계속했다. 이런 체제가 56년간 지속되고 난 뒤에 나타난 총체적인 결과는 바로 1848년에 일어난 혁명이었다.

---

* 재위 1765~1790년.

1848년의 격변은 열여덟 살의 프란츠 요제프를 황제의 권좌에 앉혀 놓았다. 그리고 그 격변의 실패는 새로 등극한 황제로 하여금 이후 68년이라는 재위 기간 동안 겉으로는 한결 개혁적인 수단들로 보이지만 실상은 일관되게 반동적인 목적에 기여하는 일련의 정책들을 내놓게 만들었다.[17] 프란츠 요제프가 재위한 그 기간은 그 나라에 눈속임의 안정을 가져다주었다. 그가 내린 조치들 가운데 언뜻 보기에 가장 급진적인 것은 1907년에 자국 내의 서부 지역에서 성인 남성을 대상으로 하는 보통선거 제도를 도입한 것이었다. 그러나 외견상 자유주의적인 것으로 보이는 이 조치는, 사실 독자적인 군대를 창설하고자 했던 헝가리 측에 맞서 황제의 군 통수권을 확고히 지켜 내기 위해 고안한 것이었다.[18] 그러한 완화 조치들에도 불구하고 구체제는 살아남았다. 그리고 메테르니히에서 프란츠 요제프로 이어지는 연속성은, 황제가 시대착오적인 지략을 발휘해 '당파 위에 군림하는 제왕적 수상' 타페를 임명한 시기에서부터 1904년 말 쾨르버가 사임할 때까지의 기간 동안 점점 더 명확해졌다. 이 무렵의 "오스트리아는 비의회적인 방법만으로도 여전히 통치될 수 있었으나, 물론 그 이야기는 그 나라가 그런 일을 기꺼이 완수해 낼 수 있는 숙련된 관리들을 충분히 보유하고 있을 때만 통할 수 있는"[19] 것임이 분명한 상황이었다. 그러나 황제는 최소한 자신의 군 통수권이 도전받지만 않는다면 그런 사실을 그다지 중요한 문제로 여기지 않았던 것 같다.

이처럼 거추장스러운 정치 구조물이 20세기에 진입하자, 민족분쟁과 황제의 아집은 모두 급속도로 커져만 갔고, 따라서 제국의 통치는 더욱 더 어려워졌다. 그러한 민족주의의 전개 과정에서 아주 중요한 사건들만을 요약한다고 해도 이 책의 범위를 훨씬 넘어설 것이다. 왜냐하면 그 작업은 합스부르크라는 다민족 국가를 구성하고 있던 총

열한 개 민족의 백 년에 걸친 역사를 그들 상호 간의 미로와도 같은 복잡한 관계들 속에서 추적하는 일이 될 것이기 때문이다. 그래도 민족 문제와 관련하여 적어도 두 가지 국면에 관해서 만큼은 언급할 가치가 있다. 우선, 역설적이지만 애초에 수면 상태에 빠져 있던 제국의 민족의식을 일깨운 계기는 요제프 2세의 근대화 개혁 정책이었다.[20] 처음 그러한 의식은 단지 자기 민족의 말로 이루어진 문학과 문헌학의 부활을 통해서만 그 모습을 드러냈다. 실제로 합스부르크의 일류 김나지움인 테레지아눔Theresianum에서는, 헝가리 출신 귀족 자제들이 헝가리어로 쓰인 최초의 시가들을 창작하곤 하였다.[21] 그러나 19세기 중반에 이르러 이런 민족의식은 분리주의 정치 운동을 표방하는 것으로 변질되었고, 궁극적으로는 전쟁으로 이어져 결국 합스부르크 왕조와 더불어 합스부르크가 중부 유럽에서 대표하고 있던 모든 것을 함께 무너뜨리게 된다.

## 슬라브 민족주의를 낳은 칠리 사태

또 다른 의미심장한 사건은 소위 '칠리 사태Cilli Affair'[22]라 불리는 것으로, 이 사건은 19세기 말이 되기 훨씬 전부터 점차 확대되어 온 제국 내 민족 문제의 심각한 양상을 그대로 보여 준다. 오스트리아 남부 슈타이어마르크 지역에 위치한 그 도시에서는 이미 1895년경에 학교에서 가르칠 언어를 결정하는 일이 정부를 무너뜨릴 수도 있을 만큼 중대한 문제가 되어 있었다. 이것은 실로 "오스트리아의 모든 병폐와 국가적 논쟁의 온갖 분란을 그 자체로 여실히 드러내는 문제"였다.[23] 주로 슈타이어마르크 시골 지역에 거주하고 있던 슬로베니아인들은 자기네 말이 교육 언어로 채택되는 김나지움을 원했다. 반면 도시 인구의 대다수를 차지하고 있으면서 슈타이어마르크 의회를 장악하고 있던 독일인들은 슬로베니아인들의 요구를 일관되게 거부하였다. 그들의 요구를 수용하게 되면 결과적으로 독일인과 독일어가 칠리에서 사라질지도 모른다는 것이 그 이유였다. 그러자 슬로베니아인들은 이 안건을 제국의회로 가지고 갔고, 제국의회는 그들이 원하는 학교를 건립하라는 결정을 내렸다. 이 결정을 접한 독일계 당파는 당시 참여하고 있던 연정에서 탈퇴하였으며, 결과적으로 정권에 등을 돌리게 되었다. 민족주의는 그 대가를 톡톡히 치렀다. 칠리 사태는 남부의 슬라브인과 체코인 들로 하여금 자신들이 공통적으로 처해 있던 곤경의 근본 원인인 게르만 민족주의의 발흥을 감지하는 데 도움을 주었다. 오래 지나지 않아, 제국의회의 상이한 민족 당파들 사이에서는 토론 대신에 주먹다짐과 잉크병 세례만이 횡행하게 되었다. 탁월한 민족주의 역사가인 한스 콘이 바로 이 '이름 없는 왕국' 출신일 수밖에 없던 것은 분명 우연이 아니다.

누구든 19세기 합스부르크의 역사를 연구하고 나면, 역사를 이해하는 한 가지 설명 양식인 헤겔주의 변증법의 매력을 부인하기 어려울 것이다. 왜냐하면 합스부르크의 역사는 특정한 한 상황이 그 반대의 상황을 낳는 경우가 끊임없이 이어졌기 때문이다. 라틴어 대신 독일어를 도입함으로써 제국의 행정에 효율을 기하려는 노력은 그 반작용으로 헝가리와 체코의 문화적 민족주의를 낳았고, 그것은 뒤이어 그 민족들의 정치적 민족주의로 발전하였다. 슬라브 민족의 정치·경제적 민족주의는 차례로 독일 민족의 정치·경제적 민족주의를 낳았고 그것이 이번에는 다시 반유대 정책을 낳았으며, 그에 따른 유대 민족의 당연한 반응으로 시온주의가 등장하였다. 얼핏 보아도 이 정도면 머리에 현기증이 나기에 충분하다. 합스부르크의 하우스마흐트 이념은 군부와 국가 재정에 관한 황제의 절대적인 통제권에 집중되어 있었다.[24]

무질은 이렇게 적었다. "누구는 군대에 어마어마한 자금을 쏟아부었지만 그것은 그 나라가 강대국들 중 여전히 끝에서 둘째에 불과하다는 사실을 스스로 확인하기에 충분할 뿐이다."[25] 그리고 그 문제에 관한 합스부르크의 비타협적인 자세는 헝가리 민족주의자들의 또 다른 비타협적인 자세를 낳았다. 그들은 자신들이 상상할 수 있는 유일한 헝가리의 모습은 '대大헝가리'뿐이라고 주장하였다. 헝가리의 땅은 성 슈테판 국왕* 때의 영토와 동일한 것이 아니겠는가?

## 프란츠 요제프 황제

가끔은 프란츠 요제프도 이런 주장을 어느 정도 수용할 수 있었다. 특히 유럽에서 밀 수요가 늘어난 시기 동안 헝가리 지역의 풍족한 수확량이 과도하게 지출된 제국의 금고를 다시 채우는 데 기여하였기 때문이다. 그리고 그처럼 빈곤한 재정은 제국이 어쩌다가 '끝에서 둘째'의 처지에 놓이게 되었는지를 잘 설명해 주고 있었다. 따라서 그는 1867년의 절충안을 수용할 수밖에 없었다. 그 사건은 경제 여건의 악화와 중대한 군사적 패배가 동시에 빚어지는 바람에 불가피하게 겪을 수밖에 없었던 실로 끔찍한 일격이었다. 그러나 하우스마흐트는 대망을 품은 체코 민족주의자들이 재건하고자 한 성 바츨라프의 왕국†까지 힘겨루기에 나서는 것은 용인할 수 없었다. 따라서 프란츠 요제프는 헝가리에 대해서는 성실하고도 집요하게 헌신과 경의를 표했던 반면(당사자인 헝가리인들은 그의 그런 자세를 그저 오스트리아와 헝가리 두 왕가가

---

* 11세기 초에 지금의 헝가리 지역을 가톨릭으로 개종시켜 정식으로 헝가리라는 나라를 세운 정복 군주.
† 바츨라프는 10세기 초반 체코 공국의 군주였으며, 여기서 말하는 왕국은 체코를 가리킨다.

순수한 인격적 통합을 향해 나아가는 첫 단계로만 생각하였다), 체코인이나 남부의 슬라브인들이 그와 유사한 주장을 인정해 달라고 요구하고 나섰을 때는 털끝만큼도 물러설 수 없었다.[26] 왜냐하면 이 지역들에서는 헝가리만큼 얻을 것이 많지 않은 데다, 그들의 주장은 신이 황제와 그의 왕조에 할 일을 주었다는 천부적 왕권 개념에 위협이 되기 때문이었다.

결국 합스부르크 왕국에서 빚어진 일련의 사태들은 짐짓 허울 좋은 형식주의의 양상을 띠게 되었고, 그 배후에는 무위와 혼돈밖에 존재하지 않았다. 최전성기 때의 프란츠 요제프는 범용하고 천박했으며, 늘 고립을 자초하는 의례에 의존하고 있었다. 그런 허례는 점점 더 자신의 개인적인 결점을 감추는 엄폐물이 되어 갔을 뿐 아니라, 독일인, 루테니아인, 이탈리아인, 슬로바키아인, 루마니아인, 체코인, 폴란드인, 마자르인, 슬로베니아인, 크로아티아인, 트란실바니아계 색슨인에 세르비아인까지 뒤범벅이 된 통치 불능의 혼란상을 은폐하는 구실이 되었다. 황제를 대하는 각 민족 구성원들의 일반적인 태도는, 합스부르크라는 초강대국의 마지막 나날 동안 제국의 지식인들이 공유하고 있던 태도와 다르지 않았다.

그 황제, 즉 카카니아의 왕은 전설적인 노신사였다. 그의 시대 이래로 그에 관해서 엄청나게 많은 책들이 쏟아졌고, 그래서 누구나 그가 무슨 일을 했는지, 무슨 일을 방해했는지, 또는 무슨 일을 하지 않고 방치해 두었는지 정확하게 알고 있다. 그런데 정작 그 황제와 카카니아의 목숨이 붙어 있던 마지막 10년의 세월 동안 당시의 예술과 과학계의 사정에 익숙해 있던 젊은 사람들은 때때로 그가 도대체 존재하기나 하는 것인가 하는 의혹에 빠져들기도 했다. 사람들이 본 그의 초상화의 수는 그의 영토 안에 거주하는 사람들의 수만큼이나 많았다. 그의 생일에는 구세주 탄신일에 버금갈 만큼 먹고 마실 것이 흘러 넘쳤다. 산 위에는 큰 화톳불이 붉게 타올랐고, 그를 아버지처럼 사랑한다고 맹세하는 수백만 명의 목소리가 들려 왔다. 마지막으로 그의 영예를 칭송하는 성가는 카카니아의 전 국민이 적어도 한 구절 정도는 알고 있는 유일한 시가 작품이었다. 그러나 이런 인기와 명성이 과도하리만큼 너무나 확고했기 때문에 오히려 그의 존재를 믿는 것은 이미 수천 년 전에 없어지고 만 어떤 별을 지금까지도 보고 있는 것이나 다를 바 없다는 얘기가 쉽게 나올 법했던 것이다.[27]

이 모든 사실에도 불구하고, 적어도 중산층에게 황제의 존재는 꿈의 도시가 그런 것처럼 '실로 놀라우리만큼 현실적인' 문제로 다가왔다.[28]

합스부르크의 영토 전체 중에서 빈은 한 가지 중요한 측면에서 독특한 곳이었다. 그곳에서는 그 왕조의 유일한 생존의 희망이었던, 이른바 초국가적인 세계시민 의식이 최소한 부분적으로 성취되어 있었다. 사실 세기말 빈의 화려한 외관은 대체로 프란츠 요제프 개인의 의지에서 기인한 것이었다. 1858년에서부터 1888년 사이에 그는 마치 1848년의 혁명과 그것이 표상하는 모든 것을 일소하려는 듯 그 도시를 새로이 재건했다.[29] 도시의 성곽이 있던 자리에는 그 유명한 폭 18미터의 장대한 3차선 환상대로 링슈트라세Ringstrasse를 건설하여 도시를 둘러싸게 만들었고, 투르크족이 빈을 공성할 때 막사를 세웠던 자리에는 멋진 도시 청사가 새로이 우뚝 세워졌다. 그러나 이 정도는 시작에 불과했다. 그는 또한 새로운 궁전을 건설하였고, 그 맞은편에는 두 곳의 박물관, 제국의회 의사당, 말도 많던 황실 오페라 극장을 신축하였으며, 그리고 마지막으로 빈 사람들의 연극에 대한 열정을 만족시켜 줄 새로운 국립 극장을 건설함으로써 일련의 건축 공사를 마무리하였다. 프란츠 요제프가 재위하던 기간에는 두 차례에 걸쳐 도시의 외곽 경계선이 확장되었다. 도시는 아름다운 공원과 멋진 조각상 들로 넘쳐났다. 그러나 이 어마어마한 도시 재개발을 완성하기 위해 도시의 범위를 링슈트라세 외곽에 있는 귀르텔에서 1890년 당시의 경계로 확장한 것은 노쇠한 황제가 현대 세계에 양보할 수 있었던 마지막 조치에 해당한다. 그는 전기는 물론이고 전화, 자동차, 타자기까지도 피했다(그의 재위 기간이 끝날 때까지 호프부르크 황궁은 등유 램프로 불을 밝혔다). '궁중에 있는 원시적인 화장실 설비'에 관해서 아서 메이는 이렇게 전한다. 그 시설에 "프란츠 요제프의 며느리 스테파니는 너무나 짜증을 냈고, 그래서 자비를 들여 두 개의 화장실을 설치했다"[30]라고 말이다. 어쨌거나 유럽 대륙 전체를 통틀어 프란츠 요제프의 빈과 견줄 수 있는 도시는 오로지 프랑스의 파리 정도뿐이었다. 바로 이것이 빈이 단지 하나의 도시일 뿐만 아니라, 순식간에 유럽풍 생활양식의 한 상징이 될 수 있었던 물리적 여건이었다.

### 빈 부르주아의 특징

좋았던 옛 시절이 종언을 고하게 되었을 무렵, 빈은 완전히 부르주아의 도시가 되어 있었다. 모든 분야에 걸친 도시의 지도급 인사들 대부분은 부르주아 집안 출신이었다. 빈이 아주 먼 옛날부터 상업의 중심지였고, 마리아 테레지아가 통치하던 시대 이래로는 대규모 행정의 중심지였다면, 빈의 부르주아 계급은 19세기 중반 이후에 그 나름의 독자적인 성격을 획득하였다. 당시는 산업 팽창의 시기로 투자가나 산업 창시자 또는 혁신적인 생산 기법을 가진 사람들에 의해 엄청난 부가 창출되거나 상실되던 때였다. 이른바 토대기Gründerzeit라 불리는 이 시기는 장차 다음 세대가 재미로 예술에 탐닉할 때 의지할 수 있는 물질적인 풍요를 창조했다. 금전적인 성공은 가부장 사회의 기반이었다. 부르주아의 결혼은 마음에서 우러나는 행사가 아니라, 마치 사업상의 합병 절차와도 같이 진행되었다.[31] 구 빈에서는 실로 누구든 마르크스를 연상시키는 다음과 같은 이야기를 할 수 있었다. "부르주아는 가족에게서 감상의 장막을 거두어들였다. 그리고 가족 관계를 순전히 금전적인 관계로 환원시켰다."[32]

큰 사업가가 되기를 꿈꾸는 사람들에게 '좋은 결혼'은 필수적이었다. 이 사회가 소중하게 생각하는 가치들은 이성, 질서와 진보, 불굴의 인내, 자립, 그리고 훌륭한 취향과 행동의 기준에 길들여진 동조 의식이었다. 비이성적이고 감정적이며 무질서한 사람들은 어떻게든 기피되었다. 이런 규칙들을 잘 따른다면 누구나 명성을 얻을 수 있었고, 그 척도가 무엇이든 성공은 개인의 능력에 비례하는 것으로 간주되었다. 이러한 성공은 남성이 소유한 재산을 통해서 가시화되었다. 막스 슈티르너가 곧잘 이야기했듯이 남성은 자기가 **가진 것**을 통해서 자신을 표현하였다.

과거의 질서와 전통에 매우 심하게 집착하는 사회에서, 그 구성원들이 추구해야 할 덕목들 중에 '안정'이 높은 순위를 차지한다는 사실은 그리 놀라운 일이 아니다. 이런 생각이 구체적으로 실현된 곳이 바로 남성의 가정이었고, 그 시기에 가정은 진실로(그리고 대개는 문자 그대로) 그의 성채였다. 이 소우주의 군주국 안에서 한 가정의 아버지는 질서와 안전의 보증인이었으며, 그 자체로 절대적인 권위를 소유하고 있었다. 그러나 가정의 중요성은 그곳이 한 남자의 성공을 반영한다는 사실에 그치는 것이 아니었다. 가정은 바깥의 세상을 피할 수 있는 도피처이기도 했다. 그곳은 무미건조한 세상의 따분한 허드렛일들이 감히 발을 들여놓을 수 없는 곳이었다. 그런 시대를 살아오지 않은 사람은, 그렇게 고립된 환경에서 태어나 무척이나 거북살스럽게 인생을 에워싸고 있는 온갖 근심 걱정을 헤치며 성숙해 간다는 것이 어떤 삶인지 상상하기가 쉽지 않을 것이다. 바로 그런 가정에서 자란 슈테판 츠바이크는 그 시대를 그리워하며 이렇게 말했다.

> 나보다 젊은 친구들과 대화하면서 1차 대전이 일어나기 전 시대의 일화들을 얘기할 때마다 그들의 깜짝 놀란 듯한 질문을 접하게 되면, 지금도 나에게 또렷한 현실로 느껴지고 있는 많은 것들이 그들에게는 벌써 이해할 수 없는 역사 속의 지나간 일들이 되어 버렸음을 깨닫는다. 그리고 어떤 비밀스런 본능은 내게 그들이 옳다고 말해 준다. 우리의 오늘과 우리의 어제 사이에 놓여 있던 모든 다리는 불타 버렸다.[33]

그 세계의 마지막이자 최고의 한 세대를 구성했던 당사자들에게 츠바이크의 《어제의 세계》가 지닌 의의는 오로지 그들의 상실감의 크기만을 통해서 측량될 수 있을 뿐이다. 왜냐하면 전쟁은 부르주아 가정이 만들어 온 현실과의 절연 장치를 파괴해 버리고, 그곳의 거주자들로 하여금 전혀 감당할 준비가 되어 있지 않은 잔혹한 현실의 모습을 그대로 마주치도록 발가벗겨 놓았기 때문이다.

이런 부르주아 인생관의 피상성은 도처에서 그 모습을 드러낸다. 가정이 단순한 생존의 장비machine à vivre 이상이었다면, 그 안을 채우고 있는 물건들 역시 단지 기능만이 아닌 어떤 상징적 가치를 지녔을 것이다. 그 당시 보수적인 비판가들은 생활의 모든 측면에 침투한 19세기의 영향력을 일종의 재앙과도 같은 것으로 간주하였다. 그 시대의 참된 본성은 역설적이게도 그 시대를 특징짓는 표현 양식의 결핍에서 가장 분명하게 드러난다. 부르주아들은 자신만의 고유한 양식이 없었기 때문에, 단지 과거를 흉내 낼 수밖에 없었다. 따라서 그들은 지난 시대의 미술품을 모방한 물건들로 집 안을 가득 채웠다. 모든 방은 다양한 양식의 화려한 예술품들로 번잡스러웠다. 단순한 것보다 복잡한 것이, 실용적인 것보다 장식적인 것이 끝없이 선호되다 보니, 그 결과 보기에도 민망한, 사람이 살기 어려운 방들이 탄생하였다. 누구나 당시의 유행 때문에 이전 시대나 다른 문화권의 양식들로 집을 꾸밀 수밖에 없었다고는 하지만, 왜 그런 유행에 따라야 하는지는 의문시되지 않았다. 무질의 냉소적인 눈은 이 문제의 핵심을 꿰뚫어 보았다.

반면 당당하고 장엄했던 조상들의 시대를 사랑한 벼락부자 계급은 본의 아니게 까다롭고 세심한 주의를 기울여 물건들을 고르게 되었다. 어떤 성城이든 부르주아의 손을 거치기만 하면, 그 성은 단지 전기로 불을 켜는 가보급 샹들리에 같은 현대식 설비들로 채워지고 마는 정도가 아니었다. 썩 좋지 않은 가구나 비품들은 깨끗이 치워졌고, 개인의 선택이나 전문가의 확실한 조언에 따라 값비싼 물건들이 새로 보태졌다. 덧붙여 말하자면 이런 세련화 과정은 성이 아니라 도시의 저택들에서 가장 인상적으로 증명되었다. 시대의 흐름에 보조를 맞춘 그런 저택들은 대양을 오가는 정기선이 실어 나르는 온갖 몰감각한 사치품들을 두루 갖춰 놓았다. 그러나 이처럼 세련된 사회적 야망을 가진 이 나라의 바로 그 저택들은 이루 형용할 수 없는 웅대함 속에, 거의 한눈에 들어오지 않을 정도로 넓혀진 가구들 간의 거리 속에, 혹은 벽 위에 위압적인 자세로 걸려 있는 그림 속에, 이미 사라진 지난날의 위대한 영광을 섬세하고도 분명하게 반영하는 광휘를 보존하고 있던 것이다.[34]

이른바 자신들의 성이었던 집 안에 이렇듯 가구를 비롯한 여러 비품들을 들여놓는 방법을 통해 신흥 부르주아들은 합스부르크 군주국의 구식 가톨릭 귀족 사회를 향한 그들 나름대로의 불완전한 경쟁 심리를 표출하였다.

일단 자신의 성 안에 들어서면, 가장은 미술, 음악, 문학 등에 심취하면서 자신의 노동의 결실을 향유하는 데 푹 빠져들 수 있었다. 그러한 예술 분야들은 그가 가진 모든 열정을 배출할 수 있는 교양 있고 '자연스러운' 출구인 동시에 형이상학적 진리의 원천이었다. 머지않아 귀족주의를 모방하고픈 욕망이 좀더 확산되자, 예술가를 후원하는 것은 부와 지위의 상징으로 변모되었고, 부르주아들은 이면의 숨은 동기에서 그 일에 나서게 되었다. 일단 남성의 성이자 도피처였던 가정이 그 남성의 시장 가치를 반영하는 장소가 되자, 남성들은 예술을 통해 얻게 되는 세련미와 우아함을 그 본래적 가치 때문이 아닌 다른 이유로 탐내게 되었다. 그들은 직장에서 자신의 직무에 매진하듯이 총력을 다하여 여가 시간을 예술에 바침으로써 자신이 누구인지를 입증하였다. 실제로 '미적' 가치에 푹 빠진 채 그것에만 몰두하는 분위기에서 자라 세기의 전환기 무렵에 성년을 맞이한 빈의 젊은 세대는 그것 말고는 다른 가치라는 것이 도대체 존재하기나 하는지조차 이해할 수 없을 지경이었다.

이 시대의 빈 문화를 연구한 한 저명한 역사가는 오스트리아의 탐미주의를 프랑스와 영국의 탐미주의와 대비한다.

요컨대 오스트리아의 탐미주의자들은 그들의 프랑스인 벗들처럼 사회로부터 소외되지도 않았고, 그들의 영국인 벗들처럼 사회에 참여하지도 않았다. 그들에게는 전자의 신랄한 반부르주아 정신이 결여되어 있

없고, 사회 개선을 바라는 후자의 열렬한 진취성도 없었다. 초연하지도 안달하지도 않는 오스트리아의 탐미주의자들은 그들이 속한 계층으로부터 소외된 것이 아니라, 자신들의 기대를 저버리고 자신들의 가치를 거부한 사회로부터 그 계층 전체와 함께 소외되었다.[35]

전통적으로 부르주아는 형이상학적이고 도덕적인 진리를 연마하는 도구를 예술 안에서 찾아 왔다. 토대기 동안 이런 생각은 아주 폭넓게 확산되어 누군가의 미적 취향이 그 사람의 사회·경제적 지위를 말해 주는 척도로 인정될 정도였다. 그리고 그다음 세대에 이르러 예술은 하나의 생활양식이 되었다. 토대기 세대가 "사업은 사업"이며 예술은 (비즈니스) 생활의 한 장식일 뿐이라고 주장했다면, 예술이 본질적으로 창조적인 활동이라고 생각한 그들의 자녀 세대는 "예술은 예술"이며 사업은 사람을 (예술적인) 창조로부터 멀어지게 만드는 따분하기 짝이 없는 미친 짓이라고 응수하였다. 토대기 세대는 과거의 가치를 지향하는 예술을 높게 평가하고 자기 집을 박물관으로 꾸민 수집가 혹은 큐레이터 들이었다. 그와 대조적으로 젊은 세대의 예술은 앞을 내다보고 있었으며 혁신적이었다. 그리고 그들에게 예술은 삶의 중심이었다.

이것이 아르투어 슈니츨러와 헤르만 바르를 중심으로 한 청년 시인들이 카페 그린스타이들Café Griensteidl을 주요한 본거지로 삼고, 세간에는 '젊은 빈Jung Wien'으로 알려진 시 문학 동인을 형성하게 된 배경이었다. 그들 중에서 가장 널리 알려져 있던 인물은 후고 폰 호프만슈탈과 슈테판 츠바이크였다. 그들은 생활의 중심을 극장에 두는 것을 아주 자연스럽게 여기던 사회에서 자랐고, 그 극장은 당시의 언행, 의복, 관습 등의 표준을 제공해 준 장소였다.[36] 또한 그들이 자란 도시는 저널리즘의 표준이 이례적으로 높던 곳이었다. 실제로 《신자유신문Neue Freie

*Presse*》은 유럽 최고의 신문이라는 칭호를 놓고 선두를 다투던 신문이었다. 츠바이크는 탐미주의의 관점에서 이렇게 적었다.

> (빈에는) 고급스러운 언론이 실제로 단 하나 존재하였다. 바로 《신자유신문》이다. 그 신문은 고귀한 원칙과 문화 계발의 노력, 그리고 정치적 명망 덕분에 오스트리아-헝가리 군주국에서 영국의 《타임스》나 프랑스의 《르 탕》과 다르지 않은 역할을 맡고 있었다.[37]

그들이(실제로는 그들의 아버지들이) 그 신문의 정점으로 생각했던 것은 문학이나 문화 관련 기사, 즉 '문예란'이었다.

> 문예란 작가, 즉 소품 작가는 구체적인 것을 원하는 19세기의 취향에 아주 잘 맞는 별개의 지엽적인 이야기나 에피소드들을 소재로 글을 쓰는 일을 하였다. 그러나 선정된 소재에 자신의 상상에서 이끌어 낸 색깔을 덧씌우고자 하였다. 경험에 대한 기자나 비평가의 주관적인 반응, 즉 그 사람의 감정의 색조가 그가 펼치는 담론의 내용보다 확실히 우위에 있었고, 감정 상태를 표출하는 것이 판단을 형성하는 양식이 되었다. 따라서 문예란 작가의 글쓰기 양식에서는 형용사가 명사를 집어삼켜 버렸고, 사실상 작가의 개인적 색채가 이야기 소재인 대상의 윤곽을 지워 버렸다.[38]

츠바이크의 자서전에 따르면 《신자유신문》의 문예란 편집자 테오도어 헤르츨의 눈에 들 만한 원고를 기고한다는 것은 분명 오스트리아의 문학계에 '등단'하는 것이나 다름없었다.

아버지 세대가 사업을 운영해 획득한 지위는 이들 세대에는 큰 의미가 없었다. '예술을 위한 예술'을 주장하는 이 열성가들에게 유일하게 가치 있는 과업은 자기 안에서 막 피어나기 시작한 시적 감성을 키워 나가기는 것이었다. 아버지들에게는 자신들이 나름의 정체성을 확보 하기 위해 지금까지 몸소 투쟁을 벌여 왔던 그 사회의 가치들을 아들들 이 거부하고 나선다는 것이 부도덕한 태도로 비쳤을 것이다. 구시대의 질서 안에서 입지를 구축하는 데 성공한 아버지들은 그 질서의 가장 완고한 수호자들이었다. 그리고 그들은 혁신을 원하는 젊은 세대의 성 향을 억제하고자 최대한의 노력을 기울였다. 따라서 적어도 젊은 탐미 주의자들은 삶과 무관한 학습 내용으로 구성된 교육 체계가 자기들을 싫증과 권태로 가득 채우고 있다고 생각했다. 그들은 '사업은 사업'인 세계에서 탈출하기 위해 예술가들이 자주 들르는 커피 가게로 도피하 였고, 거기에서 학교의 기계적인 교육에서는 전혀 찾아볼 수 없는 생동 감과 자발적인 자기표현을 발견하였다. 교사의 한마디가 곧 법이며 학 생의 권리 같은 것은 아예 존재하지 않는 통제된 체계 아래서 (츠바이 크가 지적했듯이) 인간의 행동을 설명할 때 '열등감'의 중요성을 발견했 던 알프레트 아들러 같은 심리학자가 배출될 수밖에 없었다는 사실은 어쩌면 당연한 것이었다.[39] 츠바이크의 견해에 따르면, 그 체계는 너무 나 억압적이어서 전통적인 권위에 명백하게 동조하지 않는 모든 사고 나 행동은 많은 이들에게 죄악의 원천으로 여겨질 정도였다.

츠바이크는 신경쇠약과 인간의 행동 일반을 이해할 수 있는 열쇠로 서 억압된 성적 욕망에서 분출되는 욕구불만을 강조한 프로이트 정신 분석학의 기원을, 프로이트 역시 빈 사람이었다는 사실과 명시적으로 동일시하지는 않았다. 그렇지만 츠바이크는 빈 사회가 섹스에 대한 생 각에 온통 빠져 있던 곳이었음을 강조했다. 섹스에 관한 문제가 공론 화되는 일이 결코 없었다는 바로 그 사실은 오히려 섹스가 늘 모든 사람의 마음을 사로잡고 있었음을 보여 주는 것이었다.[40] 성적 금기들은 사유와 행실의 '순수성'을 증진하기는커녕 오히려 사람들이 극단적으로 섹스를 의식하게 만드는 데 기여하였다. 그 시대 빈의 부르주아들이 파리나 런던, 혹은 베를린의 같은 부류 사람들보다 과연 섹스에 더 많이 몰두해 있었는지에 관해서는 이견이 있을 수 있다. 그러나 최소한 그런 몰두의 감정을 표출할 수 있는 사회적으로 용인된 통로가 빈에 존재하지 않았다는 사실만큼은 확실하다. 나이 든 세대는 그런 감정을 사회가 완벽하게 규제해야 할 무정부주의적인 폭력으로 생각했다. 성욕이 근본적인 인간의 본성이라거나 성욕의 좌절이 파멸적인 결과를 불러올 수도 있다는 이야기는 말할 것도 없고, 그런 충동이 실제로 존재한다는 사실조차도 절대 공개적으로 용인될 수 없었다. 섹스에 대한 이러한 침묵의 음모는 두 가지 결과를 낳았다. 한편으로는 성적인 문제들에 대한 공공연한 금기와 무시였고, 다른 한편으로는 섹스에 대한 은밀한 강조였다.

　그토록 철저한 가부장 사회에서는 누구보다도 여성이 가장 큰 고통을 겪기 마련이었다. 여체의 모든 부분은 의복으로 감추어야만 했는데, 그것은 너무나 번거로운 일이었기 때문에 다른 사람의 도움 없이 여성이 혼자서 옷을 차려입는다는 것은 불가능할 정도였다.[41] 그리고 이런 거북한 복장으로 인해 여성은 철저하게 인위적인 방식으로 수족을 가누어야만 했다. 여성에게 요구되는 행동 수칙 또한 그와 마찬가지로 인위적이었다. 그 수칙의 맨 꼭대기에는 사회가 '훌륭한 양육'에 꼭 필요한 수준 이상으로 여성을 교육시켜서는 안 된다는 조항이 놓여 있었다. 마지막으로 중산층의 결혼이 인간적인 결합보다 사업상의 정략적 계약이 우선하는 관계였다는 사실[42]은, 프로이트의 환자들 중 중년의 부르주아 여성들이 많았던 이유와 다른 한편으로 프로이트 식 분석

범위의 부분적인 한계가 무엇이었는지 설명하는 데 도움을 준다. 간단히 말해서 그 사회의 전체적인 구조는 여성을 좌절시키기에 충분한 것이었다. 츠바이크는 이렇게 언급한다.

> 순진무구하나 제대로 못 배운, 교양은 있으나 무지한, 호기심은 많으나 소심한, 자신감도 없고 자기 방어 능력도 없으며 교육을 통해 미리 길들여진, 애초부터 세상에 대해서는 제대로 알지도 못한 채 자신의 의지와는 상관없이 그저 결혼을 통해서 남자에 의해 인도되고 꾸며지는 그런 여자. 이것이 바로 당시의 사회가 어린 소녀들에게 바랐던 장래의 여성상이다.[43]

남자의 경우는 사정이 달랐지만 그래도 불온하기는 마찬가지였다. 중산층의 결혼은 당사자인 신랑이 재정적으로나 사회적으로 완전히 기반을 잡는 것을 전제로 하기 때문에, 그러한 현실적인 조건을 만드는 데 철두철미하게 전념해야 하는 남자들은 스물다섯 살이나 스물여섯 살이 될 때까지 미혼으로 지낼 수밖에 없었다. 따라서 실제로 성인이 된 지 6년에서 10년이 더 지난 뒤에야 비로소 사회적인 의미에서의 성인으로 인정되는 것이다. 그러므로 만일 남성이 성욕의 배출구를 찾고자 한다면, 결국은 창녀를 찾을 수밖에 없었다. 왜냐하면 '좋은 가문'의 여성과 혼외 성관계를 맺겠다는 것은 말도 안 되는 소리였기 때문이다. 그래서 츠바이크는 이렇게 주장한다. 매춘은 "결점 하나 없이 찬연하게 빛나는 허울 좋은 중산층 사회의 호화로운 구조물이 솟아 있는 그 아래로 어두운 지하 감옥을 건설하였다."[44]

여성에게는 금욕으로 인한 욕구불만에 순응할 것을 요구했던 반면, 남성은 배출구를 찾을 수 있었다. 그러나 그 대가는 매우 컸다. 왜냐하면 남성은 언제나 성병의 위험을 감수해야 했기 때문이다. 유일한 대안은 그런 세계에서 벗어나 커피 가게로 예술가의 삶을 찾아가는 것이었고, 그럼으로써 자기 자신에게 퇴폐적이고 부도덕한 탐미주의자의 딱지를 붙이는 것이었다.

만일 빈 부르주아 사회의 특수한 성격을 설명해 줄 어떤 단일한 요인을 추려 낼 수 있다면(그리고 실제로 그 요인은 그 자체로 단일한 요인이라 불릴 수 있을 만큼 간명하다) 그것은 정치적인 영역에서 빚어진 자유주의의 실패이다. 아마도 합스부르크 군주국에서 자유주의가 사산아일 수밖에 없었다는 사실이 그리 놀랄 일은 아닐 것이다. 왜냐하면 자유주의자들은 합스부르크가 자도바 전투에서 완패한 후 비스마르크의 처분에 따라 그저 우연히 권력을 쥐게 되었을 뿐이기 때문이다. 카를 쇼르스케는 한 단락으로 그 이야기를 전한다.

오스트리아의 자유주의에도 대다수 다른 유럽 국가들의 자유주의와 마찬가지로 귀족주의와 바로크 시대의 절대주의에 맞서 싸우던 영웅적인 시대가 있었다. 그 시대는 1848년의 충격적인 패배로 종지부를 찍었다. 당시에 철저히 응징당했던 자유주의자들은 1860년대에 이르러 거의 부전승으로 권력을 쥐고 의회 정부를 수립하였다. 자유주의자들은 자체의 내부적인 역량에 의해서가 아니라 외국 군대에 의해 구질서가 패배함으로써 어부지리로 국가의 조종타를 쥐게 된 것이다. 처음부터 그들은 귀족 계층 및 제국의 관료들과 권력을 공유해야만 했다. 그들의 사회적 기반은 심지어 20년간 집권을 한 뒤에도 여전히 허약했으며, 그나마도 중산층 독일인과 도심의 독일계 유대인 정도에 한정되어 있었다. 자본주의와 점점 더 일체화된 그들은 제한적 선거권이라는 비민주적인 장치를 통해 의회의 권력을 유지하였다.[45]

대개의 중산층은 정치권력을 차지할 준비가 전혀 되어 있지 않았다. 자유주의는 그 기반이 너무나 미약했으므로(그리고 그나마도 1873년의 주식 대폭락과 연이어 터진 추문들로 더욱 축소되었다) 1890년대에 이르자 모든 힘이 바닥났고, 빈 정계를 지배하고 나선 신흥 대중정당들의 약진에 밀려나고 말았다. 아무리 노력해도 완벽하게 구질서의 일부가 되지 못했던 중산층에게, 탐미주의는 사무에 절어 사는 그들의 삶에 유일한 대안이 되었다. 따라서 초기에는 사업에 성공한 중산층이 자신을 멋지게 치장하는 장식물에 지나지 않던 예술이 젊은 세대에게는 탈출의 통로가 된 것이다(이 점은 쇼르스케가 오스트리아의 탐미주의자들이 그들이 속한 계층**으로부터**가 아니라 '그 계층 전체**와 함께**' 소외되었다고 말한 이유를 설명해 준다). 따라서 세기의 전환기에 빈의 탐미주의와 대중적인 정치 운동은 자유주의의 쌍둥이 고아로서 나란히, 그러나 각기 독립적으로 등장하였다.

애당초 자유주의자들이 권력을 쥔 뒤 실현하고자 열망했던 목표는, 우선 합스부르크 제국을 진정한 입헌정치 국가로 변모시키고, 그 체제 안에서 그들 기업가들이 기존의 통치 계급이었던 귀족들을 대체하는 것이었다. 둘째는 의회라는 수단을 이용하여 강력한 중앙 통치 체계를 구축하는 것이었다. 그리고 셋째는 미신적이고 봉건적인 가톨릭주의를 타파하고 현대적인 과학적 합리주의, 즉 자유방임주의를 공식적인 국가 철학으로 대체하는 것이었다.[46] 이 모든 것들은 문화의 뿌리가 가장 깊은 민족 집단인 독일계 민중들이 제기한 주장들이었다. 당시 독일어를 사용하는 국민들의 마음속에서 자유주의적 민족주의는 늘 문화적인 사실들에 기반을 두고 있었다. 괴테나 횔덜린에 견줄 만한 슬로바키아의 시인들이 있단 말인가? 바그너는 말할 것도 없고, 모차르트, 글루크, 베토벤 등과 동급에 들 수 있는 작곡가들이 누구란 말인가? 유일하게 이탈리아 정도가 이 점에서 독일과 견줄 만하지만, 이탈리아인들은 합스부르크의 세력권에서 완전히 분리해 나가는 것 말고는 아무런 관심이 없었다. 루테니아, 슬로베니아, 슬로바키아 등지의 문화는 최근에 들어서야 비로소 글을 깨친 정도의 수준이다. 체코와 헝가리의 문학과 음악 문화는 거의 한 세기나 뒤처져 있었다. 분명히 자유주의자들은, 독일 민족에 대해서는 어떤 민족도 문화적 헤게모니는커녕 문화적 동등성조차 주장할 수 없다는 사실을 누구도 의심하지 않으리라고 생각하였다. 그렇지만 19세기 중엽에 이르러서는 이미 그러한 주장들이 요제프 2세가 개혁을 시도하던 시절에 확보했던 폭넓은 영향력과 호소력을 잃어버린 상태였다. 실제로 1848년 무렵에는 제국의 관료 체제를 독일 식으로 바꾸려는 요제프 2세의 시도에 대한 반동으로 촉발된 문화 민족주의가 정치적인 민족주의로 변모되고 있었다. 1890년대에 이르러서는, 정치적 민족주의가 대중적인 기반을 얻게 되었고, 합스부르크의 변증법적인 역사 발전의 패턴에 따라, 빈의 독일인들 사이에서는 그에 대한 예의 역반응이 유발되고 있었다.

1848년에 제국 내의 주요한 세 도시인 프라하, 빈, 부다페스트는 모두 독일계의 도시들이었다. 실제로 도시 구성원의 압도적 다수는 주로 독일계 주민들이었다.[47] (예를 들어 문외한들은 프라하가 빈보다 훨씬 오래된 독일의 대성당 도시였다는 사실을 쉽게 잊는다.)[48] 이러한 여건은 1850년대와 1860년대의 '토대의 열정Grundungsfieber'에 의해 크게 변하였지만, 빈의 상황만큼은 여전히 눈에 띄게 예외적이었다. 물론 빈은 독일계 주민이 많이 거주하는 지방과 인접해 있다는 이점이 있었다. 그러던 것이 1차 대전을 한창 치르던 시기에는 빈의 200만 인구 중에 벌써 20만 명의 체코인이 포함되어 있었다.[49] 헝가리와 트란실바니아를 제외하고 제국 전역에 영향을 미친 19세기 후반의 농업 침체로 시골에서 쫓겨난 소수민족 집단들이 여러 도시로 이주함으로써 이제 도시 의 구성과 정치 구도는 변모되어 있었다.

합스부르크의 자유주의가 이들 새로운 집단들에 별다른 호소력을 가지지 못했던 것이 결국은 스스로의 운명을 결정한 셈이었다. 따라서 세기의 전환기에 빈에서 가장 왕성하게 활동한 정치 집단은 자유주의 정파에서 이탈한 사람들이 주도하는 노동자 운동 조직들이었다. 오스 트리아 사회민주당을 규합한 배후 인물인 빅토어 아들러, 기독사회당 의 선동가 카를 뤼거, 광적인 범게르만주의자인 게오르크 리터 폰 쇠네 러, 그리고 시온주의의 선지자인 테오도어 헤르츨에 이르기까지, 이들 은 제각기 자유주의자로서 나름의 정치 경력을 쌓기 시작한 사람들이 었다. 이들이 자유주의에서 이탈한 이유는 전통적인 자유주의가 도시 의 성장과 산업화로 야기된 문제들에 적절히 대처하지 못하는 무능력 을 드러냈기 때문이었다. 한편 아들러와 사회민주당은 자유주의 전통 의 건설적인 과업들을 계속 추구해 나가고자 노력했지만, 뤼거와 쇠네 러의 경우에는 (그리고 그들에 대한 반동으로 헤르츨까지도) 이성의 정치 가 반유대주의라는 사회적 병폐를 그 토양으로 하는 공상의 정치로 변질되었다.

아들러와 쇠네러는 1882년의 린츠 계획*을 기안했던 자유당의 급 진 세력과 제휴한 바 있었다.[50] (1884년에는 뤼거도 공개적으로 그 계획의 주요 논점에 찬성했다.) 그 계획은 자유방임주의에 반하는 사회 개혁들 을 공공연히, 그러나 그리 과격하지 않은 방식으로 반유대주의적인 민 족주의와 결부시켰다. 결과적으로 자유주의자들은 그러한 개혁을 수

---

* 오스트리아-헝가리 제국의 급진적 게르만 민족주의 운동가들이 린츠에서 채택한 인종주의 적 정책 강령으로, 게르만 민족이 권력의 주도권을 쥐고 제국 내에서 슬라브족을 축출해야 한 다고 주장한 계획.

행할 능력도, 의지도 없었다는 측면에서 좌우익을 막론하고 온건한 중산층의 자유주의를 철저히 배제하게 될, 향후 대중운동의 토양을 스스로 기름지게 만들어 준 꼴이 됐다.

## 노동 계급의 생활 조건

앞에서도 언급한 바 있는 주택 공급 위기는 빈의 산업 프롤레타리아가 직면한 가장 심각한 문제들 중 하나였다.[51] 빈은 늘 주택 부족 현상을 겪고 있었다. 그리고 인구의 급속한 성장은(1857년에 476,220명이던 빈의 인구는 1910년에는 2,031,420명이 되었다) 여러 해에 걸쳐 누적되어 온 이 문제를 더욱 더 악화시킬 뿐이었다. 1910년경 빈에서는 가구당 평균 4.4명, 방 하나당 평균 1.24명이 거주하였다(이것은 부엌, 화장실, 그리고 거실까지 모두 방으로 간주하여 계산한 결과다). 심지어는 "상당수의 사람들이 철길 축대에 파인 동굴이나, 보트 안, 다리 밑에 몸을 가릴 만한 장소들, 그리고 여타의 긴급 대피소에서 사는" 처지로 전락하게 되었다. 부다페스트의 상황은(부다페스트는 19세기 유럽에서 가장 빠르게 성장한 수도였다) 더욱 나빴는데, 심지어 1905년에는 서른다섯 명의 사람들이 공원의 나무숲에 보금자리를 틀고 있는 것이 발견될 정도였다.[52] 어쨌거나 빈의 상황은 치명적이었다. 많은 가정이 어쩔 도리 없이 집 안의 모든 여유 공간을 임대해 주어야 했을 뿐만 아니라, 심지어는 침실까지도 '잠잘 곳만을 구하는 자Bettgeher'에게 내주어야 했을 판이었다. 그런 사람들은 자는 것 외에는 아파트 안에서 그 어떤 권리도 행사할 수 없었고, 설령 옷장이 있더라도 그런 공간을 일절 사용할 수 없었다. 때때로 어린 소녀들은 매춘 업소를 찾아들었는데, 그 이유는 오직 잠잘 수 있는 공간을 얻기 위해서였다. 1910년에는 일가구 주택

이 불과 5,734채에 지나지 않았고, 그것은 빈 전체 인구의 1.2퍼센트 정도만을 수용하는 규모였다. 온전히 주거용으로만 사용되는 건물의 약 7퍼센트만이 욕실과 화장실을 모두 갖추고 있었으며, 22퍼센트에 약간 못 미치는 주택만이 집 안에 화장실을 두고 있었다. 평균적인 주택 임대 비용은 노동자 임금의 4분의 1에 달했다. 물론 빈의 노동자들이 이를테면 나폴리나 글래스고의 노동자들이 겪고 있던 수준의 빈민가 문제에 똑같이 직면했던 것은 아니었다. 그러나 그들의 가정 역시 쾌적한 주거 공간과는 전혀 거리가 멀었다.

1880년대가 될 때까지도 빈의 노동자들은 주당 7일, 70시간 노동이라는 고단한 여건에 처해 있었다. 그러한 현실적인 고통은 음주로 인한 일요일 밤의 숙취를 늦잠으로 해소하며 월요일마다 관례적으로 계획적인 결근을 함으로써 다소 완화되었다.[53] 많은 공장이 남자들뿐 아니라 여자와 어린아이까지 고용하고 있었다. 여성은 남성에 비해 상당히 적은 보수를 받았지만, 여성에게는 '가장 오래된 직업' 말고 딱히 대안이 될 만한 2차 수입원이 없었다. 1883년 이후에 고용주들은 어린 아이들이 일요일 하루, 아니면 최소한 일주일에 하루는 온종일 쉴 수 있도록 사정을 봐 달라는 요청을 받았다. 아이들은 또한 열한 시간 동안 노동을 한 후에는 한 시간 동안 쉴 수 있도록 허락되었다. 그러나 물론 아이들의 임금은 어른과는 달랐다. (그렇다 해도 모든 산업 노동자가 기계에 밀려 농경 지역에서 쫓겨나는 바람에 어쩔 수 없이 공장에 들어오게 된 것은 아니었다. 산업체에서 제공하는 가장 높은 수준의 임금이 간신히 최저 생계 수준을 유지하는 현실이었음에도 불구하고, 실제로 어떤 이들은 고작 바로 그 알량한 보수에 유혹을 받았던 것이다!)

평균적인 노동자들의 식단 또한 그들의 생존 조건을 반영하였다. 노동자는 커피와 롤빵으로 아침 식사를 했으며, 버터를 바른 빵으로 오전

간식을 때우고, 수프, 야채(들), 빵, 그리고 간혹 커피와 맥주를 곁들여 점심을 했다. 오후에는 빵으로 간식을 하고, 빵이 기본으로 나오는 저녁 식사에는 간혹 소시지가 곁들여졌다. 노동자의 식탁에는 오로지 축제와 같은 큰 행사가 있을 때만 맥주, 말고기, 생선 따위가 올라왔다. 이런 상황에서 노동자들은 공제 조직을 형성하였고, 그것이 바로 노동조합으로 발전하였다. 1870년에 이르러 이들 노동조합은 단체 협정을 맺을 수 있는 권리를 획득하였고, 1888년 12월 사회민주주의 정당의 재결성과 더불어 산업 노동자들은 마침내 효과적인 정치적 의사 표현 수단을 찾게 되었다.

그 전까지 오스트리아 사회민주당의 역사는 이데올로기 이론과 전략을 놓고 목숨을 건 투쟁을 벌여 온 전장의 역사였다. 이러한 이론 투쟁은 그 정당이 변변한 지도자조차 없는 상태에서 유지되어 왔음을 입증하는 것이다. 사회민주당이 무정부주의자에서 왕정주의자까지 아우르는 각양각색의 정파들을 단결시켜 가면서 22년 만에 전혀 보잘것없던 상태에서 제국의회의 제1당으로 당당히 성장하게 된 것은 바로 빅토어 아들러 한 사람의 업적이었다. 뤼거, 쇠네러, 헤르츨과 마찬가지로 아들러의 카리스마 역시 그의 정당을 반석에 올려놓고 지탱해 나간 실질적인 원동력이었다. 각각의 경우마다 해당 인물의 이야기는 곧 그 정당의 역사나 다름없으며, 그 인물을 이해하는 것이 곧 그 사람이 구현한 사회적 영향력을 이해하는 것과 같다고 말할 수 있을 것이다.


## 아들러와 오스트리아 사회민주당

아들러는 기독교 세례를 받았고 자유주의적이며 심지어는 민족주의적인 성향을 가지고 있었지만, 당시에 등장한 수많은 역사의 주역들과 마찬가지로 그 역시 유대계 출신이었다.[54] 그가 초창기에 제창한 민족주의는 문화적인 것으로, 그는 한때 열렬한 바그너주의자였다. 그러나 의사로서 빈민들을 치료한 적이 있는 그는, 유럽에서 생계비용이 가장 많이 들고 미국과 엇비슷한 수준인 도시에서 살아야 하는 프롤레타리아의 생활 여건을 깨닫게 되었다. 그래서 그는 예전에 바그너의 작품들을 향해 표출했던 것과 똑같은 무한한 열정으로 현대사회의 병폐들에 대한 마르크스주의적인 해결 방안을 받아들였다. 그리고 그와 같은 열정은 주위 사람들에게 그런 생각을 전달하는 본인의 능력과 아주 잘 맞아떨어졌다. 비록 그가 독일 사회민주당의 '혁명적이고 반자유주의적인' 마르크스주의를 신봉한다고 공언하기는 했지만, 독일 측 지도부와 마찬가지로 그 역시 그런 정책을 공식화하지는 않았다. 대신 사회주의자들에게 가장 중요한 것이 단결이라는 점을 강조했다. 그가 보여 준 인간적인 박애 정신과 강력하고 감동적인 웅변은 어떻게 그가 사람들이 원하는 지도력을 제공할 수 있었는지를 잘 설명해 준다. 그는 경제 질서 확립의 우선성과 혁명의 불가피성을 고집했지만, 그의 삶과 실제로 그가 펼친 정책은 이성, 정의, 자본주의에 대한 비폭력적 반대 등과 같은 가치를 지향하고 있었다.

아들러의 진화론적 접근 방식은, 정당의 주된 관심은 '준비하는 것'이어야 한다는 전제에 기반을 두고 있었다. 다시 말해 정당은 때가 도래하면 권력을 쟁취할 수 있도록 모든 당원을 준비시켜 놓아야 한다는 것이다. 따라서 그는 성인 교육 프로그램, 상설 도서관, 모든 세대의 노동자들을 위한 토론 그룹, 온갖 유형의 사회민주당 하부 조직의 편성 등을 제안하였다. 그리고 두 가지의 훌륭한 출판물이 창간되는데, 하나는 일간지인 《노동자신문Arbeiter Zeitung》이고, 다른 하나는 월간지인 《투쟁Der Kampf》이다. 그의 핵심적인 목표는 공동체 전체의 전반적인 생활을 개선하는 것이었다. 따라서 아들러의 사회주의는 자체의 목적을 확장함으로써 자유주의의 한계를 넘어서기는 했지만, 자유주의자들이 찬동했던 이성과 진보의 이상과 연속성을 보이고 있었고, 그렇기 때문에 자유주의가 정치 운동으로서는 실패했더라도. 그 이념이 완전히 죽었다고 말하는 것은 잘못된 일일 것이다. 제국이 최후의 나날에 이르는 순간까지도 빈의 중산층과 중상류층 대다수는 자신들이 '자유주의자'임을 고백하였으며, 실제로 빈의 자유주의가 빈약했던 것도 아니었다. 당시의 자유주의 이론들은 경제학사에서 아직도 중요한 위치를 차지하고 있다. 예를 들어 카를 멩거의 한계효용론(가치의 근저에 놓여 있는 심리적이고 주관적인 요인들을 강조한다는 점에서 매우 전형적인 빈 풍의 이론이다)은 현대의 수많은 경제학자들이 아직도 핵심적인 신조로 삼고 있다.[55] 끝으로 한 가지 중요한 점을 지적하자면, 자유주의가 아들러의 사회주의에 남긴 유산은, 아들러와 그가 창건한 정당을 뤼거, 쇠네러, 헤르츨이 선동한 경쟁적인 정치 운동조직들과 구분해 주었던 바로 그 '연속성'이었다.


## 뤼거와 기독사회당

아들러가 자신의 카리스마적인 정력을 인간적이고 합리적인 목표에 쏟아부었다면, 기독사회당의 지도자였던 카를 뤼거는 자신의 힘을 민중 선동과 기회주의에 활용하였다.[56] 빈의 시장이었던 뤼거는 당대의 경쟁자들보다 그러한 자질이 훨씬 출중했다. '멋쟁이 카를'은 매력적인 빈 말투를 능란하게 구사하였고, 세례식, 결혼식, 기념일 등과 같은 자리에서 기회를 포착하는 감각이 뛰어났다. 그는 그러한 능력 덕분에 프티부르주아인 숙련공, 사무원 및 도시 공무원들에게 사랑받았고, 바로 그 부류의 사람들이 그를 이중 군주국에서 가장 강력한 선출직 관리로 만들어 주었다. 아들러가 프롤레타리아의 정치적 열망을 이용하면서 그들의 진로를 열어 주었던 것처럼, 뤼거는 거대 기업과 조직화된 노동자 사이에서 점점 생활이 짓눌려 간다고 느끼던 이 '소시민들'을 위해 유사한 활동을 하였다.

뤼거는 1888년에 기독사회주의 운동에 가담하였고, 같은 해에 아들러도 하인펠트에서 사회민주당을 재조직하기 시작하였다. 이전까지 합스부르크 제국에서 가톨릭 정치 사상은 반자유주의적인 봉건적 귀족주의에 기반을 두고, 자본주의 이전 시대의 '생산관계'에서 찾을 수 있는 이상화된 인간적 특성을 자본주의 시대의 산업화가 프롤레타리아에 짊어지운 비인간적인 처우와 대비시키는 견해를 취하고 있었다. 이 사상의 주요한 후원자들로는 알로이스 리히텐슈타인과 알프레트 리히텐슈타인 왕자가 있었고, 그 운동의 이념적 창도자는 합스부르크 제국으로 이주해 온 프러시아 출신의 전향자 카를 폰 포겔장이었다. (포겔장은 또한 교황 레오 13세가 발표한 회칙인 노동헌장Rerum Novarum에 담긴 기본적인 사회사상에도 기여했다고 할 수 있으며, 그런 공로로 현대 가톨릭 사회사상의 아버지, 혹은 할아버지로 자리매김하게 되었다.)[57] 뤼거는 이 모든 것을 자신의 목적을 위해 이용하였다. 빈 기술 연구소 수위의 아들로 태어난 그는 자신만의 노력으로 법률가가 되고 도시 평의회 의원의 자리에도 오른 입지전적인 인물로서 '소시민들'이 쉽게 존경할 수 있는 유형의 인간이었다. 뤼거는 도시 평의회에서 좋은 평판을 쌓았는데, 거기서 그는 '유대인 자본가'의 비리를 무자비하게 폭로하는 사람으로 명성을 떨쳤다. 그는 선거 제도의 개혁을 주창하였고, 시장이 된 뒤에는 거창한 공공 토목공사 계획을 제안함으로써 대중적 인기를 한층 높여 나갔다.

합스부르크 제국만큼 자유주의적 자본주의에 유대주의적인 요소가 두드러지게 뒤섞인 나라는 없었다. 1873년 주가 대폭락에 뒤이은 23년 간의 경기 침체기 동안 희생양을 필요로 했던 사람들은 유대인, 그리고 유대계 금융가와 사업가들이 상당수 연루된 수많은 자유주의 대의원들의 부정부패에서 그 확실한 후보감을 찾아냈다. 한 역사가는 "반유대주의는 주식시장이 붕괴하면서 생겨났다"[58]라고 적기도 했다. 젊은 좌파 자유주의자였던 뤼거는 이미 1870년대 중반에 시정 업무에서 빚어지는 부정부패와 부적절한 조치, 부당 이득 등의 문제를 폭로한 적이 있었고, 그 후로도 거대 기업의 부도덕한 영향력을 계속해서 비난해왔다. 그러나 그의 반유대주의는 광신적이고 교조적인 측면보다 기회주의적이고 선동적인 측면이 더 컸다. 그리고 인종주의적이거나 종교적인 것이라기보다는 사회·경제적인 것이었다. 소매상들은 거기에 반응을 보일 수 있었다. 왜냐하면 '저잣거리를 게걸스레 집어삼키는 유대인' 중에 그들의 경쟁 상대가 있는 경우가 허다했기 때문이었다.

일단 튼튼하게 권력을 다지고 나자(황제는 그의 선동적인 수법들이 공복으로서는 불명예스럽고 적절하지 않다고 생각했기 때문에, 그가 다섯 차례나 시장에 선출된 뒤에야 비로소 그의 임명을 마지못해 추인해 주었다) '유대계 마자르인'에 대한 뤼거의 공세는 점점 약화되었고 그 날카로움도 훨씬 무뎌졌다. 실제로 그는 시종일관 대중 연설에서는 유대 자본가들에 대한 지독한 욕설을 퍼부었지만, 정작 그들이 초대하는 만찬 자리를 거절한 적은 거의 없었다. 이런 태도는 그가 했던 비열하기 짝이 없는 다음의 언급 속에 가장 잘 함축되어 있다. "누가 유대인인지는 내가 정한다Wer ein Jud ist, bestimme ich." 실제로 주변 상황이 적절할 때면 그는 적어도 빈에 거주하는 유대인에 관해서만큼은 그들이 들어도 그다지 불쾌하게 여길 것 없는 얘기들을 꺼내 놓을 수 있었다.

나는 헝가리인들보다 헝가리의 유대인들을 훨씬 더 싫어한다. 그러나 우리 빈의 유대인들에게는 적대감이 없다. 그들은 그렇게 나쁜 사람들이 아니며, 우리는 그들 없이는 아무 일도 할 수가 없다. 나의 빈 시민들은 언제나 멋진 휴식을 즐기고 싶어 한다. 반면 유대인들은 언제나 활동하고 싶어 하는 유일한 사람들이다.[59]

뤼거를 재평가하게 만드는 특징은, 그가 비록 선동적인 정치가이기는 했어도 자신의 모든 역량을 '소시민들'을 위한다는 대의에 바쳤고, 프티부르주아의 몫을 남겨 주었으며, 도시 전반의 여건을 확실히 개선했다는 사실에 있다. 또한 정치적인 영역에서 그는 슈메를링이 고안한 '선거 기하학' 체계에서 추잡한 부정이 벌어지자 선거 개혁을 요구하는 투쟁 활동을 전개하기도 했다. 그가 착수한 대규모 공공사업안 중에는 그때까지 빈에 연료를 공급해 온 영국 회사를 대체할 자국 가스 회사의 설립, 대중교통 시설의 개선, 새로운 수도 공급 체계 설립, 교량 개선, 고아원과 병원 시설의 확충, 운하 건설, 공원과 놀이 시설 확충, 빈민층 어린이를 위한 무료 점심 급식, 그리고 그와 유사한 수많은 사회 복지 사업이 포함되어 있었다. 따라서 일부 사람들이 뤼거를 향해 드러내는 것처럼 단지 히틀러가 뤼거의 정책을 자신의 공공사업 계획의 모델로 삼았다는 사실 때문에 무작정 뤼거를 비난하는 태도는 온당한 일이 아니다. 그보다는 뤼거 광장을 빛내고 있는 그의 훌륭한 동상이 1차 대전 직후에 사회민주당 행정부에 의해 건립되었다는 사실을 반추하는 것이 훨씬 더 공평한 일이다. 정작 뤼거의 고유한 행적을 들여다보면, 그를 그토록 경멸했던 황제만큼이나 뤼거 역시 우리가 적절한 평가를 내리기 어려운 인물이다. 두 사람 모두 진정으로 칭찬받아 마땅한 특징을 가지고 있으나, 그들에 대한 우리의 판단은 그들이 관여하고 영향을 미친 사건과 그에 뒤이은 전개 과정의 복잡성으로 인해 왜곡되기 쉬운 것이 사실이다.


## 쇠네러와 게르만 민족주의 정당

그런 종류의 복잡성은 뤼거의 맞수로서 합스부르크 제국 내에서 게르만 민족주의 운동을 주도했던 게오르크 리터 폰 쇠네러의 경우에는 해당하지 않는다.[60] 그가 남긴 불명예스러운 유산은 이성과 진보의 이상을 명시적으로 거부하고, 그것을 권력을 향한 의지의 정치학으로 대체해 버린 것이었다. 1차 대전 이전 빈 정계의 분위기를 가장 잘 반영하는 네 명의 인물 중에서 쇠네러는 가장 카리스마가 약했고, 유일하게 대중의 추종을 얻지 못한 인물이었다. 그가 미친 영향이란 오히려 폭력의 정치학을 그 도시로 끌어들인 것이었다. 정치적 무정부주의라는 오명에 어울리는 그의 특징은 폭력적인 언동과 거리 투쟁이었다. 벼락부자가 된 부유한 귀족 집안의 아들이자, 아버지의 장원 이름을 따 로제나우의 기사the Knight of Rosenau로 알려져 있던 그는, 나이가 들면서 점차 신경질적으로 변했고, 결국에는 낭만적인 '게르만인'이자 광신적인 반유대주의자가 되었다. 원래 쇠네러는 자신을 '깨우친 지주'로 인정한 이웃 농부들의 권익을 대변하면서 정치 경력을 쌓기 시작한 사람이었다. 뤼거나 아들러처럼 쇠네러도 처음에는 제국의회에 진출한 자유주의자들 중에서도 좌파에 속하는 민주주의자들과 교제하였다. 그무리에 속한 많은 사람들이 그랬던 것처럼, 쇠네러 역시 타페의 '철의 고리Iron Ring' 정책으로 장차 열등하고 야만적인 슬라브인이 문화적으로 우월하고 계몽된 독일인을 에워싸는 사태가 빚어지지 않을까 두려워했다. 그렇게 되면 특히 보헤미아 지역의 독일인들이 피해를 입을 것이고, 국가적인 대외 정책의 방향도 쇠네러가 게르만족의 우월성을 과시한 이상적인 인물로 꼽았던 비스마르크가 아닌 러시아의 차르를 지향하게 될 것이었다(내친 김에 말하자면 사실 다른 모든 이념들도 그랬지만 게르만 민족주의 역시 현실주의자였던 비스마르크의 취향에는 전혀 맞지 않는 것이었다).

슬라브족의 포위에 대한 쇠네러의 공포는 사회 문제들에 대한 감정과 결합되었고, 그로 인해 그는 아들러와 프리트융을 비롯한 여러 인사들과 함께 1882년의 린츠 계획의 초안을 작성하는 데 협력하게 되었다. (한 가지 흥미로운 사실은 당시 린츠의 주지사가 쇠네러의 무리가 그곳에 모여 드는 것을 허용치 않는 바람에 실제로 린츠 계획은 린츠에서 채택될 수 없었다는 것이다.)[61] 1885년에는 열두 번째 조항이 첨가되었는데, 이는 자유당의 민족주의 분파가 앞으로 "공공 생활의 모든 분야에서 유대인의 영향력을 제거하고 … 그것을 목표로 개혁을 수행하는 데 반드시 필요한"[62] 과업을 추진하기로 서약한 것이다. 바로 이 시점에서부터 쇠네러의 마음속에는 사회 정의에 대한 관심 대신 광적인 민족주의와 교조적 반유대주의가 자리 잡기 시작하였다. 1884년에 빈과 보헤미아 북부 산업 지대를 연결하는 북부 철도 사업권을 획득하기 위해 유대계 금융자본 집단인 로트실트Rothschild 가문이 사업 면허의 갱신을 시도하자 뤼거는 쇠네러와 합세하여 유대인들이 공공의 생활에 또다시 부패한 영향력을 행사하려 한다며 거칠게 비난했다. 이미 훨씬 오래전인 1878년에 쇠네러는 국회 앞에서 다음과 같이 외침으로써 동료 게르만 민족주의자들조차 충격과 경악에 빠져들게 한 적이 있다. "우리가 이미 독일 제국에 속해 있다면 얼마나 좋겠는가!"[63] 10여 년 후인 1888년 3월 8일, 로제나우의 기사는 자신의 민족주의 개념이 무엇인지를 실천적으로 분명하게 증명해 주었다. 그와 그의 동지들이 《신빈일보Neues

*Wiener Tageblatt*》의 사무실에 난입하여 인쇄기를 부수고 직원들을 폭행하면서 그곳을 엉망진창으로 만들어 버렸던 것이다.

쇠네러는 그때 세운 무훈으로 매우 큰 대가를 치렀다. 감옥에 수감된 데다, 향후 5년간 정치적 권리를 박탈당했으며, 그동안 귀족 신분으로 누렸던 면책 특권이 취소되었다. 그 시점까지 그의 추종 세력은 주로 유대인과의 경쟁에서 위협을 느끼던 대학생, 교수 등 전문직 종사자들로 이루어져 있었고, 거기에 그들과 유사한 공포감을 공유하고 있던 숙련공, 소규모 사업가, 하급 관리 등이 포함되어 있었다. 하지만 쇠네러는 이 추종자들에게 자기모순적인 이념을 심어 주었다. 그것은 쇼르스케가 제대로 기술한 바 있듯이 "귀족주의적 엘리트주의와 계몽주의적 전제정치, 반유대주의와 민주주의, 1848년의 대大독일주의적grossdeutsch 민주주의와 비스마르크 식 민족주의, 중세 기사도와 반가톨릭주의, 길드의 제한과 공공시설의 국영화"64 등이 뒤엉킨 뒤죽박죽의 사상이었다. 그는 이러한 이상들을 표방하며 사람들을 자기편으로 끌어들일 수 있었지만, 그의 광신주의와 정치적 비타협주의는 그런 이상을 실행에 옮겨 결실을 맺는 일을 아예 불가능하게 만들었다. 결과적으로 그는 도시의 숙련공과 사무직 종사자 들을 뤼거에게 빼앗기고 말았다. 반가톨릭주의와 반합스부르크주의적인 폭언들은 어떤 일도 효과적으로 이루어 내지 못하는 그의 무능력을 한층 더 부각하기만 할 뿐이어서, 그는 결국 기존 지지 계층의 반발을 사게 되었으며 동시에 그의 개인적인 권위주의적 태도는 불가피하게 추종자들의 분열로 이어졌다.

《신빈일보》 사건이라는 큰 실수를 저지른 쇠네러는 뤼거에 의해 축출된 뒤 곧 수도를 등지고 다른 곳에서 추종 세력을 구하였다. 그곳은 북부 보헤미아의 산업 지대였다. 앤드루 화이트사이드는, 훨씬 열악한 조건에서 더 적은 봉급을 받고도 기꺼이 일하겠다고 나선 체코인 노동

자들과 경쟁해야 하는 처지에 놓인 독일인 노동자 계층 내에서 민족주
의가 발전해 나가는 과정을 매우 자세하게 기술하였다.[65] 체코인과 독
일인 양측 모두 사회민주당이 겉으로는 점진주의와 화해를 강조하면
서 결국은 자신들을 팔아넘기고 있다고 생각했다. 결과적으로 두 집단
은 아들러의 국제주의적이고 친왕조적인 정책에 대항하면서 제각기
독자적인 노동 계급 정당을 결성하기에 이르렀다. 독일인들이 보헤미
아 지역에서 목도한 사회민주당의 정책 실패를 본격적으로 비난하고
나서기까지는 그리 오랜 시간이 걸리지 않았다. 하지만 그 불똥은 엉
뚱한 곳으로 튀었다. 자기네 계층 사람들이 유대인의 횡포에 휘둘리고
있지 않은가? (이를테면 아우구스트 베벨이 말했다는 것처럼 반유대주의는
"열등생의 사회주의이다.")[66] 그러나 1890년대 후반 보헤미아에서 발생
한 이런 문제는 당시 도처에 만연해 있던 민족 문제의 한 단면에 지나
지 않았다. 신임 수상 바데니가 1897년에 선포한 포고령은 독일어와
체코어를 모두 보헤미아 내 무관청의 공식 언어로 삼는다고 명문화하
였고, 이는 그 지역과 빈 양쪽에서 격렬한 반발을 불러일으켰다. 독일
인에게 그런 조치는 '철의 고리'를 재현하는 것이나 다름없었다. 왜냐
하면 독일인 중에서 일부러 체코어를 배울 사람은 거의 없기 때문이었
다. 그러나 체코인에게 그것은 오랫동안 기다려 온 당연한 권리였다.
바데니에게 그것은 경제 조약에 관해 헝가리와 10년째 벌이고 있는
협상에서 체코 쪽의 지지를 보장받는 길이었다. 한편 쇠네러에게 그것
은 의지의 정치the politics of the will를 실천할 수 있는, 이전까지 결코 주
어진 적이 없는 절호의 기회였다.

　보헤미아뿐 아니라 제국의 수도와 그라츠, 그리고 잘츠부르크에서
폭동이 일어났으며, 그 규모는 1848년의 사변에 비견될 만큼 컸다. 그
러나 두 사건 사이에는 다음과 같은 중요한 차이가 있었다. 즉 1848년

에는 의회의 대표권을 갈망하는 성난 군중의 함성이 목격되었다면, 1897년에는 이전까지 법과 질서를 매우 훌륭히 존중해 왔던 부르주아들의 과격화가 목격되었다. 시가지 폭동과 피의 세례를 통해 저 신비로운 존재인 독일 민중에게 촉발된 집단 민족주의는 합스부르크 군주국에 도래하여 그곳에 자리 잡게 되었다. 바데니 자신은 쇠네러의 동료 민족주의자인 카를 볼프와의 결투에서 입은 가벼운 상처로 고통을 겪었다. 소란은 빈의 식당가에까지 영향을 미칠 정도로 매우 심각해졌다. 왜냐하면 레스토랑의 독일인 급사들이 체코인 손님들에 대한 접대를 거부했기 때문이다. 쇠네러의 가장 큰 정치적 성공은, 그가 이끈 범게르만 노동조합의 노조원 스물한 명이 독일 제국의회 의원으로 선출되는 1901년이 되어서야 비로소 찾아오게 되지만, 그 범게르만 노동조합은 그해 선거를 치른 지 열두 달도 채 지나기 전에 산산조각 났기 때문에, 결국 그가 제국의 정치에 남긴 진정한 유산은 1897년에 벌어진 시위에서 그가 수행한 역할뿐인 셈이었다. 폭력도 하나의 정치적 수단으로 간주하는 그의 사상은, 게르만 민족주의를 일종의 메시아적 음성으로 받아들이던 사람들의 마음속에 매우 깊은 인상을 심어 주었다. 그런 사람들 중에는 린츠 실업학교 출신으로 예술가의 삶을 살고 싶어 했던 실패한 화가 아돌프 히틀러도 있었다. 히틀러는 로제나우의 기사가 그 자신의 고귀한 대의에 바쳤다고 생각한 헌신과 이상주의에 공감하였고, 그로 인해 그가 이전까지 품고 있던 뤼거에 대한 존경심마저 단연 무색해지고 말았다. 어쨌거나 그로부터 얼마 지나지 않은 1928년에는 야시 오스카르가 쇠네러를 언급하지 않고도 《합스부르크 군주국의 해체》를 집필할 수 있었다. 유럽 문명을 길러 낸 기존의 가치들을 거부하는 쇠네러의 민족주의 양식은 그때까지만 해도 아직 정치적 관행의 한 유형으로 확고히 자리 잡지 않은 상태였던 것이다. 그러나 린츠 출신의 그 좌절한 사내가 쇠네러의 폭력적 무정부주의에 담긴 실천적인 함축들을 구절구절 상세하게 해석하게 될 시간은 곧 다가오게 된다.

## 헤르츨과 시온주의

빈의 이력에서 아마도 가장 기이한 역설은 나치의 '최종 해결책'과 시온주의자들의 유대 국가 정책이 모두 그곳에서 생겨났을 뿐 아니라 놀라울 정도로 유사한 기원을 가지고 있다는 사실이다.[67] 사실 시온주의는 헤르츨이 자기가 단지 유대인일 뿐 아니라 새로운 출애굽의 지도자가 되리라는 사실을 깨닫기 훨씬 전부터 이미 오랜 역사를 지니고 있었다. 그러나 시온주의가 의식할 만한 정치 세력으로 변모하게 된 것은 오로지 이 비범한 인물이 시온주의자로 전향하고 난 뒤부터였다. 헤르츨이 시온주의에 가담하게 된 경위는 너무 흥미롭기 때문에 여기서 그 과정을 추적해 볼 가치가 충분히 있다. 그의 개인사 자체가 꿈의 도시의 붕괴 과정에서 한 가지 본질적인 요소를 드러내 보여주기 때문이다.

헤르츨은 빈 태생은 아니었다. 헤르츨은 부다페스트에서 태어났지만, 1878년에 빈에 정착하고 난 뒤 곧바로 다른 많은 이주자들처럼, 이른바 도나우적이라기보다 빈적인 사람이 되었다. 그의 가족은 거주지에 동화된 유대인들로서, 정치적으로는 자유주의를 신봉하였고 문화적으로는 독일인과 다름없었다. 극소수를 제외한 모든 유대인이 귀족 사회에서 축출되었기 때문에, 그들 동화된 유대인들은 문화 엘리트 계층에 진입함으로써 그 피해를 보상받고자 하였다. 언어를 민족 구분의 기준으로 삼았던 공식적인 인구 조사의 취지하에서, 이니시어Yiddish*는 독

---

* 유대인이 중부 유럽 등지에서 사용한 히브리어와 독일어 등의 혼성 언어.

일어 방언으로 간주되었고, 따라서 유대인은 오랜 세월 동안 독일인으로 여겨지고 있었다. 그러므로 빈의 유대인들이 미적 귀족주의를 창출하기 위해 독일 문화에 기대야만 했고, 그럼으로써 중산층 유대인의 숙명이었던 상인의 삶에서 (헤르츨이 그랬듯이) 탈출할 수 있었다는 사실이 그리 놀랄 일은 아니다. 많은 유대인은 아들러처럼 자신을 열광적인 바그너주의자로 생각했으며, 또한 헤르츨의 동족 중에서 게르만 민족주의를 처음 접했을 때 우호적으로 반응했던 사람도 헤르츨 혼자만이 아니었다.

　빈의 상당수 유대인들은 오래전부터 유대교 의식을 중단한 채 가톨릭 세례를 받아들이고, 보통은 루터파 기독교인이 되었다. 그들 중 많은 수는 실제로 자기 가족이 유대인이라는 사실을 아예 잊고 있었다. 빅토어 아들러와 자유주의 역사가 하인리히 프리트융은 둘 다 이런 부류의 개종자 집단에 속해 있었다. 헤르츨 자신은 어린 시절에 이미 세례를 받을 준비가 되어 있었으며, 부모를 거역해야 한다는 두려움도 전혀 없었다. 성공한 배교자와 지역 문화에 동화된 유대인들이 유대계 사람들 중에서 가장 뛰어난 사람들이기도 했지만, 어쨌거나 그들은 철저히 배척당한 상류 귀족 계층을 제외하고, 사회를 구성하는 모든 계층에 골고루 스며들어 있었다. 실제로 1910년경의 유대인 수는 빈 인구의 10퍼센트 정도에 달했으며 법조계, 의료계, 언론계 등 전문직 종사자 중에서는 가장 높은 비율을 차지하고 있었다. 한편 도나우 운하를 가로지른 곳에 위치한 제2지구의 레오폴트슈타트에는 같은 유대교 신자라고 해도 중상층 사교계의 자본가 유대인과는 정반대의 태도를 가진 정통 '동구 유대인Ostjuden'들이, 주로 갈리치아 지역에서 이주해 와 대거 거주하고 있었다. 사실 유대 혈통의 사람들을 모두 계산에 넣는다면 그 총계는 훨씬 더 높아질 것이다. 왜냐하면 반유대주의 계층의 사람들 중에 유대인 배교자가 많이 포함되어 있었고, 그들은 과거와 절연했다는 표시로 공공연하게 반유대주의를 과시하고 있었기 때문이다.

헤르츨의 생애에 담긴 충격적인 요소가 바로 여기에 있다. 즉 그의 시온주의는 어떤 의미에서 가장 흥미로운 유형의 반유대주의의 소산이었다. 다시 말해 자신이 간절히 바랐던 바로 그 유대교로부터의 탈출이 실패함으로써 빚어진 결과물이었던 것이다. 헤르츨은 언제 어디서나 늘 멋을 부리는 사내였다. 바젤에서 개최된 첫 시온주의 국제 회담에서 무슨 일이 있어도 프록코트를 입겠다고 고집을 피운 것은, 그의 주요한 성격에 속하는 바로 그 겉치레적인 태도를 보여 주는 한 일화일 뿐이다. 복식 예절이나 귀족주의에 대한 그의 동경은 멋 부리기를 좋아하는 그의 성격과 함수 관계에 있으며, 그의 가장 큰 두려움은 사회에서 배척당하는 것이었다. 그는 대학교 재학 시절에 유대주의를 옹호하고 나섰다가 알비아Albia라는 학생단체에서 퇴출된 사건을 결코 잊지 않았다. 그는 아주 자연스럽게 문예란이라는 신문 지면에 끌리게 되었는데, 그 지면은 필요한 만큼 '객관적인 것을 주관화'할 수 있는 일정한 정도의 나르시시즘을 투고자에게 요구하였다. 그에 알맞은 재주를 보여 준 헤르츨에게 1891년에 《신자유신문》 파리 특파원이라는 특별한 자리가 주선되었다. 그리고 파리에서의 그 경험이 그 멋쟁이 신사를 시온주의자로 탈바꿈시켜 놓았다. 젊은 시절 헤르츨은 유대인 해방의 철회를 주장하는 오이겐 뒤링의 논변을 깊이 파고든 적이 있었는데, 당시에 그는 문화적 소양과 고결함이 결여된 유대 사업가들을 유럽에서 추방해야 한다는 뒤링의 주장에 동조적이었다. 그랬던 그가 파리에서 드뤼몽의 저술들을 접한 뒤, 유대인은 유럽에 '속해 있지' 않으며 유대인의 뿌리는 이곳에 있지 않다고 확신하게 되었다. 이 기간 동안 헤르츨은 두 건의 재판을 취재했는데, 그 두 재판은 각기 그의 시온주의에 깊은 영향을 미치게 되었다. 첫째는 무정부주의자인 라바숄의 재판이었다. 그는 광적인 권력에의 의지를 보여 줌으로써 헤르츨에게 매우 깊은 인상을 남겼다. 다른 한 건은 드레퓌스 사건이었다. 그 사건은 헤르츨이 뒤링과 드뤼몽에게서 읽은 모든 내용을 확인해 주었다. 드레퓌스가 유죄 판결을 받았을 때 자유의 요람이라던 프랑스 역시 그를 외면했다. 오로지 사회주의만이 그 유대인을 구할 수 있었지만, 귀족적이거나 탐미적인 사회주의 안에 도대체 어떤 알맹이가 들어 있단 말인가? 아무것도 없었다. 합리적인 정치 운동을 통한 모든 해결 방안이 실패로 돌아가자 헤르츨은 바레스, 단눈치오, 게오르게 등 동시대의 다른 인사들처럼 낭만적인 해결책을 찾아 방향을 전환하였다. 첫째 방안은 결투를 통해서 유대인의 명예를 확립해야 한다는 것이었다. 실제로 헤르츨은 자신이 직접 뤼거나 알로이스 리히텐슈타인 왕자 같은 명망 있는 빈의 반유대주의자들에게 도전할 작정이었다. 그러다가 죽는다면 그는 대의에 목숨을 바친 순교자가 될 것이고, 자신에게 호의적인 방향으로 세계 여론을 자극하게 될 것이다. 반면에 자기가 상대를 죽인다면, 그는 당당히 재판정에 서서 그야말로 장엄하고 감동적인 변론으로 반유대주의의 사악함을 폭로할 것이다. 그래서 그는 결국 풀려날 것이고, 세계는 바르게 세워질 것이다. 이 방법 말고 그가 대안으로 생각한 계획은 어찌 보면 풋내기의 환상에 좀더 가까운 것이었다. 즉 그는 유대교도의 적들과 맞서 싸우기 위해 먼저 교황의 지지를 이끌어 낸 다음, 그에 대한 답례로 군주국 내의 유대인들이 각자 자녀들을 데리고 슈테판 대성당으로 찾아가 집단 개종을 하게 만들 작정이었다.

그러나 우리가 헤르츨의 유대 국가 창도의 직접적 발단으로 여기는 것은 바로 그가 바그너의 오페라 〈탄호이저〉를 관람하고 얻은 '경험'이다. 그 오페라가 상연되는 동안 비합리적인 민중 정치학의 진리는 섬

광 같은 직관으로 그에게 선명히 다가왔다. 유일한 해답은 유대인이 손님이나 침입자 신세가 아니라 그야말로 진정한 뿌리를 내릴 수 있는 국가를 건설하는 것에 있었다. 헤르츨에게 그 일은 바그너의 종합예술 Gesamtkunstwerk을 예술의 영역에서 정치의 영역으로 번안하는 작업에 해당했다. 그러한 유대인 국가는 어떻게 구현될 수 있을 것인가? 헤르츨의 답은 전형적인 빈 식이었다. "만일 네가 그것을 소망한다면, 그것은 더는 동화 속의 이야기가 아니다." 그리고 "네가 그것을 소망하지 않는다면, 그것은 동화 속의 이야기에 불과하다."[68] 따라서 현대판 시온주의의 기원은 현대 대중사회의 소외 문제에 대한 또 다른 빈 식의 응답이었다. 이러한 인식은 1차 대전이 끝나고 나서야 비로소 유럽 사회 전반으로 확산되었다. 쇠네러처럼 헤르츨도 자기의 사람들을 이끌고 새로운 사회를 건설하고자 노력했다. 그리고 그런 사회에서는 결코 타락한 귀족 사회나 물질 만능의 중산층, 혹은 무식한 프롤레타리아 세력에 의해 '진리'가 타협되는 일은 없을 것이다. 오히려 진리는 영적인 엘리트들에 의해 소중히 간직될 것이며, 오직 그들이 가지는 공동의 의지만이 진리를 존재하게 할 것이다.

## 합스부르크 사회의 이중성을 보여 준 레들 사건

그런 생각들은 그나마 빈을 가장 잘 알고 있던 사람들이 꿈꾸던 몽상이었다. 빈은 쾌락적 탐미주의와 자허토르테Sachertorte*의 설탕옷이 입혀진 쓰디쓴 알약과 같았고, 여전히 빈의 중산층, 그중에서도 젊은 세대의 중산층은 눈앞에서 전개되고 있는 상황의 심각성을 거의 인식하지

---

* 빈에서 생산되는 세계적으로 유명한 초콜릿 케이크.

못하고 있었다. 츠바이크가 전하는 바에 따르면 츠바이크 본인을 포함하여 주변 친구들은 신문을 읽으면서 마치 스포츠 면을 뒤적거리듯이 보어 전쟁, 러일 전쟁, 발칸 반도의 위기 상황 등을 훑고 지나갔다.[69] 1914년 최후의 대격변이 벌어지기 전에, 겉으로 드러난 합스부르크의 안정적인 모습이 그러한 외형과 속사정 사이에 존재하는 심각한 괴리를 감추고 있는 것이었음을 알려 준 거의 유일한 암시가 바로 레들 사건Redl Affair이었다.

　1913년 5월에 제국의 육군 정보국 부국장인 알프레트 레들이 반역자이며 그 이유가 방탕한 동성애 생활에 필요한 유흥비를 마련하고자 하는 데 있었음이 밝혀졌다.[70] 반역과 동성애 중 어느 쪽이 더 꿈의 도시에 살고 있던 부르주아의 눈에 충격적으로 비쳤을지는 현재로서는 답하기 어렵다. 확실한 것은 레들 사건이 닫혀 있던 비밀의 문을 열었고, 여태까지 그 안에 감추어져 있던 진상이 조금 드러났다는 것이다. 렘베르크* 지방의 가난한 철도 공무원의 아들이었던 레들은 제국의 군부 내에서 점차 두각을 나타냈다. 그는 자신의 진짜 의견과 속내를 감추는 비상한 능력과, 상관들이 듣고 싶어 하는 것만 골라서 얘기하고 어떤 상황에서도 사람들이 기대할 법한 일만 골라서 수행하는 빈틈없는 수완을 갖고 있었다. 그 세대의 많은 청소년들과 마찬가지로 그의 성적 자각은 사관학교 시절에 찾아왔다(일부 자전적인 측면이 있는 무질의 소설 《생도 퇴를레스의 혼란》은 바로 그런 상황에 초점을 맞춘 것으로, 사람들로부터 지극히 불명예스럽다는 평가를 받았다). 영리하게도 레들은 자신의 동성애 성향에 관한 진실을 그동안 자신에 관해 숨겨 왔던 모든 사안들처럼 성공적으로 감출 수 있었다. 그는 오로지 단 하나의

---

* 지금의 우크라이나 르포프Lwów 지역.

목표를 가진 인간이었다. 바로 군부 내에서의 성공과 그에 따르는 지위였다. 그는 바로 이 목표를 위해서 주변의 모든 것과 모든 사람을 희생시켰다. 그리고 이 제국 내에서는 수단과 방법을 가리지 않는 사람이 겉모습을 제대로 유지하기만 하면 어떤 일도 저지를 수 있다는 사실을 입증해 보였다.

빈 사람들에게 레들은 온화하고, 영리하고, 매력적인 데다 심지어 남성적이기까지 한 이상적인 장교였다. 그는 사람들에게 바로 그런 이미지를 심어 주기 위해서 엄청난 주의를 기울여 왔다. 그는 충성스럽고 복종적인 장교의 외형을 구축하였고, 주변 여건에 따른 상황 판단이 매우 빨랐다. 그의 인자함은 동료와 부하의 사랑을 받았으며, 한편으로 그의 우아하고 호사스러운 취향은 빈 사람들이 가장 소중하게 생각하는 측면이기도 했다. 슈테판 츠바이크는 한때 안면이 있던 그 참모 본부 대령이 러시아의 차르에게 돈을 받는 이중간첩이었다는 소식을 파리에서 전해 듣고 공포에 질릴 수밖에 없었다고 고백한 바 있다. 왜냐하면 레들 사건은 그 군주국에 존재하는 모든 것에 기만적인 측면이 들어 있음을 예증하는 것이었기 때문이다.[71] 황제의 명령을 받아 온 이 장교는 반역자였다. 부르주아의 마음속에서는 꿈에도 생각해 본 적이 없는 전쟁의 발발도 전혀 어불성설만은 아니었다. 군부 내에 만연한 동성애의 증거(실제로는 드물었지만)는 부르주아 도덕성의 핵심에 충격을 주었다. 그러나 레들 사건의 가장 중요한 측면이 곧바로 선명하게 드러난 것은 아니었다. 이 사건은 가면 속에 자신의 진짜 인격을 완벽하게 감출 수 있었기 때문에 성공을 거둔 한 남자의 사건이었다. 합스부르크 사회 전체를 놓고 볼 때, 작위성과 겉치레는 당시로서는 예외라기보다 하나의 규칙이었고 적절한 외양과 치장은 삶의 모든 측면에서 가장 중요한 부분이었기 때문이다.

## 빈의 불안에 대한 슈니츨러의 문예적 진단

그런 사실을 아르투어 슈니츨러만큼 잘 알고 있던 사람은 없었다. 그리고 그런 사실을 슈니츨러보다 자신의 작품 속에 더 잘 묘사해 놓은 사람도 없었다. 내과의의 아들이자 그 자신 역시 내과의였다가 극작가로 변신한 이 인물은 '빈의 마지막 나날들'에 대한 능란한 진단을 통해 자신의 독보적인 재능을 선보였다.[72] 동시대의 저명인사들인 지그문트 프로이트나 빅토어 아들러와 마찬가지로 부르주아 계층의 유대인 의사였던 그는 마이네르트의 진료실에서도 조수로 일한 적이 있었고, 거기서는 최면 기법을 전공하였다.[73] 따라서 전형적인 중산층 직업을 가지고 있다가 글쓰기로 전향하였을 당시의 슈니츨러는 부르주아적인 삶의 방식에 익숙해 있었다. 그러나 그가 그렇게 진로를 바꾸었다고 해도 그것은 자신의 과거를 내친 것이 아니라 오히려 인간 심리에 대한 자신의 변치 않는 관심을 새로운 방향에서 모색한 것이었다. 사실 그의 첫사랑은 문학이었지만, 결국 아버지의 고집 때문에 그것을 한쪽으로 미뤄 둔 채 더욱 통상적이고 존중받는 부르주아의 직업을 찾아갔던 것이다. 자신이 속한 사회의 난국을 문학의 형태로 진단해 내는 슈니츨러의 탁월한 능력은, 의사이자 시인인 그가 이렇듯 매우 상이한 가치관을 가진 매우 상이한 두 세대에 발을 걸치고 있다는 사실의 소산인 셈이다. 그리고 이런 이중적인 배경은 슈니츨러에게 그의 전 작품을 관통하는 하나의 주제를 제공해 주었다. 이른바 의사소통의 문제였다.

슈니츨러는 올바르게도 의사소통의 문제가 두 가지 측면을 가진다고 보았다. 하나는 개인적인 측면이고 다른 하나는 사회적인 측면이다. 섹스의 무의미성은 개인의 정체성 위기를 반영하는 것이고, 반유대주의는 그것이 사회적으로 구현된 현상이었다. 슈니츨러의 작품 세계에 들어 있는 성적인 요소들은 오래전부터 대중의 눈에 감지되어 왔던 반면, 반유대주의에 대한 그의 관심은 그다지 주목을 받지 못했다. 그는 반유대주의를 사회적 과대망상증의 일종이라기보다 인간이 처한 조건의 발현이자 보편적인 정신적 불안의 징후로 간주했다. 그는 소설 《자유로의 길》에서 유대인 문제의 근본적인 해소 불가능성을 묘사하면서, 그의 친구인 헤르츨이 제시한 지나치게 편의주의적인 해결책을 비판한다. 그의 희곡 《베른하르디 교수》는 다양한 모습으로 나타나는 반유대주의를 분류하고 분석하려는 시도였다. 그렇지만 결국 《베른하르디 교수》는 반유대주의뿐 아니라 사회에서 작용하는 모든 유형의 파괴적이고 비인간적인 폭력들의 지형도를 그리고 있는 셈이다. 자신의 영웅에 대한 소묘 속에서 슈니츨러는 자신의 계급, 직업, 그리고 자신의 인종 앞에 진실을 지켜 나갔다(타락과 이기주의가 난무하는 슈니츨러의 병리학적 우주에서 의료직은 몇 안 되는 빛나는 작업 중 하나이다). 인간사의 모든 문제의 뿌리에는 이기주의가 놓여 있다. 그들은 의사소통을 할 수 없다. 왜냐하면 사람들은 눈앞의 욕구를 충족시켜 주는 사회적 역할들 속에 자신을 절망적으로 가둬 버림으로써 좀더 영속적인 만족을 얻을 수 있는 모든 희망을 스스로 박탈해 버리기 때문이다.

'Hands Around', 'Ring Around the Rosey', 'La Ronde' 등의 영어 제목으로 익숙한 그의 《윤무Reigen》는 단일한 공통분모로 환원되는 인간관계의 역학을 직접적인 성적 희열의 욕구 속으로 집약하면서 다양한 사회적 유형의 스펙트럼 전체를 예리하게 일별한다. 《윤무》에는 빈자와 부자, 강자와 약자, 둔한 자와 민감한 자 등 열 명의 인물이 등장하는데, 슈니츨러는 각각의 등장인물이 열 명 중 다른 두 사람과 맺는 두 가지 유형의 성적 관계의 맥락을 통해서 인물들의 성격을 묘사한다. 그리고 그 과정은 마치 죽음의 무도회처럼 진행된다. 이것은 빼어난 문학적 재능을 지닌 한 정신분석학자가 수행한 일련의 성격 탐구나 다름없기에, 프로이트는 슈니츨러를 가리켜 '동업자'라고 찬사를 보낼 수 있었다. 등장인물 중에는 만족을 얻기 위해 한 여인을 그냥 기다리고 있을 수만 없어서, 그다음 여인에게 돌진해 갈 태세인 군인이 있다. 이것은 슈니츨러가 군대를, 특히 장교 계급을 저급하게 보고 있었음을 반영한다. 그는 장교 계급을 얄팍하고, 인내심이 없으며, 방탕하고, 시대착오적인 결투 예법을 맹목적으로 광신하는 자들로 묘사한다. 쇠락해 가는 귀족주의의 잔재로, 《윤무》에 등장하는 백작은 연민 어린 풍자의 대상으로 묘사된다. 사회 계층의 반대편 끝에는 사회의 희생양인 매춘부가 있다. 그럼에도 불구하고 그녀는 불안정하고 거북해하는 백작을 향한 애정의 불꽃을 능히 일으킬 수 있다.

에로티시즘은 이렇듯 사회 역학의 원리가 되고, 여기서 성행위는 슈니츨러의 등장인물들이 맺을 수 있는 유일한 종류의 인간적 접촉이다. 그리고 이것이 바로 '춤'이라는 모티프의 요점이다. 즉 사랑 없는 섹스는 단지 무의미하고 기계적인 의식에 지나지 않는다는 것을 춤이라는 형식을 통해 보여 주고자 한 것이었다. 슈트라우스와 레하르에게서 보이는 것처럼 사회는 겉으로 보면 반짝반짝 빛을 발하지만, 그 안에는 오로지 쾌락적인 이기주의만이 존재할 뿐이다. 사회의 절반은 나머지 절반에게 자신을 열어 줄 수 없는 사람들이고, 나머지 절반은 아예 그런 노력을 거부한다. 무질의 말에 따르면, "그렇게 사는 사람들이 함께 힘을 합쳐 자기들의 지성과 영혼의 목적지를 향해 이성적으로 계획된 항해에 나설 수 있으리라는 생각은 완전히 비현실적인 것이다. 그것은 정말 터무니없는 얘기이다."[74] 겉으로 보이는 왈츠와 생크림 거품의 화려함과 달콤함은 절망에 사로잡힌 사회의 피상적인 눈가림에 지나지 않는다. 그 사회는 《밤비》에 나오는 토끼들이 '유대인처럼 지껄인다'는 이유로 작가인 펠릭스 잘텐이 비난받을 수 있는 그런 사회였다.[75]

그리고 보잘것없는 임금 때문에 억지로 매춘을 하는 여인들을 보호한다는 명목으로 경찰이 돈을 갈취하는 그런 사회였다.[76] 그런 과정 속에서 외형과 현실 사이의 균형은 완전히 실종되고 말았다.

**빈에서의 자살**

에밀 뒤르켐은 1897년에 출판된 자살에 관한 고전적인 연구에 착수하면서 자신의 연구가 얼마나 시의적절한 것인지 언급한다.

> 언제 어디서나 한 사회의 도덕적 체질은 자발적 죽음이라는 사건이 발생할 수 있는 여지를 만들어 주었다. 따라서 사람들 각자에게는 일정한 힘의 크기를 가지는 집단적 강압이 작용하고, 그것이 인간을 자기 파괴로 몰고 가기도 하는 것이다. 희생자의 행위는 언뜻 보기에는 단지 개인적인 성향을 표출하는 것처럼 보이지만, 실은 그 행위를 통해 대외적으로 표현된 사회적 조건의 보충이자 연장인 것이다.[77]

이제부터 고려할 내용은 그러한 뒤르켐의 견해를 뒷받침하는 데 큰 도움이 된다. 만일 합스부르크 제국의 민족과 인종과 사회와 외교와 섹스에 관한 문제들이 우리가 제시했던 것만큼 심각한 것이었다면, 그 제국의 자살률은 그에 상응하여 매우 높았어야 할 것이다. 실제로 자기 손으로 목숨을 끊은 오스트리아 저명인사들의 목록은 길고도 유별나다. 통계 열역학의 아버지인 루트비히 볼츠만, 작곡가의 형제로 자신 또한 음악적인 재능이 없지 않았던 오토 말러, 독일어권에서는 그 재능에 필적할 만한 사람이 거의 없던 음유시인 게오르크 트라클, 《성과 성격》이라는 책을 써서 유명한 소송 사건에 휘말렸다가 그로부터 불과 몇 달 후에 베토벤이 죽은 집에서 자살한 오토 바이닝거, 자신이 설계한 황실 오페라 하우스에 쏟아진 비판을 견딜 수 없었던 에두아르트 반 데어 닐, 이미 앞에서 소개한 바 있는 알프레트 레들, 그리고 더 말할 것도 없이 비트겐슈타인의 형 세 명이 그 목록에 포함되어 있다. 아마도 가장 색다른 경우는 구경 8센티미터와 9센티미터 대포의 설계자인 바론 프란츠 폰 유카티우스 장군의 자살일 것이다. 나아가 그는 구경 28센티미터의 거대한 야포를 개발하여 자신의 최대 업적으로 삼고자 하였다. 그러나 그 무기를 시험 발사했을 때 그만 포신이 쪼개져 버렸고, 그로부터 며칠이 지난 후 유카티우스는 자신의 병기고에서 칼로 스스로 목을 베어 죽은 채로 발견되었다. 제국 황실의 경우에도 사정은 다르지 않았다. 1889년 루돌프 왕세자는 마이얼링에 있는 자신의 별장에서, 낭만적이라기보다는 다소 섬뜩하게 주변을 꾸며 놓고 자신의 목숨과 자신이 사랑한 여인 바로네스 마리아 베세라의 목숨을 함께 앗아갔다. 이들은 꿈의 도시 빈을 더는 견딜 수 없는 악몽의 도시로 느꼈던 일부 남성들이었다.

정체성과 의사소통의 문제는 정치적, 사회적, 개인적, 심지어 국제적 차원에 이르기까지 모든 면에서 빈 사회를 병들게 만들었다. 합스부르크 왕국이 비스마르크가 탈바꿈시킨 젊고 강력한 독일 제국에 의해 힘을 잃고 나자 그 뒤를 이어서 국제 관계의 문제들이 급속하게 발생하였다. 정치적인 문제들은 너무나 방대해서 한 문단이나 장은 말할 것도 없고, 한 권의 책으로도 적절히 논의할 수 없을 정도이다. 그런 정치적인 문제들에 관해서는 체코인 문제를 고려함으로써 실마리를 얻을 수 있는 정도가 고작이다. 체코인은 제국의 지배를 받던 민족들 중 독일인, 헝가리인, 이탈리아인, 폴란드인을 제외하고는 아마도 가장 좋은 지위를 누린 민족일 것이다. 하지만 1907년에 성인 남성에만 적

용되는 보통 선거가 그 군주국의 서쪽 절반 지역에만 도입될 무렵에
이르러, 체코인은 더는 독일인과 대화할 수 없게 되었다. 왜냐하면 독
일인이 체코어를 인정하지 않았기 때문이었다. 약소민족의 경우가 모
두 그렇듯이, 체코어는 그 제국 내에서 체코인의 정체성을 확인하는
수단이었다. 그리고 1914년의 대격변 이전 합스부르크 통치의 마지막
나날에 상처를 남긴 극렬한 시민권 쟁취 투쟁에서 언어는 정치적인
측면뿐 아니라 사회적인 측면에서도 정체성의 기반이었다.

'젊은 빈'으로 대표되는 탐미주의의 세대는, 상이하지만 전혀 무관하
지 않은 방식으로 자신들의 시 속에서 '참된' 언어를 추구하였고, 그
언어는 그들에게 부르주아 사회의 구속복을 벗어 버릴 수 있는 계기를
마련해 주었다. 그리고 우리가 할 논의의 나머지 부분은 크라우스와
쇤베르크, 로스와 비트겐슈타인 같은 천재들이, 그런 탐미주의자들의
도피주의는 자아도취적인 가짜 해결책에 지나지 않는다는 사실을 인
식하게 되는 과정과도 관련이 있다. 무질은 "단어들이 정의되어 있지
않은 일상 언어란 누가 쓰더라도 스스로를 명료하게 표현할 수 없는
매개체"라며, 애매하지 않은 명백한 표현이란 오로지 어떤 사적이고
비기능적인, 아직까지 알려진 적이 없지만 아마 앞으로도 영원히 불가
능할지 모르는, 이를테면 마흐 식의 '감각 인상'을 직접적인 기반으로
한, 이른바 '휴가 간 언어holiday language'[78] 안에서나 가능할 것이라고 생
각하고 있었다. 반면 크라우스, 쇤베르크, 로스, 그리고 비트겐슈타인
은 이 모든 문제를 해결할 열쇠를 기존에 수용된 표현 수단들에 대한
철저하면서도 본질적으로 건설적인 비판 속에서 찾았다. 지금 위에서
언급한 모든 인물이 카를 크라우스의 생애와 작품에서 그 실마리를
찾았다. 이제 우리는 그에게 관심을 돌려야만 한다.

# 3
# 카를 크라우스와
# 빈의 마지막 나날

언어의 생산은 오로지 환희 속에서만 혼돈으로부터 하나의 세계를 이룬다.

— 카를 크라우스, 《나라와 세계를 위하여》

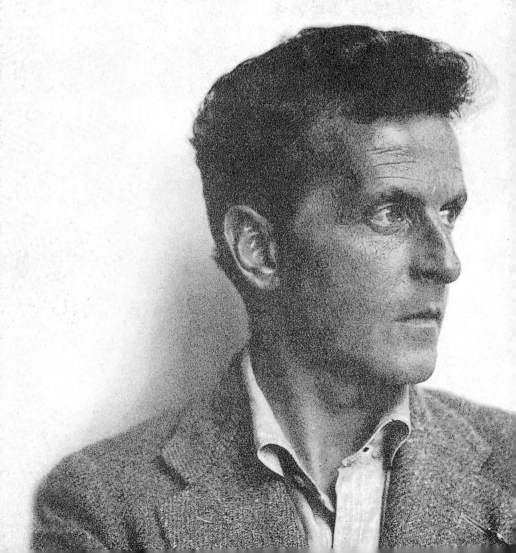

《나의 투쟁》의 저자에게 빈이 '가장 고되지만 빈틈없는 학습장'[1]이었던 것처럼, 바로 그렇게 카를 크라우스에게 빈은 '세계 파괴의 실험장'[2]이었다. 사실을 말하자면, 크라우스는 빈을 휘젓고 있는 비인간화의 힘을 슈니츨러나 무질보다 좀더 예리하게 감지하고 있었다. 그러나 그는 그들과는 달리 단지 증세를 진단하는 것에만 만족하지 않았으며, 오로지 목숨을 건 수술만이 이 사회를 구할 수 있다고 믿었다. 고대의 히브리인들처럼 빈 사람들은 정도를 벗어나 방황하고 있었고, 크라우스는 그들의 독선을 질책하기 위해 보내진 예레미야였다. '빈의 작가들 중에서도 가장 빈적인'[3] 이 예지자의 무기는 논쟁과 풍자였다. 빈 사람들에게 예술보다 더 중요한 것은 없었으며, 그중에서도 문학, 연극, 음악이 특히 그러했는데, 이런 주제들에 대한 빈 사람들의 취향은 (크라우스의 견해에 따르면) 그 사회 전반에 걸쳐 만연되어 있던 도덕적 이중성을 반영하고 있었다. 그래서 이제 그는 바로 그 문학과 음악을 통해 꿈의 도시의 삶 속에 감추어진 위선을 폭로하게 된다.

## 어린 시절과 가족

그와 동시대를 살았던 수많은 저명인사들이 그랬듯이 크라우스 역시 유복한 유대인 가정 출신이었다.[4] 그의 아버지는 그가 아주 어렸을 때 보헤미아 지역에서 이주해 온 상인이었다. 1899년 스물네 살의 나이로 크라우스가 자신의 격주간 풍자지 《햇불*Die Fackel*》을 출간하기 시작했을 때, 그는 누가 뭐래도 자신이 직접 선택한 그 임무를 수행할 만한 확실한 자질을 갖추고 있었다. 풍자에 관한 크라우스의 재능은 《햇불》이 출간되기 바로 전해에 《신자유신문》의 편집인이었던 모리츠 베네딕트가 자사에서 활동하던 재주 많고 빼어난 주간 풍자 작가 다니엘 스피처가 사직한 이후 적임자를 찾을 수 없어 5년 동안 비워 두었던 자리를 바로 그에게 제의했을 만큼 탁월한 것이었다. 따라서 크라우스의 비범한 풍자적 재능에 관해서는 의심의 여지가 있을 수 없었다. 실제로 그의 능수능란한 언어 구사력은 당시 그의 논쟁들이 발휘한 탁월한 위력을 설명해 주기도 하지만, 동시에 그의 저술들 중 상당수가 전혀 번역 불가능하다는 사실도 함께 말해 준다. 그의 문체에 나타난 모든 것은 심사숙고의 결과물이었다. 그는 쉼표의 위치 하나만 놓고도 수 시간을 궁리하곤 했던 것으로 알려져 있다. 그는 독일어의 동음이의어 단어들을 이용하여 말장난을 치는 것뿐만 아니라, 자신의 공격 대상이 사용하는 바로 그 문체로 언어유희를 즐기기도 하였다. 그는 어떤 사람의 성격상의 결함은 말할 것도 없고, 그 사람의 논리적 오류까지도 그 사람의 작문 양식과 그 사람이 구사하는 바로 그 문장들의 구조 속에 반영된다고 주장하였다. 긍정적인 의미에서뿐만 아니라 부정적인 의미에서도, 문체, 그것은 인간 그 자체이다le style, c'est l'homme même. 그러한 양식을 올바른 시각에서 알아볼 줄 아느냐의 문제일 뿐이있다.

## 《횃불》과 논쟁

크라우스의 '신문 타도의 신문'이었던 《횃불》은 독일에서 발행된 막시밀리안 하르덴의 《미래*Die Zukunft*》를 흉내 낸 것이었다. 크라우스는 부정부패를 발견할 때마다, 그것을 폭로하기 위해 《횃불》을 도구로 사용하였다. 1899년부터 1936년에 이르기까지 지령 922호에 이른 그 자그마한 붉은색 소책자는 헤르만 바르와 탐미주의자들, 호프만슈탈, 프란츠 레하르의 오페레타들, 프란츠 베르펠, 크라우스 자신이 원형으로 삼았던 하르덴, 그리고 그 밖에도 셀 수 없을 정도로 많은 작가들에 대한 비판과 풍자를 담았고, 한편으로 경찰의 부패상, 헤르츨의 시온주의, 그리고 1차 대전의 잔혹성과 무익함을 공격함으로써 빈의 일반 대중을 계몽하기도 하고, 또 분노에 떨게도 하였다. 끝으로 한 가지 의미심장한 내용을 언급하자면 《횃불》에는 《신자유신문》에 대한 비평들도 수록되었는데, 《신자유신문》은 예전에 그를 채용하여 명망 있는 자리를 맡기려고 했던 바로 그 신문이었다. 크라우스가 잡지의 간행을 시작한 처음 12년 동안은 페터 알텐베르크, 휴스턴 스튜어트 체임벌린, 리하르트 데멜, 에곤 프리델, 엘제 라스커쉴러, 빌헬름 리프크네히트, 데틀레프 폰 릴리엔크론, 아돌프 로스, 하인리히 만, 아르놀트 쇤베르크, 프랑크 베데킨트, 프란츠 베르펠, 후고 볼프 등의 글들도 《횃불》에 실렸다. 그러나 1911년 11월부터는, 1912년에 단 한 차례 이례적으로 아우구스트 스트린드베리의 투고를 실었을 뿐, 매호마다 모든 글을 크라우스 자신이 직접 썼다.

한 작가와 그의 글이 이처럼 완벽하게 일치하는 경우는 거의 찾아보기 어렵다. 크라우스는 자신의 글을 위해 살았고, 자신의 작업을 위해 삶을 혹사했다. 어떠한 개인적 희생도 이보다 더 클 수는 없었다. 낮에는 자고 밤에는 꼬박 일을 하는 그런 삶을, 그는 스스로 '전도된 생활 방식'[5]이라 불렀다. 그러한 풍자 활동이 신변에 위험이 될 수도 있다는 사실은 《햇불》의 첫 사분기를 정리한 '평가 명세서' 안에 잘 암시되어 있다. 그 명세서에는 다음과 같은 냉소적인 항목이 포함되어 있었다.

익명의 악의적 편지　236통
익명의 협박 편지　83통
습격　　　　　　　1건[6]

범상함과는 완전히 거리가 먼 인격을 가진 사람만이 거의 40여 년의 세월을 그러한 방식으로 살 수 있을 것이다. 테오도어 해커가 1913년에 발표한 연구 논문 〈쇠렌 키르케고르와 내재성의 철학〉에서 키르케고르를 크라우스와 연결시킬 수밖에 없었던 것은 괜한 공치사가 아니었다.[7]

　크라우스와 그의 저술을 피상적으로 접하게 되면, 그가 다른 속셈으로 가득 찬 괴짜에 지나지 않는다는 인상을 받을 수도 있다. 처음에 그는 마치 원한에 사무친 사람처럼 여성해방 운동과 여성 일반에 대해서, 시온주의에 대해서, 언론에 대해서, 잘나가는 혁신적 작가들에 대해서, 그리고 정신분석학에 대해서 공격을 퍼부었다. 거기에는 순전히 임의로 분노를 할당하고 있는 것처럼 보이는 한 남자가 있을 뿐이었다. 그는 헤르만 바르가 마치 뭇 남성이 셔츠를 갈아입듯이 정치와 미학에 관한 자기 견해를 바꾼다면서 그를 놀려 댈 수 있었다. 왜냐하면 바르는 온건한 사회주의자였고, 미학자였고, 범게르만주의사였고, 현실주의자였고, 제국주의자였고, 자유주의자였으며, 그리고 마지막으로 왕정파 가톨릭교도였기 때문이었다. 그러나 크라우스 자신도 때때로 자유주의, 보수주의, 사회주의, 교권주의 등의 입장을 번갈아 가며 지지해 왔다. 그는 가톨릭교회에 입문했으나 1922년에 교회를 떠나고 나서야 비로소 공개적으로 자신이 교인이었음을 밝혔다. 그는 23년 전에도 유사하게 유대교를 저버린 바 있었다.

처음 눈에 띄는 모습만으로 평가한다면, 크라우스가 하르덴 같은 예전의 친구들까지 다수 포함하여 자신을 둘러싼 모든 사람에게 퍼부었던 인신공격은, 똑똑하기는 하나 시기심이 많은 한 냉소주의자의 치기 어린 행동으로밖에 이해될 수 없다. 그러나 표면상으로는 분명히 자기에게 밉보인 사람들에 대한 공격으로 보이는 그 행위들이, 실제로는 그 이상의 의미를 지니고 있었다. 왜냐하면 그의 공격은 예술적인 정직성과 진실성을 삶의 가장 중요한 요소로 평가하는 전반적인 관점에 뿌리를 두고 있었기 때문이다. 따라서 크라우스를 제대로 이해하려면, 그의 삶과 작품을 일관되고 정합적인 통일체로 만들어 주는 동시에 그가 괴짜이기는커녕 사실은 평범한 언론인의 수준을 훨씬 뛰어넘는 비범한 인물이었음을 입증해 줄 통합적인 요인이 무엇인지를 깨달아야 한다. 크라우스의 손안에서 논쟁과 풍자는, 사람들이 인간의 사유와 행위 안에서 나타나는 모든 피상적이고, 부패하고, 비인간적인 것들에서 벗어나 모든 가치의 '기원'으로 되돌아가게 함으로써, 결과적으로 전반적인 문화의 쇄신을 성취하도록 이끄는 강력한 무기가 되었다. 그의 경구는 구 빈에서 도덕성 대신 통용되는 위선과, 예술 대신 통용되는 헛소리들을 물고 늘어졌다. 그가 논쟁, 풍자, 경구 등의 형태로 휘두른 신랄한 재기는 시민적이고 문화적인 훈도의 도구들이었다. 비록 그가 정치가들을 조롱했다고 하더라도 그의 사회 비판이 단순히 정치적인 것만은 결코 아니었다. 크라우스가 보기에, 정치의 영역은 피상적인 문제들에만 관심을 가질 뿐이지만, 실제로 당면한 위기의 근본적인 뿌리는 정신적인 불안감 속에 놓여 있는 것이기 때문이다.

## 매춘, 성, 그리고 여성성

예를 들어 매춘에 대한 크라우스의 태도를 고려해 보라. 슈테판 츠바이크는 젊은 시절 빈에 성행했던 매춘부들의 사회적 역할을 강조해 왔다. 결혼이 늦어진 빈의 젊은 부르주아들에게 매춘부들은 유일한 성욕의 배출구를 제공해 주었다. 그리고 당시의 결혼이 사업상의 정략적 결합에 지나지 않는 경우가 너무도 흔했기 때문에, 종종 결혼한 후에도 사정은 마찬가지일 수 있었다. 어쨌든 이러한 매춘은 비도덕적인 동시에 사회적인 필수 항목이었으며, 불법인 동시에 (비록 상당한 대가를 치러야 하지만) 경찰의 비호를 받는 사업이었다. 한편 매춘부 본인은 마담과 포주의 착취뿐 아니라 만연한 질병에도 직면해 있었다. 크라우스는 이런 상황이 그 자체로 견딜 수 없는 것일 뿐 아니라, 당시 부르주아 사회의 유대-기독교적 도덕성에 감춰진 타고난 이중성을 가장 잘 드러내는 징후임을 깨달았다. 그래서 그는 매춘부들을 지원하기 위해 힘을 모았다. 그는 매춘부야말로 군인보다 더 영웅적인 사람들이라고 생각하였다. 군인들은 부상, 질병, 죽음과 싸워 가며 기존의 사회 질서에 헌신하는 반면, 매춘부들은 유사한 일을 하면서도 오히려 사회적·법률적 제재의 대상이 되기 때문이다. 크라우스가 볼 때, 매춘 금지 법안을 채택하는 것은 매춘부를 비난하는 위선적인 인간들의 사적 비도덕성이, 매춘을 금지하는 위선적인 법률의 공적 비도덕성으로 전이된 것뿐이었다.

그는 이런 사악함뿐 아니라 법체계 안에 그런 위선을 제도화하려는 타락한 사회를 향해서도 욕설을 퍼부었다. 그는 〈윤리와 범죄〉 같은 논평을 통해 법체계를 조롱하면서 박해받는 사회적 약자의 권리를 옹호하였다. 그는 더 심한 박해를 받고 있는 또 다른 성적 소수집단인 동성애자들을 위해서도 마찬가지 노력을 하였다. 그는 동성애에 관해, 개인의 성적인 행위는 그 개인의 문제로서 그 행위가 아무에게도 해가 되지 않는 이상 그 일은 오로지 그 개인이 알아서 해야 할 문제라고 주장했다. 타락한 사회에서 진정한 성도착자와 날강도는, 경찰과 신문 등의 매체를 통해 이런 약자들을 박해하는 험담꾼들이었다.

그러나 크라우스가 매춘과 동성애를 옹호했던 것은 여성의 성욕에 관한 그의 일반적인 사고방식에 뿌리를 둔, 더욱 폭넓은 근거에서 기인한 것이었다. 크라우스가 바라본 바에 따르면, 여성은 전적으로 성적인 존재이다. 작용이 존재를 따르듯operatio sequitur esse, 여성이 하는 모든 행동은 그녀의 본질인 성욕으로부터 발산된다. 이런 측면에서 여성은 남성과 다르다. 남성은 성적인 충동을 **가진다**. 반면 여성은 성욕 그 자체**이다**. 여성은 감정과 비합리성 그 자체이며, 성욕의 화신이다. 여성은 단지 남성과 같은 종에 속하는 것처럼 보일 뿐이다. 왜냐하면 적어도 잠재적으로는 이성적이라고 말할 수 있는 남성은, 여성이 결여하고 있는 능력, 즉 자신의 성적 본성을 통제하는 능력을 가지고 있기 때문이다. 따라서 여성에게 자신의 행위를 합리적으로 설명해 보라고 재촉하는 것은 아무런 의미가 없다. 왜냐하면 여성의 행동은, 사실상 바로 여성의 본성인 무의식적인 관능성에 의해 결정되기 때문이다. 크라우스는 빈 사회가, 자기 아내에 대해서는 단호히 부인하는 이런 사실을 정부情婦에 대해서는 인정할 뿐만 아니라 아예 은근히 요구하고 있으며, 그럼으로써 법적으로나 사회적으로 금지되어 있는 일이 사적으로는 은연중에 조장되고 있다고 보았다. 그에게 이런 현상은 아주 그럴 듯해 보이는 사이비 신성함의 근본적인 징표였다.

## 바이닝거의 《성과 성격》

여성성에 대한 이러한 크라우스적인 개념(이 개념은 프로이트와 그 밖에 빈의 여러 인사들에게도 친숙했던 어느 논쟁을 통해 발전한 것이었다)은, 크라우스가 존경과 거부를 동시에 표명했던 수수께끼 같은 인물 오토 바이닝거의 작업과 나란히 대비해 가면서 이해해야 한다. 바이닝거는 1903년에 빈을 두 번 놀라게 했다. 한 번은 천재의 흔적이 가득 담겨 있는 그의 주저 《성과 성격》의 출판을 통해서였고, 다른 한 번은 그가 베토벤이 죽은 집에서 자살한 사건을 통해서였다. 특히 그의 자살 사건은 그를 어엿한 낭만주의적 영웅으로 한층 더 격상시켰다.[8] 훗날 반유대주의 작가들은 바이닝거가 유대인 중에서 가장 현명한 사람이었다고 주장했다. 그는 유대인이 다른 문화에 동화된다거나 유대인으로서 비유대계 사회에서 계속 살아간다는 것이 불가능하다는 사실을 깨닫고, 자신의 갈등을 해결할 수 있는 유일하고도 합리적인 해결책을 선택했다는 것이다. 즉 바이닝거 자신이 유대인은 본성상 가장 비천하고 가장 사악한 유형의 성격, 다시 말해 가장 저급한 형태의 '여성성'을 지녔으며, 모든 성격은 영원히 바꿀 수 없다고 실제로 믿었기 때문에, 그에게 자살 이외의 다른 대안이 없었다는 것이다.

바이닝거는 자신의 성격학characterology의 지적 원천이 플라톤, 칸트, 쇼펜하우어,[9] 그리고 《향연》에 나오는 아리스토파네스의 웅변, 칸트가 《세계시민적 관점에서 본 보편사의 이념》에서 논의한 시간의 바깥에 존재하는 개인의 '지성적인 성격intelligible character'(이런 성격에 접근할 수만 있다면 우리는 완벽한 정확성으로 개인의 행위를 예측할 수 있고 따라서 모든 역사적 행위를 결정할 수 있게 될 것이다), 그리고 쇼펜하우어의 '성애性愛의 형이상학' 등등에 들어 있다고 주장하였다. 그러나 추문을 불러일으킨 그 책 안에는 바이닝거 자신의 생각도 많이 들어 있었다. 그리고 프로이트의 경우에도 그러했듯이, 추문의 적잖은 부분은 그 책이 바로 빈 사람들이 자기 자신을 바라보는 방식을 반영하고 있다는 사실에 있었다.

바이닝거의 견해는 **남성**과 **여성**이라는 개념이 일차적으로는 심리적으로 이상적인 유형들, 다시 말해 플라톤적인 관념들의 일종이라 할 수 있는 그 무엇을 표상하며, 오로지 이차적으로만 현실적인 인간 존재 안에 구현된다고 하는 생각에 기반을 두고 있다.[10] 바이닝거에 따르면 이상적인 유형은 순수한 형태로는 존재하지도 않고, 또 존재할 수도 없지만, 적어도 인간의 행동을 설명할 수 있는 근거를 제공한다. 물론 오직 사건이 일어난 다음에야 설명의 여지를 제공하기 때문에 근거치고는 빈약한 것이기는 하지만 말이다. '남성의 관념'은 완벽한 합리성과 창조성이다. 반면 남성과 정반대인 '여성의 관념'은 성적 희열을 희구하는, 원리상 충족될 수 없는 매우 음탕한 충동이다. 여성성의 본질은 '대모신magna mater'의 고대 신화 속에 표현되어 있다. 대모신은 우주적인 미완의 생식력을 뜻하며, 세계 내에 존재하는 모든 비합리성과 혼돈의 원천이다. 여성의 성기가 신체의 중심에 위치하는 것처럼, 그 성적인 관념도 여성의 영혼을 구성하는 자체 가동의 사유이다.

실제로 존재하는 모든 남자와 여자는, 아리스토파네스가 플라톤의 《향연》에서 주장했던 것처럼 자웅동체이다. 사람들마다 그 두 개의 이상적인 유형이 다양한 비율로 뒤섞여 있다는 사실이 발견되며, 모든 사람은 저마다 반대 성의 해부학적 흔적 기관들에 상응하는 심리적인 요소들을 가지고 있다. 그렇다면 남녀 간의 이상적인 인간관계는, 예를 들면 남성의 여성성이 여성의 남성성과 다음과 같이 정확하게 평형을 이룰 때 성립된다.

$$남성(m3/_4+f1/_4) + 여성(f3/_4+m1/_4) = 남성 1 \& 여성 1$$

여기서 각각의 구성인자들을 다 합치면 두 개의 이상적인 유형이 나타난다. 실제로 존재하는 한 쌍의 연인은 이 등식과 차이를 보이는 정도만큼 함께 불행해질 것이다. 왜냐하면 그들은 (말 그대로) 상대를 만족시키지 못할 것이기 때문이다. 따라서 이 이론에 의하면 남자 동성애자는 심리적으로 50퍼센트 이상의 여성성을 가지고 있는 남자이다. 그리고 바로 그 점이 그 남자의 '타락한' 상태를 설명해 준다.[11]

바이닝거는 인간의 역사가 이룩한 모든 긍정적인 성과는 남성적 원리 때문에 가능했다고 주장했다. 모든 예술과 문학과 법률 제도 등은 이러한 남성적 원리에서 샘솟은 것이다. '불멸의 여성성'은 우리를 진보와 발전으로 이끌기는커녕 역사상에 나타난 파괴적이고 무정부적인 모든 사건과 경향에 책임이 있다. 아리안 종족은 존재being의 남성적 창조 원리의 구현인 반면, 비존재nonbeing의 여성적 혼돈의 원리는 유대 종족에, 무엇보다도 유대인의 문화에 구현되어 있었다.[12] 바이닝거 자신의 원리에 따르면, 그가 마지막으로 선택한 자살이라는 자포자기적 행위는 결국 자기 이론의 불가피한 검증이었던 셈이다. 결과적으로 그는 스스로, 매우 흥미롭지만 그리 드문 것은 아니었던 어떤 현상의 훌륭한 사례가 되고 만 것이다. 그것은 바로 테오도어 레싱이 이른바 '유대인의 자기혐오Judischer Selbsthass'라고 기술한 바 있는 그 현상이었다.[13]

## 바이닝거에 대한 달라고의 견해

1912년에 발표된 논문 〈오토 바이닝거와 그의 작품〉에서 같은 오스트리아인이자 브레너 서클Brenner Circle(루트비히 피커를 중심으로 인스브루크에서 결성되었고, 테오도어 해커와 게오르크 트라클 같은 저명인사들이 회원으로 참여하고 있었다)의 회원이었던 카를 달라고는 바이닝거의 '영적인 정직성'을 칭찬하였다.[14] 바이닝거를 대하는 그러한 태도는 크라우스를 비롯한 다른 많은 이들도 공유하고 있던 것이었다. 달라고가 생각하기에, 바이닝거는 책을 읽거나 학술 논문을 쓰는 것이 아니라 개인적인 인생 체험의 심연으로부터 철학을 했던 니체적인 인물이었다. 비록 바이닝거가 애초에 잘못된 방향으로 길을 들어섰고, 현실 세계에서 자기가 **체험한** 여자들의 힘을 일반적인 의미에서의 '여성'의 힘과 철저하게 혼동함으로써 자신의 개인적인 체험을 지나치게 과장한 측면이 있기는 하지만, 어쨌거나 그가 택한 방법은 철학적인 작업을 수행하는 올바른 태도의 소산이었다.[15] 바이닝거는 여성과 남성에 관한 자신의 이원론에서 지나치게 지성적이고, 지나치게 합리주의적인 관점을 취했다. 달라고에 따르면, 바이닝거는 바로 이 때문에 인간의 삶에서 사랑의 진정한 의미가 무엇인지를 놓치게 되었다. 달라고의 견해에 의하면, 바이닝거의 논의 속에는 올바른 범주들이 많이 들어 있지만, 그는 여성의 본질적 특성인 '무nothingness'가 키르케고르적인 심연의 한 측면이며, 진리를 찾기 위해서라면 누구든 그 안으로 뛰어들어야만 한다는 사실은 이해하지 못했다. 다시 말해 바이닝거는 여성 그 자체인 '무'야말로 크라우스가 이른바 모든 가치의 근원으로 삼았던 바로 그 '기원'과 동일한 것이라는 사실을 몰랐던 것이다.[16]

한편으로 바이닝거의 중요성을 인정하면서도 다른 한편으로 그의 견해를 비판하는 달라고의 양면적 태도에 크라우스는 동조하였다. 실제로 바이닝거의 저술에 대한 사전 지식이 없이는 어느 누구도 크라우스의 근본 사상을 제대로 파헤칠 수 없을 것이다. 크라우스는 남성의 성과 여성의 성 사이에 엄청난 차이가 있다는 전제를 수용하였다. 다시 말해 '남성'과 '여성'은 성격학상 판이하게 다른 별개의 범주라는 것이다. 그는 더 나아가 바이닝거와 마찬가지로 '합리성'은 남성에게만 두드러진 독점적 속성이며, 여성에게는 '감정'이 그에 해당한다고 주장했다. 그렇지만 비교 가능한 부분은 여기까지만이다. 크라우스는 바이닝거 같은 유형의 합리주의자가 전혀 아니었다. 그는 합리적인 요소를 찬양하지 않았고, 그것은 단지 우리의 활동에 질서를 부여하는 순전히 도구적인 기능만을 할 뿐이라고 간주하였다. 크라우스가 다윈의 발견이 대중화되면서 흔한 얘기가 된 생물학적 도구주의의 인식 이론들이나, 다윈의 발견이 에른스트 헤켈 같은 사람들에 의해 곧바로 왜곡되었다는 사실을 잘 알고 있었는지는 의심스럽다. 크라우스 자신은 철학자는 물론 과학자도 아니었다. 굳이 크라우스의 견해에서 철학적인 기원을 찾는다면 그것은 쇼펜하우어임이 가장 분명하다. 왜냐하면 위대한 철학자들 가운데, 논쟁과 금언에 강렬한 재능을 갖춘 철학적 심연의 인물로서 철학뿐만 아니라 문학에도 천재적인 소질을 지닌 쇼펜하우어만이 홀로 크라우스와 정신세계를 공유할 수 있을 법한 동지이기 때문이다.

## 이성에 대한 환상의 우위

쇼펜하우어는 (키르케고르와 더불어) 크라우스에게 호소력을 발휘한 유일한 철학자였다. 여성과 남성의 본성에 관한 쇼펜하우어의 견해는 바이닝거에게도 영향을 미치기는 했으나, 최종적인 분석 단계에서는 크라우스가 받아들인 견해와는 반대되는 주장이 되었고, 특히 여성의 본질에 대한 부정적인 태도에서는 더욱 그러했다. 여성에 대한 크라우스의 생각은 달라고의 생각과 좀더 비슷하다. 여성의 감정상의 본질은 음탕하지도 않고 무정부주의적이지도 않다. 그것은 오히려 부드러운 **환상**에 가까우며, 인간의 경험에 내재해 있는 모든 가치 있는 것들의 무의식적인 기원으로서 역할을 한다. 바로 거기에 모든 영감과 창조성의 원천이 놓여 있는 것이다.[17] 이성 그 자체는 단지 하나의 테크닉에 지나지 않으며, 남성이 원하는 바를 성취하고자 할 때 사용하는 도구에 불과하다. 이성은 그 자체로 좋은 것도 나쁜 것도 아니며, 단지 효과적이거나 비효과적인 것일 뿐이다. 이성은 외부에서 적절한 목표를 제공받아야만 한다. 즉 도덕적이거나 미적인 유형의 방향 설정이 이성 앞에 제시되어야 한다는 것이다. 여성의 환상은 남성의 이성을 풍요롭게 만들고, 이성에 그러한 형태의 방향을 제공한다. 도덕적이고 미적인 진리의 원천은 따라서 감정과 이성의 통합에 있다. 이 둘은 동전의 양면처럼 상호 보완적인 것이다. 그렇지만 환상은 계속해서 길잡이의 원리로 작용한다. 왜냐하면 적절한 감정이나 사물의 가치에 대한 분별이 없을 때, 이성은 단지 못된 짓을 좀더 효과적으로 저지를 수 있도록 사악한 자를 도와주는 도구가 되기 때문이다. 여기서 크라우스의 요지는, 여성적인 것은 사회에서 문명화되고 있는 모든 것의 원천이라는 것이다. 이렇게 보면 여성해방 운동은 여성들이 자기들 쪽에서 스스로에게 가하는 위협이 되는 셈이다. 여성을 남성과 동등하게 보는 여성해방주의자의 그림 자체는 바이닝거의 견해만큼이나 왜곡된 것이며, 바로 문명의 기원을 근절시켜 버리려는 시도인 것이다. 이것이 크라우스를 여권 운동의 무자비한 적으로 만들었다. 인간의 삶의 목표는 바로 그 기원에 도달하는 방법을 찾는 것이어야 한다.

주자 둘이 시간의 주로를 달린다,
한쪽은 분별없이, 다른 한쪽은 경외 속에 발을 내딛는다.

더 못난 쪽이 그의 목표를 이룬다. 다른 한쪽은 -

그의 출발점이었던 그 기원은 - 도중에 죽는다.

그리고 더 못난 그가, 승리를 거둔 그가, 자리를 넘긴다.

늘 경외 속에서 발을 내딛으며, 그리고 일찍이

그의 종착점에 도착해 있는 그에게. 바로 그 기원에게.[18]

이러한 환상, 괴테가 《파우스트》 제2부를 끝마치는 대사에 넣었듯 "우리를 이끌어 가는 불멸의 여성성"이라는 환상은 현대 세계에서 전방위의 공격을 받고 있다. 그것은 부패한 언론, 여성해방 운동, 탐미주의, 부르주아의 도덕성, 정신분석학, 시온주의, 그리고 두말할 필요도 없는 성 자체에 대한 오해와 오용 등 언뜻 보기에는 무관해 보이는 다양한 형태의 힘에 의해 위협받고 있다. 크라우스에게 남자와 여자의 조우는, 이성이 환상의 수원水原에서 풍요를 공급받게 되는 '기원'이다. 이런 조우의 산물이 바로 예술적 창조성과 도덕적 고결성이며, 그것은 그 사람이 행하는 모든 것 안에서 스스로를 드러낸다. 이것이 크라우스의 전 생애와 저술에 통일성을 부여하는 핵심적인 개념이다. 그리고 그의 논쟁에 대한 체계적인 분석이 그 점을 뒷받침한다.

## '정신분석학이라는 정신질환'

크라우스의 조국 바깥으로까지 알려져 있는 몇 개 되지 않는 금언 가운데 가장 많이 인용되는 구절은 다음과 같다. "정신분석학은 그것이 정신질환의 치료법이라고 생각하는 유형의 정신질환이다."[19] 정신분석학에 대한 그의 공격은 처음에는 개인적인 이유 때문인 것처럼 보였지만, 실제로 그 공격은 프로이트와 그 주변의 패거리들이 내놓고 있는 인간 본성에 대한 왜곡된 그림을 향해 퍼부은 것이었다. 크라우스가 볼 때, 프로이트와 그의 일파는 성욕에 관한 부르주아들의 전통적인 유대-기독교적 신화를 정신분석이라는 형태의 또 다른 신화로 대체하고 있는 것에 불과했다. 이런 맹공의 직접적인 발단이 된 것은, 프리츠 비텔스가 크라우스 자신의 '사례'를 '분석'한 사건이었다. 그는 한때 크라우스를 추종했으나 그 즈음에는 프로이트주의에 열광적으로 빠져든 사람이었다. 빈 정신분석학회에서 발표한 한 논문에서 저 끔찍한 단순화주의자 비텔스는 크라우스가 제기한 논쟁들의 원천을 크라우스의 오이디푸스적인 욕구불만에서 찾으려 했다.[20] 간단히 말해, 크라우스가 모리츠 베네딕트와 《신자유신문》을 공격할 때, 그는 사실 자신의 아버지를 열심히 공격하고 있었다는 것이다. 하지만 크라우스의 부자 관계가 실제로 뒤틀려 있던 것은 아니었다. 비텔스는 단지 크라우스의 아버지가 히브리어로 '축복받은 자'라는 뜻의 '야곱Jacob'이라는 이름으로 불린다는 사실에만 엄청난 무게를 둔 것이다. 물론 야곱이라는 이름은 라틴어 이름 베네딕투스benedictus에 해당하고, 그 라틴어 이름은 베네딕트라는 이름의 어원이기도 하다. 이로써 《횃불》에서 드러나는 크라우스의 공격성은, 아버지의 훌륭한 대기관big organ, 즉 《신자유신문》 못지않게 자신의 소기관little organ인 《횃불》도 모든 측면에서 효율적임을 아버지(모리츠 베네딕트-야곱 크라우스)에게 증명해 보이려는 시도로 해석되었던 것이다! 이것은 정신분석학의 창시자가 보기에도 정신분석의 기법을 지나치게 확대시키고 있는 것처럼 여겨졌다. 비텔스의 이론에 매우 회의적이었던 프로이트는 발표 후에 이어진 토론에서 그런 엉터리 같은 사변은 사실무근이며 비과학적이라고 생각한다는 점을 분명히 밝혔다. 그러나 본인의 저술에 퍼부어진 이러한 공격을 접한 크라우스는 인간 본성에 관한 정신분석학의 그림 안에 내재하는 위험성을 주목하게 되었다.

프로이트가 생각하는 무의식은 크라우스가 생각하는 개념과 정확히 반대되는 것이었다. 프로이트의 이드는 비이성적이고 이기적이고 반사회적인 충동들이 뒤섞여 들끓는 덩어리로서, 이성이 기껏해야 견제 정도밖에 할 수 없는 대상이다. 미적이고 도덕적인 가치는 욕구불만의 소산이며 그러한 충동들이 사회화되는 과정에서 빚어진 필수불가결한 부수물이었다. 크라우스에게 이런 식의 설명은, 개인과 사회가 가진 건전한 모든 것들의 원천인 창조적 환상과의 연관성을 모조리 끊어 버리는 것이나 다름없었다. 따라서 새로운 신화는 그것이 바꾸어 놓고자 한 것보다 더 나을 것이 없었고, 그 신화 자체가 그것이 치유하고자 했던 질병의 또 한 번의 발병인 셈이었다. 사실상 정신분석학은 빈의 중산층을 괴롭힌 정신적인 문제들에 대한 해결책이라기보다 그런 문제들을 더 복잡하게 만드는 것에 불과했다.

그런 정신적인 문제들 중에서 사소하게 볼 수 없는 것이 바로 히스테리였다. 히스테리는 생리적인 원인이 전혀 없는 것처럼 보이는 신체적 질환이다. 크라우스는 빈의 부르주아 여성 사이에 매우 광범위하게 퍼져 있는 이 문제의 실질적인 뿌리가 부르주아식 결혼의 정략적인 특성에 있다고 보았다. 금융 명문가의 탄생을 목표로 계획되는 그들의 결혼은, 배우자의 인간적인 만족도 따위는 안중에도 없었기 때문에 부부간의 욕구불만은 이미 예고된 것이었고, 그렇게 엄격한 사회에서라면 특히 여자 쪽의 불만이 더 심하기 마련이었다. 남편들에게 있어 가정불화란, 창녀를 찾아가거나 혹은 슈니츨러가 자신의 소설과 연극에서 매우 능숙하게 재창조한 유형의 짓거리를 저지르는 것을 의미했다. 아내들의 경우에는 문제가 좀더 복잡하다. 왜냐하면 여성들 사이에는, 오로지 음탕하고 타락한 여성만이 실제로 성적인 희열을 요구하거나 즐길 수 있다는 생각이 깊이 스며들어 있었기 때문이다. 성관계라는 것이 누가 뭐라고 해도 즐거운 행위임을 자각했을 때, 여성들이 그런 자신을 향해 음탕하다거나 타락했다는 등의 어휘들을 당장 떠올리게 된다 하더라도 전혀 놀랄 일은 아니었다. 남편들에게 혼외정사가 도전해 볼 만한 놀이였던 반면, 아내들에게 그런 행위는 마음속 깊은 곳에 필연적으로 자리하게 될 죄책감만을 양산할 뿐이었다.

크라우스는 사회적 관습의 변화가 빈의 아내들의 히스테리에 종지부를 찍게 될 것이라고 확신하였다. 일단 남자와 여자가 결혼을 각자 자신의 모든 것을 온전히 바쳐야 하는 인생의 동반자 관계로 바라보게 되면(그런 관계 속에서 성적인 만족과 정신적인 만족은 동전의 양면이 된다), 결혼 생활은 이성과 환상이 아무런 방해도 받지 않고 상호작용할 수 있는 무대가 될 것이며, 그것은 결국 개인적인 보상뿐만 아니라 문화적인 보상으로도 이어질 것이다. 히스테리는 "모성이 헛되이 흘려 없애는 젖"이기를 멈출 것이다.[21] 다시 말해 그토록 많은 빈의 중산층 여성들의 '성숙' 과정에 히스테리는 더는 필요하지 않을 것이다.

따라서 정신분석에 대한 크라우스의 가시 돋친 비판은 개인적인 혐오보다 훨씬 많은 것을 반영한 것이었다. 그의 견해에 따르면, 정신분석학은 여성과 남성, 이성과 환상, 의식과 무의식 사이의 균형을 더욱더 왜곡시키려 하고 있다. 그것은 도리어 한층 심화된 사회 위기를 유발할 수 있을 뿐이며, 동시에 남자를 '기원'으로부터, 즉 환상으로부터 더욱 멀어지게 만든다. 크라우스는 "나는 지그문트 프로이트보다는 장 파울과 함께 유년기로 되돌아갈 것이다"[22]라고 주장했다. 장 파울은 유년기를 환상이 우리가 하는 모든 일에 생기를 불어넣어 주는 시기로 보았다. 반면 프로이트는 그때가 단지 욕구불만에서 비롯되는 계속되는 위기의 나날들에 지나지 않는다고 보았다. 크라우스는 삶에 대한 정신분석학의 접근 방식이 사회 적응을 강조한다는 측면에서 예술가에게 위협이 될 것이라고 염려하였다.

> 천재성을 병적인 것이라고 부르면서 우리 앞에서 그것을 파괴하는 정신과 의사들은 천재의 작품집으로 스스로 머리통을 후려갈겨야 한다. … 재치와 환상이 넘치는 작품들을 감상할 줄 모르는 사람들을 안심시키는, '정상적인 인간성'을 가진 모든 이성주의의 하수인들의 면상은 그저 발뒤꿈치로 짓이겨 버려야 한다.[23]

매우 흥미롭게도 바로 여기에 크라우스가 정신분석학만이 아니라 언론에 대해서도 전력을 다해 반대하는 이유가 있다.

### 언론에 대한 비판

아무튼 크라우스 역시 언론이란 모름지기 정치적이고 경제적인 이익에 부합하는 의견을 창조하게 되어 있다고 한 어느 영국인 역사가의 관점을 인정할 수 있었을 것이다. 크라우스의 주된 불만은 언론이 뉴스의 객관적 보도라는 고유의 기능을 훨씬 넘어서는 과도한 역할을 사칭하고 있으며, 심지어는 실제로 객관성을 유지하는 데 성공하고 있을 때조차도 그런 식이라는 것이다. 이러한 탈선은 문명 사회에 대한 위협이었다. 왜냐하면 그것은 환상의 삶까지도 위협하기 때문이다. 따라서 그는 '언론 타도의 언론'으로서 《횃불》을 창간하였다. 한 크라우스 연구자의 언급에 따르면, 그것은 "언론과 싸우고, 언론에 대한 대중의 신뢰를 허물고, 현재의 언론이 사회에 입히고 있는 피해를 복구하기 위한" 노력이었다.[24] 크라우스가 공격의 예봉을 당대의 가장 저명한 언론사였던 《신자유신문》에 맞추기로 결심할 수밖에 없었던 것은 그가 이 싸움에 임하는 태도를 전형적으로 보여 준다. 그 신문은 의심할 바 없이 제국에서 가장 지명도 있는 신문이었고, 아마 세계적으로도 최고의 모범이 되는 신문이었을 것이다. (당시 《런던타임스》의 빈 주재원이었던 위컴 스티드는 농담반 진담반으로 이렇게 보도한 바 있다. "프란츠 요제프는 이중 군주국에서 가장 강한 사람이다. 단 한 사람, 그 나라 신문의 편집장 베네딕트를 제외하고는 말이다.")[25] 그리고 크라우스가 그 신문에 초점을 맞춰 집중포화를 퍼부은 것도 바로 그 신문의 그러한 발군의 위상 때문이었다.

크라우스가 그 신문에 퍼부은 조롱은 이번에도 역시 많은 이들에게 그저 어느 독설가의 폭언으로만 비쳤다. 왜냐하면 빈의 《신자유신문》이 누리던 어마어마한 국제적 명성을 모든 사람들이 익히 알고 있었기 때문이다. 그렇지만 그의 논박은 분명히 언론계를 향한 자신의 야망이 좌절된 데서 비롯된 것이 아니었으며, 그 신문이 자신에게 선제공격을 가했기 때문에 촉발된 것도 아니었다. 오히려 그의 강렬한 비판을 촉발한 요인은 언론이 부르주아 사회에서 수행하고 있다고 스스로 떠벌이는 바로 그 고상한 역할이었다. 그리고 《신자유신문》이 특별히 그의 격분을 불러일으킨 이유는, 정확히 말해서, 그 신문이 언론으로서 갖추고 있는 고도의 표준이 전혀 객관적이지 않은 시각 및 보도행태와 결합되어 있었기 때문이었다. 정부 검열의 두려움으로 그 신문은 사실상 정권의 은밀한 대변자가 되어 버렸고, 다른 한편으로 그 우아한 보도 방식은 언제나 기업주들의 이익을 추구하는 방향으로 편향되어 있었다. 크라우스의 견해에 따르면, 따라서 그 신문이 탁월하다는 이야기는 무엇보다도 속임수에 탁월하다는 주장을 내포하는 것이었다. 이런 측면은 그야말로 공격받아 마땅한 것이다. 왜냐하면 그 신

문은 모든 신문 발행인들이 한결같이 갈망하는 이상형으로서 다른 신문
들이 흉내 내고 싶어 하는 모든 것을 구현하고 있었기 때문이다.

사업상의 이해관계는 언론계 전역에 침투해 있었다. 심지어 사회당
을 지지하는 언론사도 정기적으로 자본가의 광고를 대거 실어 주었
다.[26] 크라우스는 1900년에 당시 사망한 지 얼마 되지 않은 빌헬름 리
프크네히트의 비판적인 언론관을 《횃불》에 게재하면서 그의 생각에
동조하였다.

> 언론은 세상에서 어떠한 비열한 짓거리가 벌어지더라도 그것을 왜곡
> 하고 넓은 도량으로 지나칠 준비가 되어 있을 것이다. 또 언론은 제
> 아무리 사악한 악당이라 하더라도, 자신들의 목적에 도움이 되기만 한
> 다면 언제든지 그의 머리에 영광의 월계관이나 시민사회의 덕을 상징
> 하는 오크 화관을 올려놓을 것이다.[27]

매춘의 '사회적 폐해'에 이들 언론보다 더 거세게 비난하고 나선 기관
은 없었다. 또한 '타락한 변태성욕자'인 동성애자들이 빈의 거리를 활
보한다는 사실에 대해 이들 언론보다 더 많이 분통을 터뜨린 기관도
없었다. 그러나 그렇게 보도했던 그 언론은, 지면을 따로 마련하여 '안
마사' 서비스나 '가정 도우미들'에 대한 광고를 셀 수 없이 많이 싣고
있었다.[28] 분명히 언론 소유주들은 앞에서 욕을 퍼부은 사람들에게 뒤
로는 돈을 챙기고 있는 것이나 다름없었다. 여기에는 분명 관할 구역
내의 매춘부에게 안전을 보장한다는 명분으로 돈을 갈취해 온 경찰과
의 공모가 있지 않겠는가? 크라우스가 보기에 그것은 의문의 여지가
없었다. 한때 크라우스는 그런 언론보다는 차라리 가장 엄격한 검열
제도가 더 낫겠다는 극단적인 생각을 하기도 했다.

당대의 저널리즘을 향한 크라우스의 분노가 그 정도까지 끓어오르게 된 이유는, 언론이 정치적 이해에 따라 뉴스를 편향되게 보도하면서 의견opinion과 사실fact을 뒤죽박죽으로 섞어 놓는다는 데 있었다. 언론의 위선은 또한 탐욕과 함수 관계에 있었다. 그들은 돈을 위해 사실을 왜곡함으로써 기업가의 이익 앞에 자신을 팔아넘겼다. 그렇지만 상황은 이보다 훨씬 더 복잡했다. 따지고 보면 사회 전체가 철저히 위선에 물들어 있었기 때문이다. 그리고 결과적으로 크라우스가 무엇보다 불쾌하게 생각한 것은 언론이 담당하는 심미적인 측면이었다. 교양 있는 소론들을 싣는 문예란은 많은 사람들이 전체 신문에서 가장 중요하게 생각하는 지면이었다. 신문의 계급적 관점이 뉴스의 전반적인 왜곡을 초래했다면, 그 왜곡은 구체적으로는 사실과 의견, 합리적 객관성과 주관적 반응이 제멋대로 뒤죽박죽되는 가운데 진행된 것이었고, 그것이 바로 문예란의 목적이었다. 2장에서 인용한 구절에서 카를 쇼르스케가 기술한 것처럼[29] 문예란은 일종의 소품문小品文을 요구하며 그 안에서 다뤄지는 상황은 작가가 끌어댈 수 있는 온갖 색깔로 치장된다. 그런 식의 글은 객관적인 사태에 대한 주관적인 반응으로 그 초점이 옮겨지게 되고, 결과적으로 부사, 그리고 특히 형용사가 잔뜩 실린 언어로 전달되게 되었다. 그런 과정에서 사태는 더욱 악화되어 이제는 객관적인 상황 따위는 아예 실종되고 만다. 작가는 이런 식으로 객관적인 사실을 마치 프리즘을 투과하듯 자신의 감정에 걸러 낸 상태로 사람들에게 전달했다. 이런 형식의 소품을 써서 성공한다는 것은 자신의 감정적인 반응에 마치 보편적인 통찰력과 품격이 담겨 있는 양 착각하는 자아도취적인 사람들에게나 가능할 뿐이었다.

## '젊은 빈'과 탐미주의

예술의 열정을 지닌 빈의 부르주아들에게 문예란은 모든 언론 기사 가운데 가장 재미있는 부분이었고, 모든 문학도의 꿈은 바로 《신자유신문》을 통해 활자화되고 있었다. 그렇지만 크라우스가 볼 때, 문예란은 서술된 상황의 객관성과 작가의 창조적 환상을 모두 파괴하였다. 왜냐하면 문예란은 사실로서의 뉴스를 왜곡하면서, 작가에게는 그저 그런 진부한 국면에 반응할 것을 요구함으로써, 그가 자신의 저 깊은 곳의 인격에 닿지 못하도록 만들기 때문이다. 그래서 문예란은 소품 작가의 창조성을 언어 조작의 수준으로 떨어뜨리고, 독자로 하여금 해당 사건의 진실이 무엇인지 합리적인 평가를 내릴 수 없게 만들어 버렸다. 이렇게 해서 예술을 위한 예술을 신봉하는 사람들에게 이상적이라 할 만한 매체, 한마디로 탐미주의자를 위한 완벽한 언론의 형식이 준비된 것이다. 언론의 이러한 나르시시즘은 크라우스가 가장 신성하게 여겨 왔던 것, 즉 남성과 여성의 조우 속에서 환상이 이성을 풍요롭게 한다는 개념을 부정해 버렸다. 따라서 크라우스가 작가, 편집인, 구독자를 막론하고 문예란과 조금이라도 관계가 있는 모든 이에게 전면적인 공세를 퍼부었다는 사실은 놀랄 일이 아니다. 그들이 공모한 자기본위적인 음모는 부르주아 사회의 전형적인 특징인 표리부동함을 가장 잘 드러내는 것이라고 크라우스는 믿었다. 따라서 문예란에 대한 크라우스의 태도는 창조성의 기원에 대한 그의 사상을 반영함과 동시에, 자기가 사는 사회의 위선을 공격하는 그의 논박과 언어와 예술에 대한 그의 관점이 직접 연결되는 접점이었다.

문예란 같은 문학 형식은 오로지 세기말의 빈 같은 곳, 다시 말해 퇴폐적인 탐미주의가 이례적이라기보다 하나의 규칙이었던 사회에서나, 혹은 (카를 쇼르스케의 말을 빌리자면)[30] 예술가들이 자신이 속한 계층**으로부터**가 아니라 계층 전체와 **함께** 소외되는 그러한 사회에서나 문화적인 의의를 가질 수 있었다. 실제로 이것이 크라우스 자신 또한 매우 다양한 방식으로 속해 있던 당시의 사회와 예술계에 대한 그의 견해였다. 그 견해에 따르면 바르, 슈니츨러, 잘텐, 그리고 '젊은 빈' 전체가 합스부르크의 수도를 특징짓는 전도된 세계관의 선도적인 주창자들이었다. 자유주의적인 무간섭주의와 경제적 실증주의를 주장했던 앞선 세대에게 "사업은 사업이다"가 하나의 좌우명이자 신조였고 고전적인 시장 경제의 법칙이자 형이상학이었던 것과 마찬가지로, 이제 탐미주의 세대 사람들은 문학적 실증주의자들이었고, 그들의 구호는 "예술을 위한 예술"이었으며, 그들에게 문학의 주된 목표는 형식에 대한 기술적 완벽성이었다. 예술가를 숙련된 스타일리스트로 보는 이런 생각은 크라우스 본인의 예술가상과는 정반대의 것이었고, 《횃불》은 그런 '예술 작품들'을 만드는 범죄자들을 조롱할 수 있는 기회를 그냥 놓치는 법이 거의 없었다.

카를 크라우스에 관한 중요한 사실 하나는 인간 크라우스와 그의 저술을 어떤 특정한 부류로 분류할 수 없다는 점이다. 인상파, 표현파, 사회 실재론자 등 문학이나 예술의 그 어떤 표준적 범주도 그에게는 적용할 수 없다. 크라우스에게 이것은 하나의 승리였다. 왜냐하면 그는 바로 그런 전무후무한 존재가 되고 싶었기 때문이다. 크라우스뿐 아니라 자기 작품을 통해 자신의 성취를 넓혀 간다고 자부하는 모든 사람들은 그런 전무후무함을 진정한 예술가의 전형적인 특징으로 간주한다. 그 것은 '기원'을 발견한 사람만이 획득할 수 있는 자격이며, 진정한 '환상' 은 바로 그런 사람에게서 비로소 작용하게 된다. 크라우스가 생각하기에 도덕적이고 예술적인 모든 것들의 전형적인 특징은 **고결성**integrity이다. 크라우스는 당대의 수많은 사람들이 고결성을 결여하고 있음을 발견하였고, 그로 인해 그들은 크라우스의 공격을 받아 마땅한 사람들이 되었다.

고결성에 대한 그러한 강조는, 크라우스가 문예란이라는 형식 그 자체를 그토록 극렬히 반대하면서도, 슈피처, 퀴른베르거, 슈피델 등과 같은 초창기 문예란 작가들은 좋아할 수 있었던 이유를 설명해 준다.[31] 또한 고결성이라는 문제는 그가 사회를 야만으로 이끌고 있다고 간주한 예술가 집단의 외연이 어떻게 그처럼 끝없이 확장되어 결국에는 인상파와 표현파까지 포함하는 지경에 이를 수 있었는지도 설명해 준다. 왜 그의 독설은 (가장 잘 알려진 사람들만을 언급하자면) 바르, 호프만슈탈, 라인하르트, 베르펠, 레하르 등 치우침 없이 모든 사람들에게 골고루 퍼부어졌는가? 크라우스는 여느 비평가들이 통상적으로 사용하는 방법과는 달리, 한 학파와 다른 학파 간에 싸움을 붙이거나 하지는 않았다. 오히려 그는 작가들 개개인의 고결성에 관심을 두었다. 언제나 문제는 이념이나 문예 사조가 아닌 형식과 인격의 통일성에 있었다. 그러므로 모든 경우에 크라우스의 논쟁은 불가피하게 **인격적인** 차원의 것이었다. 크라우스는 한 사람의 예술은 그의 도덕적 품성과 밀접하게 연결되어 있다고 보았다. 예술 작품을 비평한다는 것은, 그 작품이 과연 그 예술가를 진정으로 표현하고 있는지의 여부를 결정하는 것이다. 이러한 예술 개념에 입각하면 선정주의나 대중 추수주의 따위는 예술의 영역에 들어설 여지가 없다. 그런 행위들은 예술의 본성을 배신하는 것으로, 예술가의 품성적 결함에서 유래하는 것이다. 따라서 그의 논쟁은 작가의 품성에서 도덕적인 결함을 끄집어내는 데 초점을 두고 있었다. 작가의 도덕적인 결함은 곧 그가 창작한 작품의 미적 결함에 상응하는 것이기 때문이다. 바르와 레하르 등을 비롯한 다른 여러 사람들에게 쏟아진 그의 혹독한 비판도 이런 식이었다.


## 삶과 작품의 일치를 보여 준 알텐베르크

바르와 '젊은 빈'에 대한 크라우스의 반대는 그들의 문예 철학에 대한
비판이라기보다 작품을 대하는 그들의 인격적인 태도에 대한 비판이
었다. 바르는 에른스트 마흐의 심리학, 그중에서도 특히 모든 지식은
가장 단순한 수학적 공식에 따라 배열된 '감각 인상들'이라는 개념을
통해 인상파의 철학적 근거를 구하였다. 바르가 여기서 중요하다고 판
단한 것은 감관의 자료sensory data, 즉 주관적인 상태들이 모든 지식의
기반이라는 생각이었다. 이로부터 그는 가장 다채로운 방식으로 예술
가 자신의 주관적 경험을 기술하는 인상파의 노력은 정당할 뿐만 아니
라 어떤 의미에서는 필수적이라고 결론지었다. 왜냐하면 마흐의 견해
에 따르면 오로지 그런 경험들만이 '진짜'이기 때문이다. 크라우스의
반론은 그런 추상적인 문예관에 대한 것이 아니라, 그 사조에 실제로
동조하고 있는 대다수 인사들의 인격에 관한 것이었다. 이 점은 이를
테면 페터 알텐베르크의 소품문에 대한 그의 존경과 탄복을 통해서도
입증된다. 알텐베르크의 소품문은 독보적인 특징들을 갖추고 있기는
하지만, 따지고 보면 예술에 관한 바르의 일반적인 서술에 잘 부합하는
것이기 때문이다.

　바르와 알텐베르크의 차이는, 바르의 경우 글쓰기가 하나의 직업일
뿐 자기 인격의 유기적인 확장이 아니었다는 사실에 있다. 작가로서의
바르와 인간으로서의 바르는 일치하지 않았다. 바르는 기회주의적인
인물이었으며 대중이 원할 것이라고 생각하는 글만을 썼다. 반면에 알
텐베르크는 고결한 인간이었다. 인간 알텐베르크와 그의 작품은 언제

나 하나였다. 빈에서 예술가의 삶은 카페를 중심으로 이루어져 있었다.
그리고 예술계의 주요 인사들은 그곳에서 만나 서로 이야기를 나누고
는 헤어져 집으로 돌아갔다. 그러나 알텐베르크만은 예외였다. 왜냐하
면 그는 카페 첸트랄Cafe Central에서 **살았기** 때문이었다. 알텐베르크의
삶의 모든 부분은 동시에 그의 작품의 일부였다. 그는 한 장도 채 되지
않는 종이쪽지에 구 빈의 거리, 공원, 호텔, 카페 등에서 벌어지는 어떤
전형적인 장면이나 그런 곳들에서 이루어지는 사사로운 만남의 매력
을 전달할 수 있었다. 알텐베르크가 그렇게 할 수 있었던 것은 바로
그 자신이 그런 주변 분위기의 일부나 다름없기 때문이었다. 샌들을
신고, 챙이 늘어진 중절모를 쓴 데다, 지팡이를 손에 쥔 'P. A.'*는 히
피의 원형이었다. 그리고 그는 빈의 삶 속에서 발견되는 독특하고 매
력적인 요소들을 포착해 낼 수 있었다. 그건 바로 그 자신이 그런 사람
이기 때문이었다.


### 호프만슈탈과 라인하르트

막스 라인하르트의 경우도 예술의 본성에 관한 크라우스의 견해를 이
해하는 데 큰 도움이 된다. 엄밀하게 말해서, 라인하르트와 그의 협력
자 호프만슈탈, 그리고 잘츠부르크 축제 등에 관한 크라우스의 논박은,
우리가 지금 관심을 두고 있는 시기보다 훨씬 나중에 있었던 일이다.
그러나 미의 원리들을 둘러싼 근원적인 갈등은 이미 1914년 이전의
시기로 거슬러 올라간다. 크라우스는, 라인하르트의 연극 기법은 찬사
를 보내 마지않을 만큼 교묘한 솜씨를 지녔으나, 그것은 연극의 질이

---

* 페터 알텐베르크의 머리글자.

아닌 다른 측면으로 청중의 주의를 돌리려는 광기 어린 작태라고 생각하였다. 라인하르트의 손아귀에서 연극 제작은 단순한 볼거리이자 속임수 부리기에 지나지 않게 되었다. 왜냐하면 모든 무대 장식은 오로지 청중들이 지금껏 본 것들이 도대체 무엇인지를 헷갈리게 하는 데만 기여했으며, 연기자들은 청중의 눈앞에서 공상의 왕국을 창조하고 있었기 때문이다. 크라우스는 탄식했다. "초창기의 무대 장식은 그저 골판지로 만들어져 있었지만 연기자들은 진짜였다. 그런데 지금은 장식물들은 의심하기 어려울 정도로 실감이 나지만 연기자들은 골판지로 만들어졌다."[32]

라인하르트의 '스펙터클한 연극'에서는 모든 것이 외형적이었으며, 그것은 결국 그런 연극을 통해서는 피상적인 것 이상의 것을 성취할 수 없다는 것을 뜻한다. 크라우스는 그런 연극을, 자신의 극본 낭독회에서 실현하고자 했던 '시의 연극'으로 바꾸고 싶어 했다. 그 연극에는 오직 텍스트와 그것의 해석자 말고는 아무것도 존재하지 않는다. 의상도, 무대 장치도, 심지어 몸동작도 존재하지 않는다. 연극과 몸짓의 기능에 관한 크라우스의 견해에 따르면, 그 두 가지 외에는 더 필요한 것이 없다. 만일 극이 어떤 참된 가치를 지니며 배우들이 진정으로 능숙하다면, 그 밖의 요소들은 연극을 방해하기만 할 뿐이다.

크라우스는 라인하르트에게 대본을 제공한 후고 폰 호프만슈탈 같은 극작가들에게도 관대하지 않았다. 무대에 처음 발을 들여놓을 무렵의 호프만슈탈은 바그너의 영향을 매우 크게 받고 있었다. 바그너가 호프만슈탈에게 끼친 영향 중에서 가장 중요한 것은 이른바 바그너의 종합예술[33] 개념이다. 바그너의 종합예술은 시, 음악, 연극 등 모든 공연 예술을 단일한 통일체로 결합하여, 고대의 연극과 같은 매우 근본적인 효과를 산출하는 예술적 표현 수단이었다. 호프만슈탈이 연극의 목표로 삼은 것은 청중들에게 새로운 유형의 카타르시스를 불러일으키는 것이었다. 바그너는 오래된 북유럽 신화 속에 구현되어 있는 위대한 게르만의 덕목들을 무대 위에서 형상화함으로써 독일 민중의 힘을 확실히 북돋아 줄 그러한 악극을 구상하였다. 그의 예술론은 사실상 사회철학이었으며 그의 극예술은 자신의 철학을 보완해 나가는 수단이었다. 호프만슈탈은 이 개념을 흡수하여 처음에는 〈엘렉트라〉처럼 고대 그리스 연극을 모방하는 데 적용하였고, 나중에는 그 개념을 중세와 바로크 시대의 특정 개념들에 부합하게끔 변형함으로써, 연극 축제에서 상연할 새로운 기독교 종교극들과 〈그림자 없는 여인〉 같은 오페라 대본들을 창작하게 되었다. 이런 식으로 호프만슈탈은 자신의 예술을 접한 사람들의 마음속에 샘솟을 경험이 자신이 살고 있는 사회를 갱생시킬 수 있는 계기로 작용하기를 바랐다. 이러한 공연물들을 주의 깊게 감상하는 과정에서 사람들은 이야기의 전개에 참여하게 될 것이고, 그러면서 그들의 성품은 당연히 탈바꿈될 것이다. 그들은 자기들의 이기심이 낳은 끔찍한 결과를 연극을 통해 경험함으로써, 결국 회개하게 되고 기독교적 사랑에 헌신하게 되어, 종국에는 사회의 변화로까지 이어질 것이다.

바그너처럼 호프만슈탈도 장엄한 극적 효과가 관객들의 내면에 똑같이 장엄한 효과를 만들어 낼 수 있을 것이라고 생각하였고, 그러한 믿음에 따라 라인하르트와 리하르트 슈트라우스 두 사람과의 협력을 서둘렀다. 무대 연출의 사실성에 관한 슈트라우스의 유별난 민감성은 바버라 터치먼의 《자랑스러운 탑》에 '리얼리즘 광'으로 잘 묘사되어 있다. 예를 들면 그는 오페라 〈엘렉트라〉에 나오는 클리템네스트라의 희생 의례 장면에 살아 있는 양과 황소가 필요하다고 요구하기도 하였다.[34] 이와는 달리 크라우스는 그런 '효과들'이야말로 극장에서의 경험을 파괴하고 청중을 미혹에 빠뜨리는 최대의 요인이라고 확신하였다. 호프만슈탈은 바로크를 모방하고, 더 나아가 막스 라인하르트가 제공할 수 있는 효과들을 이용해 바로크의 양식과 줄거리를 질적으로 향상시킴으로써, 바로 그 바로크의 재현에 힘쓰고 있었다. 그러나 이러한 유별나고 시대착오적인 종교극 연출을 통해 정치와 사회에 영향을 미치려 했던 그의 시도는 전적으로 불합리한 것이었다. 더구나 그때가 이미 1차 대전 이후의 얘기라면 두말할 나위도 없다. 크라우스가 볼 때, 조명, 음향 효과, 복원된 바로크 양식의 화려한 볼거리가 세상을 직접 바꿀 수 있으리라는 생각은, 그야말로 망상에 지나지 않는 것이었다. 이번에도 역시 호프만슈탈이 제시한 '치유법'은 '고쳐야 할 바로 그 질병의 일부'에 지나지 않았던 것이다.

크라우스는 호프만슈탈의 기획에서 나타나는 어리석음에 특히 민감했다. 그 이유는 극장의 사회·정치적 기능이라는 생각이 본질적으로 터무니없다는 인상을 그에게 주었기 때문이 아니라, 오히려 한 사회의 도덕성에 중대한 힘을 발휘하는 극장의 역할에 그가 너무나 깊게 공감하고 있었기 때문이었다. 크라우스는 호프만슈탈의 극예술 개념의 지나친 진부함 때문에 화가 났던 것이다. 실제로 호프만슈탈은 삶에서 환상이 수행해야 하는 역할을 통찰하고 있었지만, 환상이 어느 정도는 이성에 의해 매개되어야 한다는 사실을 깨닫지 못했다. 크라우스가 바르게 본 것은, 예술 작품을 창작할 때 무제약적인 환상에 지나치게 의존하게 되면 예술을 상식의 수준으로 격하시키게 되고, 그럼으로써 결국은 예술을 배반하게 된다는 사실이었다.

## 오펜바흐와 오페레타

크라우스의 생애와 저술의 '철학적 토대'라고 부를 수 있을 법한 것의 배경이 될 수 있는, 논쟁자 크라우스에 대한 우리의 그림을 완성하기 위해 이제 마지막으로 그가 당대의 가장 타락한 예술가 중 한 명이었던 프란츠 레하르를 공격할 수밖에 없었던 이유들을 고려해 보도록 하자. 〈유쾌한 과부〉, 〈룩셈부르크의 백작〉 등과 같은 유명 오페레타를 작곡한 프란츠 레하르는 오직 돈을 벌기 위해 오페라를 작곡한 냉소적인 인기영합자였으며, 결과적으로 당대 문화계의 모든 진실한 인사들의 적이 되었다.[35] 레하르의 오페레타가 거둔 성공 역시 크라우스의 눈에는 빈 식 삶의 도덕적 타락상을 보여 주는 척도로만 보였다. 레하르는 빈 사람들의 말초적 본능을 만족시킴으로써 누구보다도 빈 대중의 취향을 천박하게 만든 장본인이 되었다. 그는 자신의 오페레타에서 청중을 교화한다기보다 그들을 자극하는 성적인 주제들을 노골적으로 표현함으로써 사람들에게 새로운 '리얼리즘'을 맛보게 해 주었다. 바로 이런 의도적인 자극이 거둔 성공에 크라우스는 분노했다. "악에 관한 몰예술적인 진리는 그 자체로 악이다. 진리는 본래적으로, 그리고 그 자체로 가치 있는 것이어야 한다. 그럴 때 진리는 악과, 그리고 세상에 악이 존재한다는 사실로 인한 슬픔과 화해할 수 있게 된다."[36]

'추악한 진리'가 거짓인 것과 마찬가지로, 크라우스에게 '부도덕한 예술'은 예술의 부정이었다. 레하르가 무대의 전면에 등장하기 전에도 사회는 충분히 통탄할 만한 상태에 있었다. 레하르는 자신의 음악극 안에서 시대의 타락상을 대단히 '매력적'으로 묘사함으로써, 단지 그 타락의 힘을 더욱 두둔한 꼴이 되었다. 《신자유신문》이 그랬듯이 레하르 역시 크라우스에게는 각별한 격분의 대상이었다. 왜냐하면 그는 이와 같은 타락한 예술을 너무나 훌륭하게 완성해 내고 대중화시켰기 때문이다. 레하르에게 섹스는 기본적으로 자기중심적이고 일상적인 것이었다. 크라우스의 견해에 따르면, 성적인 문제들에 대한 이러한 '사실주의적인', 즉 실감 나는 처리 방식은 남녀 관계에 내재해 있는 신비한 시적 요소를 박탈하고 그들의 창조력을 철저히 왜곡하는 것이다.

이런 측면에서 자크 오펜바흐는 레하르와는 대조적인 인물이었다. 크라우스는 오펜바흐를 너무나 존경한 나머지, 실제로 그의 작품 〈페리콜〉을 독일어로 번역하고 그것을 일종의 슈프레히게장Sprechgesang*으로 번안하여 부르기까지 하였다. 크라우스의 추종자였던 알반 베르크는 비록 크라우스가 성악적인 재능이 그리 변변치는 않았지만, 그렇게 음송하면서 드러낸 오펜바흐를 향한 깊은 감정은 오펜바흐 음악의 비범한 의미를 전달해 주기에 충분했다고 전한다.

오펜바흐에 대한 크라우스의 존경 속에는, 예술에 대한 그의 개념에서 매우 핵심적이라 할 만한 무언가가 표현되어 있었다. 크라우스에게 오페레타는 "연극이 가지는 진정한 의미의 실현"이었다.[37] 왜냐하면 관객의 성품 형성에 가장 큰 영향을 미칠 수 있는 것이 바로 오페레타이며, 그것의 참된 본질은 미적 경험의 도덕적 가치를 가르치는 것이기 때문이었다. 이런 표현 수단을 통해서, 아니 적어도 그가 유일하게 참되다고 생각한 낭만주의 오페레타의 개념 속에서, 관객은 환상의 세계와 직접 만나게 된다. 오펜바흐는 이 점을 다른 어떤 작곡가보다도 훌륭하게 완수해 냈다. 그의 오페라부파opera buffa†에서는 '전도된 세계'가 다시금 제 발로 똑바로 서 있었다. 만일 오펜바흐가 크라우스의 동시대인들이 그토록 비참하게 실패한 바로 그 지점에서 성공을 거두었다면, 그 이유는 그가 보여 준 상상력 넘치는 무대 장치와 줄거리의

---

* 이야기하는 노래라는 뜻으로 일정한 음정과 박자 안에서 이야기하듯 노래하는 형식의 음악.
† 18세기 이탈리아에서 생겨난 희가극 장르.

비개연성이 관객으로 하여금 일상의 진부함에서 벗어나 악에 대한 선의 승리를 눈앞에서 경험하는 미술의 세계로 들어갈 수 있게 해 주었기 때문이었다. 그것은 자연스럽게 음악으로 표현된 유일한 형태의 연극이었으며, 거기서 음악은 단지 부수적인 음향 효과의 공급원이 아니라 극의 본질적인 구성 요소가 된다.[38]

시의 힘을 통해 도덕적 규율을 환기시키는 연극에 대한 크라우스의 이러한 애착은, 오펜바흐뿐만 아니라 전통적인 오스트리아 연극의 주된 흐름과도 연결된다. 모차르트의 〈마술피리〉는 오스트리아의 '마술적 익살극' 중 가장 유명한 사례로서 일종의 동화와도 같은 팬터마임이자 훈육의 도구였다.[39] 19세기 오스트리아의 극예술은 바로 이 전통 민중극에 깊게 뿌리를 두고 있었다. 그것은 환상이 최고의 자리에 군림하고, 언제나 명확하게 정의되는 선과 악이 늘 투쟁을 벌이는 매우 낭만적인 연극이었다. 무엇보다도 이 연극은 도덕적 가치를 신성하게 간직하고 있는 사회 비판의 도구였다. 그런 형태의 연극은 1848년 혁명이 일어나기 전에 라이문트의 희곡을 통해 빈의 연극 무대를 지배하고 있었고, 그 후 네스트로이의 작품들 속에서 비로소 완벽하게 구현되었다.


## 네스트로이와 시의 극장

요한 네포무크 네스트로이는 크라우스의 노력이 없었다면 아마도 망각의 늪으로 사라져 버렸을 인물이다. 요점을 놓치는 경향이 강한 빈 대중들은 네스트로이를 고작해야 매우 재치 있는 배우 정도로만 여겼다. 하긴 그들은 크라우스의 매우 통렬한 풍자들을 접하고도 그저 '재치 있다'는 정도로만 생각한 사람들이었다. 네스트로이는 인기 있는 배우였을 뿐 아니라, 그 자신이 또한 연출가이자 작가이며 무대감독이기도 했다. 작가로서 그는 프랑스 사회 풍자물의 줄거리를 차용하여 빈의 삶을 다룬 재기 넘치는 패러디로 바꾸어 놓았다(실제로 뮤지컬 〈헬로 돌리!〉는 네스트로이가 남긴 그런 종류의 희곡 한 편을 손턴 와일더가 최신판으로 번안한 것이다). 네스트로이가 보여 준 해학의 기반은 일상의 구어에 실려 있는 미묘한 뉘앙스를 포착해 내는 그의 놀라운 감각에 있었다. 그의 작품은 궁정 극장의 위엄 있는 극예술이라기보다는 일반 서민들을 위해 쓰인 매우 독특한 익살극으로서, 그 뿌리는 멀게는 셰익스피어의 희곡에까지 거슬러 올라가며, 지금은 그것이 오스트리아의 귀족, 부르주아, 그리고 농부들이 사용하는 특유의 언어로 옮겨진 셈이다. 빈의 관용어와 방언에 관한 그의 예민한 감각은 그의 작품을 번역 불가능한 것으로 만들었고, 그래서 그는 지금도 독일어권 바깥의 세계에는 널리 알려져 있지 않다.

> 물론 네스트로이의 진정한 도구는 그가 대가라고 불려도 좋을 만큼 정통해 있던 독일어였다. 그는 빈의 관용어와 고급스런 독일어를 결합하여 직유, 은유, 뒤죽박죽의 속담, 그리고 빙빙 도는 비유적 표현들을 구사하였다. 그가 어휘를 창조하는 방식이 유치하다거나 순진무구하다고 말할 수도 있겠지만, 결코 그런 어휘들을 만드는 것 자체가 목적은 아니었다.[40]

1848년의 봉기가 잠깐 동안 성공을 거두고 있을 때, 네스트로이는 정치적인 희곡을 직접 써 보고자 하였다. 그러나 반혁명의 역풍을 맞아 그의 희곡들도 검열의 압박을 받게 되었다. 이 때문에 네스트로이는 써 있는 대본 자체만을 보았을 때는 전혀 거슬리지 않지만, 연기자에게 대본을 넘기면서 눈짓이나 어깻짓을 한번 하면 그 의미가 완전히 뒤바뀌는 식의 대사들을 쓰게 되었고, 그 때문에 가끔은 철창신세를 지기도하였다. 독일어 다음절 어휘들을 사용해 만든 희문戱文 가사로 되어있어 따라 부르는 사람의 혀를 꼬이게 하는 네스트로이의 노래들은 그만의 독특한 음악극 형식을 만들어 냈다. 그의 예리한 통찰을 꿰뚫어 보지 못한 대다수 사람들에게 네스트로이는 상스럽고 조야한 익살을 부리는 사람으로 비쳤다. 또한 합스부르크 검열 당국이 보기에 그는 위험한 무정부주의자였다. 그렇지만 그의 작품에서 충분한 깊이를 맛본 소수의 사람들에게는, 에곤 프리델의 표현을 따르자면, 그는 '가장 위대한, 사실상 유일한 오스트리아 철학자'였다. 프리델은 그를 다음과 같이 묘사한다.

> (그는) 실로 우주적인 공상 속에서 세상사의 잣대를 비틀고, 그럼으로써 세상의 모든 것들이 난생처음으로 원래의 규격 그대로 본모습을 드러내게 만드는 소크라테스적인 웅변가이자 칸트적인 분석가이며 셰익스피어처럼 분투하는 영혼이었다.[41]

이제 우리는 네스트로이의 희곡들을 통해 풍자 작가의 **언어**는 말하는 사람의 도덕적 품성을 드러냄으로써 '기원'에 닿는다는 크라우스의 개념을 이해할 수 있다. 이런 유형의 언어 예술에서는 작가와 작품이 하나로 융합되어 통일체를 이루기 때문에, 작가가 자신의 작품과 무관하게 별도의 정체성을 가질 수가 없다. 요컨대 한 인간과 그의 작품이 완벽하게 통합되어 있기 때문에, 작가는 사회의 결함과 위선을 폭로하기 위해 사용했던 바로 그 어법의 뉘앙스를 통해 자신의 성품을 표출하는 것이다. 이것이 바로 크라우스 자신이 계속해 오고 있다고 생각하던 작업이었다.


## 언어, 사실, 가치

네스트로이의 작업을 계속 이어 가려는 크라우스의 노력은 일생 동안 그를 소송에 휘말리게 만들었다. 그들의 방법상의 차이점들, 이를테면 크라우스의 전투가 대개 지면 위에서 벌어졌던 데 비해 네스트로이의 전장이 무대였다는 점 등은 그들 각자의 고결성에서 비롯된 것이었다. 두 사람은 사회적 가치의 타락상에 맞서는 싸움에서 나름의 예술적 수완을 자기가 가진 가장 효과적인 무기로 변모시킨 더할 나위 없이 훌륭한 예술가들이었다. 인격의 고결성이 덕의 척도라 할 때, 모방은 최고의 악이다(크라우스의 추종자들이 고결성을 제외하고는 그를 거의 닮지 않은 것도 바로 이 때문이다). '훌륭한 양육'과 '누구나 하는' 일을 하는 것에 기초한 부르주아적인 도덕성에 맞서 싸울 때, 진정으로 도덕적인 인간은 자기가 특별히 타고난 재기에 한정하여 자신의 재능을 사용한다. 그러므로 크라우스주의자는 오로지 간접적으로만, 다시 말해 파울 엥겔만이 언급한 것처럼 이성과 환상, '사실'의 영역과 '가치'의 영역 간의 '창조적인 분리'를 주장함으로써만[42] 문화 비판에 뛰어들 수 있다. 이 점은 가장 탁월한 크라우스주의자들인 루트비히 비트겐슈타인과 아르놀트 쇤베르크의 사례가 확실히 보여 주는 바와 같이 사람들이 그러한 문화 비판의 결과물을 오로지 피상적으로만 관찰했을 때 쉽게 오해에 빠지게 되는 이유를 잘 설명해 준다. 왜냐하면 크라우스와 그 이전에 네스트로이가 그랬던 것처럼, 크라우스주의자들은 잘못된 이유와 근거에서 어떤 사람들에게는 대단하게 인정받고, 또 다른 사람들에게는 똑같이 잘못된 이유와 근거에서 허무주의자라고 비난받기 마런이기 때문이다. 결국 양쪽의 비평가 집단 모두 크라우스적인 '기원'에는 닿지 못한 채, 그 중간 어딘가에서 멈추어 버리고 마는 것이다.

그렇다면 카를 크라우스의 삶과 저술을 하나로 통합하는 핵심적인 개념은 사실적 담화의 영역과 문예의 영역 사이의 '창조적 분리'라고 할 수 있을 것이다. 그러한 분리를 통해 우리는 크라우스가 결코 **교조적인** 논쟁가가 아니었다는 사실을 도출할 수 있다. 사람들의 성격이나 품행을 형성하는 과정에서 좋은 발상의 효력을 지나치게 신뢰하는 사람만이 교조주의자가 될 여지가 있는 것이다. 그렇지만 지금껏 보아 왔듯이, 그것은 크라우스의 견해와는 정반대의 생각이다. 크라우스는 이성은 도덕적으로 중립적이라고 보았으며, 그것이 바로 그의 논쟁이 지니는 인격적 본성의 근거를 형성하는 것이다. 도덕적이거나 비도덕적인 것은 그런 발상이 아니라 인간이다. 그렇기 때문에 이른바 표현파에 대한 그의 비판은, 자신들의 논점을 주장하기 위해 새로운 효과만을 추구하는 작가들을 향했을 뿐, 시인 게오르크 트라클과 극작가 프랑크 베데킨트 같은 탁월한 표현파 예술가에게까지 확장되지는 않았던 것이다. 고결한 인간들, 인품을 갖춘 탁월한 작가들은 어떤 사조에도 속할 수 있을 것이다. 왜냐하면 그들은 그런 문제라면 어느 쪽이든 사실상 상관하지 않기 때문이다. 크라우스가 자신에 대해 했던 이야기는 다른 모든 진정한 작가들에게도 적용되는 것이었다. "나는 다른 사람들의 언어를 호령한다. 내 언어는 그것이 나와 더불어 원하는 바를 행한다."[43]

말을 능숙하게 조작하는 작가는 그 재능만큼이나 비도덕적인 사람이다. 왜냐하면 그에게는 고결성이 없기 때문이다. 이 경우 한 인간과 그의 작품은 일치하지 않는다. 그러한 작가의 사례가 바로 하인리히 하이네였다. 그는 독일어에는 적절하지 않음에도 불구하고 프랑스의 문예란을 독일에 도입한 장본인이었다. 그리고 하이네가 기법의 명수였다는 사실은 그의 사례를 더욱 비참한 것으로 만들었다. 크라우스의 견지에서 볼 때 기법은 이성과 계산의 산물이며, 따라서 언제나 수단에 그쳐야 한다. 그러나 하이네는 그런 기법 자체를 하나의 목적으로 탈바꿈시켰던 것이다.

크라우스가 보기에는 오로지 경제적 성공이나 대중적 인기에만 관심을 두고 글을 쓴다면, 사실 기술적인 능력, 즉 기교virtuosity조차도 성취할 수 없다. 그것이 바로 《신자유신문》에 해당되는 이야기임을 증명하기 위해 그는 그 신문의 편집자에게 가명으로 편지를 보내는 버릇이 있었는데, 그 편지들은 짐짓 학자풍의 언어로 변죽을 울리는 온갖 허튼소리로 가득 찬 것이었다. 크라우스가 이런 편지들을 가명으로 투고해야 했던 이유는, 그의 공격에 대한 빈 신문들의 대응 방식이 처음부터 '침묵의 음모', 즉 그가 무슨 짓을 하든 결코 그의 이름을 신문 지면에 올리지 않는 것이었기 때문이다. (예를 들면 《신자유신문》은 페터 알텐베르크의 장례식을 보도하지 않았는데, 만일 보도했다면 묘지에서 조사를 낭독한 크라우스의 이름을 언급하지 않을 수 없기 때문이었다.)[44] 그가 보낸 말도 안 되는 헛소리 편지 중에서 유명한 편지는 채굴 기술자의 관점에서 지진을 서술한 내용을 담은 것이었다. 그 편지에는 '우주적' 진동과 '지구적' 진동 사이의 허구적인 구분이 담겨 있었고, 그러한 서술 과정에서 그 신화적인 기술자는 신비한 야수 그루벤훈트가 어떤 식으로 꿈틀거리며 포효하게 되는지 늘어놓았다.[45] 크라우스는 이런 엉뚱한 행동을 즐겨 했으며, 사실 정상적인 지능을 가진 유능한 편집인이라면 그런 시시한 농담 정도는 꿰뚫어 볼 수 있어야 했다. 사람들을 짜증나게 한 또 다른 사건도 있었다. 크라우스는 뮌헨 주정부가 혁명의 실패로 단명하고 만 바이에른 사회주의 공화국 혁명 정부의 의장인 극작가 에른스트 톨러를 체포하여 처벌하는 것에 항의하는 편지를 언론사에 보내면서, 그 편지에 호프만슈탈, 바르, 그리고 그 밖의 다섯 명의 저명인사의 서명을 덧붙였던 것이다. '서명인들'은 자기들이 먼저 나섰어야 할 일에 대신 나서 준 그 익명의 투고자에게 공개적으로 감사의 뜻을 표하면서도 조금은 당혹스러울 수밖에 없었다.[46]

하이네가 예술 및 도덕의 담론과 사실의 담론을 구분하는 경계선을 분별하지 못하였을 때, 그는 판도라의 상자를 연 셈이었다. 크라우스는 그러한 '창조적 분리'의 실패는 사실적인 것의 위조로 이어지고, 결국은 미적이고 도덕적인 것의 타락이나 왜곡으로 귀결된다고 선언하였다.

> 아돌프 로스와 나는(그는 문자 그대로, 그리고 나는 문법적으로) 그저 항아리와 요강에는 차이가 있다는 사실을, 그리고 모름지기 바로 그 차이가 문화에 운신의 폭을 제공한다는 사실을 보여 주고자 했을 뿐이다. 다른 사람들, 즉 이러한 구분을 하지 못한 사람들은 항아리를 요강으로 사용한 사람과 요강을 항아리로 사용한 사람으로만 나뉜다.[47]

여기서 크라우스는 가치의 영역은 사실의 영역과 전적으로 구분된다는 깊은 신념을 드러내고 있다. 그 둘을 뒤섞음으로써 발생한 사악한 효과는 우선 문예란에서 가장 분명하게 나타나는데, 그 지면에서 상상력은 사실들에다 온갖 방탕한 짓거리를 저지른다. 그리고 둘째는 예컨대 매춘 금지 법안 같은 '도덕적 입법'의 개념 안에서 나타난다. 이보다 더 부자연스러운 것이 있을 수 없음에도 불구하고, 이런 개념 속에서 도덕성은 마치 '자연적 도덕법칙'으로부터 연역될 수 있는 것인 양 가장된다.

단지 기능적인 것일 뿐인 인공물과 진정한 예술품을 구분함으로써 빈 부르주아들의 취향을 비판하고자 했던 아돌프 로스처럼, 자신 또한 어법과 언어에 대한 논쟁적인 분석을 통해 로스와 같은 의미에서 이성(혹은 사실)의 영역과 환상(혹은 가치)의 영역 사이의 '창조적 분리'를 이루어 내고자 노력하고 있다는 크라우스의 주장은 사실 문자 그대로 받아들여져야 한다. 크라우스는 활동 초기부터 문학 작품의 미적 형식과 도덕적 내용을 절대적으로 동일시했으며, 한 작품의 도덕적이고 예술적인 가치는 그것이 표현 수단으로 삼았던 언어 안에 반영된다고 보았다. 시간이 흐를수록 그는 이러한 진리를 더욱더 확신하게 되었다.

> 1905년 이후, 점차 그의 마음속에는 언어 그 자체, 즉 어떤 진술이 만들어지는 방식 그 자체에는 그 진술의 도덕적이고 윤리적인 성격을 비롯해 그것을 진술한 사람을 이해하는 데 필요한 모든 단서가 담겨 있다는 생각이 자리 잡게 된다. 역으로 말하자면, 진실을 찾기 위해서는 그 안에 담겨 있는 모든 언어적 특징들에 대해 더없이 민감한 방식으로 진술들을 읽어 낼 필요가 있는 것이다.[48]

진술에 관한 그러한 크라우스의 분석적이고 논쟁적인 비평은, 그 진술에 어떤 새로운 내용을 보태는 것이 아니라, 다만 그 안에 감추어져 있는 것을 더욱 선명하게 드러내 준 행위일 뿐이다. 고결성을 결여한 모든 작가는 크라우스가 존경해 마지않던 리히텐베르크가 다음과 같이 언급하는 사람과 다를 것이 없었다. "그는 잉크를 손에 쥘 수 없다. 그리고 그가 누군가를 중상하고픈 욕망을 느낄 때, 그는 대개 자기 자신을 가장 심하게 헐뜯는 꼴이 된다."[49] 이러한 설명은 언론에 특히 잘 적용된다. 그리고 그것은 언론이 얼마나 부패해 있으며, 나아가 그 사회가 얼마나 부패해 있는지를 만천하에 드러내기 위해서 크라우스가 어떤 방법을 사용해야 할 것인지를 정해 주었다. 사회 안에서 사람들이 언어를 사용하는 방식에 대해 크라우스가 가했던 비판은, 따라서 그 사회에 대한 비판을 함축하는 것이었다.

언어에 대한 크라우스의 태도는 일종의 '성애적 신비주의erotic mysticism'로 묘사되었다. 그러한 태도는 마르틴 부버가 발견의 도정에 있었고[50] 《두이노의 비가》 제9편의 작가에게 영감을 주어 '사랑의 힘겹고 기나긴 경험'은 '말로 표현할 수 없다'고 노래하게 만들었던[51] 하시디즘 Hasidism*과 상통하는 것이라고 볼 수 있다. 자신의 언어가 "나와 더불어 원하는 바를 행할 뿐"이라는 그의 주장은 바로 이런 태도를 표현한 것이다. 따라서 타락한 자의 언어의 이중성을 굳이 폭로하는 일에 쏟아붓는 노력은 점점 더 줄어들게 되었다. 가끔은 어떤 사람의 이야기를 별다른 논평 없이 《횃불》에 인용하는 것만으로 그 목적을 충분히 달성하는 경우도 있었다. 그런 전후 관계만으로도 그 저자에 관한 진실을 드러내기에는 충분했던 것이다. 1차 대전에 대한 기념비적인 풍자극 〈인류 최후의 나날〉에서, 크라우스는 이런 기법을 활용하여 대단한 성공을 거두었다. 이 희곡은 등장인물의 목록만도 열세 쪽에 달하는 총 700쪽짜리 대작으로, 전쟁에 대한 크라우스의 반응을 자세하게 기록하면서, 신문에 실렸던 연설과 사설 들을 통째로 옮겨와 뒤섞어 놓았다. 이런 방식은 좀더 최근에 찰스 칠턴이 발표한 〈오, 아름다운 전쟁이여!〉를 연상시킨다.

이러한 언어 신비주의는, 완벽한 풍자란 풍자되고 있는 진술들을 전혀 바꿔 놓지 않으면서도 단지 그것에 빛을 비추어 그 안에 숨겨진

* 18세기 폴란드에서 생겨난 유대교의 신비주의 일파.

위선을 폭로하는 작업임을 함의하는 것으로 받아들여질 수 있다. 다른 모든 작가들의 생각과는 달리(아마도 네스트로이 정도가 예외일 것이다), 크라우스는 모든 진술은 소위 도덕성과의 '예정된 조화'라고 부를 수 있는 어떤 원리로 인해 언외言外의 도덕적 차원을 가진다는 사실을 세상에 알리는 것이 자신의 소명이라고 믿었다. 그렇기 때문에 그와 네스트로이가 그렇게도 좋아했던 복잡한 농담들을 가지고도 얼마든지 사람들을 도덕적인 통찰로 이끌 수 있었던 것이다. 빈 사회에 대한 크라우스의 비판은 따라서 부분적으로는 언어 신비주의에서, 그리고 또 부분적으로는 그가 창조적 고결성이라는 자신의 최고의 원리를 주장하면서 단호히 견지했던 다음과 같은 불변의 신념에서 유래한 것이다. "만일 내가 두 가지 악 중에서 덜 악한 것을 선택해야 한다면, 나는 어느 쪽도 선택하지 않을 것이다."[52]

이런 금언은 광범위한 영역에 걸쳐 있는 상이한 분야와 직종에서 크라우스를 열심히 따라 배우려고 했던 한 세대의 빈 사람들 전체에게 하나의 좌우명이 되었다. 우리는 다음 장으로 넘어가 이들 '크라우스주의자들' 중 가장 중요한 몇 명의 인물들을 살펴볼 것이다.

# 4
# 사회 비판과
# 예술 표현의 한계

현대의 도덕성이란 그 시대의 표준을 수용함에 있다.
— 오스카 와일드

오늘날 특히 미국에 사는 젊은이들로서는 합스부르크 군주국의 문화계가 어떻게 그렇게 비좁고 촘촘하게 밀착해 있을 수 있었는지를 이해하기가 쉽지 않다. 우리는 다양한 문화 센터들이 도처에 널려 있고, 엄청나게 많은 각양각색의 문화적 태도가 공존하는 사회에서 사는 데 익숙해 있다. 마찬가지로 오늘날의 대중 교육은 아주 작은 소집단을 형성한 문화 엘리트들이 한 제국의 수도에 심하게 편중되어 있던 인구 5천만 명의 나라를 이해하기 어렵게 만든다. 그러므로 지금으로서는 어떻게 빈이 제국 전체의 문화적인 삶에서 그 중심에 있게 되었는지를 정확하게 이해한다는 것이 쉬운 일은 아니다(굳이 찾자면 현재 프랑스 문화에서 파리가 차지하는 위치 정도가 아마도 유일하게 당시와 비교할 만한 대상일 것이다). 따라서 우리는 안톤 브루크너가 루트비히 볼츠만에게 피아노 교습을 해 주었다는 사실을 알게 되었을 때 가벼운 충격을 느끼게 된다.[1] 그리고 구스타프 말러가 정신적인 문제로 프로이트 박사를 찾아가곤 했던 사실,[2] 브로이어가 브렌타노의 주치의였다는 사실,[3] 그리고 젊은 시절 프로이트와 빅토어 아들러가 결투를 벌였고, 아들러는 합스부르크의 대미를 장식한 카를 1세 및 훗날 나치가 네덜란드를 강점했을 때 그곳의 총독으로 임명되는 아르투어 자이스잉크바르트와 고등학교 동창이었다는 사실,[4] 그리고 슈니츨러와 프로이트처럼 바로 그 아들러도 마이네르트의 임상진료소에서 조수로 일했다는 사실 등도 마찬가지일 것이다.[5] 간단히 말해 후기 합스부르크 빈에서는, 모든 문화계의 지도급 인사들이 별다른 어려움 없이 서로 친분을 쌓을 수 있었다는 것이다. 예술계, 사상계, 관계官界 등 전혀 상이한 분야에 종사했음에도 불구하고 그들 중 상당수는 실제로 매우 절친한 친구 사이였다.

그러한 측면은 우리가 다음과 같은 사실을 발견할 때 특히 염두에 둘 필요가 있다. 즉 아르놀트 쇤베르크의 음악에서 아돌프 로스의 건축술까지 포괄하는, 그리고 거기에다 루트비히 비트겐슈타인의 《논리철학논고》까지 나름대로 포함시킨, 이른바 전 영역에 걸친 지적이고 예술적인 창조 활동이 언어와 사회에 대한 카를 크라우스의 비판과 밀접하고도 의식적으로 관련되어 있을 뿐 아니라, 더 나아가 그의 비판의 연장선상에 있다는 것이다. 이들은 모두 크라우스에게 영감을 받았음을 인정했으며, 마땅히 크라우스주의자라고 불릴 수 있는 사람들이었다. 그러나 크라우스주의자로서의 고결성은, 모름지기 도덕적이고 미적인 타락에 맞서 싸우는 예술가나 작가의 투쟁이란 어떤 경우든 각자가 가장 편하게 느끼는 특정한 영역의 인간 경험에 대한 비판의 형태로 수행되어야 함을 요구했다. 로스에게 그 영역은 건축과 설계였다. 쇤베르크에게는 음악이었으며, 그리고 비트겐슈타인에게는 철학이었다.

3장에서 우리는 크라우스가 자신의 작업과 로스의 작업을 동일시하고 있음을 보았다. 그리고 그런 점에서 크라우스는, 로스가 설계의 영역에서 했던 일을 자신은 언어를 대상으로 삼아서 하고 있다고 생각했다. 즉 자신은, 사람들이 요강과 항아리의 근본적인 차이를 **도덕적으로** 깨우칠 수 있게 해 준다는 것이다! 실제로 예술품objet d'art과 실용적인 물건을 구분하자는 것, 바로 그것이 로스가 행한 모든 작업의 배후에 놓여 있는 핵심적인 생각이었다. 크라우스가 이성과 환상의 구분을 흐리고 있는 문예란을 향해 전쟁을 선포한 것과 마찬가지로, 로스 역시 이른바 '응용 예술'이라는 개념이 일상적인 도구와 예술품 사이의 구분을 흐리고 있다는 사실에 분개하면서 일상적 용도의 물건들을 치장하는 데 그치고 있는 당대의 '예술'과 맞서 싸우는 유사한 전쟁을 수행했다. 로스는 기능적인 물품들에 들러붙어 있는 모든 형태의 장식을 제거하고자 했다. "문화의 발전이란 일상적으로 사용하는 물건들의 장식을 제거하는 것과 같은 것이다."[6] 그는 공들여 외관을 치장하는 구태를 철저히 배제한 건물을 설계함으로써 그 개념을 직접 현실에 적용했다. 로스에 따르면 건축가는 다른 장인들과 마찬가지로 조각가가 아닌 배관공을 자신의 본보기로 삼아야 한다.

## 로스와 장식과의 투쟁

로스가 그러한 미학 이론들을 백지 상태에서 느닷없이 내놓은 것은 아니었다. 카를 크라우스의 일생의 과업을 파악하기 위해 빈의 문예와 언론에 대한 배경 지식이 필요했다면, 마찬가지로 예술과 건축에 대한 로스의 계획이 가지는 의의를 이해하기 위해 우리는 조형 예술의 발전사와 19세기 후반의 대중적 취향에 대한 규범들을 고찰해 보아야 한다. 1890년대 중반, 오스트리아-헝가리 제국에서 최고의 대접을 받던 회화 양식은 자연주의naturalism와 관학주의academicism 그림들이었다. 그림을 공부하려는 사람은 반드시 황실 예술원을 다녀야 했는데, 그곳에서 훌륭한 취향의 기준을 좌우하던 사람은 바로 한스 마카르트 교수였다. 그의 그림들은 '거대한 예술원풍의 기계들'이자 '폭넓은 차원과 빛나는 색채를 지닌 장식적인 작품들'로 묘사되었는데,[7] 이를테면 이름난 여배우 샤를로테 볼터의 초상화가 그 좋은 실례이다. 마카르트의 미술은 매우 장식적이었고, 신화적인 주제에 많이 의존했다. 그리고 바로 그 것이 향학열에 불타는 모든 화가 지망생이 노예처럼 따를 것을 강요받은 회화의 모범이었다. 예술원은 보수적인 성격을 띤 국영 기관이므로, 그곳에서 엄격한 형식주의가 유행했다거나 혹은 학생들에게 예술적 혁신 대신에 이전 세대의 부르주아적 편견들을 주입했다고 해도 그리 놀라운 일은 아니다. 그리고 예술원 학생들이 마침내 그들의 선생에게 반기를 들었다는 사실 역시 놀랄 일이 아니다. 이 점에 관해 그 군주국의 어느 저명한 역사학자는 이렇게 말한 바 있다. "그의 도화에는 결함이 있으며, 수법은 서투르고, 소재는 조악한 수준이다. 그리고 그는 현란한 시대착오적인 그림들을 그리는 과오를 저질렀다."[8]

1897년에 구스타프 클림트는 열아홉 명의 학생들을 이끌고 예술원을 자퇴한 후 '분리파'를 결성했다. 클림트와 그의 추종자들은 23년 전에 프랑스의 인상파를 통해 점화된 예술의 혁명이 마침내 오스트리아에까지 도달했다고 주장했다. 과거의 양식을 모방하는 것이 화가의 목표였던 시대는 지나갔다. 20세기는 그 시대만의 양식을 가져야만 한다. 따라서 그 운동의 구호는 "시대는 그에 맞는 예술을, 예술은 그에 맞는 자유를Der Zeit ihre Kunst, der Kunst ihre Freiheit"이 되었다. 클림트가 이 운동에 제공한 것은, 그림이란 이러해야 한다는 식의 고착된 견해가 아니라 다만 한 시대를 이끌어 가는 향도의 정신이었다. 이러한 비교조적인 접근은 이들 예술가들이 추구하는 자유에, 그리고 새로운 세기의 정신을 반영하게 될, 이른바 '새로운 예술'에 그야말로 본질적인 것이었다. 따라서 일반적으로 분리파양식(제체시온슈틸)Secessionstil이라 불리는 작품들을 발표한 이들 분리파 화가들의 그림들에서 우리가 찾을 수 있는 공통적인 특징이란 극히 적을 수밖에 없었다.

하나의 운동으로서 클림트를 중심으로 이들 열아홉 명이 수행한 작업은, 유사한 무리인 베를린 분리파와 무관한 것이 아니었다. 유겐트슈틸Jugendstil로 불리는 베를린 분리파는 1892년에 출범했지만 1898년이 되어서야 비로소 전시회를 열었다.[9] 클림트의 작품에서도 찾을 수 있는 요소이지만 당시 독일의 분리파 운동에 영감을 준 화풍은, 상징주의 시인들에게 깊은 영향을 받은 오딜롱 르동과 퓌비 드 샤반의 아르누보art nouveau였다. 이 화가와 시인 들은 자신들이 활용하는 매체 안에 잠재해 있을 모든 가능성을 찾아내기 위해 고심했다. 그들은 대중의 취향이라는 족쇄에서 벗어나 자신의 매체가 지닌 더욱 섬세하고 미묘한 측면을 발전시키고자 애썼다. 어떤 것도 명료하게 설명되지는 않았다. 다만 매체의 뉘앙스를 통해 넌지시 시사되고 암시될 뿐이었다. 모든 것이 또렷했던 마카르트의 회화와는 달리 아르누보에서는 모든 것이 불명료했다. 어떤 이들에게서는 인상파의 그림에서처럼 색이 선을 대치했다. 또 다른 이들에게서는 에곤 실레의 그림에서 볼 수 있는 것처럼 선이 색을 지배했다. 마카르트와 그의 일파들의 그림에서 볼 수 있던, 무언가를 동경하는 것처럼 보이는 한 여성의 터질 듯 풍만한 육체 옆에 얌전히 놓여 있던 포도송이 따위는 이제는 영원히 추방될 형국이었다. 그로부터 비롯된 예술 운동의 역사가 바로 오스트리아 표현주의 화풍의 역사로서, 그 사조는 1890년대에 클림트로부터 시작해 1차대전 후 코코슈카와 더불어 종언을 고하게 된다. 그리고 그러한 역사를 모두 논하려면 책 한 권 분량은 족히 필요할 것이다. 어쨌든 지금 여기서 클림트가 이룩한 업적만큼은 특히 주목할 만한 가치가 있다. 왜냐하면 그의 업적은 전통과의 단절과 인상주의에서 표현주의로의 이행을 동시에 보여 주기 때문이다.

클림트의 회화는 그만의 독보적인 창작물로서 동료 화가나 일반 대중의 커다란 찬사를 받았지만, 그를 모방한 작품들은 그려지지 않았다. 그의 많은 작품들을 감상할 때면, 우리는 그 안에 나타나는 불멸성과 관능성에 사로잡히게 된다. 금색과 은색을 많이 사용하는 클림트의 독특한 화법으로 인해 그의 몇몇 작품들은 마치 현대판 성상聖像처럼 보이기도 한다. 그것은 그가 구상적인 측면을 약화시키고 비구상적인 장식을 사용함으로써 얻게 된 효과와 같은 것이었다. 클림트의 미술은 화가의 상상력을 통해 일상의 변조를 이끌어 내고자 한 것이었다. 그는 장식을 과도하게 사용함으로써 앙리 반 데 벨데가 '작품의 논리적 구조, 소재 사용의 비타협적인 논리'[10]라고 칭한 것을 추구했다. 아르누보의 영향을 받은 화가 중에 클림트만큼 성공적으로 장식을 활용할 수 있던 사람은 거의 없었다. 그들 대다수에게는 환상적인 유형의 장식이 하나의 고정관념idée fixe처럼 되어 있었지만, 클림트의 경우에는 결코 그런 식이 아니었다. 그런 화가들은 단지 대중적인 유형의 치장을 좀더 알쏭달쏭한 유형의 장식으로 바꾸어 놓았을 뿐이었다. 그들에게는 전통으로부터의 진정한 탈출이 아니라, 오로지 도주만이 있을 뿐이었다. 클림트의 위업은 완벽하게 숙달된 기교와 그의 상상력이 지닌 지독한 매력에 있었고, 그로 인해 신화적이지도 역사적이지도 자연주의적이지도 않은 예술 형식이 대중에게 '팔리게' 된 것이다. 혁신 그 자체가 결코 나쁜 쪽으로의 변화를 뜻하는 것이 아님을 입증함으로써, 결국 그는 미적 교육의 중대한 위업을 성취한 셈이 되었다.

(클림트와 분리파 운동은 예술원에 반기를 든 지 불과 3년 만인 1900년에 공식적으로 파리 국제 전람회에 모습을 드러냈을 정도로 겉으로 보기에 매우 즉각적인 성공을 거두었다. 이 점은 노쇠한 제국이 지녔던 것으로 보이는 다음과 같은 비상한 능력을 암시한다. 즉 제국은 자국의 비판자들이 사회의

중점적 가치인 하우스마흐트를 위협하지만 않는다면, 그들과 화해하고 그들을 달랠 수 있었던 것이다. 혹은 합스부르크의 제도와 사회생활에서 드러나는 피상적인 호사스러움과 클림트의 장식이 보여 주는 광채와 현란함 사이에 모종의 '선택적 친화력elective affinity'이 있던 것인지도 모른다!)

분리파 건축가와 설계자 들은 클림트의 장식 양식을 열광적으로 수용하였으며, 훗날 철저한 가능성의 추구를 신조로 삼게 되는 사람들만이 이들에 필적하게 된다. 클림트의 장식 양식을 수용한 건축가들 중에서 가장 뛰어난 사람은 오토 바그너였다. 한때 예술원에서 건축학 교수를 지낸 적이 있던 그는 1899년에 분리파에 합류했다.[11] 초창기에 바그너는 르네상스 양식의 건축물을 설계하고 역사적인 양식을 옹호한 사람이었다. 그러나 그는 이제 당대의 건축 설계의 원천이 다름 아닌 당대의 사회생활과 문화에 있어야만 한다는 사실을 깨닫게 되었다. 그가 자신의 견해를 피력한 《현대 건축》은 건축학계에 매우 큰 영향을 미친 저술로서 젊은 건축학도들의 마음을 사로잡았다. 파스텔 풍으로 채색된 부드러운 외관을 띤 그의 건물들은 곡선보다 직각을 강조했다. 말도 많던 카를 광장 지하철 역사를 설계할 때도, 곡면을 일부 채택하기는 했으나 여전히 직각의 형태들이 지배적으로 나타난다. 마찬가지로 물의를 일으킨 우편저축은행 청사 역시 바그너의 기념비적인 상상력이 발휘된 건물이었다. 그러나 장식에 관한 한, 금빛 양배추 모양의 지붕을 얹은 요제프 마리아 올브리히의 분리파 회관에 비교할 수 있는 건물은 없다(이 책 177쪽 사진 참조). 이처럼 회화에서와 마찬가지로 건축에서도 기상천외한 장식이 구태의연한 치장을 대체해 가고 있었다. 같은 이야기가 콜로 모저와 요제프 호프만을 중심으로 결성된 동인이 1903년에 빈 공방Wiener Werkstätte을 설립하여 출품하기 시작한 물건들에도 적용된다. 클림트의 작품이 그러하듯이, 이들이 제작한 물건들 역시 진정한 '현대적' 설계 양식으로의 이행을 보여 주는 중대한 의의를 지닌 것으로, 오늘날에도 여전히 높은 평가를 받고 있다.

에곤 프리델은 자신의 저서 《현대 문화사》에서 빈 부르주아 계층의 가정을 묘사하면서, 설계 분야에서 분리파의 불가피성을 극명하게 보여 주었다. 프리델이 당대의 '훌륭한 취향'을 보여 주는 전형으로 기술한 저택은 오늘날의 독자에게는 공포감마저 불러일으킨다.

> 그들의 저택은 생활공간이 아니라 전당포나 골동품 가게였다. … 아무런 의미도 없는 장식품들에 미치는 사람들이 있었다. … 새틴 같은 감촉의 소재로 표면을 처리한 물건에 미치는 사람도 있었다. 그리고 비단, 새틴, 번들거리는 가죽에, 금으로 만든 틀, 금으로 치장한 벽토, 금으로 마감한 테두리에, 거북 등껍질, 상아, 자개에 미치는 사람도 있었고, 또한 여러 조각으로 잘게 나뉘어 있는 로코코 양식의 거울, 다채롭게 채색한 베네치아산 안경, 배가 볼록 튀어나온 구 독일의 도자기, 무시무시한 이빨을 드러내고 있는 짐승의 털가죽으로 만든 양탄자, 그리고 거실 한 구석에서 있는 실제 크기와 비슷한 목제 검둥이 노예상 등과 같이 전혀 의미가 없는 장식품들에 대해서도 마찬가지였다.
>
> 또한 모든 물건들이 전혀 조리에 맞지 않게 뒤섞여 있었다. 여성의 내실에는 불Buhl* 세공 제품 한 벌이 있었고, 응접실에는 제정시대 풍의 가구 한 벌, 그 옆방에는 16세기 풍의 만찬 식당, 그리고 그 옆으로는 고딕 풍의 침실이 위치해 있었다. 이 모든 것들로부터 다색화의 온갖 향취가 절로 발산되었다. 나선형 무늬, 소용돌이무늬, 당초 문양 따위가 더 많이 들어갈수록, 색깔이 더 야단스럽고 노골적일수록 그 디자

---

* 목재, 금속, 상아, 별갑 따위를 소재로 한 상감세공 기법.

인은 훨씬 더 성공적이었다. 사정이 그러하니 유용성이나 용도에 대한 고려는 확실히 결여되어 있었다. 그 집은 순전히 보여 주기 위한 것이었다. 우리는 그 집에서 가장 좋은 곳에 위치한 가장 안락하고 통풍도 잘되는 방, 한마디로 그 집에서 가장 좋은 방이, 실제로 거기에서 생활하려는 의도는 전혀 없이 그저 친구들에게 보여 주기 위해서만 존재한다는 사실을 경악을 금치 못한 채로 목격하게 된다.[12]

치장에 대한 열망이 비현실적인 것들을 통해 만끽하는 희열로 전환되면서, 모든 물건은 매우 다른 '겉모습'과 '본모습'을 가지게 되었다.

사용된 모든 소재는 원래 재질보다 더 좋게 보이려고 애쓴다. 회반죽을 바른 주석 그릇은 대리석으로 변신하고, 혼응지混凝紙는 자단紫檀으로, 벽토는 미광을 발하는 설화 석고로, 유리는 값비싼 마노瑪瑙로 변장한다. … 버터를 자르는 칼은 터키산 단검이며, 재떨이는 프러시아군의 철모이고, 우산대는 철갑을 두른 기사 모양이고, 온도계는 피스톨이다.[13]

어떠한 상황에서도 어떤 물건의 모양 때문에 그것의 용도가 드러나는 일이 있어서는 안 되었다. 그 물건에 정말로 어떤 기능이 있는 건지조차 의심스럽지만 말이다. 따라서 치장은 사물을 왜곡하는 한 방편이 되었고, 무언가를 아름답게 꾸민다기보다는 오히려 치장하는 것 그 자체가 목적이 되어 버렸다. 어떤 물건도 이런 풍조에서 벗어나지 못했다. 인공물의 도안이 합스부르크 통치의 마지막 나날에 만연해 있던 사회생활과 정치 풍토의 정교한 공허를 반영하게 되었을 때, 심지어는 장례식마저도 서커스 행진과 다를 바 없는 일종의 광상극이 되어 버렸던 것이다.

'훌륭한 취향'이 으뜸의 가치를 지니는 사회에서 대중적인 인기를 얻고 있는 관학주의의 취향에 과격하게 도전한다는 것은 바로 그 사회의 기반에 의문을 제기하는 것이나 다름없었다. 그것이 바로 열아홉 명의 분리파 회원들이 착수한 과업이었다. 그러나 예술을 삶에 좀더 밀착시키고자 했던 그들의 노력은 결국 목표에 미치지 못하고 말았다. 그들의 탐미주의는 단지 치장에 관한 당대의 견해를 변화시키는 정도만 성공했을 뿐이다. 그들은 몇 가지 증상을 치유했지만, 질병 그 자체를 고치지는 못했다. '젊은 빈'의 경우도 그랬지만 분리파 회원들 역시 마땅히 그 사회의 일부일 수밖에 없기 때문에, 그 사회에서 비롯된 그들의 모반 또한 그 사회의 기존의 여건 안에서 수행될 수밖에 없었고, 따라서 그것은 근본적으로 불완전하고 무력했던 것이다. 그러므로 '젊은 빈'이 지닌 가치관의 피상성을 폭로하는 작업을 크라우스가 직접 떠맡았던 것처럼, 분리파에게 닥친 슬픈 현실, 즉 그들 역시 기성 사회의 구성원들이기 때문에 결국 자신들의 이상을 실현할 수 없었다는 그 사실을 사람들에게 납득시키는 일은 로스의 몫으로 남았다.

순문학belles-lettres의 영역이 그랬던 것처럼 미술 역시 마치 구약성서의 예언자와 같은 임무를 떠맡은 오직 한 사람의 예술가에 의해서만 개혁될 수 있었다. 그것이 바로 로스가 해낸 일이었다. 그는 건축과 설계에 나타나는 모든 형태의 장식에 맞서 싸우는 전쟁을 선포했다. 다다이즘 예술가들이 성서로까지 추앙한 논문 〈장식과 범죄〉에서, 로스는 실용적인 물건들에 덧씌운 모든 형태의 장식을 비난했다. 그는 당시 유럽 사람들이 실제로 몸에 문신을 새기고 있다는 사실에서, 동시대 사람들의 타락상을 읽어 냈다. 그는 파푸아의 문화에서는 문신이 중요한 의미를 지니겠지만, 합스부르크의 문화에서는 "문신을 하고도 아직 감옥에 가지 않은 사람은 잠재적인 범죄자이거나 타락한 귀족들"[14]뿐이라고 주장했다. 문신을 하고 다니는 자들은 공공시설에 낙서를 하고 다니는 것과 같은 부류에 속할 뿐이다. "화장실 벽에 휘갈겨진 낙서를 보면 그 나라의 문화 수준을 측정할 수 있다."[15] 로스는 범죄자들의 반사회적인 성향과 그들 중 대다수가 몸에 새긴 문신을 자랑한다는 사실 사이에 확실한 연결 고리가 존재한다고 주장했다. 한편 그의 견해에 따르면, 합스부르크 군주국 중산층의, 소위 '훌륭한 취향'은 그들이 세련된 야만인들보다 더 나을 것이 없음을 분명히 드러내 주는 것이었다. 한발 더 나아가 로스는 정부가 응용 예술을 가르치는 예술원의 설립을 후원하면서부터 이중 군주국의 정치적 쇠락이 시작되었다고까지 주장했다. 사물을 더는 실제 모습 그대로 보고 싶어 하지 않는 사회만이 그토록 장식에 빠져들 수 있었을 것이다. 좀더 건전한 앵글로색슨 세계에서는 용도가 우선이며, 장식은 그야말로 부차적인 치장에 지나지 않는다고 그는 단언했다.[16]

아름다움과 용도가 충분히 구분되고, 그럼으로써 누구나 예술과 공산품을 항상 구분할 수 있으며, 한쪽이 다른 한쪽을 집어삼키거나 곡해하지 않는 상황이라면, 장식은 여전히 의미를 지닐 수 있다. 미국과 영국에서는 장식이 진정한 의미에서 공산품들을 치장해 줄 수 있었다. 그러나 오스트리아에서 "장식은 더는 우리의 문화와 유기적으로 연결되어 있지 않다. 그것은 더는 우리 문화의 표현이 아니다."[17] 장식은 프랑켄슈타인 같은 괴물이 되어 있었고, 장인의 창의성을 좀먹고 있었다. 이전의 모든 시대를 모방하여 빈의 부르주아 가정을 번드르르하게 꾸미고 있는 화려한 세간들이나 '신 예술'의 원리들에 따라 기능적인 물건들을 치장하는 짓거리는 똑같이 로스의 통렬한 비난의 대상이었다. 그 이유는 두 경우가 똑같이 예술가와 장인의 본질적인 차이를 말살하고 있기 때문이다. 크라우스와 마찬가지로, 그리고 그로피우스나 바우하우스와는 달리, 로스는 교조주의자가 아니었고 치장 그 자체를 공격하지도 않았다. 왜냐하면 그는 문화적인 삶과 유기적인 관계를 맺기만 한다면 장식도 엄연히 수용될 수 있을 것이라고 진심으로 믿었기 때문이다. 오히려 그의 공격은 빈의 부유층과 '신 예술'의 기치 아래 반란을 주도하고 있는 세력들 사이에서 공통적으로 나타나는 장식에 대한 맹목적인 숭배에 맞춰져 있었다.

　설계의 영역에서 로스는, 크라우스가 문예란과 싸웠던 것과 같은 방식으로 응용 예술의 개념에 맞서 투쟁해 나갔다. 문예란이 그런 것처럼, 응용 예술이라는 개념 역시 용어상의 모순을 담지하고 있었다. 응용 예술가가 만든 물건들은 더 유용하지도, 더 기능적이지도 않은 공산품으로서, 다만 엄청나게 치장한 가재도구에 지나지 않았다. 장식은 머그잔에서부터 문고리에 이르기까지 모든 사물의 겉모습을 치장하는 데 '응용'되었다. 이러한 사실을 통해 로스는 사실과 환상의 혼재를 감지했다. 그리고 그런 혼재는 사실과 환상 양쪽 모두에 상당히 해로운 것이었다. 사용을 염두에 둔 물건을 설계할 때의 원칙들은 순수하게 사실적이어야 하고 그 물건이 수행하게 되어 있는 기능에 따라 결정되어야 한다. 그런 공산품들은 가능한 한 단순하고 쓸모 있어야 한다. 그런 물건의 설계는 동일한 작업을 두 명의 장인이 맡더라도 동일한 물건이 생산될 수 있을 정도로 '합리적'이어야 한다. 가재도구들은 특정한 시간에 특정한 장소에서 사용하기 위해 설계되는 것들이기 때문에, 그런 용품의 설계는 언제나 그런 특정한 환경 속에서 통용되는 맥락, 다시 말해 삶의 양식the mode of life에 의해서 결정된다.

　나는 용도use가 문화의 형식이자, 물건을 만드는 형식이라고 주장한다.

… 우리는 목수가 이러이러한 방식으로 의자를 만들었다고 해서 그러한 방식으로 의자에 앉지는 않는다. 오히려 누군가가 그러한 방식으로 의자에 앉고 싶어 하기 때문에, 목수는 그러한 방식으로 의자를 만드는 것이다.[18]

사용하기 위해 만든 물건의 형태는 이처럼 한 사회의 삶의 양식을 반영한다. 그리고 형태의 변화가 정당화될 수 있는 경우는 그것이 삶의 양식의 변화에서 기인했을 때뿐이다. 이것이 바로 '혁명에 반대'한다는 로스의 주장에 담긴 의미이다. 이는 로스가 스스로 반혁명주의자임을 고백하고 있는 것이 아니다. 오히려 그의 혁명은 사회적 삶의 요청에 근거하지 않은 설계의 혁명에 **반대하려는** 혁명이었다.

로스에 따르면 예술품은 공산품과는 정반대의 성격을 지닌다. 예술품의 기능은 실로 혁명적이다. 예술은 시간을 초월한 혁명적인 것이 될 때 비로소 위대해진다. 장인은 지금 여기서 사용할 물건을 만들지만, 예술가는 온 세상 모든 사람을 위해 창작한다. 고대 그리스인들은 이 점을 이해하고 있었다. 그들은 자신의 생활환경을 완벽하게 만들려는 노력의 일환으로 나름의 목적에 맞게 가재도구와 건축물을 만들었다. 반면에 그들의 비극 작품은 보편적인 인간의 조건을 묘사했다. 예술은 사람들이 고되고 따분한 일상에서 벗어나 환상과 정신적 가치의 영역에 다시금 주의를 기울이도록 유도함으로써 인간 정신을 교화하는 데 그 목적이 있다. 이런 의미에서 예술은 언제나 혁명적이다. 예술은 세상을 바라보고 타인들을 대하는 사람들의 시각과 태도에 변화를 불러일으키는 데 그 목적이 있다.

로스의 사회 비판은 머리 모양, 의복, 식사 예절 등에서부터 설계와 건축에 이르기까지 모든 영역에 걸친 취향의 문제로 확장되었다. 그러나 로스가 자신의 생각을 몸소 실천에 옮긴 분야는 바로 마지막에 언급한 바로 그 분야, 즉 건축의 영역이었다. 건물에 대한 그의 태도는 다음의 글에서 적절하게 요약된다.

집은 모든 사람을 흡족하게 해야 한다. 이 점은 누구를 흡족하게 할 필요가 없는 예술과 구분된다. 예술은 예술가를 위한 사적인 문제이다. 집은 경우가 다르다. 예술 작품은 그것이 무언가를 위해 사용되어야 할 필요성을 전혀 가지지 않은 채 세상에 모습을 드러낸다. 집은 특정한 목적에 기여한다. 예술 작품은 누구에게도 책임을 지지 않지만, 집은 누구에게나 그렇다. 예술 작품은 인간을 안락함(정중함)에서 떼어 놓고 싶어 한다. 집은 인간의 안락함에 기여해야 한다. 예술 작품은 혁명적이다. 집은 보수적이다. … **그렇다면 집이라는 것이 예술과는 아무런 관련도 없고, 따라서 건축은 예술의 한 분야가 될 수 없다는 말인가? 그렇다, 바로 그것이 진실이다.**[19]

로스가 설계한 모든 건물이 그의 신조를 입증한다. 문화를 설계의 단순성과 동일시하는 그의 견해는, 그가 빈 황궁 맞은편의 미카엘 광장에 세운 건물에서 가장 분명하게 드러났다. 그 건물은 완벽하게 비장식적인 구조물로서, 심지어는 창틀에 장식 삼아 테두리를 두르는 것조차도 생략되었다. 그것이 바로 로스가 주창한 단순화였다. 건물이 완공되었을 당시, 실제로 그 건물의 단순성과 가능성은 황제에 대한 의도적인 모욕으로 간주될 정도였다. 믿을 수 없을 만큼 화려하게 치장된 반구형의 황궁 출입문에 비추어 볼 때, 그의 건물은 반항적으로 비칠 만도 했다.[20] 부드럽고 간소한 외관을 한 그 현대식 상업 건물은, 장식을 훌륭한 취향인 양 오해하는 작금의 세태가 그 사회에 의해 곡해된 것인 동시에 그 사회를 곡해하고 있다고, 합스부르크 사회 전체를 꾸짖고 있는 것처럼 보였다.

인간에게 봉사하게 되어 있는 물건이 이제는 거꾸로 인간을 노예화하기에 이르렀다. 일반적으로 용인된 미적 규범을 추종하는 중산층이나 그런 규범에 맞추어 물건을 설계하고 제작하는 장인들 모두 미쳐 날뛰는 망상의 노예가 되어 버렸다. 그들의 작업이 사회적인 삶과 맺는 관계는 전도되었다. 즉 그들은 어떻게 하면 당대의 생활양식에 어울리게끔 건물을 지을 수 있을 것인가가 아니라, 새로 지은 건물에서 사람들이 예전처럼 살려면 어떻게 해야 하는지를 결정하고 있었다. 로스는 자신의 논박을 통해 이런 비판을 일반 대중과 장인들이 모두 납득할 수 있기를 희망하였고, 다른 한편으로 자신의 건물을 통해 설계와 삶 사이의 진정한 관계를 재확립할 수 있는 길을 보여 주고자 했다. '양식'에 대한 요구 때문에 사회적 삶과 예술에 똑같이 강요된, 이른바 공포 시대를 타도하려는 희망에서 그는 그 두 영역을 근본적으로 구분했다. 그리고 예술을 그 자체의 고유한 시각으로 바라볼 수 있게 하려는 노력의 일환으로, 그는 곧 독학으로 그림을 배운 말도 많고 탈도 많았던 화가 오스카어 코코슈카와 힘을 합치게 되었다.

코코슈카의 독립성과 천재성은 처음부터 예술 형식의 모든 영역에서 그 진가를 드러냈으며, 소묘와 회화는 단지 그 가운데 두 개의 분야일 뿐이다. 코코슈카는 자신의 희곡 〈살인자, 여인들의 희망〉으로 반문법적 표현주의 극예술의 선구자라는 찬사를 받게 되었다. 왜냐하면 그 작품에서 그는 독일어 어순에 관한 규칙을 '극단적으로 왜곡'했기 때문이다. 그 밖에도 그의 작품집에는 예술에 관한 시가와 산문들 또한 수없이 많이 실려 있다.[21] 로스는 여러 친구와 지인들에게 코코슈카를 소개했는데, 그중에는 크라우스와 알텐베르크, 그리고 예술사학자인 한스 티에츠와 에리카 티에츠도 포함되어 있었으며, 코코슈카는 그들을 모델 삼아 여러 차례 그림을 그렸다. 코코슈카가 이 시기에 그린 그림들은 그의 작품 중 명암이 가장 어두운 것들이었고, 화면의 평면성을 강조하고 있다. 화가는 이 작품들을 자신의 '검은' 그림들이라고 불렀다.

> 나의 초창기 검은 초상화들은 세계대전이 일어나기 전에 빈에서 태어났다. 그곳 사람들은 안전하게 살았지만, 그럼에도 모두 두려움에 차 있었다. 여전히 바로크 시대에 기원을 두고 있는 교양 넘치는 그들의 삶의 양식을 통해 나는 그 점을 느꼈다. 나는 그들을 불안과 고통에 찬 모습으로 그렸다.[22]

코코슈카는 그들의 얼굴에서 수많은 빈 사람들의 삶이 영적인 진공 상태에 빠져 있음을 분명하게 보았다. 클림트처럼 코코슈카 역시 이런 영적인 요소를 끄집어내고 싶어 했다. 그러나 클림트와는 달리, 그는 화폭에 그린 사람들을 점잖은 '영성'의 분위기로 둘러싸려 하기보다는 오히려 하나하나의 강렬한 얼굴들 안에서 영적인 것을 추구하고자 했다. 클림트의 초상화는 언제나 대상의 정적인 성질을 강조하지만, 코코슈카는 사람의 손과 얼굴(그중에서도 특히 눈)에 반영되어 있는 그 사람의 특징을 역동적으로 끄집어냈다. 얼굴과 손만 가지고도 현실에 직면해 있는 순도 높은 공포를 전달하기에는 충분했다. 요컨대 코코슈카가 찬동한 신조는 모름지기 예술가란 자기가 묘사하고자 하는 것을 사람들에게 결코 고함쳐 알려서는 안 되며, 그것이 스스로 드러나게끔 해야 한다는 것이었다. 클림트는 외형적인 배경을 이용하여 그러한 효과를 거두었다. 반면 육체적인 것의 배후에 영적인 것을 그려 넣는 코코슈카의 방법은 화폭의 주인공이 너무나 개성적이라는 바로 그 이유 때문에 오히려 보편성을 획득하는 그런 방식이었다. 로스의 눈에는 코코슈카야말로 장식과 치장의 명수였다. 왜냐하면 그는 장식을 매우 치밀하게 이용하여 인물의 내면적인 특징을 표현해 냈기 때문이다. 코코슈카의 미술은 이렇듯 환상의 영역을 찾아냈으며, 사람들의 삶에서 그와 같은 환상이 수행하는 역할을 바로 그들의 얼굴 위에 표현해 냈다. 그는 덧없는 것 안에 잠재해 있는 영원한 것을 드러냄으로써, 말로 표현하기 거의 불가능한 인간에 관한 사실들을 '보여 준' 것이다.

## 쇤베르크의 화성 이론과 작곡의 논리

아르놀트 쇤베르크의 필생의 과업은, 카를 크라우스가 영감을 불어넣은 문화 비판이 또 다른 하나의 영역, 즉 음악의 영역으로는 과연 어떻게 확장될 수 있을 것이며, 또한 실제로 그 과정이 어떻게 실현되었는지를 잘 증명해 준다. 쇤베르크는 자신의 목적을 크라우스의 목적과 동일시했는데, 그것은 크라우스 본인이 자신의 목적이 로스의 목적과 같다고 했을 때보다 훨씬 더 인상적이었다. 앞에서도 언급했지만 쇤베르크는 《화성법 강의》 한 부를 크라우스에게 증정하면서 다음과 같은 헌사를 남겼다. "아마도 저는, 독립적인 존재로 남고 싶은 사람이라면 그 이상은 배우지 말고 자기가 알아서 해야 할 것까지 당신에게 배우고만 것 같습니다."[23] 코코슈카처럼 쇤베르크 역시 다방면에 재능을 지닌 독학의 천재였다. 음악과 음악 이론은 말할 것도 없거니와 일류 화가이기도 했던 그는 표현과 화가들로 구성된 청기사파Blaue Reiter의 일원이었다. 실제로 그의 논문 〈텍스트와의 관계에 관하여〉는 1912년에 그 모임이 발간한 카탈로그에 그가 그린 그림 두 점과 함께 처음 소개되었다.[24] 그의 화가로서의 재능은 청기사파 동료 회원이었던 파울 클레와 바실리 칸딘스키의 찬사를 받았을 정도였다.[25] 그의 서술 양식 또한 매우 개성적이었는데, 그는 동음이의어를 이용한 익살맞은 표현들을 즐겨 사용했으며, 언어의 뉘앙스에 관해서도 진정으로 크라우스적인 감각을 가지고 있었다. 이 점은 이를테면 그의 음악극 〈운명의 손〉의 대본이나 그 밖에 다른 많은 작품들에서도 찾아볼 수 있지만, 그럴 것도 없이 바로 그 악극의 제목을 보면 잘 알 수 있다. 쇤베르크의 음악과 그림은 로스의 건물이나 크라우스의 논쟁처럼 당대의 사회와 문화를 향한 공통된 포괄적 비판의 또 다른 영역이었다. 그러나 쇤베르크는 바로 음악을 통해 명성을 얻었기 때문에, 우리는 여기서 특별히 그의 음악에 대해 논의함으로써 그가 크라우스 및 로스와 공유했던 근본적인 견해가 무엇이었는지 설명하고자 한다.

쇤베르크는 빈 사회가 화가에게 그랬던 것과 마찬가지로 작곡가의 환상 또한 질식시키고 있다는 것을 분명히 인식했다. 성공하기를 바라는 작곡가라면 인습적 취향에 대한 순응, 악기 편성의 정교함, 음악이 청중에게 불러일으킬 효과에 대한 강조 등은 감히 무시할 수 없는 고려 사항이었다. 따라서 쇤베르크의 작품들과 그것들이 예증하고자 했던 이론 양쪽을 모두 이해하기 위한 배경으로서, 우리는 1차 대전 이전 빈 사람들의 음악적 취향을 자세하게 고찰해 보아야 한다. 그리고 이런 주제에 관해서라면, 현대식 음악 비평과 학술적인 연구 분야로서의 음악 감상법의 창시자인 에두아르트 한슬리크의 논문들보다 더 좋은 지침서는 없다.

19세기 후반의 음악 애호가들은, 리하르트 바그너의 '미래의 음악'을 게걸스레 탐닉했던 사람들과 그에 못지않은 열정으로 더욱 전통적인 브람스의 접근 방식을 옹호했던 사람들로 첨예하게 갈라져 있었다. 이

싸움에서 어느 한편에 서지 않고서는 음악에 관심을 가진다는 것 자체가 불가능할 정도였다. 가장 유명하고도 신랄한 친바그너 계열의 비평가는 조지 버나드 쇼였다. 그리고 브람스의 옹호자 중에서 가장 빼어난 인물이 바로 빈 대학교의 음악 교수인 에두아르트 한슬리크였다.[26] 이것이 새삼스러운 논쟁은 아니었다. 실제로 이 논쟁의 뿌리는 1778년에 파리에서 빚어진 니콜로 피친니와 크리스토프 글루크의 불화로까지 거슬러 올라간다. 핵심적인 문제는, 음악은 과연 '자족적'인가(즉 음악은 단지 소리의 정합적인 조합으로서 그 자체로 완결된 하나의 언어인가), 아니면 음악의 본질은 어떤 사상이나 감정을 표현하는 것인가(즉 음악은 비음악적인 어떤 것을 상징하는 것인가) 하는 것이었다. 전자의 견해를 지지하는 사람들 중에는 오스트리아의 시인 프란츠 그릴파르처가 있었고, 후자의 편에는 라모와 루소 같은 재능 있는 작곡가들이 있었다.[27] 한슬리크가 이 논쟁에 진정한 공헌을 한 명민하고 통찰력 있는 사상가였는지, 아니면 단지 음악계의 기성세력을 대변하는 사람으로서 어떤 혁신에도 맹목적으로 반대한 현학적인 범인이었는지에 관해서는 여전히 이론이 분분하다. 진실은 아마도 그러한 양극단의 견해 중간쯤 어딘가에 있을 것이다. 그를 평가하는 전자의 견해는 보기 드물 만큼 철저한 태도로 임하는 그의 비평 방식 때문에 지지를 받는다.[28] 그는 사전에 자신이 직접 끝까지 연주해 보지 않은 작품에 대해서는 일체의 공연평을 하지 않았다고 한다. 후자의 견해는 헨리 플레전츠가 한슬리크의 비평문들을 모아 소개한 어느 전기적 소론에서 전하는 다음과 같은 진술들에 의해 지지를 받는다.

그는 한번은 이렇게 고백했다. 자신은 장차 브람스의 〈독일 진혼곡〉이 아니라 하인리히 쉬츠의 모든 작품이, 멘델스존이 아니라 팔레스트리나의 모든 작품이, 슈만과 브람스의 4중주가 아니라 바흐의 협주곡과 소나타들이, 그리고 〈돈 조반니〉, 〈피델리오〉, 〈마탄의 사수〉가 아니라 글루크의 모든 작품이 소멸되고 마는 것을 보게 되리라는 것이었다. 그는 덧붙였다. "충격적으로 들리겠지만, 솔직한 고백이다!"[29]

한슬리크에게서 발견되는 명민한 통찰력과 좁은 도량의 흥미로운 혼재는, 그가 적과 동지의 관심을 똑같이 끌었다는 사실을 정당화하는 데 도움이 된다. 바그너 신봉자들은 그를 또 한 명의 '음악하는 유대인' 이라고 깎아내렸다(바그너가 음악의 유형을 기술하기 위해 인종적인 범주들을 사용했다는 것은 상기해 볼 만한 사실이다). 그러나 그렇게 비난을 가할 때, 그들은 바로 그 한슬리크가 〈탄호이저〉를 가장 먼저 지지했던 부류에 속한 사람이었다는 사실을 잊고 있었다. 한슬리크는 그 작품을 늘 칭송했다. 사람들이 자신의 주인을 따라 함께 욕설을 퍼부었던 바로 그 한슬리크는 그들의 노예근성과도 같은 비굴한 아첨에 개탄을 금치 못하였지만, 그래도 바그너의 업적만큼은 인정할 수 있었다.

바그너가 현존하는 최고의 오페라 작곡가이자, 역사적인 의미에서 언급할 만한 가치가 있는 독일의 유일한 오페라 작곡가라는 사실을 나는 아주 잘 알고 있다. 그는 극음악의 역사에서 카를 마리아 폰 베버와 자코모 마이어베어 이래로, 누구도 감히 무시할 수 없는 유일한 독일 작곡가다. 루빈슈타인이나 더 뒤의 사람들은 언급할 필요도 없고, 심지어 멘델스존이나 슈만을 무시한다고 해도 오페라의 역사에 공백이 생기지는 않는다. 그러나 이러한 사실을 인정하는 것과, 바그너와 관련하여 점점 자라나고 있으며 또한 그 자신이 스스로 조장하고 있는 그 불쾌한 우상숭배 사이에는 무한한 괴리가 존재한다.[30]

한슬리크에게 바그너는 매우 불쾌한 인물이었다. 왜냐하면 음악적인 문제뿐 아니라 인간적인 측면에서도 바그너는 언제나 마술사처럼 행동했고, 늘 흥청거렸으며, 자신이 한 일에 대해 결코 진지하다거나 도덕적인 책임감을 느끼는 법이 없었기 때문이었다. 그를 둘러싼 맹목적 숭배는 그 점을 입증하고도 남는 것이었다. 한편 장식음과 음화音畵*를 **특기**로 하는 그의 음악은 전적으로 부자연스러운 것이었다.

> 자연스러운 관계는 전도되어 버렸다. 오케스트라가 길잡이의 사유guiding thoughts를 품은 가수가 되고, 거기서 진짜 가수들은 그저 부속물에 지나지 않는다.[31] (여기서 말하는 '길잡이의 사유'란 바그너가 오페라 안에서 구체적인 사건이나 대상, 인물 등을 묘사하기 위해 의도적으로 사용하는 '지도 동기leitmotif'를 가리킨다.)

따라서 바그너가 '악극'이라는 종합예술을 통해 추구한 영적인 통일성은 결국은 음악으로서나 극으로서나, 정도를 벗어난 작품을 만들어 내고 말았다. 한슬리크가 보기에, 그것은 '미래의 음악'이라기보다 과거의 음악, 다시 말해 과장된 낭만주의에 더 가까운 것이었다. 그는 브루크너나 리하르트 슈트라우스 같은 작곡가들이 바그너의 음악에 '기만당해 온' 그간의 사정에 그저 통탄할 따름이었다.

　일찍이 1854년에 한슬리크는 자신의 논고 《음악의 아름다움에 관하여》의 초판에서 그러한 음악관에 담겨 있는 오류들을 지적한 바 있다. 이 책은 그 후로 영어, 이탈리아어, 프랑스어, 그리고 러시아어로도 번역되었을 뿐 아니라 독일어판은 9판까지 출간되었다. 이 평론에서 그

---

* 음으로 특정한 대상이나 장면의 정경을 묘사하여 회화적인 인상을 주는 기법.

가 택한 견해는, 음악이란 본래 낭만주의자들이 주장하는 것과 같은 감정의 언어가 아니라 선율에 따른 음의 논리라는 것이다. 그는 똑같은 수고를 들여서 만든 동일한 곡조를 가지고도 기쁨이나 슬픔, 황홀함이나 생경함을 표현하게 할 수 있다고 주장한다. 그는 실제로 음악이 청자의 감정적인 반응을 유도한다는 사실을 인정했지만, 그것은 음악뿐 아니라 다른 모든 예술 분야가 가지고 있는 부차적인 특징일 뿐이라고 보았다.

> 모든 진실한 예술 작품은 어떤 방식으로든 우리의 정서적인 기능에 호소하지만, 그렇다고 거기에 어떤 독점적인 방식이 따로 있는 것은 결코 아니다. 음악과 감정이 어떤 관계를 맺고 있다는 사실로부터, 그 문제에 관해 오로지 음악 미학에만 적용되는 특유의 표준이 있다는 주장을 도출할 수는 없다.[32]

이 점에 관하여 그를 반대하는 대부분의 사람들은 성악이나 오페라 작품을 반례로 제시한다. 그러나 한슬리크는 바로 거기에 그들이 저지른 오류의 뿌리가 있다고 지체 없이 답변했다.

> 성악이나 오페라 음악에서는 음악의 효과와 대사의 효과를 엄격히 구분한다는 것이 불가능하기 때문에 작품 전체에서 각 효과가 차지하는 비중을 정확히 규정하는 문제는 실용적인 차원의 문제가 된다.[33]

오로지 기악곡만이 **말 그대로** 음악이기 때문에,

> 만일 우리가 음악에 한정성이라는 특징이 있는지, 음악의 본성과 속성

은 무엇인지, 그리고 음악의 한계와 경험성은 무엇인지 등의 의문에 답하고자 한다면, 기악 이외의 다른 음악은 고려의 대상이 될 수 없다.

문학적인 주제들은 결코 음악 작품의 주제가 아니다. 그런 것들은 작곡가에게 단지 '착상'을 떠올려 줄 뿐이다.

그렇다면 음악 작곡의 **주제**는 무엇인가? 한슬리크는, 음악은 결코 '음악적 관념' 그 자체가 아닌 다른 주제를 가지지 않는다고 답한다. "주선율 또는 주선율들이야말로 음악 작품의 진정한 주제이다."[34] 작곡이란 "인간 유기체와 소리 현상을 모두 지배하는 어떤 기초적인 법칙들"에 따라 주선율들을 명료화하는 것이다.[35] 그런 법칙들 중에서 으뜸인 것은 주선율을 전개하고 변주할 때 적용하는 '화성 진행의 근본 법칙'이다.[36] 그것은 작곡의 논리적 기반을 공급한다. 따라서 작곡가는 일종의 논리학자라고 볼 수 있으나, 그의 연산은 어떠한 상위 언어로도 적절하게 표현될 수가 없다. 음악 자체의 바로 그러한 본성 때문에 작곡가가 **만든** 것을 말로 **기술**하려는 모든 시도는 실패할 수밖에 없다.

모든 기상천외한 기술記述, 성격 묘사, 완곡어법은 은유적인 것이거나 잘못된 것이다. 다른 모든 예술에서는 여전히 기술적記述的인 것이 음악에서는 이미 비유적이다. 음악에 관해서는 음악적 개념 말고 다른 것을 형성한다는 것이 불가능하며, 따라서 음악은 오로지 그 자체로, 그 자체에 의해서만 이해되고 향유될 수 있다.[37]

어떤 음악 작품이 무엇에 '관한' 것인지 알고자 하는 사람은, 오로지 그 작품이 연주되는 것을 들으면서 작품 안에 담겨 있는 선율의 화성 구조를 미학적으로 분석할 때만 답을 발견할 수 있다. 작곡가에게는 자신의 주선율을 들은 청중이 그것을 특정한 감정과 동일시할 수 있도록 '기존에 확립된 화성'을 써야 할 책임이 있지 않다.

빈의 문화사에서 한 가지 흥미로운 사실은, 아르놀트 쇤베르크가 작곡의 혁명을 일으킬 때 사용한 이론이 매우 놀랍게도 보수적인 비평가인 한슬리크의 이론에도 부합된다는 것이었다. 여기서 바그너의 음악에 대한 그 두 사람의 태도를 비교해 보면, 음악 이론에 관한 그들의 견해를 대조하는 데뿐만 아니라, 비평의 역사에서 한슬리크의 위치를 평가하고 음악의 본질에 관한 쇤베르크의 견해를 소개하는 데도 도움이 될 것이다. 한슬리크와 마찬가지로 쇤베르크 역시 바그너의 작품들에 매우 정통하였으며, 그의 재능을 인정하고 있었다. 실제로 그는 바그너를 존경하는 마음에서 〈기대〉나 특히 〈구레의 노래〉 같은 바그너 양식의 초기 작품들을 작곡하게 되었다. 그렇지만 그는 음악적인 것이 아닌, 다른 유형의 효과를 목적으로 하는 모든 작품을 경멸했다는 점에서도 한슬리크와 닮아 있었다. 그리고 한슬리크와 쇤베르크 모두 바그너의 인종주의적 낭만주의와 그가 개인숭배에 둘러싸여 있다는 점에 대해서는 경멸감만을 느낄 뿐이었다.

그렇지만 쇤베르크는, 바그너가 지도 동기를 사용함으로써 한슬리크가 음악의 본성이라고 생각했던 바로 그 '작곡의 논리'에 나름대로 중대한 공헌을 했다는 사실을 간과하지 않았다(한슬리크는 지도 동기를 불필요한 꾸밈이라며 무시해 버렸다. 지도 동기는 무대 위에서 나타나는 성부 낭송법의 단조로움을 깨뜨려 주는 부차적인 매력을 가진다는 점에서만 주목할 만하다는 것이었다). 쇤베르크는 이렇게 적었다. "음악에, 논리 없는 형식이란 없고, 통일성 없는 논리 또한 없다."[38] 그리고 그는, 바그너가 무대 위의 연기와는 별개로 악보 **내부로부터** 오페라를 통합하려는 최초의 의식적인 시도를 했다는 점에서 음악에 위대한 공헌을 하고 있다고 생각했다. 모차르트를 위시한 다른 위대한 오페라 작곡가들은 무의식적으로 그런 일을 했지만, 바그너는 그러한 목표를 성취할 수 있어 보이는 원리를 형식화하기 위해서 명시적인 노력을 기울인 최초의 인물이었다. 만일 한슬리크가 이 점을 볼 수 없었다면, 그것은 그가 자신이 옹호하는 생각에 담긴 함축을 완전히 인식하지 못하고 있었음을 증명할 뿐이다. 한편 쇤베르크는 바그너, 브루크너, 리하르트 슈트라우스 등과 같은 작곡가들이 화성을 과도하게 사용했다는 점에서도 한슬리크의 생각에 동의했다. 그러한 측면은 그들이 효과에 관심을 가지고 있었다는 사실과 밀접하게 관련한 것이었지만, 작곡의 구조는 마땅히 음악적인 것이어야 했다. 그렇지만 쇤베르크는 한슬리크보다 더 멀리 내다보았다. 그의 견해에 따르면, 이 질병의 진정한 치료제는 근본적으로 새로운 화성 이론뿐이었다. 한슬리크의 어휘를 빌자면, 수정할 필요가 있었던 것은 바로 '작곡의 논리'였다.

쇤베르크 자신은 그 과제를 "과거 미학의 한계를 돌파하는 것"이라고 칭했다.[39] 그는 드 모르간과 조지 불 같은 논리학자들의 정신으로 그 일에 임했다. 그들도 아리스토텔레스의 논리학을 역시 가차 없는 비판의 대상으로 삼고 새로운 논리관의 필요성을 주장했기 때문이다. 이를테면, 그들도 소위 "과거 논리학의 한계를 돌파"하고 있었던 것이다. 사실 누구라도 쇤베르크의 《화성법 강의》와 화이트헤드와 러셀이 공동 집필한 새로운 논리학의 간명한 해설서 《수학 원리》 간에 밀접한 유비관계가 있다는 결론을 끌어낼 수가 있다. 1932년에 쇤베르크는 한 편지에서 이렇게 썼다.

나는 이런 작곡 기술이 음악적 논리에서 나온 지식과 깨달음에 기초해 있을 때, 그것으로부터 의미 있는 장점이 도출될 수 있다고 믿는다.

그리고 그것이 또한 내가 음악적 논리의 차원에서 학생들에게 '12음계 작곡'이 아니라 '작곡'을 가르치는 이유이기도 하다. 그렇게 되면 나머지는 곧 따라오게 되어 있다.[40]

그렇다면 이러한 음악의 논리는 어디서 발견되는가? 바흐와 모차르트와 베토벤은 그런 논리의 주요한 대표자들이었다. 브람스와 바그너 역시 그 점을 무의식적으로 이해하고 있었고, 그것은 슈베르트와 말러, 그리고 심지어 막스 레거의 경우에도 마찬가지였다. 이들 작곡가들은 모두 음악적 관념의 본성과 조음調音을 이해하고 있었다.

음악적 관념의 구조를 매우 엄격하게 분석하는 쇤베르크의 교수법은 많은 학생들을 실망시켰다. 그들은 사실 '12음렬' 작곡 **기법**을 익히기 위해 쇤베르크를 찾아온 것이었기 때문이다. 그러나 쇤베르크는 작곡을 배우는 유일한 방법은 먼 옛날의 거장들을 철저하게 연구하는 길뿐이라는 자신의 주장을 절대로 굽히지 않았다.

학문이란 자신의 생각을 남김없이, 그리고 대답되지 않은 어떠한 의문도 남겨 두지 않는 방식으로 표현하는 일에 관심을 둔다. 반면에 예술은 다양한 표현 자체에 만족한다. 그리고 그러한 다양성 속에서 그 관념은 굳이 그것이 무엇이라고 직접 진술할 필요도 없이 명백하게 드러난다. 따라서 지식의 견지에서는 추측이 개입할 수 있는 여지가 계속 남아 있는 셈이다.

대위법Counterpoint에서 주안점은 결합 그 자체에 있다기보다(즉 결합 그 자체는 목적이 아니다) 그렇게 다양한 방식으로 관념을 표현한다는 데 있다. 주선율은 이미 그 자체에 그러한 수많은 음형音形들을 담아내는 방식으로 구성되며, 그것을 통해 그 관념의 다양한 표현이 가능

해진다.[41]

역설적이게도 작곡 규칙을 엄격하게 고수하는 것이야말로 작곡가가
누리는 자유의 원천이다. 그는 학생들에게 **자기 자신을 표현하는 방법**을
가르치고 싶었고, 그 과제는 오로지 음악적 관념에 관한 대가의 정연한
구성 방식을 철저하게 습득할 때만 성취할 수 있다고 생각했다. 즉 학
생들에게는 '작곡하는 법'을 직접 가르칠 것이 아니라, 그들이 자기 자
신을 표현할 수 있게 되는 데 필요한 음악의 언어를 가르쳐야만 했던
것이다. 따라서 쇤베르크에게 12음렬은 조직화의 원리였다. 그것은 아
무렇게나 작곡하는 세대를 계도하기 위한 더욱 엄격하고 개선된 방법
이었다. 이런 측면에서 쇤베르크는 자신을 현대판 몬테베르디라고 생
각했다. 몬테베르디가 르네상스 시대의 다성음악을 단순화시켰던 것
처럼, 쇤베르크 자신도 리하르트 슈트라우스, 레거, 말러 등이 구사한
끔찍할 정도로 복잡한 조성을 단순화시켰다는 것이다.

　　현대의 작곡가들은 전혀 훈련되어 있지 않았고, 12음렬은 7음렬보다
훨씬 더 엄격한 것이었다. 따라서 12음렬은 필수적인 훈련을 몸에 익
히는 **하나의 방법**이었다. "나의 작품들은 12음계**로 작곡된** 곡들이지, 12
음계**를 위한** 곡들이 아니다. 다시 한 번 말하지만 나는 작곡을 단지
부차적인 것으로 생각하는 하우어 때문에 혼란스럽다."[42] (요제프 마티
아스 하우어는 12음렬 작곡 기법을 도입한 괴짜 작곡가였으나, 그의 의도는
쇤베르크와 전혀 달랐다.)[43]

　　19세기 후반 낭만주의는 작곡을 일종의 '영감'의 문제로 만들었고,
결과적으로 작곡가들은 훈련을 무시했다. 훈련이 되지 않은 상태로 '영
감을 받은' 작곡가들은 단순화가 요구되는 부담스러운 작품들을 양산
했다. 그런 단순화가 바로 12음렬의 기능이었다. "그 음렬은 이렇듯

하나의 선율적인 요소로서 음악적 영감 안에 선험적으로 내재되어 있다."[44]

이렇게 해서, 한슬리크의 논고 《음악의 아름다움에 관하여》에 나오는 것과 매우 유사한 원리들을 가지고 작업을 시작한 쇤베르크는 음악 이론뿐만 아니라 음악 작곡에서도 혁명이 도래할 것임을 예고하고 있었다. 하지만 회화에서 코코슈카가 나타나기 위해 먼저 클림트가 있어야 했고, 건축에서 아돌프 로스가 있기 이전에 오토 바그너가 있었던 것처럼(과도기적 인물이었던 오토 바그너의 장식은 환상을 질식시켰다기보다 오히려 환상에 이바지했다), 쇤베르크가 활동의 본거지로 삼았던 도시 빈에는 이번에도 역시 그러한 과도기적인 작곡가가 준비되어 있었다. 그는 바로 구스타프 말러였다. 말러에 대한 쇤베르크의 존경심은 《화성법 강의》의 헌시에 아주 잘 요약되어 있다.

구스타프 말러를 기리기 위해 이 책을 헌정한다. 이 헌정은 원래 그가 살아 있을 당시 그에게 작은 기쁨을 주려고 의도했던 것이었다. 이것은 또한 그의 불멸의 작품들에 경의를 표하고, 진부한 음악가들이 실로 경멸을 품은 채 어깨를 으쓱하며 지나쳐 버린 그 작품들을, 적어도 그들처럼 철저하게 무지하지는 않은 누군가가 숭배하고 있음을 보여 주려는 것이다. 구스타프 말러는 나의 헌사가 바치고자 한 것보다 더 큰 기쁨을 받아야 했지만 그러지 못했다. 이 순교자, 이 성인은 자신의 작품을 안심하고 친구들에게 넘길 수 있는 시기가 무난히 도래하고 있는 모습을 직접 보지 못한 채 가 버리고 말았다. 그에게 기쁨을 주는 것만으로도 나에게는 충분했을 것이다. 그러나 이제 그는 죽었고, 나는 내 책이 사람들의 존경심을 얻어 그 누구도 내가 이렇게 말했을 때 그냥 지나치지 않게 되기를 바란다. "그는 진정 위대한 인간이었노라!"[45]

황실 오페라 극장의 음악 감독이었던 말러는, 음악이라는 분야에서 진보라고 부를 수 있는 모든 것과 동일시할 수 있는 인물이었다. 그는 바그너와 모차르트의 대중적 인기가 급격히 치솟는 데 크게 일조하였으며, 그러한 이유로 흥행 감독 겸 지휘자로서 사람들의 엄청난 찬사를 받았다. 그러나 변덕스러운 빈 사람들은, 쇤베르크에게 그랬던 것처럼 작곡가로서의 말러를 일종의 무정부주의자라고 생각했다. 언뜻 보기에, 대규모의 오케스트라와 합창단과 독창이 동원되는 말러의 거대한 교향악 작품들은 쇤베르크가 성숙기에 작곡한 작품들과는 완벽히 정반대의 모습을 하고 있다. 그렇지만 쇤베르크는 〈젊은 나그네의 노래〉에서부터 〈대지의 노래〉에 이르기까지 말러의 모든 작품마다 넘칠 듯 충만해 있는 고결성에 깊은 감명을 받았다. 실존적 현실에 직면하여 흥분과 절망이 교차하는 이 거대한 낭만적 교향곡들과 가곡집은 "마치 오스트리아인 무리 속에 있는 단 한 명의 보헤미아 사람처럼, 마치 독일인 무리 속에 있는 단 한 명의 오스트리아인처럼, 마치 전 세계를 통틀어 단 한 명만 존재하는 유대인처럼"[46] 자신의 사회 안에 고립되어 있던 한 낭만적 영웅이 토해 낸 완벽한 표현들이었다. 이 성공적인 세기말 예술가의 일생에서, 하루하루는 실존의 흥분과 절망이 교차하는 삶이었다. 말러는 도처에서 궁극적인 질문들에 대한 답변을 구했다.

우리의 삶이 놓여 있는 토대는 얼마나 어두운가? 우리는 어디로부터 왔는가? 우리의 길은 우리를 어디로 인도하고 있는가? 쇼펜하우어의 생각처럼, 나는 내가 미처 머리에 떠올리기도 전에 벌써 이러한 삶을 진정으로 원하게끔 되어 있다는 말인가? 나는 마치 감옥에 갇힌 것처럼 여전히 나의 성격 안에 속박되어 있는데, 어째서 나는 내가 자유롭다고 느끼게 되는 것일까? 고초와 슬픔의 목적은 무엇인가? 자애로운

하느님의 피조물에게서 드러나는 잔혹성과 죄악을 어떻게 이해해야
하는가? 인생의 의미는 죽음에 이르러서야 마침내 모습을 드러낼 것인
가?[47]

그는 이런 질문들에 대한 답을 찾을 수 있을 만한 곳이라면 어디에서
든 그 답을 구했다. 이를테면 모차르트와 바그너의 음악, 그리고 안톤
브루크너의 음악에서, 시에서, 그리고 또한 과학에서, 그리고 칸트와
쇼펜하우어의 철학에서 그는 그 답을 찾고자 했다. 그의 작품은 자신
의 인생 경험을 감각적이고 화려한 음악을 통해 표현하려는 시도였다.
그리고 그는 자신의 모자람 없는 고결성 덕분에, 클림트의 경우처럼
다른 사람들이 영원히 범접할 수 없는 특유의 방식으로 성공을 거둘
수 있었다.

　말러가 쇤베르크에게 남긴 유산은, 소리의 문제에 있어서 '진실성'이
'인습'보다 우위에 있게 되었다는 점이다. 즉 작곡가는 듣기 좋은 소리
를 만들려는 것이 아니라 자신의 인격을 표현하기 위해 작곡한다는
것이다. 쇤베르크는 그 생각을 충심으로 받아들였다. 그러나 그는 미
래의 작곡가들이 **자기 자신을** 가장 엄격한 훈련의 대상으로 삼을 때만
비로소 그 길을 열 수 있게 되리라고 주장했다. 말러에게는 자기표현
과 자기 훈련이 모두 무의식적으로 자연스럽게 찾아왔다. 그리고 바로
그 점에서 그의 비범한 일생의 역작들이 설명된다. 모든 진실한 음악
의 경우가 다 그렇듯이, 그의 혁신적인 환상은 그의 음악적 관념들이
솟는 원천이었다.

　음악은 단지 또 다른 유형의 오락거리가 아니라, 음악적 시인이, 음악
　적 사상가가 가지고 있는 음악적 관념의 표현이다. 이러한 음악적 관념

들은 반드시 인간의 논리 법칙에 상응해야 한다.[48]

따라서 쇤베르크의 음악 개념의 뿌리에는 환상에 대한 크라우스적인 생각들이 놓여 있는 셈이다. 그리고 이것이 알반 베르크가 오펜바흐와의 영적인 근사성 덕분에 오펜바흐의 음악적 관념을 표현할 수 있었던 크라우스를 높이 평가한 이유도 설명해 준다. 환상은 주선율, 즉 음악적 관념을 만들어 내며, 음악적 논리, 즉 조성 이론은 그것의 전개 법칙을 제공한다. 두 가지 모두 훌륭한 음악에 필수적인 요소들이다. 환상은 창조성의 본원으로서, 무엇보다 중요하다. 그러나 그렇다고 해서 그것이 훈련이 덜 필요하다는 것을 뜻하지는 않는다. 쇤베르크가 '작품의 질quality'이라고 정의한 양식style은 "그 작품을 창작한 그 사람을 표현하는 자연스러운 조건들"에 기초하는 것이다.[49] 그것은 그 작곡가가 지닌 고결성의 표현이며, 그 작품이 가진 미적 성질의 진실성을 보여 주는 지표이다.

쇤베르크는 〈양식과 관념〉이라는 제목의 소론에서 음악적 창조성에 관하여 자신의 기본적인 생각을 제시한 바 있다. 지금 우리가 쇤베르크에 관해 펼치는 논의가 그런 것처럼, 그 소론에도 소리 그 자체에 관한 이야기는 전혀 들어 있지 않다. 쇤베르크는 한슬리크와는 달리 한 음악 작품이 어떤 소리를 낼 것인지의 문제는 중요하지 않다고 생각했기 때문이다. 그에게는 오직 음악적 관념의 진실성과, 그 관념을 음악적 논리에 입각하여 명료화하는 것만이 문제가 되었다. 이러한 이유에서 쇤베르크는 매우 이례적으로 거슈윈 같은 작곡가를 단지 그의 음악이 진실성을 지녔다는 점만으로 칭찬할 수 있었다.[50] 그리고 부언하자면, 바로 한슬리크도 유사한 근거에서 아서 설리번 경을 칭송한 바 있다.[51] 쇤베르크는 자신의 이른바 '무조' 음악(비록 그 용어는 거부하였지만)을 옹호하면서, 그 음악의 불협화음을 비난하는 사람들과 맞서곤 하였다. 그는 과거에도 지금처럼 제대로 음악을 배우지 못한 사람들이 빈의 모든 고전음악 작곡가들을 공격하면서 그 음악가들이 불협화음을 사용한 기괴한 곡들을 만든다고 생각한 적이 있다는 사실을 비판자들에게 상기시켰다. 그러나 하이든과 모차르트는 그런 무지한 자들을 위해 곡을 쓰지 않았으며, 결코 '듣기 좋은 소리를 내는 것'을 목표로 삼지도 않았다. 그들이 곡을 써 준 청중은 에스테라지 후작이나 잘츠부르크의 대주교 같은 귀족들이었고, 본래가 아마추어 음악가들이었던 그들은 자신들이 위탁하여 받아 낸 작품의 미묘함을 알아챘으며, 또한 그 작품의 기법적인 측면들을 감상할 줄도 알았다. 쇤베르크는 이제 이러한 논증을 가지고 음악을 전혀 이해하지도 못하면서 그저 '자기들이 좋아하는 것'밖에 모르는 자기 시대의 '음악 애호가들'을 공격한다.

> 음악적이 된다는 것은 **자연적인** 의미가 아니라 **음악적인** 의미에서의 귀를 가진다는 것을 의미한다. 음악적인 귀는 평균율의 음계를 소화할 수 있어야 한다. 그래서 음조를 자연스럽게 구사하는 가수는 비음악적이다. 그것은 마치 거리에서 '자연스럽게' 행위하는 사람이 비도덕적일 수 있는 것과 마찬가지다.[52]

이러한 시각에서 볼 때, 쇤베르크의 모든 작곡은 부르주아적 탐미주의의 거짓된 세련성에 대한 공격을 의미한다. 로스의 건축이 그러했던 것처럼, 작곡가로서의 쇤베르크의 작업 역시 어느 정도는 동시에 하나의 사회 비판이 된다. 19세기 후반기에, 작곡가들은 '손을 놓고 놀고 있는' 상황이었다. 그들은 청중이 즐거워할 만한 음악만을 골라서 작곡했고, 그럼으로써 세상 사물의 진정한 질서를 전도시켰다. 모든 악파가 한결같이 잘못을 저질렀고, 모두가 마땅히 응징을 받아야 했다. 이것이 바로 쇤베르크의 음악 혁명이 일어나게 된 부정적인 배경이라면, 우리는 이제 그 혁명의 참된 전망을 통해 그의 혁명이 음악적 관념 자체에서 극적이거나 시적인 모든 치장을 '창조적으로 분리'하고 그러한 관념을 음악적 논리의 법칙에 따라 표현하려는 그 이상의 시도였음을 알 수 있게 되었다. 따라서 쇤베르크에게 음악의 '아름다움'은 작곡가의 고결성의 부산물이며, 그의 진리 탐구와 함수 관계에 있는 것이다. "예술가는 굳이 아름다움을 바라지 않아도 그것을 손에 넣는다. 왜냐하면 그는 오직 진실함만을 애써 좇는 사람이기 때문이다."[53] 이것은 문예의 영역에서 크라우스가. 그리고 건축 설계의 영역에서 로스가 수행하고 있는 사업에 쇤베르크도 동업자가 될 수 있는 자격을 주는 것이다. 그러므로 쇤베르크의 필생의 과업 역시 크라우스나 로스의 그것과 마찬가지로, 인위성과 탐미주의로 가득한 당시 빈 사회의 관행을 비판하려는 노력이 어떻게 그렇게 자연스럽게도 미적 표현에 대한 비판의 형식을 띠게 되는지를 잘 예증해 준다.


## 호프만슈탈과 말할 수 있는 것

'의사소통'과 도덕적 '진실성'이라는 핵심적인 문제들에 대한 이러한 자각이 물론 크라우스와 그의 추종자들만이 가지고 있던 독점적 특징이 아니었다는 사실은 후고 폰 호프만슈탈의 경우가 잘 말해 준다. 1891년에 슈니츨러를 비롯한 '젊은 빈'의 일원들은 로리스라는 가명을 쓰는 어떤 신비한 인물이 보내온 시를 읽고 큰 충격을 받았다. 괴테와 횔덜린 이래로 지금껏 그렇게 절묘한 필치를 선보인 사람은 없었다. 그의

요제프 마리아 올브리히가 설계한 분리파 회관

비트겐슈타인이 지은 마르가레테의 집

비트겐슈타인이 1920년대 중반에 조각한 한 소녀의 흉상(현재 토머스 스톤버러 소장)

1930년대 케임브리지 시절의 비트겐슈타인

《햇불》을 창간하여 당대에 만연한 위선을 폭로하고 풍자한 카를 크라우스

《특성 없는 남자》를 통해 세기말 빈의 퇴폐적인 분위기를 포착해 낸 로베르트 무질

손베르크가 그린 〈자화상〉

손베르크는 12음계 기법을 최초로 정립한 작곡가로 유명하다.

쇤베르크가 손으로 쓴 〈정화된 밤〉 악보 일부

정신분석학을 창시한 프로이트. 그는 무의식을 인간에 잠재한 욕망의 원천이라고 보았다.

코코슈카의 초창기 검은 초상화 작품들 중 〈아우구스트 포렐의 초상화〉

구스타프 클림트가 빈 대학교를 위해 그린 세 점의 천장화 중 〈의학〉. 당시 그의 작품들은 외설적이라는 이유로 큰 비판을 받았다.

클림트의 후원을 받았던 에곤 실레가 그린 〈처녀〉

클림트의 장식 양식을 수용했던 건축가 오토 바그너. 건축 설계의 원천이 당대의 사회생활과 문화에 있어야 한다고 주장하였다.

Otto Wagner, Projekt für das eigene Wohnhaus.
In etwas veränderter Form 1913 in Hütteldorf gebaut

오토 바그너가 설계한 자신의 저택. 이처럼 그가 설계한 건물들은 곡선보다 직선이 강조된 형태가
지배적으로 나타난다.

아돌프 로스는 사용하기 위해 만든 물건의 형태는 삶의 양식을 반영하며, 형태의 변화는 오로지 그것이 삶의 양식의 변화에서 기인했을 때에만 정당성을 얻는다고 주장했다. 그의 설계는 철저한 단순성과 기능성에 기반을 두었다.

건축과 설계에 나타나는 모든 형태의 장식에 맞서 전쟁을 선포한 아돌프 로스의 저택. 그의 저택 역시 단순성과 기능성에 기반하여 설계되었다.

바그너의 종합예술 개념을 계승한 호프만슈탈. 그에게 시의 목표란 자아와 세계 간의 통일성을 창조하는 것이었다.

시는, 덧없는 것들 안에서 영속적인 것을 포착하여 응축하는 놀라운 통찰력과 완벽한 표현 형식이 결합된 것이었다. 한마디로 말해서 로리스의 서정시는 미적 완전성의 전형이었다. 로리스가 열일곱 살짜리 고등학생이라는 사실을 알게 되었을 때 그들이 느꼈을 경악을 기술하기란 쉬운 일이 아니다. 슈니츨러는 단지 '호프만슈탈의 기적'이라고 하는 것 말고는 더 나은 표현 방법을 찾을 수 없었다.

젊은 호프만슈탈의 사해동포주의적인 배경은 그가 남기게 된 모든 글 속에 깊이 스며들어 있다. 그의 직접적인 배경은 부르주아적인 것이었고, 그의 아버지는 귀족 가문임을 뜻하는 폰von이라는 칭호를 하사받은 사람이었다. 유대 혈통인 그의 가족은 이탈리아와 독일에 연고가 있었고, 로마 가톨릭을 받아들였다. 호프만슈탈이 어릴 때 이탈리아에서 받은 교육과 그에게 전수된 이탈리아의 문화유산은 이 젊은 오스트리아인을 동시대의 탐미주의자들 가운데 독보적인 인물로 만들었다. 호프만슈탈은 그들 대다수와는 달리 '음울한 진지함, 그리고 철저하게 도덕적인 튜튼적인 이상'과 '기운차고 쾌활한 라틴적 탐미주의' 사이에서 어떠한 갈등도 느끼지 않았다. 마찬가지로 그는 세대 차이를 전혀 경험하지 못했다. 비록 그의 아버지가 성공적인 사업가였지만, "사업은 사업이고, 예술은 예술이다"라는 당시에 통용되던 정신 자세는 그의 집안에서는 매우 낯선 것이었다. 호프만슈탈은 이를테면 누구든 손쉽게 오이디푸스 콤플렉스를 찾아낼 수 있는 가정에서 자란 슈니츨러와는 달리, 굳이 반항해야 할 필요성을 느끼지 못하고 어린 시절을 보낸 사람이었다.

이러한 요인들은 호프만슈탈의 예술 활동을 구체화하고, 그의 작품에 나타나는 몇 가지 두드러진 특징들을 설명하는 데 도움을 준다. 유럽 전역의 탐미주의자들은, 예술의 본질이란 오로지 형식을 통해서만

미를 창조하는 것이라는 원리를 전적으로 수용했다. 예술가의 유일한 의무는 형식적으로 완벽한 작품을 만들어 내는 것이다. 오스카 와일드가 '인위적artificial'이라는 어휘에 말장난을 걸어서 재치 있게 표현한 것처럼 "인생의 첫째 의무는 가능한 한 '인위적'이 되는 것이다. 둘째 의무가 무엇인지는 아직까지 아무도 발견하지 못했다." 세상의 탐미주의자들 역시 이런 격률이 부르주아의 '프로테스탄트 윤리'에 전반적으로 대립된다고 생각하였다. 이렇듯 와일드뿐 아니라 지드와 단눈치오 역시 삶과 예술 간에 보편적인 대립 관계를 발견했지만, 호프만슈탈은 오로지 부분적으로만 그런 대립 관계에 공감했을 뿐이다.

호프만슈탈에게 시의 목표는 자아와 세계 간의 통일성을 창조하는 것이었다. 그 요소는 예술가의 소명에 관한 그의 생각에서 늘 핵심적인 위치를 차지했다. 그가 다른 여러 가지 측면에서 자신의 예술관을 극단적으로 번복하고 난 뒤에도 지금의 이 생각만큼은 결코 바뀌지 않았다. 청년 로리스는 자아와 세계가 상호작용하는 지점에서 그 둘을 통합하고자 노력했다. 그 접점은 바로 그의 인상impression이었다. 시는 그러한 인상과 이미지를 기록하고 명료화하는 것이다. 로리스는 이렇게 말한다. "나는 시인이다. 왜냐하면 나의 경험은 그림 같은 것이기 때문이다."[54] 그러한 이미지들 속에서 객관적인 내용과 주관적인 형식은 하나가 된다. 빈의 다른 수많은 탐미주의자들처럼, 호프만슈탈은 철학자 에른스트 마흐에게서 자신의 시적 경험이 옳았음을 완벽하게 증명해 줄 것처럼 보이는 인식론을 발견했다. "세계는 **오로지** 우리의 감각들로 구성되어 있다"[55]라고 마흐는 주장했다. "그런 경우에 우리는 오로지 감각에 대한 지식만을 가진다." 이어서 마흐는 물리학이란 수학의 도움을 받아 이러한 감각 자료들sense data을 연결하고 상호 관련시키는 일종의 속기법일 뿐이라고 주장했다. 동시대 사람인 헤르만 바르가 그랬던 것처럼 호프만슈탈은 마흐를 아주 중요한 인물로 간주했기 때문에, 실제로 마흐가 대학에서 강의를 할 때 직접 배우러 가기도 했다. 바르를 비롯한 다른 사람들도 마찬가지였지만 호프만슈탈이 보기에는 만일 마흐의 생각이 옳다면 분명히 시인은 자신의 시구 안에서 과학자가 할 수 있는 것보다 더 많은 '실재reality'를 표현하게 되는 것 같았다. 과학자는 감각에서 한 발짝 떨어진 곳에 서 있다. 왜냐하면 과학자는 수학을 이용하는 비언어적인 방식으로 그 감각들을 기술하기 때문이다. 반면에 시인은 가능한 한 철저하고 정확한 방법으로 자신의 감각을 직접 표현하고자 노력하는 존재인 것이다.

실재의 어떤 측면이 객관성과 주관성을 감각적인 이미지 안에서 일치하게 만드는 것일까? 이 의문은 다른 누구보다도 청년 호프만슈탈을 당혹스럽게 만들었다. 이 문제에 사로잡혀 있던 그에게 가장 호소력 있게 보인 답변은 '선재pre-existence'라는 플라톤주의의 오랜 논제였다. 선재의 상태에서 모든 영혼, 모든 정신은 하나이고, 우주 만물과도 하나이다. 플라톤의 경우에 그렇듯이, 이 경우에도 앎knowing은 기억해 냄remembering과 동일한 것이 된다. 이럴 때 서정시의 기능이란 바로 "우리도 모르는 사이에 우리 안에 잠자고 있는 현들을 튕겨 조화를 일깨워 냄으로써, 우리로 하여금 마치 새로운 삶의 의미가 열리듯 불가사의한 수수께끼의 심연을 들여다볼 수 있게 해 주는 것이다."[56]

단편 〈티치안의 죽음〉, 〈바보와 죽음〉 등과 같은 초창기의 희곡들이나 〈물론 많은 사람들은 그 때문에 죽어야 했다〉 등과 같은 이름난 시들은 호프만슈탈이 죽음과 선재라는 관념에 몰두해 있었음을 반영하는 것이다. 그리고 그로 하여금 마침내 언어의 한계를 인식하고 탐미주의를 거부하게 한 것도 바로 이 젊은 날에 품었던 죽음에 대한 관심이었다.

청년 호프만슈탈에게, 인생의 의미라는 것은 아무런 문제도 되지 않았다. 여하튼 그는 절대적인 수동성 속에서 삼라만상과 하나가 될 수 있었고, 그의 자아는 외연이 없는 하나의 점으로 오그라들 수 있었다. 이런 미적 신비주의의 심연에서 그의 광희狂喜의 감정은 시로 표출되었다. 그의 시는 독일 문학사상 그 유례를 찾기 어려운 고도의 언어 구사력이 발휘된 작품들이었으며, 당시로서는 그렇게 젊은 사람이라면 도저히 생각할 수 없을 것이라 여겼던 깊은 자기 인식에서 나온 것들이었다. 그의 시는 어떤 무제한의 원천에서 자유롭게 흘러나오는 것처럼 보였다. 그는 글쓰기를 생각할 필요가 없었고, 단지 쓸 뿐이었다. 적어도 스물다섯 살이 되는 해까지는 그랬다. 그리고 바로 그 나이가 되었을 때, 그는 이전에 자신에게 통용되었던 모든 것들을 거부할 수밖에 없는 결정적인 위기를 겪게 되었다. 장차 닥쳐올 일들에 대한 최초의 어렴풋한 암시는 〈바보와 죽음〉 안에 있었다. 그 글에서 탐미주의자는 이기주의에 빠진 채 스스로를 소진시키고 있는 자신의 모습을 너무 뒤늦게 깨닫는다. 호프만슈탈의 〈672일의 밤의 동화〉에는 자기를 둘러싼 세계가 허망하게 무너져 버릴 수도 있다는 그 탐미주의자의 공포가 조금 더 강렬하게 표현되어 있다. 그는 지금의 언어가 과연 삶의 의미를 조금이라도 표현할 수 있겠는가 하는 의문을 놓고 다시 고민하기 시작했다. 로리스를 붙잡아 주던 다이몬daimon은 그를 떠나 버렸다. 그는 더는 시를 쓸 수 없었다.

그는 시라는 매체를 포기한 데 대한 문학적 변명을 1902년에 발표한 〈찬도스 경의 편지〉에서 밝혔다(왕실 관료의 상소에나 어울릴 법한 장엄하면서도 치밀한 독일어로 쓰인 이 편지는 표면적으로는 베룰럼의 남작 프랜시스 베이컨에게 보내는 것으로 되어 있다). 그는 거기에서 "나는 어떤 것에 대해서든 정합적으로 말하거나 생각할 수 있는 능력을 완벽하게 잃었습니다"라고 적었다.[57] 그가 젊은이로서 가졌던 보기 드문 재능과 거침없이 글을 지어 내던 능력은, 그의 의식이 성장하면서 사라져 버린 것 같았다. 마치 자기 자신을 이해하려는 그의 시도 자체가 자신의 창조성의 샘을 메마르게 만들어 버린 것처럼 보였다. 만일 스물다섯 살 때 죽었다면 '불멸의 전당'에 곧바로 가입하고도 남았으리라 회자되던 바로 그 시인이, 이제 더는 단 한 줄의 시도 쓸 수 없게 된 것이다.

> 나는 내 주위에서 더없이 행복한 끝없는 상호작용을 경험합니다. 그리고 서로에게 작용하고 있는 대상들 중에 내가 흘러 들어갈 수 없는 것은 없습니다. 그래서 내가 느끼기에는, 마치 내 몸이 온갖 만물의 열쇠를 제공하는 암호들로 이루어져 있는 것 같습니다. 혹은 만일 우리가 가슴으로 생각하기 시작할 수만 있다면, 삶의 모든 것과 새롭고도 희망찬 관계를 맺을 수 있을 것도 같습니다. 그러나 그 강력한 마력이 나에게서 빠져나가자마자, 나는 혼란에 빠진 제 자신을 발견하였습니다. 나와 세계 전체를 초월해 있는 저 조화는 도대체 어디에 있는 것이며, 그것은 어떻게 나에게 자신을 알리게 된 것일까요. 내가 내 몸속의 내장 운동이나 내 피의 울혈에 관해 정확히 말할 수 있는 것이 거의 없듯이, 이런 의문에 관하여 내가 분별 있는 어휘들로 제시할 수 있는 것은 거의 없었습니다.[58]

여기서 호프만슈탈의 문제가 **언어**의 문제임은 너무나 분명하다. 그는 세상과 그것의 의미를 예전과 다름없이 지각하지만, 이제 그 의미를 더는 말로 옮길 수 없게 되었다고 분명하게 진술하고 있다.

게르하르트 마주어는 이렇게 말한다. "시어라는 매체, 이른바 그 자신만의 매체를 통해 세상을 구원하겠다는 그의 초창기 믿음은 산산조각이 나 버렸다. 그리고 그는 그 도구에 대한 신념 없이는 자신의 창조력이 그러한 애초의 목표를 이룰 수 없다는 것을 깨달았다."[59] 그렇다고 그것이 호프만슈탈이 이제 아무것도 할 말이 없게 되었음을 함축하는 것은 아니라는 사실을 간과해서는 안 된다. 오히려 그것은 단지 언어가, 아니 최소한 **그의** 언어가 삶에서 가장 중요한 것들을 표현할 수 없다는 것을 뜻한다. 마찬가지로 그것은 언어가 아무것도 표현할 수 없게 되었다는 사실을 함축하는 것도 아니다. 왜냐하면 〈찬도스 경의 편지〉가 존재한다는 사실 그 자체가 그런 해석을 반증하기 때문이다. 언어로 표현할 수 없는 것은 그 중요성이 가장 큰 것들, 이른바 삶의 의미와 궁극적인 가치들뿐이다.

찬도스 경의 곤경은 다음과 같은 문제를 야기한다. '자신의 매체에 대한 신념을 상실한 상황에서 형식의 완벽성만으로는 불충분하다는 생각과 도덕성에 관한 외재적인 주장들이 어딘지 미심쩍다는 생각이 점점 분명해졌을 때, 그 탐미주의자는 어디로 방향을 바꿀 수 있을 것인가?' 처음 출발할 때부터 너무나도 중요한 그 영역을 자신과 단절시켰던 그가 어떻게 그 영역으로 다시 들어설 것인가? 호프만슈탈에게 그 답은 분명히 탐미주의 자체를 거부하는 것에 있었다. 그래서 그는 사람들에게 "가슴으로 생각하는 법'을 가르칠 수 있는 길을 찾기 시작했다. 예전의 매체는 그를 저버렸기 때문에, 이제 그는 자신의 메시지를 전달할 수 있는 새로운 방법을 요청했다. 이러한 탐색의 과정에서 그는 〈장미의 기사〉, 〈엘렉트라〉, 〈아라벨라〉, 〈그림자 없는 여인〉, 그리고 그 밖의 여러 작품에 걸쳐 리하르트 슈트라우스와 협력하게 되었고, 스페인의 바로크 문학과 페드로 칼데론 데 라 바르카를 다시 발견하게도 되었다. 그리고 그러한 일련의 과정은 잘츠부르크 음악 축제와 막스 라인하르트와의 협력에서 절정을 이루었다.

그렇다면 찬도스 경이 처한 위기의 뿌리는 무엇인가? 호프만슈탈이 시의 본성을 조명하는 과정에서, 젊은 탐미주의자인 로리스의 자기중심성이 사실상 세계를 왜곡하는 것이었음을 깨닫게 되었다고 말하는 편이 공정할 것이다. 왜냐하면 그의 표현주의적인 서정시들은, 도덕적 차원을 결여한 것으로서의 세계를 그렸기 때문이다. 그 탐미주의자에게 매우 각별한 매체였던 서정시의 단점에 대한 자각은 그런 형식으로 글을 쓰는 능력의 쇠퇴와 정비례하면서 점점 깊어만 갔다. 그의 새로운 과제는 사람들이 존재의 평원 위에서 가치와 삶의 의미를 숙고할 수 있게끔 이끌어 줄 새로운 매체를 찾는 것이었다. 어떤 의미에서 찬도스 경의 경험 그 자체는 마흐의 감각주의에 대한 비판을 함축하고 있다. 간단히 말해서 호프만슈탈의 메시지는, 지식의 기반을 감각적인 이미지에 두는 인식론에 매우 심각한 결함이 있다는 것이다. 왜냐하면 그 이론은 삶과 사회에 관한 가장 절실한 의문들을 답하지 않은 채로 남겨 두었을 뿐 아니라, 그런 의문들은 감각 인상들만으로는 표현조차 될 수 없는 것들이기 때문이다. 볼프람 마우저는 호프만슈탈이 품은 문제의 뿌리가 무엇이었는지를 다음과 같이 일러 준다.

이미지와 개념 들은 결국 그것들 자신으로 되돌아갈 뿐이다. 그것들은 사물의 본성과 개개인의 삶에 관해서는 그 어떠한 길도 열어 주지 않는다. 그것들은 모든 것이 조율되어 있고, 모든 것이 조화와 아름다움의 상태를 이루고 있는 원과 유사한 일종의 원무圓舞에 해당한다. 그러나 그것들은 그를 둘러싼 '눈먼 조각상'들이자 존재와 진정한 관계를 맺지 못하는 형식들일 뿐이다.[60]

개념과 이미지는 진리의 주관성을 전달할 수 없다. 결국 가장 깊숙한 그 무엇, 청중의 삶의 양식이라는 것에 영향을 미칠 수 있는 경험만이 그 일을 성취하게 될 것이다.

　마침내 호프만슈탈이 정주하게 된 예술의 도구는 바로 종합예술이었다. 그것은 모든 분야의 예술을 하나로 통합하여 고대 그리스의 연극에 필적하고자 한 노력이었다. 즉 시와 극, 그리고 음악이 한데 어우러져 청중들에게 사회적이고 종교적인 경험을 자아내게 만드는 것이다. 이로써 호프만슈탈은 미적으로 완벽한 그림들을 통해 세계를 포착해 내려는 시도를 접은 대신, 마땅히 추구해야 할 삶의 현실적 경험 Gebärde을 전달하는 일에 열중하게 되었다. 그는 세계의 인상들을 전달하고자 했던 시도를 포기하는 대신, 인간과 도덕의 본질을 전달하고자 했다. 그러면서 그는, 단지 생각의 교환을 목적으로 하는 것이 아니라, 사람들이 삶을 살아가는 방식을 변모시키는 데 목적을 둔 매체를 채택했다. 이 과제는 단지 글만으로는 성취될 수 없으며, 아마도 오페라적인 풍유를 통해서 달성될 수 있을 것이다. 아주 제격이게도, 이 장르에서 그가 수행한 최초의 중대한 노력이자 리하르트 슈트라우스와의 협력에서 거둔 최초의 결실은 소포클레스의 〈엘렉트라〉를 개작한 것이다. 호프만슈탈은 결국 슈트라우스와 함께 여섯 편의 오페라를 만들었고, 대개 막스 라인하르트가 그 작품들을 무대에 올리곤 했다. 그는 또한 잘츠부르크 음악 축제를 위해서 영국의 도덕극 〈만인〉을 번안하였고, 칼데론의 작품을 각색하여 산문극인 〈탑〉을 내놓았으며, 〈그림자 없는 여인〉에서는 부활에 관한 아름다운 동화를 지어 냈다. 이 작품들은 모두 인간 실존의 조건들에 관한 이야기들로서, 자신의 자아에 포위되어 버린 인간과 그 인간이 인간에게 나타나는 모든 반사회적인 것의 원천인 이기주의로부터 기독교적인 사랑을 통해 구원된다는 내용이다.

삶의 문제들에 관한 호프만슈탈의 해결책은 합스부르크의 바로크 문화가 유산으로 남겨 준 유구한 가치들을 거듭 그리고 철저하게 주장하는 것이었다. 그는 그 안에서 보편적이고 인본주의적인 문화의 기반을 보았다. 합스부르크 사람들은 진정한 오스트리아의 정신과 무관한 야만적인 프러시아의 사상에 지배되는 바람에, 사악한 시대를 만나고 말았다. 그러나 역설적이게도 바로 그 오스트리아의 정신이 (그의 작품들을 통해서) 생기를 되찾게 되었을 때, 장차 세계는 (1917년에) 유럽 전역을 한창 사납게 휘몰아치고 있던 전쟁의 어리석음을 목도하게 될 것이다. 그 시인은 사회화의 카타르시스를 만들어 내고 이를 통해 현대사회의 문제들을 해결하기 위해 종합예술을 이용함으로써, 인간에 내재해 있는 비이성적인 요소를 인간화하고 증오와 탐욕을 사랑과 협동으로 변화시키고자 노력하는 예언자가 되었다. 예술을 산업화 사회를 살아가는 인간이 걸린 질병의 치유제로 이해하는 호프만슈탈의 관점은 크라우스, 로스, 그리고 쇤베르크의 견해와 공유되는 측면이 있다. 비록 진리란 추상적이라기보다는 실존적인 것이며, 믿음의 문제라기보다는 실천의 문제라고 생각한 크라우스는, 세상사를 대하는 호프만슈탈의 고지식한 태도를 공격하고 조롱하였지만, 어쨌거나 두 사람 모두에게 연극은 도덕의 가치들을 전파하는 최고의 도구였다. 크라우스는 호프만슈탈이 네스트로이의 이상에 근접해 있으면서도 동시에 여전히 거기서 멀리 떨어져 있다는 바로 그 이유 때문에 그렇게도 격렬하게 그를 반대한 것이라고도 말할 수 있을 것이다.

**로베르트 무질, 철학적인 소설가**
우리는 호프만슈탈에게서 나타난 언어의 문제를 조명했다. 왜냐하면 그것이 빈 문화에 관한 우리의 핵심적인 가설, 이른바 카카니아의 사회 현실을 의식한 세기말 빈의 예술가나 지성인이라면 누구나 **언어의 본성과 한계, 표현과 의사소통**의 문제에 직면해야만 했다는 가설을 도입하고 설명하는 데 도움이 되기 때문이다. 이 밖에도 많은 사례가 똑같이 우리의 목적에 올바로 기여할 수 있었을 것이다. 우리는 자전적 소설 《말테의 수기》를 통해서 릴케를, 단편인 〈어느 투쟁의 묘사〉를 통해서 카프카를 논의해 볼 수도 있었다. 분명히 두 사람 모두 언어의 한계와 자아의 포위를 통해 실존의 문제를 형식화했다. 비록 그들이 이 작품들을 쓴 것은 1차 대전 발발 전의 일이었지만, 존재의 비합리성에 대한 그들의 절망은 본질적으로 전후 세계를 향한 절규였다. 전후의 세계라면 누구나 오로지 쥐 죽은 듯 살아남기만을 원하던 시기였다. 왜냐하면 사회 자체가 붕괴되었기 때문이다(크라우스 자신도 결국에는 이 점을 감지했던 것 같다. 비록 그가 장소를 불문하고 세상 어디에서나 자신이 마주친 비인간적인 폭력에 맞서 단 한순간도 투쟁을 멈추지는 않았지만, 제3제국이 그 입지를 공고히 다지고 있는 상황에서 그는 전쟁 전 그리고 전쟁 중에 자신이 사용했던 무기들이 점차 힘을 잃어 가고 있다는 사실을 점점 더 분명하게 느낄 수 있었다). 릴케와 카프카가 처음으로 그 냉혹한 현실을 직시한 합스부르크 군주국의 마지막 나날에, 게다가 특히 그 자체로 연구해 볼 만한 가치가 있는 세기말 프라하에서라면, 누구든 1차 대전 이후에 유럽이 어떻게 변모할 것인지를 적어도 어렴풋이 들여다볼 수 있었다. 비록 당시로서는 그러한 변모가 하나의 정치적인 사실로서 드러날지 막연하게조차도 생각되기 이전이었지만 말이다.

무질은 프라하 출신은 아니었지만 인간 심연의 그 무엇을 타인에게 설명할 수 없는 언어적 무능력에 관한 우려를 역시 전쟁 이전부터 릴케, 카프카와 공유하고 있었다. 그는 자신의 사관학교 시절을 다룬 자전적인 소설 《생도 퇴를레스의 혼란》에서 이 문제를 제기했다. 당시 그의 소설은 충격적인 반향을 불러일으켰다. 왜냐하면 무질은 그런 학교들에 만연되어 있던 동성애 문제를 처음으로 공공연하게 언급했기 때문이다. 그러나 사실 그 문제는 소설의 핵심이 결코 아니었다. 소설은 퇴를레스가 학교 당국에 자신의 격렬한 감정을 설명해야 하지만 결국은 그것이 불가능하다는 사실을 깨닫고 말았을 때 대단원에 도달한다.[61] 여기서도 다시 한 번, 언어는 가장 진실한 것을 설명할 수 없었다. 그것은 그 사람의 주관성의 심연 속에 영원히 내밀한 것으로 남게 되는 그 무엇이다. 그것은 무질의 인생과 저술 양쪽에서 그 마지막 순간까지도 해결되지 않은 채 남겨진 문제였다.

여기서 무질 역시 마흐를 존경했다는 사실을 지적해 둘 만하다. 그뿐만 아니라 무질은 바르나 호프만슈탈보다 한 가지 더 중요한 의미에서 '마흐주의자'였다. 왜냐하면 그는 공학자와 강단 철학자로서도 훈련을 받은 사람이었기 때문이다.[62] 무질이 베를린 대학교의 철학부에 제출한 박사학위 논문은 실제로 마흐에 관한 것이었다. 그리고 1906년에 단지 《생도 퇴를레스의 혼란》이 성공을 거둔 것밖에 없는 상황에서, 그는 철학을 통한 전도유망한 출세의 길을 포기했다. 당시 뮌헨과 베를린에서 제의한 대학 교수직을 거절했던 것이다. 무질은 강단 철학의 현주소를 놓고 볼 때 철학, 심리학, 그리고 현대의 논리학이 제기한 근본적인 문제들은 전혀 해결될 수 없는 것들이라고 판단하였다. 따라서 유사한 배경을 가진 브로흐도 나중에 그렇게 했던 것처럼, 그는 철학을 포기하고 문학을 선택했다. 그러므로 《특성 없는 남자》는 나름대로 탁월한 '철학자의 소설'이며, 로크의 사상과 17세기 철학을 공부하는 학생들에게 《트리스트럼 샌디》가 그런 것처럼, 20세기에 철학을 공부하는 학생들이라면 특별히 주목할 만한 가치가 있는 책이다.

1900년경에 이르러 의사소통, 진실성, 기호적 표현에 관련된 복합적인 문제들이 사상과 예술의 모든 주요한 분야에서, 크라우스와 쇤베르크, 로스와 호프만슈탈, 릴케와 무질에 의해 동시에 모습을 드러내게 되었다. 그렇게 해서, 완벽하게 일반적인 어휘들로 주어질 **철학적** 언어비판의 무대가 마련되었다. 우리가 논의할 순서에 따라 다음 차례에는 1890년대와 1900년대의 빈이라는 특수한 환경에서 자란 사상가와 작가들에게 그러한 언어비판의 작업이 어떠한 형태로 드러나는지를 살펴보는 것이다. 특히 그 당시는, 그러한 작업이 그들이 가장 익숙해 있던 세 가지 철학적 전통의 관점으로 조명되고 있을 때이다. 그 세 가지 전통이란 1) '감각 인상'과 자연과학을 강조하는 에른스트 마흐의 신경험론, 2) 경험과 판단의 형식을 결정하는 것으로 간주된 '표상representation'과 '도식schemata'에 대한 칸트의 분석과 이에 대해 반철학자 아르투어 쇼펜하우어가 수행한 후속 작업, 그리고 3) 또 다른 반철학자 쇠렌 키르케고르가 제시하고 레프 톨스토이가 자신의 소설과 산문에서 재조명한 도덕과 미학의 문제들에 대한 반지성주의적 접근 방식을 말한다.

　　우리는 최초로 **언어 그 자체**를 철학적 고찰의 핵심적이고도 결정적인 논제로 고려했던 한 현대 유럽 작가의 견해를 검토하는 것으로 이 철학적 재구성의 과제를 시작할 것이다. 지금까지 우리의 탐구 결과를 놓고 보면, 그렇게 완벽하고 일반적인 형태의 언어비판을 철학적인 관점에서 제공하려는 최초의 시도가, 보헤미아 출신의 유대인 배교자로서 주로 베를린에서 활동하면서 철학과 문학 사이의 미개척 영역에 몸소 발을 들여놓고 있던 한 연극 비평가에 의해 수행되었다는 사실이 전혀 놀랍지 않게 다가올 것이다. 지금 언급하는 그 작가는, 비트겐슈타인이 훗날 《논고》에서 그의 언어비판을 언급하였고, 또한 그의 회의적인 목적과 산만한 방법을 언어철학에 대한 비트겐슈타인 자신의 좀더 형식적이고 엄격한 접근 방식과 명시적으로 대비시켰던 바로 그 사람, 프리츠 마우트너이다.

# 5
# 언어, 윤리, 그리고 표상

우리는 말 속에서 파악할 수 있는 것만을 생각할 수 있다.
– 프리츠 마우트너

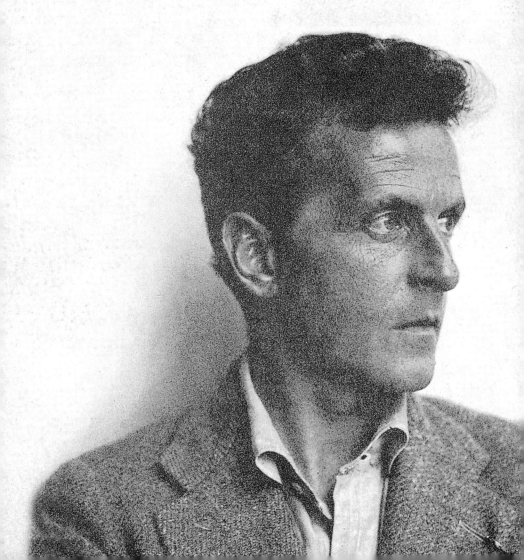

철학자들은 언어에 관련된 문제에 늘 관심을 가져왔다. 플라톤과 아리스토텔레스에서 페트루스 히스파누스와 에르푸르트의 토마스를 거쳐, 존 로크와 모리스 메를로퐁티에 이르기까지 상징성, 의미, 예언 등에 관한 의문들은 언제나 살아 있는 논쟁거리였다. 한편 마음과 실재, 사유와 존재 사이의 관계를 규명하고자 노력해 온 철학자들은 언어에 관련된 문제들의 중요성을 끊임없이 통감해 왔다. 그러나 19세기 후반에 이르기까지 언어철학의 문제들은 다른 종류의 논의 주제들에 비하면 근본적으로 이차적인 문제로 남아 있었다.

긴 안목으로 보자면, 이러한 상황을 변화시키는 데 가장 큰 역할을 한 사람은 다름 아닌 이마누엘 칸트였다. 칸트의 《순수이성비판》이 출판되고, 뒤이은 백 년의 세월 동안 그의 '비판' 계획에 담긴 여러 함축들은 점차 독일의 철학계와 자연과학계를 지배하게 되었고, 그에 따라 결과적으로 언어의 문제들이 철학의 큰 그림에서 중심을 차지하게 되었다. 이전까지 모든 철학적 인식론이 최우선적으로 다룬 논제는 '감각 지각'과 '사유'였다. 그것들은 최우선적이고 독립적인 경험의 요소들로 간주되었고, 반면 언어는 그렇게 형성된 지식을 공적으로 표현하는 데 사용하는 부차적인 도구나 수단에 지나지 않았다. 칸트가 지식에 '구조'를 부여하는 '판단 형식'의 역할을 강조한 것은, 지금까지 언어와 문법에 부수적인 역할만이 할당되어 온 것에 대한 암묵적인 이의 제기였던 것이다. 그의 설명에 따르면 판단의 논리적 혹은 언어적 형식은 진정한 '경험'의 형식이기도 했다. 지식은 단지 형식 없는 전前개념적인 감각 입력, 즉 인상들의 개념적 해석에만 관련 있는 것이 아니다. 우리의 감각 경험은 그 자체로 인식적인 구조와 더불어 나타난다. 그 구조는 오로지 판단 형식들에 의해서만 규정될 수 있으며, 그러한 형식들 자체는 오로지 논리적 문법의 표준 형식들에 의해서만 표현될 수 있다. 따라서 경험론자들처럼 지식에 대한 철학적 분석을 날것 그대로의 감각 인상raw sense impression에서 시작하는 대신, 이제 우리는 경험의 기본 자료란 구조화된 감각적 '표상들Vorstellungen'을 의미하는 것으로 간주해야 한다. 언어와 사유의 공통 형식들은 아예 처음부터 우리의 감각 경험, 즉 표상들에 끼워 넣어져 있는 것이다. 그리고 그런 까닭에 이성의 한계 혹은 범위는 또한 암묵적으로는 표상과 언어의 한계 혹은 범위이기도 하였다. 우리는 이 장에서 1800년에서 1920년 사이에 이성의 본질적인 영역과 한계를 규정하는 문제가 두 차례에 걸쳐 전환되는 과정을 보게 될 것이다. 첫째는 표상의 본질적인 영역과 한계를 규정하는 문제로의 전환이었고, 그 뒤를 이어서는 똑같은 작업이 언어에 대해 이루어지게 되는 전환이었다.

## 마우트너의 언어비판

직업상으로 보면 프리츠 마우트너는 철학자라기보다는 언론인이었다. 그러나 언론인이자 정치사상의 평론가로서 그가 겪은 경험은, 그를 극단적인 철학적 유명론으로 이끌었다. 그리고 그는 완벽하고도 일관된 유명론적 인식론을 산출하는 것을 목표로 자신의 견해를 완성하고자 노력하였다(이런 점에서는 인식론과 정치철학이 유사한 방식으로 연계되어 있는 토머스 홉스의 《리바이어선》을 상기하게 된다). 마우트너의 유명론적인 '언어비판'을 직접적으로 자극한 것은 그의 주변에서 민중Volk, 정신Geist 등과 같은 어마어마한 추상적 어휘들을 사용해 가며 벌어지고 있는 정치적인 주술을 목격하게 된 데 따른 반발심이었다. 버트런드 러셀의 경우도 이와 비슷하다. 좀더 단순하고 구체적인 어휘들을 이용해 추상적인 어휘들을 '논리적으로 구성'하는 문제에 관한 러셀의 견해는, 부분적으로 그가 사회주의에 대해 가진 초창기 관심과 '국가'와 같은 거창한 정치적 추상체들에 대해 가졌던 의구심에서 자극받은 것이라고 할 수 있다. 이와 유사하게 마우트너는 자신의 자유주의적이고 반권위주의적인 정치적 견해를 마흐주의적인 경험주의 철학과 결합함으로써 자신의 인식론과 언어 이론에 도달하게 되었다.

마우트너는 철저한 유명론을 견지하기 위해 노력하는 과정에서 모든 철학적 문제가 실제로는 언어에 관한 문제라는 결론에 도달하게 되었다. 그 엄격한 유명론자에게 '개념'은 '개체'의 묶음을 명명하거나 기술하기 위해 채택된 단어들일 뿐이다. 따라서 일반명사는 진정한 '존재자entity'의 이름이 아니라 개체들의 집합의 이름, 혹은 기술description이다. 마우트너는 개념이란 어휘나 말과 동일한 것이며, 따라서 결국 개념은 사유와 동일할 수밖에 없다고 생각했다. 왜냐하면 어떤 것에 대해 그것이 무엇인지 말할 수 있지 않고서는, 그것을 상상하는 것조차 불가능한 것이 분명하기 때문이다. 그는 비록 이것이 절대로 깨질 수 없는 논증은 아닐지 몰라도, 사유와 언어, 개념과 어휘가 동일하지 않다는 그 반대의 견해보다는 훨씬 더 합리적인 것 같다고 죽을 때까지 생각했다. 마우트너의 난점은 사유와 언어 간의 그런 관계가 대뇌생리학을 통해 증명될 수 없었다는 사실에서 크게 야기되었다. 이 점에 관해 게르손 바일러의 《마우트너의 언어비판》에서는 마우트너 사상의 과학적인 측면과 철학적인 측면 사이의 미묘한 관계를 탁월하게 논의하기도 했다.

　이렇게 전통적인 출발점에서 시작한 마우트너는 철학적 기획이 정확히 어떤 모습을 띠어야 하는가에 관해 매우 과격한 결론을 도출하게 되었다.

　　철학은 인식론이다. 인식론은 언어비판이다. 그러나 언어비판은 자유로운 사유를 위한 노동이다. 실제로 인간은 일상의 언어를 활용하든 철학적인 언어를 활용하든 세계에 대한 은유적인 기술bildliche Darstellung 이상의 것을 성취하는 데 결코 성공할 수 없다.[1]

철학적 언어는 단지 일상 언어의 정제물일 뿐이며, 일상 언어와 마찬가지로 어디까지나 은유적이다. 모든 엄격한 유명론자들처럼 마우트너 역시 세계를 아는 우리의 능력에 회의적이었다. 전통적으로 유명론자들은, 이름은 정확히 감각 경험의 상관 어구이며 그렇기 때문에 그러한 이름들만이 지식의 건전한 토대가 된다고 주장하고자 했다. 앞으로 보게 되겠지만 마우트너는 자신의 의미 이론을 토대로, 이름은 기껏해야 감관이 지각한 것에 대한 **은유**에 지나지 않는다고 주장함으로써 거기서 한 걸음 더 나아간다. 그 결과로 나타난 변형된 흄적인 회의주의는 그를 언어의 본성과 한계를 결정하는 작업으로 이끌어 갔으며, 마우트너 자신은 그 일을 '칸트적인' 작업이라고 생각하였다.

　마우트너를 무엇보다도 혼란스럽게 만든 것은 추상명사나 일반명사에 실재성을 부여하는 일반인들의 경향이었다. 그는 추상체를 구상화하고자 하는 이러한 자연스러운 경향이야말로 사변적인 혼란의 원천일 뿐 아니라, 세계 내에 존재하는 실제적인 불의와 사악함의 원천이라고 보았다. 마흐 식의 어구를 사용하자면, 구상화는 온갖 종류의 '개념적인 괴물'을 낳는다. 과학에서는 힘, 자연의 법칙, 물질, 원자, 에너지 등과 같은 오도된 개념들이 그런 종류의 것들에 해당한다. 철학에서는 실체, 대상, 절대자라는 개념이, 종교 사상에서는 신, 악마, 그리고 자연법이라는 개념이, 정치와 사회 분야에서는 인종, 문화, 언어 등의 개념과 더불어 그것들의 순수성이나 모독에 대한 강박관념이 마찬가지로 그런 경우에 해당한다. 이런 모든 경우에서, 구상화는 '형이상학적인' 것들의 존재를 가정하는 일을 수반한다. 그래서 마우트너는 형이상학과 독단주의는 동전의 양면이며 또한 불관용과 불의의 원천이라고 생각했다.

이런 점들이 그가 언어비판을 수행하게 된 동기가 되었다. 그것은 반형이상학적이며 또한 '말할 수 있는 것'에 대한 한계 설정을 목적으로 하고 있다는 점에서 칸트주의적인 노력의 결과였다. 그러나 그 노력의 뿌리는 독일적이라기보다 영국적인 사유에 더 가까이 가 있었다. 칸트의 경우 그가 스스로 설정한 과제는 옳았지만, 게르만의 유산이 그의 판단을 흐려 놓는 바람에, 그는 결국 독일어에 내재된 추상성을 지지하는 편견에 빠지고 말았다. 칸트 이전에 라이프니츠와 볼프는 그릇되게도 그런 추상성을 독일어의 영광으로 간주하면서, 그런 특성 때문에 독일어가 과학적인 표현에 유난히 잘 어울린다고 생각한 바 있다. 이와는 대조적으로 마우트너는 자신의 작업을 영국의 유명론과 경험론의 전통에 속하는 것으로 생각했다. 그는 《인간오성론》에서 의미 이론을 전개한 로크가 언어비판의 선구자라고 생각했다(마우트너는 로크의 그 책은 《문법론》이나 《단어론》, 아니면 그냥 《언어》라고 불리는 편이 훨씬 더 적절했을 것이라고 생각했다). 같은 맥락에서 그는

19세기의 주요한 독일 철학자 중 지성적인 측면에서 눈에 띄는 친영파 철학자였던 아르투어 쇼펜하우어를 자신의 직계 선배로 인정하였다.

마우트너는 자신의 철학적 출발점이 쇼펜하우어에게 있다고 공언하였다. 마우트너가 철학이 도대체 무엇에 관한 학문인지를 깨닫게 된 것은 바로 쇼펜하우어가 〈충족이유율의 네 가지 근거에 관하여〉라는 논문에서 형식화한 인식론의 문제 덕분이었다. 실제로 마우트너는 자신에게 미친 쇼펜하우어의 영향이 너무나 커서, 오히려 쇼펜하우어의 체계에서 벗어나는 데 어려움이 있었다고 말했다. 쇼펜하우어는 〈충족이유율의 네 가지 근거에 관하여〉에서, 자연이 사실상 이성의 산물이라고 주장함으로써 이성과 자연의 관계에 관한 오랜 문제를 칸트적인 방법을 통해 해결하고자 하였다. 이성의 본질적인 기능은 자연에 관한 체계적인(그리고 결과적으로는 과학적인) 지식을 가능하게 해 주는 선험적인 요소들, 다시 말해 우리의 경험적 표상들 사이에 성립하는 필연적 관계들을 제공하는 것이다. 물론 그런 생각 자체는 이마누엘 칸트의 비판철학을 넘어서는 발전이라 말할 수 없다. 그러나 이제 곧 보게 되겠지만, 쇼펜하우어는 단지 그 대가의 해설자가 아니라, 바로 칸트 이론의 수정자였다. 그는 복잡한 '분석론'은 불필요하다고 주장하였다. 또한 칸트가 정말로 정당화할 필요가 있었던 것은 바로 인과성, 즉 현상들 간의 필연적 관계가 전부였기 때문에 오성의 범주란 불필요한 것이며, 그러한 '인과 연쇄'를 제공하는 것이 바로 이성의 본성이라고 주장하였다. 그래서 〈충족이유율의 네 가지 근거에 관하여〉의 목적은 자연, 논리학과 수학, 물리학, 또는 행동과학에 관한 우리의 모든 지식을 형성하는 네 가지 판단 집합이 어떻게 하나의 인과 연쇄에 근거하고, 거꾸로 그 인과 연쇄는 또 어떻게 상이한 현상 집합에 적용되는지, 그리고 더 나아가 이들 네 가지 판단 집합은 어떻게 분별되며, 또한 어째서 그렇게 분별되어야만 하는지를 설명하고자 하는 것이었다.

마우트너는, 쇼펜하우어가 우하하고도 명료하게 칸트의 첫째 비판서에 나름대로 수정을 가한 것에 깊은 감명을 받았다. 쇼펜하우어가 이성과 언어를 동일시한 것은(그리고 《도덕적 의무에 관하여》에서 키케로가 주장한 사유ratio와 말oratio 사이의 유사한 동등성을 인용한 것은) 그러한 수정의 성과를 더욱 놀라운 것으로 보이게끔 만들었으며, 특히 이미 언어에 관한 철학적 문제에 관심을 두고 있던 사람에게는 더욱 그랬다. 마우트너가 이해한 바에 따르면, 〈충족이유율의 네 가지 근거에 관하여〉는 아리스토텔레스나 스콜라 학파와는 달리 자연의 질서를 선험적 a priori인 것으로 해석하였다. 그리고 그 선험성은 언어, 즉 참된 로고스 logos와 동일한 것이었다. 그렇지만 대단히 심오한 이러한 견해마저도 마우트너의 비판을 벗어나지는 못했다. 쇼펜하우어 역시 추상명사를 구상화하려는 기존 경향의 희생양이 되어 있었던 것이다. 비록 그의 인식론이 중대한 돌파구를 만들어 냈지만, 의지로서의 세계에 대한 그의 철학에는 스콜라주의의 잔재가 남아 있었다. 쇼펜하우어는 자신의 의지 개념을 통해, 마우트너가 소위 '단어의 미신Wortaberglauben'이라고 칭한 것, 다시 말해 단어에는 그에 대응하는 대상이 존재한다고 주장하는 견해를 여전히 유지하고 있었던 것이다.

마우트너는 의지라는 관념은 기쁨이나 불쾌함 같은 우리의 다양한 지각적 경험에서 생겨난다고 주장한다. 쇼펜하우어는 좋고 싫음의 경험과 그것을 동반하는 지각을 구분하며, 따라서 '앎knowing'과 '의지함 willing'의 구분이 생겨난다. 그러나 마우트너는 이런 구분이 이치에 맞지 않는다고 주장한다. 왜냐하면 좋아거나 싫어하는 것은 그 자체로 하나의 지각, 즉 어떤 감정의 표상Gefühlsvorstellung으로서, 그래도 어쨌든 하나의 표상이며, 그것이 우리의 다른 지각과 완전히 구분되는 것은 아니기 때문이다. 그리고 설령 쇼펜하우어가 지금 시도하는 것과 같은 구분을 할 수 있는 근거를 갖고 있다손 치더라도, 그런 때에조차 의지 는 **말로 언급할 수 있는** 적법한 대상이 아니다. 왜냐하면 우리가 가지고 있는 유일한 언어는 우리의 표상을 기술하는 언어이기 때문이다. 더구나 쇼펜하우어는 하나의 존재자로 간주되는 의지Wille와 '의지함'의 실천적 표현인 의도적 행위Handlungen를 구분하지 않았다. 마우트너의 견해에 따르면, 쇼펜하우어는 스스로 형이상학적인 차원을 논하고 있다고 생각했지만 실상 그는 은유적인 차원에 머물러 있는 것이다. 실제로 쇼펜하우어의 형이상학적 의지란 인간의 자기의식의 **현상**appearance에 대한 은유적인 표현일 뿐이다. 따라서 쇼펜하우어 역시 '의지'라는 단어의 차원을 넘어서 이른바 진정한 존재자로서의 '의지'에 도달하려는 구상화의 오류를 저질렀던 것이다.

쇼펜하우어의 의지 개념에 대한 마우트너의 분석은, 그가 1910년에 출판했던 《철학사전: 언어비판에 관한 새로운 논고》의 전체적인 기획을 대변한다. 이 책의 목적은 쇼펜하우어의 의지를 다룰 때와 같은 방법으로 101개의 결정적인 철학 용어들을 분석하는 것이다. 그리고 이 책에서 사용한 방법론은 그의 인식론을 반영하고 있다. 그는 각 어휘들의 '심리적 기원'을 설명하는 것으로 분석을 시작한다. 즉 그것이 어떤 종류의 감각 자료에서 나온 것인지를 설명하는 것이다. 그런 다음에는, 이를테면 원래는 형용사로 기능했던 어휘가 어떻게 명사로 전환되는지를 설명한다. 즉 해당 어휘에 구상화의 과정이 적용되는 과정을 보여 주는 것이다. 마지막으로 그는 이러한 용법의 변화를 철학의 역사에 연결시킨다. 그의 목표는 형이상학자들이 지금껏 손대 온 문제들은 그 자체가, 이를테면 다만 우리가 지각할 수 있을 뿐인 '속성'에 상응하여 '대상'들이 존재한다고 주장하는 등의 부당한 수법에 기반을 둔 것들임을 증명해 보이는 것이었다. 더 나아가, 우리가 가진 감각 기관의 우연적 본성은 필연적 진리, 즉 '항구적으로 참인' 지식이 우리에게는 불가능하다는 사실을 분명히 해 준다.

바일러가 지적한 것처럼, 감관의 우연성 개념은 마우트너의 가장 핵심적이고도 독창적인 철학적 착상이다. 바로 그 개념이 과학과 논리학에 대한 그의 태도뿐 아니라, 언어비판을 '깨우친 무지the learned ignorance'로 보는 그의 견해 또한 결정짓는다. 왜냐하면 그 개념은, 세상에는 영원한 진리란 존재하지 않으며 심지어 비판 그 자체도 예외일 수 없음을 보여 주기 때문이다. 따라서 그의 방법은 심리학적이고 역사적이며, 그런 점에서 보면 물리과학에 대한 마흐의 '역사적이고 비판적인' 설명과 유사하다. 실제로 마흐가 물리학의 언어에 대한 비판을 수행했다면, 마우트너는 언어 일반에 대한 비판을 시도하고 있다는 분석이 그리 부정확한 주장은 아닐 것이다. 마흐가 자신의 비판을 감각에 대한 분석에 기초했듯이, 마우트너의 비판은 자신의 심리학에 뿌리를 두었다. 그렇지만 심지어 여기에서도 그의 회의주의는 문제를 복잡하게 만든다. 왜냐하면 그는, 우리의 감관은 심적인 것(즉 '내적인 것')이 아니라 물리적인 것(즉 '외적인 것')을 지향하기 때문에, 결국 우리의 '마음'은 알려질 수 없다고 주장했기 때문이다. 결과적으로 심리학은 진정한 의미에서 과학조차도 될 수 없는 것이다. 따라서 마우트너는 한편으로는 마흐의 정신을 공유하면서도, 마흐보다 훨씬 더 철두철미한 회의주의자였다. 두 사람은 강경한 실증주의자로서, 형이상학자들의 멍청하기 짝이 없는 미혹을 비난했다. 마흐의 주적은 신학적인 분위기가 강했던 앞선 시대의 과학자들이었다. 마우트너의 경우에는 스콜라주의적인 신학자들, 유물론적인 과학자들, 그리고 일종의 플라톤주의에 기반하여 게르만 이데올로기를 발명해 낸 인종주의적 민족주의자들이 주적이었다. 이들은 마우트너가 1901년에 첫 선을 보인 자신의 초기 저서 《언어 비판에 관한 논고》에서 논박하고자 했던 적수들이었다.

언뜻 보기에 마우트너의 비판이 담고 있는 가장 놀라운 측면은, 아마도 세상에 **언어** 같은 '것thing'은 존재하지 않으며, 오로지 언어를 사용하는 개별적인 인간들만이 있을 뿐이라는 주장일 것이다. 다시 말해, 그는 자신의 유명론에 따라 언어마저도 구상화된 추상체에 포함시켜 버린 것이다. 따라서 마우트너에게 언어란 하나의 활동이지 특정한 종류의 존재자가 아니다. 그러나 결정적인 논지는, 언어란 인간의 행위이며 그 자체로 목적을 가지는 행위라는 것이다. 규칙이 게임을 규제하듯 언어는 인간의 삶을 규제한다. "언어는 단지 규약일 뿐이다. 그것은 게임의 규칙과 같다. 그리고 더 많은 사람들이 참가할수록 더욱 더 강제력을 띨 것이다. 그렇지만 언어는 실제 세계를 포착하지도, 바꾸어 놓지도 않을 것이다."[2]

따라서 우리는 오로지 구체적인 사회적 복합물의 일부인 구체적인 언어를 통해서만 언어를 제대로 이해할 수 있다. 언어는 사회적 현상이며, 그 언어를 사용하는 개인들이 가진 다른 관습들과 더불어 파악해야 한다(이런 측면에서 마우트너의 견해는 모리스 라차루스와 슈타인탈의 민족심리학Völkerpsychologie에 매우 큰 영향을 받았다). 어떤 문화는 자체적인 조직화의 수단이 무엇이냐에 따라 다른 모든 문화와 구분되며, 그런 수단 중에서 가장 독특한 것이 바로 그 문화의 언어이다. 한 문화의 언어는 그 문화를 운영해 나가는 장비의 일부로서, 좀더 구체적으로 말하자면 공동의 기억 장치라고 할 수 있다. 왜냐하면 언어는 어휘 안에 그 사회의 전통적인 풍습과 관행에 관한 말의 표현들을 담고 있기 때문이다. 그래서 마우트너는 늘 언어를 한 문화의 '공통 감각중추'라고 지칭한다. 그러나 거꾸로 말하자면, 한 문화의 풍습과 관행은 그 문화가 사용하는 언어에 의미를 부여하는 원천이기도 하다. 그리고 마우트너 사상의 수많은 긴장 가운데 한 가지는 바로 이러한 상호 대칭성에서 비롯된다고 말할 수 있을 것이다.

영국의 경험론자들처럼, 마우트너는 모든 지식을 개인의 감각에 확고하게 뿌리내리고 싶었다. 그러나 그는 또한 민족심리학의 관점, 이른바 언어가 사회 현상이라는 통찰도 유지하고자 했다. 감각 그 자체에는 결코 언어의 사회적 특성이 있을 수 없고, 반면 언어 그 자체에는 감각의 사적인 특성이 있을 수 없다. 언어의 구조물이 세워지는 지각적 기반이 존재한다고 끝까지 고집한 마우트너는 언어의 화용론적 본성에 호소함으로써 이 딜레마를 해소하였다(어쨌든 그가 정말로 그 딜레마를 해소하려 했던 것은 맞다). 단지 감각 인상만으로는 의미의 기반을 이룰 수 없는데, 이를테면 그것은 도저히 피할 수 없는 난제를 야기할 것이기 때문이다. 왜냐하면 그럴 경우 어떤 두 사람이 동시에 '올바른' 인상에 '올바른' 이름을 붙이고 있다는 사실을 어떻게 알 수 있을 것인가? 어떻게 사람들은 감각 인상에 함께 이름을 붙여 올 수 있었을까? 사람들이 아예 처음부터 언어를 가지고 있었던 것은 아니었을까? 분명히 언어의 공적인 측면들은 순전히, 그리고 단순히 사적인 감각 경험 속의 어떤 기원으로 설명될 수 없다. 그렇지만 마흐가 당시에 유행시킨 견해대로 만일 언어가 인간이 구비한 생물학적 장비의 일부이고, 그러므로 결국은 인간의 생존 도구라고 생각한다면, 그러한 난점들을 일소하는 방법을 찾을 수 있을 것이다. 만일 낱말들의 원래 목적이 한 사람의 개인으로서는 생존할 수 없는 상황에서 사람들의 집단적인 생존을 보장하려는 것이었다면, 어떤 낱말이 사용되었을 때 실제로 서로 다른 각각의 사람들의 마음에 동일한 감각 이미지가 떠오르든 떠오르지 않든 아무런 상관이 없을 것이다. 다만 그런 단어가 사용되었을 때 어떻게 반응해야 하며, 어떤 행동이 기대되는지를 모든 사람들이 알고 있기만 하면 그만이다. 정말로 중요한 것이면서 정말로 의미meaning를 갖는 것은 한 단어나 문장이 만들어내는 이미지가 아니라, 그 단어나 문장이 제안하거나 명령하고, 경고하거나 금지하게 되는 행위이다.

따라서 마우트너는, 언어란 우선적으로 인간 종의 생존을 위한 필요조건이며, 결과적으로는 공동체 생활에 필요한 하나의 기반이라고 생각함으로써 자신의 난점을 극복하였다. 동시에 철학적 경험론자로서 그는, 동일한 단어를 청취한 서로 다른 사람들의 마음속에 나타나는 극단적으로 상이한 이미지들의 지각적 근거를 부인하지 않았다. 도리어 마우트너의 화용론적 언어 이론은 그가 언어의 본질적인 측면이라고 생각한 또 다른 현상을 즉각 설명해 주었다. 그것은 이른바 오해라는 현상이다. 언어는, 사람들이 행위할 때 그들 사이의 매개자가 된다는 바로 그 이유로, 오히려 사람들이 무언가를 알고 싶어 할 때는 걸림돌이 될 수 있다. 대양이 대륙을 갈라놓으면서도 동시에 합쳐 놓듯이, 언어 또한 사람들 사이를 가로지르는 다리인 동시에 장애물인 것이다. "언어는 고독한 어느 개인의 소유물이 아니다. 왜냐하면 언어는 오로지 인간들 사이에서만 존재하기 때문이다. 그러나 언어는 두 사람에게 공통적인 것도 아니다. 왜냐하면 당연히 그 두 사람이 그 낱말들로 동일한 것을 생각하는 것이 아니기 때문이다."[3]

이것은 언어가 본질적으로 은유적이기 때문에 그렇다. 말 그대로 언어는 그 본성상 애매한 것이다. 그 누구도 자기가 다른 사람이 말하고 있는 바를 이해하고 있다거나, 혹은 다른 사람이 자신의 이야기를 이해하고 있다고 확신할 수 없다. 더 나아가 "말은 부단한 생성의 과정 속에 있다in statu nascendi."[4] 언어뿐 아니라 문화 전체도 또한 지속적인 변화의 상태에 있다. 어떤 것도 그대로 있지 않다.

언어의 애매성이 제아무리 불가피하다 해도, 일상생활 속의 실천적인 용무들과 관련해서는, 언어란 뚜렷한 의도를 가지는 화용론적 통일성을 확립하기에 결코 모자람이 없을 정도의 명료성을 허용한다. 그러나 세계를 알고 이해하게 되는 도구로서의 언어는 아주 적은 가치밖에는 없다. 실제로 인간이 지식의 객관성을 유지하는 어떤 방법을 가지고 있다고 하더라도, 언어 자체가 너무나 애매하기 때문에 그것을 전달할 수가 없다(마우트너는 괴테의 시 〈달에게〉의 총 여덟 단어로 된 처음 두 연을 분석함으로써 이 점을 설명한다.[5] 그가 그 각각의 단어들에 담긴 가능한 모든 의미와 그 단어들이 결합되어 해석될 수 있는 다양한 방식들을 모조리 열거하고 나자, 그의 논의는 이미 무려 열여섯 쪽에 달해 있었다). 이런 태생적인 애매함에도 불구하고, 마우트너는 언어가 개인들 간의 주관적 상태를 매개하는 데, 다시 말해 그들 간에 감정을 전달하는 데는 아주 제격이라고 추론한다. 언어는 본질적으로 은유적이라는 그 이유 때문에, 시에는 잘 어울리지만 과학과 철학에는 잘 어울리지 않는다.

> 말의 개념적 내용-conceptual content을 영구히 포박해 놓는 것은 불가능하다. 따라서 언어를 통해 세계에 대한 지식을 얻는 것은 불가능하다. 말의 동기적 내용-motive content을 포박하는 것은 가능하다. 따라서 예술은 언어를 통해 가능하다. 말의 예술, 그것이 곧 시이다.[6]

언어의 은유적 본성은 모든 일의성—意性을 배제하며, 따라서 어떤 종류의 엄밀한 과학적 지식도 불가능한 것으로 만든다. 과학 또한 기껏해야 시에 지나지 않는다.

그렇기 때문에 자연과학과 도덕과학의 법칙들은 사회적 현상들로, 다시 말해 인간의 인지 능력이 벌이는 사교 놀이의 자연스러운 규칙들로 전환된다. 그것들은 학문이라는 **합의된 우화**fable convenue의 시학이다.[7]

따라서 마우트너의 《언어비판에 관한 논고》는 과학에 관하여 끔찍한 결과를 함축하는 것으로 드러났다. 그렇지만 논리학, 수학, 자연과학이 실제로 존재하고, 또 성공을 거두었다는 사실은 감관의 우연성이라는 마우트너의 개념과 모순되기는커녕 그의 마음을 조금도 불안하게 만들지 않았다. 이런 학문 분야들에 대한 그의 분석은 밀의 경험론과 유사한 노선을 따랐다. 마흐의 견해, 그리고 어느 정도는 키르히호프의 견해와도 부합되는 그 노선은, 그런 측면에서 동시대 사람들 사이에서 어느 정도 과학적인 명성을 확보하고 있었다. 그러한 노선을 좇아 마우트너는, 가설이란 훌륭한 추측이며, 이른바 성공적인 '어둠 속의 조준'이라고 생각했다. 모든 과학의 토대는 특별히 훌륭한 귀납들이다. 소위 자연의 법칙이라고 말하는 것은 역사적 일반화에 지나지 않으며, 그런 점에서 마우트너는 물리학의 법칙들이 고정불변의 것이라는 생각의 역사적인 기원을 설명하는 데 조금도 수고를 아끼지 않았다. 그는 '자연의 법칙'이라는 용어가, 사람들이 자연을 이해하고자 노력하는 과정에서 자연을 의인화했던 한물간 신화적 설명의 시대로부터 넘겨받은 은유일 뿐이라고 생각했다. 그는 그 개념의 기원을 플라톤과 아리스토텔레스, 그리고 특히 그 구절을 처음으로 명시적으로 사용했던 루크레티우스에게로 추적해 올라간다. 중세 때는 그 개념이 신의 '자연법', 즉 우주의 성스러운 신적 질서를 뜻하는 것으로 이해되면서 신학에 통합되었다. 그러다가 스피노자의 '신 즉 자연Deus sive Natura' 개념과 더불어 그 개념은 애당초 전적으로 신학의 영역에 속해 있던 다른 많은 요소들과 함께 세속화되었고, 이렇게 해서 '자연법'의 신화는 오늘날에까지 전수되었다. 그 어구는 은유로 시작했다가 나중에는 과학자들에 의해서 구상화되고 보편적으로 수용되었다. 마우트너는 사실상 세상 어디에도 '법칙'은 존재하지 않으며, 오로지 우연적인 현상들만이 존재한다고 말한다. 현대의 물리과학은 다윈 추종자들이 설명의 원리로서의 '진화'를 자연의 형이상학으로 변형시켰을 때 벌어진 상황과 유사한 신화화의 희생양으로 전락하고 말았다.

논리학에 대한 마우트너의 분석은 분명히 밀의 분석과 닮았다. 그 또한 삼단논법이 지식을 확장시킬 수 있다는 주장을 거부했다. 논리학에서의 유일한 '필연성'은 동일성의 필연성이며, 그것은 우리의 지식을 확장시킬 수 없다. 현실 세계를 다룬 모든 삼단논법은 결국 결론이 따라 나오지 않는 오류non sequitur 아니면 선결문제 미해결의 오류petitio principii로 분류될 것이다.* 사실상 마우트너의 비판은 논리학을 사유의 심리학으로, 한발 더 나아가 언어의 심리학으로 환원시켜 버렸다. 논리학은 사람들의 관례와 관습, 그리고 그 밖의 활동들을 그들의 언어와 연결시키는, 이른바 사회심리학(민족심리학)의 역할과 동일한 것이다. 논리학 그 자체로는 지식을 탐구하는 데 아무런 소용이 없다.

> 따라서 나는 논리학에 대한 우리의 신념, 우리가 가진 세계에 대한 지식이 논리연산을 통해 증진될 것이라는 우리의 신념이 신학적인 신념이라고 말하고 싶다.[8]

모든 언어에 보편적으로 내재하는 어떤 것이라는 의미로 논리라는 **것**이 존재한다는 생각은 또 다른 부당한 구상화이다. 비록 논리학이 지

---

* 경험적인 현실 세계 속의 사실들에 관한 판단들 사이에서는 삼단논법 같은 엄밀한 연역 추론에서 요구하는 논리적인 필연성을 결코 확보할 수 없다는 의미.

식의 본체를 형성하고 있는 것처럼 보인다 하더라도, 그러한 **것**에 대한 믿음은 단지 미신에 지나지 않는다. 마우트너는 주장한다. "사유에 관한 모든 것은 심리적인 것이며, 오로지 우리의 사유 패턴(도식)만이 논리적이다."[9] 그런데 어떤 사람의 사유의 패턴과, 그리고 같은 말이지만 그 사람의 말하기의 패턴은 그가 살고 있는 문화에 의해서 결정되는 동시에 그 문화를 결정하기도 한다. 그것은 마치 두 가지가 한 번에 발전하는 것과 같다. 한마디로 사유의 패턴은 '불변의 사유 법칙'으로부터 도출될 수 있는 선재하는 어떤 것이 아니다.

> 건전한 인간의 오성은 무수히 많은 상이한 구조의 언어들이 존재하는 것만큼 무수히 많은 논리가 존재한다는 사실을 이제부터는 반드시 배워야 한다.[10]

논리학은 따라서 문화인류학에 관한 문제로 전환된다. 왜냐하면 모든 언어에 필연적으로 내재하는 공통의 구조나 문화적 패턴 같은 것은 존재하지 않기 때문이다. 그는 이렇게 해서 철두철미한 문화 상대주의로 결말을 맺는다. 상대주의자 마우트너는 신학자와 형이상학자의 절대주의를 조롱한다.

> 제아무리 확실한 진리라 할지라도 단지 어느 정도만 참일 뿐이다. 진정한 진리Real Truth라는 것은 형이상학적인 개념이다. 인간은 신이라는 개념과 마찬가지로 진리라는 개념도 손에 넣었다. 아무런 경험도 하지 않은 채로 말이다. 이런 의미에서라면 누구나 확실히 주장할 수 있을 것이다. 신이 곧 진리이다.[11]

언어의 한계를 설정하려는 마우트너의 시도는 실제로 니콜라우스 쿠사누스의 자기 비하적인 진리인 '무지한 앎'이나, 자신의 무지를 자각했기 때문에 사람들 가운데 가장 현명한 자로 신탁의 칭송을 들었던 반어적인 인물 소크라테스의 깨우친 무지와 상통한다. 마우트너의 견해에 따르면, 회의론자의 부정적인 결론은 우리가 진리에 닿을 수 있다고 생각하는 거리만큼이나 가까이에 있다.

> 파우스트는 철학자다. 그가 법학, 의학, 그리고 (오, 이런!) 신학뿐 아니라 철학까지 철저하게 공부한 자이기 때문은 아니다. 그는 어느 누구도 무엇 하나 알 수 없다는 사실을 알았으며, 그것이 그의 가슴을 근심으로 불타게 만들었기 때문이다.[12]

마우트너는 철학이 피타고라스적인 원점으로 되돌아가야 하며, 그리하여 진리를 소유하고 있다고 주장할 것이 아니라 그저 지혜에 대한 사랑과 진리 추구의 노력에 만족해야 할 것이라고 탄식한다. '언어비판'이라는 개념은, 그러한 비판 자체가 반드시 언어 속에서 언어를 가지고 수행되어야 한다는 난관에 직면한다. 언어비판은 모순 속에 잉태되고 침묵으로 끝을 맺는다. 다시 말해 마우트너가 명명한 언어의 '자살'로서 종지부를 찍는 것이다.

> 만일 비판이 사유 즉 언어의 고요한 절망적 자살 속에서도 계속될 수 있다면, 비판이 삶과 비슷한 것을 담은 말들로 수행될 필요가 없다면, 그것은 정말로 구원의 행위가 될 것이다.[13]

언어비판이 향해 가는 종착점은 메테를링크의 신성한 침묵이다. 이른바 "우리가 진정으로 말해야 할 것이 생기는 순간, 우리는 침묵하지 않을 수 없다."[14] 그러나 이런 침묵은 말로 표현할 수 있는 그 어떤 것보다 더 위대한 가치를 가진다. 이것이 마우트너가 따라간 길의 종착점이다. 그는 이런 믿음을 가지고 에크하르트와 쿠사누스 곁에 자신의 자리를 잡는다. 그는 궁극적인 것에 대한 그들의 개념, 즉 우주와의 신비로운 합일이라는, 말로 표현할 수 없는 느낌을 공유한다. 바로 이 점이 마우트너가 《철학사전》의 서문에서 주장한 이야기의 의미를 명료하게 해 준다. 한편 비트겐슈타인 역시 이 장 앞부분에서 마우트너가 간단히 언급한 바 있는 다음 주장을 얼마 지나지 않아 《논고》에서 넌지시 암시하게 된다. 마우트너의 주장을 조금 길게 다시 인용해보자.

> 만일 어떤 지적인 독자가 회의주의적 체념, 이른바 실재의 이해불가능성에 대한 통찰이 단지 여러 가지 부정적 진술들 가운데 하나에 불과한 것이 아니라는 사실을 결국은 긍정할 수밖에 없을 때〔나는 기뻐할 것이다.〕 그것이야말로 우리가 가진 최고의 지식이다. 철학은 인식론이다. 인식론은 언어비판이다. 그러나 언어비판은 자유로운 사유를 위한 노동이다. 인간은 일상의 언어를 활용하든 철학적인 언어를 활용하든 세계에 대한 은유적인 기술 이상의 것을 성취하는 데 결코 성공할 수 없는 것이다.[15]

철학의 역사에서 거듭 등장하는 인식론적 회의주의의 주장들, 이른바 지식이 불가능하다는 논제는 그 반작용으로 인식론적 '초월주의tran-scendentalism'를 양산해 왔다. 이러한 견해에서는 지식의 가능성을 명백한 것으로 받아들이는 대신에 어떻게, 그리고 어떤 조건하에서 그런 지식이 가능한지를 묻는다. 따라서 이제 "인간은 세계에 대한 은유적인 기술 이상의 것을 성취하는 데 결코 성공할 수 없"고, 참된 지식은 과학에서든 철학에서든 불가능하며, 소위 자연의 법칙은 '사회적 현상', 즉 합의된 우화나 다를 바 없다는 마우트너의 연쇄적인 세 주장은, 체계적인 지식이 논리학과 과학의 분야에서 모두 가능하며, 실제로 이런 학문들은 우리로 하여금 특정한 가정들 아래에서 실제 세계에 대한 참된 파악에 이를 수 있게 해 준다는 반대의 증명을 즉각 초래하였다. 그리고 머지않아 우리는 기계공학자였다가 철학자로 전향한 루트비히 비트겐슈타인이 자신의 《논고》를 바로 마우트너가 써 내려갔던 세계에 대한 'bildliche Darstellung(은유적인 기술)'이라는 개념 위에 기초 짓는 것을 발견하게 될 것이다. 그러나 비트겐슈타인에게는 'bildliche Darstellung'이라는 어구가 마우트너의 '은유적인 기술'과는 극단적으로 다른 의미를 갖게 될 것이다. 비트겐슈타인에게 그 어구는 오히려 하인리히 헤르츠가 물리과학의 이론적 표상들을 분석할 때 동원한 것과 같은 차원에서 일종의 '수학적인 모델'의 형태를 띤 세계의 '표상'을 가리키게 될 것이다.

**표상**

그러나 이 이야기는 너무 앞서 나간 것이다. 19세기의 마지막 십여 년 동안 독일어권의 수많은 과학자와 과학철학자는 과학적 지식의 지위와 타당성에 관해 오랜 논의를 벌이고 있었으며, 그 논의에 뛰어든 사람들 중에는 구스타프 키르히호프, 헤르만 폰 헬름홀츠와 에른스트 마흐, 하인리히 헤르츠, 그리고 루트비히 볼츠만 등과 같은 저명한 인물들이 포함되어 있었다. 이 논쟁에서 큰 비중을 차지한 '표상representation'이라는 용어는 칸트와 쇼펜하우어에 의해서 당시 널리 통용되던 상황이었다. 이 용어는 당시에도 분명하게 구분되지 않았고, 오늘날까지도 종종 혼동되고 있는 긴밀하게 연결된 두 개의 개념을 이어 맞춘 것이다. 한 가지 의미에서 그 용어는 헬름홀츠의 생리 광학physiological optics 과 마흐의 심리학에서와 같은 '감각적' 혹은 '지각적' 용법을 가지며, 그것은 곧 로크와 흄의 경험주의 철학으로 거슬러 올라간다. 또 다른 한 의미에서는 헤르츠의 역학에서와 같이 좀더 '공적'인, 혹은 '언어적' 인 용법을 가지는데, 그것은 오늘날 물리학에서 말하는 '도해적 표상 graphical representation'이라는 표현의 용법과 유사한 것이다. 전체적으로 볼 때 '감각적' 용법은 독일어 'Vorstellung'과 결합되고, '공적' 용법은 'Darstellung'과 결합되는데, 예를 들어 전자는 로크 철학의 어휘인 '관 념idea'에 해당하는 표준적인 독일어 번역어이다. 그러나 이런 일반화 에는 중요한 예외들이 있으며, 이를테면 마우트너가 바로 거기에 해당 한다. 어쨌든 과학적 지식의 지위에 관해 19세기의 독일 철학자들이 내놓은 설명들은 이 어휘에서 귀결된 애매성에 심대한 영향을 받았다. 그러므로 이 시점에서 우리는 나름의 재구성을 통하여 당시 과학철학 계에서 벌어진 논쟁에 주목하고, 그것을 좀더 깊이 살펴보아야 한다. 그리고 그 고찰은 에른스트 마흐라는 영향력 있는 인물에 대한 탐구로 부터 시작될 것이다.

## 감각적 용법으로서의 표상

에른스트 마흐만큼 자신이 속한 문화에 커다란 영향력을 행사한 과학 자는 거의 없을 것이다. 우리가 이미 보아 왔듯이, 그의 심리학은 '젊은 빈'의 심미적 견해에 직접적인 영향력을 행사하였다. 호프만슈탈은 마 흐의 대학 강의를 직접 들었고, 마흐의 문제가 자신의 문제와 어느 정도 유사하다고 인식하였으며, 다른 한편으로 로베르트 무질 역시 바흐에게 아주 큰 빚을 진 사람이었다.[16] 덧붙이자면 마흐의 사상은 한스 켈젠과 그의 실증주의 법 이론에 큰 영향을 미침으로써, 결과적으로는 전후 오스트리아 헌법의 초안을 입안하는 데 중대한 역할을 수행한 셈이 되었다. 왜냐하면 켈젠이 그 헌법의 입안에 상당한 책임을 맡았기 때문이다.[17] 마흐의 견해는 오스트리아의 수정주의 마르크스주의자들에게도 열광적인 호응을 얻었다.[18] 마흐 식으로 변형된 마르크스주의는 보그다노프를 매개로 러시아 사회주의에 침투해 들어갔고, 사회주의에 대한 하나의 이론적 해명으로서 레닌주의에 도전할 수 있는 위치에까지 이르렀다. (따라서 보그다노프에 대한 레닌의 응답인 《유물론과 경험 비판론》은 마흐의 사상 내지 그것을 응용한 특정 이론들 때문에 집필된 것이나 다름없다.)[19] 저명한 오스트리아의 사회과학자 오토 노이라트는 1920년대에 빈학파의 전신인 에른스트 마흐 협회를 창설했다.[20] 마흐의 사상은 시에서 법철학에 이르기까지, 그리고 물리학에서 사회과학에 이르기까지, 오스트리아를 비롯한 여러 지역에 매우 광범위하게 스며들어 있었다. 마흐의 마법에 사로잡힌 사람들 가운데 적잖이 중요한 사람이 바로 젊은 물리학자 알베르트 아인슈타인이었다. 그는 젊은 시절에 자신이 마흐로부터 '심대한 영향'을 받았음을 인정했다.[21] 게다가 아인슈타인의 초기 경력이 과학적 기획의 본성에 대한 마흐의 견해를 본보기로 하고 있다는 사실도 이미 조명된 바 있다.[22] 마흐를 만난 뒤 당혹감을 느낀 윌리엄 제임스는, 참으로 모든 것을 다 읽고 검토한 '순수한 지적 천재'라며 그를 칭송할 수밖에 없었다.[23]

　모든 지식을 감각으로 환원시키는 마흐의 견해는 그의 모든 사유의 근거가 되는 토대를 형성한다. 모든 과학적 노력의 과제는 가장 단순하고 가장 경제적인 방법으로 감각 자료를 기술하는 것이다. 실제로 마흐는 감각 자료를 좀더 중립적이고 어물썩한 어휘인 '원소element'라고 부르는 것을 선호했는데, 그것이야말로 과학의 독특한 성격인 바로 그 단순성 혹은 경제성의 측면을 잘 드러내는 것이다. 그러므로 마흐의 관점은 철저한 현상론자의 관점이다. 세계는 감관에 나타나는 것들의 총합이다. 그래서 꿈은 다른 어떤 원소들의 집합과도 다를 바 없이 세계를 구성하는 '원소'가 된다. 왜냐하면 '외적' 경험과 전혀 다를 바 없이 '내적' 경험도 **경험**이기 때문이다. 추상적인 개념, 관념, 표상도 모두 '원소들'의 집합을 효과적으로 다룰 수 있게 해 주는 종적 개념과 같은 것으로 간주되어, 마찬가지로 감각 자료로 환원된다.

실증주의자로서 마흐는 모든 종류의 형이상학적 사변에 절대적으로 반대했다. 그는 형이상학이 신비주의와 같은 것이며, 결과적으로 과학의 혼미와 다를 바 없다고 생각했다. 그는 심리학에서 '자아'를 하나의 존재자로 단정하는 모든 사람들을 무자비하게 적대시하였다. 그는 이원론의 암시를 조금이라도 풍기는 모든 견해를 완강히 거부했다. 왜냐하면 모든 이원론은 궁극적으로 형이상학에 이르게 된다고 보았기 때문이다. 실제로 열렬한 실증주의자였던 그는 철학이 과학과 분리되어 별개의 합법적 지위를 가질 수 있다고 인정하지 않았다. 그리고 그 자신도 아예 자신을 철학자가 아니라고 끊임없이 주장했다. 진리에 대한 모든 형이상학적 주장의 파괴자였던 데이비드 흄, 모든 사이비 과학의 적이었던 게오르크 크리스토프 리히텐베르크가 그의 철학적 영웅들이었다. 마흐는 실제로 리히텐베르크의 철학적 중대성을 처음으로 주목했던 사람이었고, 그 결과 리히텐베르크의 저술들은 이내 유명해져서 빈의 예술가와 지성인의 모임에 영향을 미치게 되었다.

마흐는 과학의 문제가 삼중으로 되어 있다고 생각했다.

우리는 우리의 의식에 나타나는 것presentation과 우리의 감각(지각)을 구분하는 법을 아주 쉽게 배운다. 이제 과학의 문제는 세 부분으로 나 눌 수 있다.

1. 의식에 나타나는 것들의 연결 관계의 결정. 이것은 심리학이다.
2. 감각(지각)들의 연결 관계에 관한 법칙의 발견. 이것은 물리학이다.
3. 감각과, 의식에 나타나는 것의 연결 관계의 법칙에 대한 명확한 설정. 이것이 정신물리학psychophysics이다.[24]

마흐의 정신물리학 개념은 구스타프 테오도어 페히너에게 크게 영향을 받은 것이다. 근본적으로 정신물리학은 심적인 것과 물적인 것이 어떻게 동일한 한 실재의 두 양상이 될 수 있는지를 설명하고자 하는 일원론적 철학이다. 그러나 물리학과 심리학을 하나의 과학으로 통합하려는 가장 성공적인 시도는, 마흐가 자신의 동료로 인식하고 있던 리하트르 아베나리우스에 의해 이루어졌다.

아베나리우스의 견해에 관해 말하자면, 그의 견해와 나의 견해가 비슷하다는 점은 아마도 두 저자가 상이한 성장 과정을 겪고, 상이한 분야에서 작업하고, 서로 전적으로 독립적이었던 상황에서 상상할 수 있는 가장 놀라운 일이라 할 수 있을 것이다.[25]

《순수경험비판》을 통해 아베나리우스는 유물론과 관념론의 스킬라와 카리브디스*를 G. E. 무어 및 에드문트 후설의 철학과 밀접한 관계에 있는 소박실재론naïve realism에 호소함으로써 피해 가고자 했다. 그는

_____

* 호메로스의 《오디세이아》에 등장하는 신화적인 두 괴물로 진퇴양난의 상황을 비유적으로 가리킨다.

무어처럼 상식적인 실재론에 호소함으로써 형이상학의 수수께끼들을 피하고자 하였다. "여기에 두 손이 있다는 것을 나는 어떻게 아는가?"라는 질문에 대해 무어는, 먼저 한 손을 내밀고 그런 다음 다른 손 하나를 그 위로 올리면서 "왜냐하면 여기에 하나, 그리고 여기에 또 하나의 손이 있기 때문이다"라고 응수하였다.[26] 그리고 아베나리우스라면 이런 종류의 설명이 가진 위력을 충분히 인정하였을 것이다. 한편 아베나리우스는 후설처럼 철학의 과제는 우리가 일상의 경험을 통해 마주치는 세계를 있는 그대로 **기술**하는 것이라고 믿었다. "경험에서 중요한 것은 그 특징이 어떻게 묘사되는가에 있지, 경험과 별개로 무엇이 존재하는가에 있는 것이 아니다."[27] 따라서 아베나리우스는 마치 후설이 판단중지epoché 개념을 도입하듯이, 의식 대상들의 존재에 관한 물음을 '괄호' 안에 넣는다.[28] 그 두 사상가는 순수한 '의식'은 존재하지 않으며, 의식은 오로지 그것이 어떤 대상에 **관한 의식**인 한에 있어서만 '알려진다'는 점에 동의한다.

그러나 거기까지가 그들 간의 유사성을 말할 수 있는 최대한이다. 한 걸음 더 나아가, 아베나리우스는 '순수경험'의 조망은 실재론과 유아론이 만나는 장이라고 주장한다. 왜냐하면 타인의 마음이 존재하는지 아닌지는 그의 현상론적인 경험 기술과는 무관하기 때문이다. 순수경험의 대상은 **사실**이지 지각이 아니다. "순수경험이라는 말로 우리가 의미하고자 하는 바는 사실에 대한 직접적 인식으로서의 경험이다. 그리고 여기서 사실이란 사물이나 관계, 사유, 느낌, 신념, 불확실성 등이 될 수 있다."[29] 아베나리우스의 목표는 우리의 모든 경험을 하나의 '핵심 표상'으로 체계화하는 것이다. 그것은 개념들 중에서 가장 일반적인 것이 될 것이고, 경험 전반에 관해 가능한 한 가장 단순한(경제적인) 구도를 구성해 줄 것이다.

이런 체계화는 물리 현상의 생리학적 기술을 함의할 것이고, 그것은 연합주의 심리학을 기초로 하는 경험의 총체성 개념을 구성하게 될 것이다. 이러한 세계상 건설의 목표는 우리가 좀더 쉽게 다룰 수 있는 방식으로 경험을 단순화하고 체계화하는 일이 될 것이다. 그럴 때 철학은 '최소 행위의 원리'에 따라 세계에 대해 사유하는 활동이 된다. (그래서 아베나리우스는 그의 저서 《순수경험비판》에 그런 서언을 붙였던 것이다.)[30] 마흐는 이러한 기획에 전적으로 찬동했고, 그것이 물적인 것과 심적인 것의 관계를 명료화하는 데 중대한 공헌을 하고 있을 뿐 아니라, 그 안에서 사유의 경제 원리가 의미심장하게 제시되고 있다고 인정했다. 이런 것들은 마흐가 물리학에서 '표상'의 본성을 분석하게 되었을 때 가장 먼저 염두에 둔 사항들이었다.

마흐는 물리 이론이란 경험을 단순화하는 감각 자료의 기술들이며, 과학자는 그것을 통해 앞날의 사건들을 예측할 수 있게 된다고 주장하였다. 수학의 기능은 그 자체가 지닌 조직화의 힘을 통해 감관이 지각한 것을 단순화하는 데 기여하는 것이다. 이론에 대해서는 그것이 더 유용하다거나 덜 유용하다고 말하는 것이, 그것은 참이라거나 거짓이라고 말하는 것보다 더 정확한 표현이다. 왜냐하면 이론의 본성이란 감각들을 판단한다기보다 그것들을 기술하는 데에 있기 때문이다.

사유 속에서 사실들을 재생산하고 예측함으로써 경험을 대체하거나 보존하는 것이 과학의 목표이다. 기억은 경험보다 다루기 편리하며, 가끔은 동일한 목적에 합치한다. 자신의 활동 전체를 가득 채우고 있는 과학의 이러한 경제적 직무는 언뜻 봐도 분명하다. 그리고 그 점을 철저히 인식함으로써 과학의 모든 신비주의는 사라진다.[31]

과학에서 형이상학적인 요소들은 과학의 본질적 특성, 즉 경제성을 거스른다. 뉴턴 물리학에서 나타나는 '절대' 공간, 시간, 그리고 운동이라는 개념은 그저 불필요할 뿐이다. 뉴턴의 절대적인 것들에 관한 마흐의 견해는 절대 시간에 관한 그의 진술에 잘 요약되어 있다.

> 이 절대 시간은 그 어떤 운동과의 비교를 통해서도 측량될 수 없다. 그
> 것은 따라서 실천적인 가치도, 과학적인 가치도 지니지 않는다. 그리고
> 그 누구도 그것에 관해 무언가를 알고 있다고 정당하게 말할 수 없다.
> 그것은 무익한 형이상학적 개념에 지나지 않는다.[32]

마흐는 역학의 원리들에 대한 비판적이고도 역사적인 연구를 통해서 그러한 불필요한 첨가물들을 이해하고, 그럼으로써 그것들을 떼어내는 방법을 찾고자 한다. 따라서 그의 주저가 《역학의 발전에 관한 비판적이고 역사적인 설명》이라는 제목을 달게 되었고, 또 다른 저술의 제목이 《에너지 보존 원리의 역사와 뿌리》여야만 했던 것은 우연이 아니었다. 과학의 임무란 가장 효과적인 방법으로 감각 자료를 기술하는 일에 마땅히 제한된다는 그의 주장을 정당화하려면, 감각 자료의 기술과 관련 없는 요소들이 도대체 어떻게 초창기의 물리 이론 안으로 들어가게 되었는지를 설명하는 일이 필수적이다. 그는 특정한 과학적 관념들의 기원을 분석함으로써, 어쩌다가 과학자들이 관찰 가능한 것의 한계를 초월하는 설명을 형성하게까지 되었는지 보여 줄 수 있었다. 이를테면 역학에서 '힘'이라는 개념 같은 형이상학적 요소들이 출현한 것은, 역학의 탄생이 인간이 신학적인 문제에 몰입해 있던 시기에 이루어졌다는 점을 지적함으로써 설명된다.

공평무사한 사람이라면 역학이라는 학문의 주요한 발전이 신학의 그 림자가 압도적으로 드리워져 있던 시기에 이루어졌음을 인정해야만 한다. 신학적인 질문들은 만사에 의해 자극되었고 또 만사를 변형시켰 다. 그러므로 역학도 그 때문에 별난 색깔을 띠게 되었다는 사실 역시 놀랄 일이 아니다. 그러나 이렇듯 신학적인 사유가 과학적 탐구에 철저 하게 스며들어 있다는 사실은, 세부적인 내용들을 검사함으로써 가장 잘 드러나게 될 것이다.[33]

마흐의 과학 비판에서 역사적인 요소는 유익한 과학적 탐구가 이루어 질 수 있는 한계를 보여 주는 데 기여한다. 그리고 그것은 또한 다음과 같은 점에서 발견적인 가치heuristic value도 가진다.

과학 안에 소중하게 간직되어 있는 원리들이 반밖에는 이해되지 않은 법칙 체계가 되거나, 더 안 좋게는 **편견**들의 체계가 되는 일이 없으려 면, 과학의 발전에 관한 역사적인 탐구가 무엇보다도 필요하다. 역사적 인 탐구는 현대 과학의 실상에 대한 이해를 증진시킬 뿐 아니라, 또한 그것이 대체로 **규약적**이고 **우연적**으로 존재하는 것임을 보여 줌으로써 우리 앞에 새로운 가능성들을 불러일으킨다. 상이한 사유의 길들이 수 렴하는 더 높은 관점에서 우리는 더 자유로운 시각을 가지고 우리를 냉정히 내려다보며, 미지의 것 앞에 펼쳐진 통로들을 발견해 낼 수 있 을 것이다.[34]

따라서 역학이 물리학의 여러 분과 중 단지 역사적으로만 으뜸의 자격 을 가질 뿐이라는 사실을 설명하고자 노력한 것과는 별개로, 마흐는 역학의 발전 과정을 재고하여 그 학문의 새로운 길을 개척하는 데도 관심을 두었다.

마흐가 당대 과학의 상태 속에 들어 있는 '규약적이고 우연적인' 성격을 강조한 것은 또한 보다 폭넓은 고려사항들로부터 나온 것이었다. 그는 모든 앎이란 주변 환경에 대한 동물의 적응에 맞추어져 있다고 생각하였다. 마흐에게는 모든 개념, 이론, 격률 등의 것들이 우리의 생물학적 생존 본능에 따른 기능들이었다.[35] 개념적 도식들은 현실적인 문제들을 다루는 경제적인 수단들이다. 그것들은 본성상 그 자체로 우리의 동기에 의해 채색된다. "생각으로 사실들을 재현할 때, 우리는 결코 그 사실들을 완벽하게 재현하지 않는다. 다만 그중에서 우리에게 중요한 측면만을, 현실적인 이해관계에 따라 직접적이거나 간접적인 방식으로 요구되는 바로 그 측면만을 재현할 뿐이다."[36] 마흐가 볼 때 인식자로서의 인간은 대체로 수동적인 존재이다. 앎이란 우선 감각의 세계를 우리 자신에게 기술하는 일에 해당하며, 그것은 우리가 주변 환경과 타협하기 위해 반드시 해야 하는 일이다. 이런 맥락에서 지성의 역사는 '최적' 관념의 '생존'에 관한 이야기가 된다. 개념들 역시 신봉자들을 확보하고, 그럼으로써 결국 생존하기 위하여, 경쟁하는 개념들에 맞서 싸워야만 한다. 개념은 사실에도 그렇고, 개념들 상호 간의 관계에도 스스로를 '적응'시켜야 한다.

최고의 형이상학 비판자를 자임하는 한 과학자가 이런 생각들을 제안했을 때, 그가 실은 자신의 적을 뒷문으로 다시 들어오게 하고 있다고 누군가 반박하지 않았을까 예상해 볼 수 있다. 이런 근거에서 마흐를 비판했던 그 누군가가 바로 막스 플랑크였다. 플랑크는 마흐의 생물학적 인식론은 어느 모로 보든 그가 비난해 왔던 이론들만큼이나 형이상적이라고 주장했다. 그는 또한 물리 이론들이 오로지 감각 자료에만 근거한다는 것을 부인하면서 물리 이론의 본성에 대한 마흐의 개념을 비판하였다.[37] 플랑크의 견해에 따르면, 물리학자는 물리적인 세계에 형식을 **부여함**으로써 물리 세계의 체계를 창조한다. 그는 마음의 역할이란 경험적 사실들을 물리과학이라는 통합 체계로 조직해 내는 수학적인 구조물들을 창조하는 것이라고 주장하였다. 그는 마흐가 물리학자들 사이에서는 최고의 죄악인 의인주의anthropomorphism라는 잘못을 저질렀다고 비난했다. 플랑크가 보기에 물리학의 기초를 감각 자료의 기술에 두려는 마흐의 시도는 '물적'인 상태가 어떤 식으로든 '심적'인 상태와 동일하다는 가정을 필요로 하는 것이었다.

반면에 플랑크는 과학을 경제 원리에 근거 지우려는 태도에 대해서는 전혀 반박하지 않았다. 도리어 그는 마흐가 가장 극렬하게 반대했던 관념들 중 일부가 바로 그 자연의 경제학에 잘 부합하는 것이라고 주장하였다. "어느 날 마흐 학파의 어느 일원이 확률 가설이나 원자의 실재성이 실제로는 과학적 경제성 원리의 귀결이라는 어미어마한 발견과 마주치게 되더라도, 그것은 나에게는 놀랄 일이 아닐 것이다."[38] 플랑크의 이런 언급은 실로 선지자적인 것이었다. 왜냐하면 아인슈타인의 생애가 그런 발견의 과정을 반영하게 되기 때문이다. 실제로 아인슈타인은 오히려 마흐의 원리들을 엄격하게 고수하는 바람에, 종국에는 마흐가 내세운 주장들을 대부분 거부하는 상황에 이르게 되었다.[39] 마흐와 벌인 이 논쟁에서 플랑크가 택한 입장은 매우 흥미롭게도 마흐 본인도 잘 알고 존경했던 한 물리학자의 작업을 발전시킨 것이었다. 헬름홀츠가 주장한 바에 따르면 "지성과 인품을 겸비한 보기 드문 재능을 타고났으며"[40] 1890년대 초에 때 이르게 사망한 그 물리학자가 바로 하인리히 헤르츠였다.

## 공적 용법로서의 표상

마흐는 다음과 같이 언급함으로써 자신과 헤르츠 사이의 근본적인 대립 관계를 표현하였다.

> 칸트 같은 철학자를 비판하거나 논박하는 것은 과학에 종사하는 사람의 소관이 아니다. 내친 김에 말하자면, 칸트의 철학이 현대적인 과학 연구의 길잡이로서 적절치 않다는 사실을 보여 주는 것이 더는 특별히 대단한 업적이 될 것도 없겠지만 말이다.[41]

헬름홀츠의 학생이었던 헤르츠는 이론물리학에서 칸트의 인식론이 지닌 중대성을 간과할 수 없었다. 반면 마흐에게 인식론의 모든 문제를 해결하는 가장 확실한 길잡이는 흄의 회의주의적 경험론이었다. 마흐가 헤르츠의 《역학의 원리》를 매우 흥미롭게 읽은 것은 분명하다. 그러나 그는 물리 이론의 본성에 관한 자신의 개념과 헤르츠가 《역학의 원리》의 서문에서 제창한 개념 사이에 의미심장한 차이가 있다는 사실을 파악하지는 못한 것처럼 보인다. 마흐는 헤르츠가 역학의 '물적' 측면을 제거한 점은 칭송했지만, 정작 헤르츠의 체계가 그 기본적인 개념들에서 칸트적이라는 사실을 깨닫지는 못했다.

헤르츠에 대한 마흐의 전반적인 오해는 헤르츠의 물리 이론에서 핵심적인 개념에 해당하는 '그림Bild'(말 그대로 그림 혹은 상象을 의미하는)이라는 단어에 대한 그의 논평에서 전형적으로 드러난다. 마흐는 "헤르츠가 그림이라는 단어를 영국의 오랜 철학 용어인 관념idea이라는 뜻으로 사용하면서 그 단어를 어떤 분야에든 상관없이 해당 분야의 관념이나 개념의 체계에 적용했다"라고 주장한다.[42] 《역학의 원리》의 서문을 좀더 조심스럽게 읽는다면 이런 주장은 지지될 수 없는 것이다. '상'

이나 '그림'을 통해서 헤르츠가 의미하고자 한 바는 영국 경험론에서 말하는 '관념'의 개념이 전혀 아니었다. 실제로 그가 제안하고자 한 것은 수학적 모델의 이론이었다.[43] 따지고 보면 그의 단어 선택이 불운했던 것일 수도 있다. 물론 일이 그렇게 된 것은 부분적으로는 'Bild'라는 단어의 모호성에서 기인한 것이기는 하지만 말이다. 그러나 헤르츠가 '표상'으로서의 그림을 기술하면서, 감각적 용법으로서의 표상을 가리키는 'Vorstellungen'이 아니라 공적 용법으로서의 표상을 가리키는 단어 'Darstellungen'을 채택하여 일관적으로 사용했다는 사실은 의미심장한 것이다.

만일 헤르츠가 영국 철학자들의 '관념', 즉 감각을 염두에 두었다면 'Vorstellung'이 적절한 단어였을 것이다(이 단어는 독일 철학자들이 감각 자료의 심상을 지시하기 위해 곧잘 사용하는 단어이다). 따라서 쇼펜하우어는 자신의 주저의 제목을 《의지와 표상으로서의 세계*Die Welt als Wille und Vorstellung*》로 정했으며, 아베나리우스의 경우는 철저하게 일반적인 단일한 개념이자 경험에 본질적인 모든 것을 '표상'하는 핵심 표상 Centralvorstellung의 추구를 자신의 철학적 목표로 삼았던 것이다.[44] 반면에 헤르츠는 자기가 도입한 그림이나 상의 기능을 지칭하기 위해서 'Darstellung'이라는 단어를 사용했다. 그는 이 용어를 사용함으로써 단지 감각 인상의 재현에 지나지 않는 그런 유형의 표상이 아닌, (이를테면) 역학의 전체 체계를 의미했다. 그것은 마흐의 저서 제목에서 나타난 바와 같이 역학의 발전에 관한 마흐의 연구도 명목상으로는 역사적이고 비판적인 '설명dargestellt'이었다는 점과 같은 맥락이다. 이러한 표상의 양식에서, 인간은 흄 식의 '인상'이나 마흐 식의 '감각' 같은 '표상'이 **그저 발생하기만 할 뿐**인 수동적인 관찰자가 아니다. 공적 용법으로서의 표상Darstellung은 그와는 반대로 앎을 위해 의식적으로 **구성된** 도식이다.

헤르츠는 이런 '인지적 도식'이나 '모델'의 특징을 다음과 같이 설명한다.

동일한 대상들에 대한 다양한 모델(그림)들이 가능하며, 이런 모델들은 다양한 측면에서 서로 다를 것이다. 우리는 우리의 사유 법칙을 암암리에 위배하는 모델은 일절 수용할 수 없는 것으로 즉각 표시해야 한다. 그러므로 우리는 첫째로 우리의 모든 모델들이 논리적으로 허용 가능할 것을 요청한다. 간단히 말하자면 그것들은 허용 가능해야 한다는 것이다. 그런데 허용 가능한 모델들이라 해도 만일 그것들의 본질적 관계들이 외재적인 것들의 관계에 위배된다면, 즉 그 관계들이 우리의 으뜸 근본적인 요구 조건을 만족하지 않는다면, 우리는 그 모델들을 옳지 않다고 표시해야 할 것이다. 그렇게 해서 둘째로, 우리는 우리가 제시한 모델들이 옳아야 한다고 요청한다. 그러나 동일한 외재적 대상에 대한 두 개의 허용 가능하고도 올바른 모델들이 적절성이라는 측면에서는 여전히 상이할 수 있다. 동일한 대상에 관한 두 개의 모델 중에서 그 대상의 본질적인 관계들을 더 많이 포함하고 있는 좀더 적절한 것, 그 하나를 우리는 좀더 판명한 모델이라고 부를 수 있을 것이다. 판명성이 동일한 모델 중 좀더 적절한 것은 본질적인 특성들에 덧붙여 잉여적이거나 공허한 관계들을 더 적게 포함하고 있는 모델이다. 즉 둘 중에 더 단순한 것이 더 적절한 모델이다. 공허한 관계들을 한번에 모두 피할 수는 없다. 그것들은 모델들 안으로 들어간다. 왜냐하면 모델은 그야말로 모델이기 때문이다. 모델은 우리의 마음이 만들어 낸 것들이고, 따라서 마음이 가진 모델 만들기 양식의 특성들에 영향을 받게 되어 있는 것이다.[45]

역학적 현상의 표상이 만족해야 하는 세 가지 검사 기준은 논리적 일관성, 경험적 자료와의 대응, 그리고 단순성 즉 표현상의 우아함이다. 따라서 우리는 역학적 현상들에 대한 우리의 수학적 모델이 가지는 내적 구조나 분절성을 그 모델이 경험 안에서 주어진 사실들과 맺는 관계들과 분리해야 한다. 수학적 연역(일관성 혹은 허용 가능성)과 체계적인 혹은 형식적인 표현(단순성 혹은 적절성)이라는 요소들을 포함하는 전자는 헤르츠의 체계에서 선험적인 요소이며, 그는 이것을 《역학의 원리》 1권에서 탐구한다. 2권에서는 더 나아가 어떻게 그런 선험적인 연역 체계가 경험과 관계를 맺게 되는지를 고려한다. 이 두 권의 책이 역학이라는 학문에 대한 헤르츠 자신의 표상을 구성한다. 그는 이런 표상을 '체계적인 문법'에 비교한다. 그리고 자신의 체계가 역학의 전통적 표상들과 어떤 관계에 있는지 암시하기 위해, 그런 전통적인 표상을 새롭게 언어를 배우기 시작하는 사람들을 돕기 위해 구성한 좀더 기초적이고 단순화된 문법에 비교한다.

> 역학에 대한 우리의 표상과 기존의 표상 사이에는 한 언어에 대한 체계적인 문법과 그 언어를 배우는 사람들이 일상생활에서 마주치게 될 것들에 가능한 한 빨리 익숙해지게 하려는 목적으로 고안한 문법이 맺는 관계와 어느 정도 유사한 관계가 성립한다. 그 두 가지 경우에서 각각의 요구 조건은 매우 상이하며, 만일 그 둘이 제각기 각자의 목적에 제대로 부합하고자 한다면, 각자의 내부적 배열은 상당히 달라야만 하는 것이다.[46]

헤르츠가 주장한 이론의 참신성을 이해하려면 우리는 다시 그의 사상과 마흐의 사상을 비교해 보아야 한다. 마흐에게 물리학의 표상들에 대한 비판은 역사적이고 논쟁적인 것이다. 그는 역학의 발전 과정을 개괄함으로써, 역학이 지금의 모습으로 전개되어 온 이유를 설명하고자 한다. 그러는 한편 그 자신은 한쪽에 비켜서서, 형이상학의 개입으로 물리학자들이 혼란에 빠지는 지점을 잡아낸다. 그렇다면 마흐의 계획은 본질적으로 역학이라는 특수한 분야와 자연과학 일반의 **한계가** 모두 '환원'의 과정을 통해 결정되며, 그러한 환원은 물리적 현상에 관한 진술들을 감각 자료에 관한 진술들로 이루어진 증거적인 기반과 연결시킨다는 믿음을 수반한다. 즉 그는 역학의 한계를 **외재적으로** 설정한 것이다. 이와는 대조적으로 헤르츠가 도입한 수학적 모델의 설명 방식에는 한 가지 커다란 이점이 있다. 즉 누구나 그런 모델들의 한계를 **그 안으로부터**from within 지적할 수 있다는 것이다.

> 우리의 근본적인 법칙은, 비록 무생물의 운동을 표상하기에는 충분할지 몰라도 생물의 경우에는 가장 하등한 생명체의 과정조차도 제대로 설명하기 어려울 만큼 지나치게 단순하고 옹색한 것으로 보인다(어쨌든 이것이 누구나 느끼는 자연스러운 첫인상이다). 나에게는 그것이 우리의 법칙이 지닌 단점이 아니라 오히려 장점으로 보인다. 왜냐하면 그것은 우리에게 역학의 모든 범위를 개괄할 수 있게 해 주면서, 한편으로 그 영역의 한계가 무엇인지를 **보여 주기** 때문이다.[47]

따라서 헤르츠는 자신의 모델 이론을 설명하는 동시에 모델들의 적용 가능성의 한계를 규정한다. 그럼으로써 모델 그 자체는 '역학적'이라고 불릴 수 있는 가능한 모든 경험의 한계들을 우리에게 보여 준다.

그 구조 자체가 자신의 적용 범위를 규정하게 되어 있는 헤르츠의 모델은, 심리적이거나 기술記述적인 것이 아니라 논리수학적인 것에 기반을 두고 있다는 점에서, 마흐가 활용한 기본적인 개념적 장치들, 즉 실제적인 감각 경험의 '복제' 또는 '이름'으로서의 기호들에 비하여 눈에 띄게 진일보한 것이다. 따라서 마흐 자신의 사유 경제성 원리에 의하면, 이러한 구조들은 과학자가 '경험을 예측'할 수 있도록 해 주는 기능을 마흐의 기술들보다 훨씬 더 효과적으로 충족시켜 준다. 실제로 마흐가 수행했던 것과 같은 역사적인 비판은 역학의 법칙들을 헤르츠의 방식에 따라 체계적으로 표상하기 위한 '문법적' 예비지식이었다. 그것은 역학의 여러 체계가 동일한 현상을 설명해 왔으며, 더 나아가 어떠한 특별한 체계도 그것이 표현의 경제학에 입각하여 도출된 것이 아닌 한 다른 체계에 비해 그 어떤 우위성도 가질 수 없다는 역사적인 사실을 확립해 준 것이다. 그럼에도 불구하고, 과학자가 경험을 예측할 수 있도록 해 주는 체계가 가장 효과적인 체계로 지금까지 남게된 것이며, 특히 그러면서 그 체계가 동시에 (헤르츠의 체계가 그렇듯이) 수많은 철학적 함정들을 피해 나갈 수 있다면 더욱 효과적인 것이 되는 것이다.

헤르츠의 이론이 일반적인 철학적 분석이 아니라 현실적인 문제를 푸는 한 가지 방법으로서 발전되었다는 사실 또한 의미심장한 것이다. 헤르츠는 맥스웰이 자신의 이론을 표현할 때 사용한 상이한 방정식들을 고찰함으로써 맥스웰 이론의 정확한 본성을 결정하고, 그럼으로써 맥스웰이 전자기적 현상의 좀더 심오한 본성에 관하여 어떤 종류의 주장을 하고 있는지 밝히고자 애쓰고 있었다. 그 과정에서 헤르츠는 맥스웰이 사실상 그런 현상의 물리적 본성에 관해서는 전혀 언급하지 않고 있다는 생각을 하게 되었다. 그의 방정식들은 그가 그런 현상들을 마주쳤을 때 그것들이 작용하는 방식을 이해할 수 있게 해 주는 논리적인 공식들이었다. 간단히 말해서 헤르츠는 '맥스웰의 이론이 맥스웰의 방정식 체계'라는 사실을 깨달은 것이다. 따라서 그는 수학적인 공식이 물리학의 모든 문제를 다룰 수 있는 골격을 제공할 수 있고, 그럼으로써 물리적인 실재에 논리적인 구조를 부여할 수 있다는 사실을 자각하게 되었다.

그런 구조나 모델의 구성 요소들이 지각**으로부터 도출될** 필요는 없다. 오히려 그것들은 관찰된 사건들의 **가능한 배열들**에 대응한다. 따라서 그것들은 심리적인 재현의 경우보다 경험을 훨씬 더 단순화한다. 마흐는 공간의 직관과 감관의 조직에 관한 헤르바르트의 심리생리학 이론들을 연구한 후에, 자신의 물리적 표상에 관한 이론적 근거를 정신물리학이라는 기초과학의 좀더 일반적인 개념 위에 두었다. 그는 이렇듯 물리학의 외부에서 자신의 분석을 시작하였고, 결코 안으로부터 물리 이론을 해명하고자 애쓰지 않았다. 실제로 그는 그런 필요성을 거의 고려조차 하지 않은 것으로 보인다. 열역학이라는 신과학에서는 열의 본성을 설명하는 데 어떤 종류의 상이나 모델도 필요하지 않다는 사실이 발견된 카르노*의 시대 이래로, 대륙의 물리학자들 사이에는 과학에서 사용되는 모든 형태의 가설적 모델을 적대시하는 태도가 만연되어 있었다. 그렇지만 플랑크의 시대에 이르러 물리학의 새로운 발전은 참신한 설명 방식들을 요구하고 있었고, 그러한 것들이(가장 친근한 사례로는 원자 이론을 들 수 있다) 복잡한 역학적 가설들을 정당화해 주었다. 원자 이론과 그 이론에 전형적으로 나타나는 가설적 사유를 동시에 공격한 마흐는 앞선 과학자 세대의 태도를 대변하고 있었다. 반면에 플랑크와 볼츠만 같은 사람들에게 원자 이론은 과학의 경제학에서 매우 큰 비중을 차지하는 것이었다.

---

* 자신의 이름을 딴 '카르노 순환'이라는 열역학 체계를 고안한 19세기의 프랑스 과학자.

헤르츠의 물리 이론에 관한 해석에 나타나는 칸트적인 요소는 또한 루트비히 볼츠만의 사상에서도 분명하게 드러난다. 그는 '통계역학'을 창시한 사람으로서, 그의 이론은 열역학의 20세기 식 접근 방식뿐만 아니라 이론물리학 전반을 대하는 현대적 태도의 기반을 이룬다. 볼츠만은 역학에 대한 헤르츠의 설명이 '관찰된 사건들의 가능한 배열들'의 체계를 규정한다고 간주하고, 그것을 **물리학 자체 내에서** 이론적 분석의 일반적 방법을 추구하는 출발점으로 삼았다. 그는 한 물리 체계 내에 있는 각각의 독립적 속성이 다차원적인 기하학적 좌표체계에서 별도의 좌표를 규정한다고 간주했다. 물리 체계 내에서 각각의 독립된 물체들이 차지하는 모든 가능한 위치는, 예를 들면 세 개의 공간적인 '지칭 축'에 따라 배열된다. 이에 덧붙여, 이를테면 또 다른 축을 따라서는 온도의 모든 값이, 그다음 다섯째 축을 따라서는 압력의 모든 값이 결정되는 등의 방식이다. 그렇게 귀결된 다차원 좌표계에서 이론적인 '눈금들'의 총체는 해당 물리 체계의 가능한 상태들의 총합'에 대한 하나의 표상을 제공한다. 그리고 모든 실제 상태는, 좌표들이 모든 변항의 실제 값에 대응하는 '다차원 공간'의 특정한 한 눈금을 구체적으로 명기함으로써 정의될 수 있다. 그렇다면 통계역학의 전반적인 문제는, 다양한 가정과 조건 아래에서 한 물리 체계의 **실제**actual 상태들이 그 체계의 **가능한**possible 상태들 가운데 분포하게 될 빈도수를 좌우하는 수학적 관계들을 발견하고, 그럼으로써 실제로 어떤 하나의 전체적인 물리적 상태 안에서 그 체계를 찾아내게 될 상대적 확률을 계산하는 것이 된다.[49]

여기서 볼츠만의 통계적 분석 방법이 20세기 물리학에서 매우 핵심적인 역할을 수행하게 된 이유를 설명하려 하다가는, 아주 간단하게만 정리한다고 하더라도 우리의 논의 범위를 상당히 벗어나 버릴 것이다.

플랑크는 역시나 그 방법이 천재적인 솜씨임을 곧바로 알아챘다. 그 방법을 이용하면, 열 이론에 대한 마흐적인 설명에서 좀처럼 사라지지 않고 있던 '따뜻함의 감각' 등과 같은 모든 주관적인 언급을 마침내 제거하고, 그것을 엄격한 수학적 기술들로 대치할 수 있었다.[50] 양자역학의 특징으로 통계적인 설명이 새롭게 강조되면서 볼츠만의 방법이 지니는 중요성은 한층 더 증대되었다. 특히 공간 내의 좌표들이 해당 체계의 모든 독립 변항을 표상하는 그러한 다차원 공간을 기준으로 삼아 한 체계의 물리적 상태를 상술하는 그의 방법은, 현대의 양자 이론으로 고스란히 이어져 그 이론의 표준적인 표현 방식이 되었다. 그러나 그러한 전문적인 사항들과는 별개로, 볼츠만의 분석 방법에서 핵심적인 역할을 수행하는 '이론적 가능성의 공간'이라는 개념이 비트겐슈타인의 《논고》에서 다음과 같은 진술들로 간결하게 요약될 수 있다는 사실은 언급할 만한 가치가 있다.

논리적 공간 안의 사실들이 세계이다. 세계는 사실들로 나뉜다. 각각의 항목은 나머지 모든 것들이 그대로 있는 상황에서, 그럴 수도 있고, 그렇지 않을 수도 있다. … 우리는 스스로 사실들의 표상(그림)을 구성한다.

표상은 존재의 가능성과 사태의 비존재를 표상함으로써 실재를 묘사한다. 표상은 논리적 공간 안에서 하나의 가능한 상황을 나타낸다.

명제는 논리적 공간 안의 한 장소를 결정한다. … 기하학과 논리학을 막론하고 하나의 공간은 하나의 가능성이다. 그리고 그 안에 무언가가 존재할 수 있다.[51]

나중에 보게 되겠지만, 실제 물리적 '사태들'을 특수한 다차원 공간 속에 규정된 가능한 '사태들'의 완벽한 총체 안에 통계적으로 분포하는 것들로 취급하는 볼츠만의 방법에서 출발하여, 사실들의 상이한 복합적 조합들에 대응하는 '분자' 명제들의 참 또는 거짓을 거기에 관련된 모든 독립적인 '원자' 사실 혹은 사태들에 대응하는 기초 명제들의 독립적인 참 또는 거짓의 함수 관계로 취급하는 비트겐슈타인의 '진리표 방법'에 도달하는 길은 그리 멀지 않다.

대개 20세기의 과학은 마흐의 '기술記述'보다는 헤르츠의 '모델'을 더 선호하는 방향으로 전개되어 왔다. 그러나 그렇게 되기까지 아무런 갈등이 없었던 것은 아니다. 그리고 마흐의 실증주의가 미친 영향은, 예를 들면 '관찰 가능한 것'의 우선성에 관한 양자 물리학자들의 논증들 (예를 들면 보어와 하이젠베르크의 논증들) 속에 여전히 뚜렷하게 남아 있다.[52] 그러한 불편한 관계가 플랑크에게는 곧 과학 공동체로부터의 도편추방의 시대를 의미했다. 자신의 작업이 헤르츠와의 연속선상에 있다고 인정한 볼츠만은, 마흐와 오스트발트를 비롯해 그들의 추종자들이 쏟아붓는 가혹한 비판을 견딜 수 없었다. 실제로 이런 적대감이 마침내 그가 스스로 목숨을 끊는 지경에까지 이르게 된 말년의 정신적 불균형의 한 요인이 되기도 했다. 그가 자살한 바로 그 시점에 청년 비트겐슈타인은 그의 밑에서 공부할 준비를 하고 있었다. 1906년경 형이상학에 맞서던 그간의 투쟁은 생기를 잃은 채 독단적인 경험론으로 굳어지고 말았다. 그리고 그런 상황에서 모든 가설적 구조들은 금기로 여겨지게 되었다. 만일 오늘날의 과학계에서 이런 태도가 대체로 사라지고 없다면, 그것은 헤르츠의 후계자들 덕분이다. 비록 과학철학의 영역에서는 이런 독단적인 태도가 빈학파의 작업 속에서 훨씬 더 오랫동안 살아남게 되었지만 말이다. 그러나 에른스트 카시러 같은 철학자가 헤르츠의 작업을 높게 평가하였음에도 불구하고[53] 역사가들 사이에서는 그의 작업이 지닌 선구자적인 중요성이 오늘날까지도 제대로 인식되지 않고 있다. 그리고 루트비히 비트겐슈타인의 《논고》에 대한 지난 50년간의 해석의 역사는 마흐의 철학적 후계자들, 이른바 빈학파의 영향을 심대하게 받아 왔다. 앞으로 보게 되겠지만, 그들은 본질적으로 헤르츠와 볼츠만의 이론에서 파생된 한 언어철학 저서의 논증을 마흐주의적인 경험론의 인식론적 활용 사례인 양 왜곡했던 것이다.

## 칸트와 이성의 한계

우리는 어떤 이론적 표상의 영역을 **그 내부로부터 보여 주는** 방법을 제시한다는 점이 헤르츠의 분석이 지닌 한 가지 두드러진 장점이라고 말했다. 모든 물리 이론이 보편적인, 그리고 철학적으로 좀더 근본적인 정신 물리학으로 되돌아간다고 말한 마흐의 '환원주의적' 분석과는 달리, 헤르츠의 방법은 특정한 표상 체계 바깥에 존재하는 더 일반적인 원리들에 호소하지 않는 방식으로 해당 이론에서 의미 있게 표상할 수 있는 '이론적 가능성'의 총합을 규정할 수 있게 해 주었다. 칸트의 비판 계획이 가지는 본격적인 철학적 위력을 인정할 줄 아는 교육받은 사람들에게는, 이 사실이야말로 헤르츠를 선호하게 된 중요한 요점이었다. 왜냐하면 칸트의 주요한 야심 가운데 한 가지 역시, 외재적인 형이상학적 가정들에 전혀 의존하지 않은 채 '이성'의 전반적인 한계 영역을 그 **내부**에서부터 보여 주는 방식으로 구획하는 것이었기 때문이다. 그리고 그렇게 해서 칸트는 (합리적으로 말해서) 형이상학의 의문들이란 그렇게 구획된 이성의 경계선상에 걸쳐 있거나 그것을 넘어서 있기 때문에, 결국 형이상학은 '알 수 없는 것'에 관심을 두고 있는 꼴이라는 사실을, 그냥 **주장하는** 것이 아니라 드러내 **보여 주려고** 했던 것이다. 이런 의미에서 우리는 물리 이론에 대한 헤르츠의 태도가 칸트적인 것이라고 정당하게 말할 수 있다. 그리고 그의 견해는 그 자체로 우리가 이미 보아 왔던 것과 같이 1890년대 이래 빈 사람들이 벌여온 지적·문화적 논쟁의 주된 특징으로서 상이한 매체, 상징주의, 표현의 양식, 언어 등의 범위 및 타당성의 조건과 한계를 규정하려는 다른 시도들과 마땅히 나란한 위치를 차지하는 것이다.

여기에 일정 부분 개입되어 있는 철학적 논점들을 가장 명료하게 이해하려면, 그 논점들을 관련된 역사적 조망 속에 위치시켜 보아야 한다. 그렇다면 그것은 곧 이 논쟁에서 논의된 문제들이 형성되는 데 가장 큰 공헌을 한 두 사람, 즉 이마누엘 칸트와 아르투어 쇼펜하우어가 제기한 주장들에 비추어 그 논점들을 살펴보아야 한다는 것을 의미한다. 칸트는 인간의 이성은 함부로 날뛰면서 "자기 자신을 어둠 속으로 내팽개치려" 하는 경향이 있다는 사실을 줄기차게 상기시켰다.[54] '비판철학'의 전반적인 요지는 이성의 고유한 한계를 설명하고, 감각 경험 자체에서 그 경험에 대한 설명으로 넘어가는 이성의 본유적인 경향성으로 인해, 그 설명이 그러한 경험을 넘어서는 '사물 자체 thing in itself'의 영역에 놓여 있는 것임에도 불구하고 그 한계가 어떻게 월경되는지를 보여 주는 데 주안점이 있다. 이성의 측면에서는, 지각의 가능성을 넘어서 있는 지성의 세계를 통해 지각의 세계를 설명하고자 하는 자연스러운 기질이 있다. 그런 설명이 바로 단지 하나의 학문이 아니라 만학의 여왕임을 자처해 온 **형이상학**의 특징이다. 칸트가 1781년에 제시한 이성 비판은 그러한 주장들을 공격한 것이었다.

칸트가 형이상학이 학문으로서의 지위를 가진다는 주장을 의심하게 된 요지는 다양하면서도 간혹 모순적이기까지 한 형이상학 체계들의

다중성이었다. 물리과학은(혹은 낭시 일컬어지던 대로 말하자면 자연철학
은) 그런 다중성을 드러내지 않았다. 그 안에 담긴 지식은 축적된 것이
었다. 과학자들은 제각기 앞선 세대의 업적 위에 새로운 것을 쌓아 올
릴 수 있다. 그러나 형이상학자들에게는 이것이 허용되지 않는다. 자
연과학에서 많은 사람들의 작업은 하나의 **지식 덩어리**로서 함께 지속되
어 왔다. 형이상학자들의 작업은 그러한 일체의 지식이 아니라, 단지
서로 반대하는 여러 사람 각자의 작업들일 뿐이다. 이런 이유 때문에
형이상학이 학문이 된다는 주장은 의심을 받아 온 것이다. 칸트는 형
이상학과 자연과학이 모두 이성의 작업이라고 생각하였다. 그러나 그
는 그 둘이 실질적으로 너무나 달랐기 때문에, 과연 '과학적'이라고 명
명되는 지식의 기반이 어떠한 본성을 가지는 것인지를 재고할 필요성
을 느끼게 되었다. 그 결과로 탄생한 《순수이성비판》은 칸트 자신의
말에 따르면, 천문학에서 코페르니쿠스적 혁명에 비견될 만한 것이었
다. 그것은 세계를 설명하는 데 논리적 정합성이 가장 중요하다는 파
르메니데스의 발견 이래로 가장 극단적인 철학적 관점의 변화를 일구
어 냈다. 그리고 그것은 형이상학이 학문적인 지위를 가진다는 모든
주장에 대한 거부로 귀결되었다.

칸트는 이성 그 자체의 본성 속에 모든 경험, 더 나아가 모든 가능한
경험의 영역을 넘어서려는 열망이 내재해 있다고 결론 내렸다. 그는
그러고자 하는 이성의 '자연적 소질Naturanlage'에 대해 언급한 바 있는
데,[55] 그 자신은 심리학이나 인류학에는 관심이 없다고 말했기 때문에,
여기서 그가 의미할 수 있는 것은 단지 이성은 자신이 창조한 세계상을
완성하고자 하는 욕구 속에서 가능한 경험의 한계를 넘어서기를 열망
할 수밖에 없었고, 그것이 바로 이성의 **본질적** 특징일 뿐이라는 것이었
다. 따라서 형이상학은 인간의 활동 중에서 가장 '인간적인' 것이다.

왜냐하면 그 근본적인 특징들로 볼 때, 아마도 형이상학은 다른 어떤 학문보다도 본성 그 자체에 따라 우리 안에 자리 잡게 되었고, 임의적인 선택의 산물이거나, 혹은 경험이 진행되는 중에 생긴, 경험과는 전혀 다른 어떤 인과적인 확장의 산물이라고는 결코 생각할 수 없기 때문이다.[56]

경험을 넘어선 곳에 놓여 있는 것에 대해 확정적인 사유를 형성하는 것이 불가능함에도 불구하고, 이성은 경험이 제공하게 되어 있는 것에 결코 만족하지 않는다. 결과적으로 이성은, 이성의 관념들(소위 이념 Idea)이 실제로 존재하는 어떤 것에 대응한다고 아무런 정당성도 없이 가정한다.

영혼에 관한, 세계에 관한, 그리고 신에 관한 관념들 같은 경우, 비록 이 관념들이 우리의 실제적인 지식을 확장하는 것이 아니라 하더라도 그것들이 아무런 기능을 하지 않는 것은 아니다. 과학자들에게 그것들은 '규제적인 관념들'로서 기능한다. 예를 들어 그 관념들은 과학자에게 과학에 어울리는, 이른바 통일성의 관념을 공급하고, 그럼으로써 과학자가 "가능한 한 완벽에 가깝게 그 자체 안에서 경험을 산출할 수 있도록" 도와준다.[57] 마찬가지로 그 관념들은 윤리 이론가들이 유물론, 자연주의, 혹은 숙명론을 진심으로 진지하게 받아들여 그것들을 수용하는 지경에까지 이르게 되는 잘못된 유혹을 막아 내는 데 기여할 개념들을 제공한다. 따라서 이성의 관념들은 본질적으로가 아니라 일종의 각주처럼 도덕성과 관계를 맺는다. 그렇다면 이성이 경험의 한계를 초월한다는 사실은 이성이 그 한계 너머에서 산출한 것이 전적으로 무의미하다는 것을 함축하지 않는다. 그것은 다만 이성의 산물, 즉 관념들이 우리의 지식을 확장할 수 없다는 것일 뿐이다.

'이성의 한계'에 관한 이 이론은 지금 우리에게 직접적인 중요성을 가진다. 왜냐하면 그것이 1890년에서 1914년 사이의 빈에서 급기야 곪아 터지게 되는 언어와 가치에 관한 전반적인 논쟁의 출발점이기 때문이다. 이 이론을 좀더 완벽하게 이해하기 위해서는 경계Schranken와 한계Grenzen에 대해 칸트가 행한 구분을 주목해야 한다. 칸트는 "(연장된 존재들 내에서) 경계란 언제나 어떤 한정된 장소 바깥에 존재하면서 그곳을 에워싸고 있는 공간을 전제로 한다"고 말한다. 반면에 "한계는 그런 것을 요구하지 않으며, 다만 양이 절대적으로 완전하지 않은 한에서 그 양에 영향을 미치는 부정적不定的 개념일 뿐이다."[58] 그러므로 "수학과 자연과학에서 인간의 이성은 **경계**가 아니라 **한계**를 수용한다. 즉 이성은 실제로 무언가가 이성과 상관없이 존재하며 이성이 결코 그것에 도달할 수 없음은 수용하지만, 어떤 시점에 이르면 이성이 자신의 내적인 진보에서 완결을 보게 되리라는 주장은 수용하지 않는다."[59] 수학과 물리학은 언제나 현상을 설명해 나갈 것이다. 수학과 물리학이 발견할 수 있는 현상의 수는 **경계 지어져 있지 않다.** 그럼에도 불구하고 그들의 발견은 현상으로 한계 지어져 있다. 수학과 물리학은 본성상 사물 그 자체의 본성을 발견할 채비를 갖추지 못하고 있다. 이들 학문 분과는 감각-경험의 대상들에 관해 알려질 수 있는 것으로 그 영역이 제한된다. 그들 학문은 그러한 경험을 초월하는 그런 방식으로는 어떤 것도 설명할 수 없다. 반면에 형이상학이라는 학문은(만일 그런 학문이 실제로 있을 수 있다면) 사변적 이성의 한계가 아닌 그것의 경계에 이를 것이다. 그리고 그럴 때 우리는 **실제적인 것의 한계**limits of the actual에 반대되는 것으로서 **사유 가능한 것의 경계**bounds of the conceivable에 닿게 될 것이다.

칸트주의적인 비판의 함축은 특히 윤리학 분야에 커다란 영향을 미쳤다. 도덕성은 더는 어떤 종류의 '자연법'이나 '인간 본성'에도 기반을 둘 수 없게 되었다. 칸트는 인간의 본성같이 '사물 자체'로 간주되는 모든 개념은 인간 지식의 범위를 넘어서 있다고 확신했다. 칸트에게 도덕적 행위를 수행하도록 의지를 속박하는 절대적 필연성은 특정한 명제 집합이 가지는 필연성과 마찬가지로 이성 그 자체에서 생겨나는 것이며, 그 이성이야말로 모든 필연성의 원천이다. 이성은 오로지 스스로 창조한 것만을 알 수 있고, 그렇기 때문에 오로지 그것에 대해서만 책임이 있다. 자연에 있어서의 형식과 구조, 그리고 필연적 관계들에 관한 모든 체계적인 지식이 오성의 선험적 형식을 감성의 선험적 형식을 통해 지각된 것에 적용함으로써 생겨난 결과물인 것처럼, 우리의 도덕적 행위들 역시 이성의 입법에 근거해야만 한다. 형이상학에서 이성은 오성의 한계를 넘어 '무조건적인 필연적' 존재라는 개념으로 자기 자신을 이끌어 가며, 이러한 존재야말로 이성을 전적으로 만족시키는 유일한 개념이 된다. 마찬가지로 도덕의 영역에서도 실천이성을 전적으로 만족시킬 수 있는 유일한 동기는 의지의 작용을 속박하는 '무조건적인 필연성'이다.

> **자연과 관련하여** 이성의 사변적인 사용은 세계의 어떤 궁극의 원인이 갖는 절대적 필연성으로 이어진다. **자유를 바라는** 이성의 실천적 사용 또한 절대적 필연성으로 이어지지만, 그것은 그 자체로 오직 이성적인 존재의 **행위 법칙이 가지는** 절대적 필연성일 뿐이다.[60]

인간의 모든 행위에 대한 입법자이자 재판관인 정언명령의 원천은 바로 여기에 있다. 이성은 자신의 사변적 기능을 통해 감각 경험에 관한 법칙을 제정하고, 그렇게 함으로써 하나의 '체계'로서 자연을 산출한다. 한편 이성은 실천적 기능을 통해 행위의 원인으로서의 자기 자신에 관한 법칙을 제정한다. 사변적 이성에 나타난 착각들, 다시 말해 신, 세계, 그리고 영혼이라는 초월적 이념들은 이제 다른 시각에서, 이른바 이성에 따라 행위를 조직화하는 데 필요한 가상적인 개념들로서 조망된다. 행위에 대한 이성의 실천적 적용은 이성 그 자체가 본체계, 다시 말해 자유, 불멸성, 그리고 신 같은 관념들이 의미를 얻는 지성적인 '목적의 왕국'에 거주한다고 생각해야 할 필요성을 야기한다. 오로지 그런 맥락에서만 정언명령은 의미를 가질 수 있다. 따라서 칸트의 윤리학은 정확히 말해, 오로지 어떤 존재가 이성적인 한에 있어서만 그 이성적 존재의 행위에 관심을 가지게 된다. 그리고 그는 그런 윤리학이 단지 인간만이 아닌 다른 모든 이성적인 존재자들(그것이 무엇이든)에게 타당할 것이라고 주장한다.

이성에 자기 자신의 한계를 넘어서려는 본유적인 경향성이 있다는 생각에서 출발한 칸트의 이성 비판은 그렇게 해서 이성의 관심사로서의 두 가지 활동 영역을 가정하는 (그리고 구분하는) 것으로 전개되어 간다. 이른바 사실과 가치 영역의 구분이다. 첫째 영역에서, 필연성(소위 '무조건적인 것')의 모든 원천을 획득하려는 이성의 충동은 사변에 족쇄를 거는 지성의 괴물들을 창조한다. 둘째 영역에서, 무조건적인 것은 바로 이성의 활동 기반이 되고, 그럼으로써 도덕성의 토대가 된다. 실제로 칸트의 이성 비판이 우선적으로 관심을 두는 것은 가치의 영역이 가지는 진정한 성격을 설정해야 할 필요성에 있다. 이 일을 수행하는 주된 이유 중 하나는 자연의 체계들로 간주되고 있는 유물론, 자연주의, 무신론, 숙명론 등과 같은 신조들이 불가능하다는 것을 입증하려는 것이었다. 사실, 자연의 체계들 중 이성적 존재로서의 인간 본성과 관계 있는 것은 아무 것도 없다. 결과적으로 그런 이론들은 윤리학의 토대를 제공할 수 없는 것이다. 오로지 이성만이 그 일을 할 수 있다. 칸트는 형이상학적 체계들이 인간의 자유뿐 아니라, 도덕성에도 마찬가지로 위협이 된다고 보았기 때문에, 그런 체계들이 기껏해야 허구에 지나지 않는다는 사실을 보여 주는 작업에 착수했다. 그렇지만 동시에 그는 이성의 한계를 결정하고 있는 자신의 직접이 자연철학에 봉사하는 것이라고 생각했다. 왜냐하면 "만일 우리가 학문들이 서로 간의 구역에 무단 침입하도록 내버려 둔다면, 우리는 그 학문들을 확정하는 것이 아니라 꼴사납게 만드는 것이기 때문이다."[61] (논리학은 그가 기술한 방식으로 한계가 설정된 완벽한 학문의 한 가지 사례를 제공한다. 그리고 지성적인 활동에서 논리학이 차지하는 위대한 가치는 바로 그런 사실로부터 도출된다. "논리학이 이렇듯 성공을 거둘 수밖에 없었던 것은 논리학 자체의 한계 덕분에 얻게 된 이득이다.")[62] 간단히 말해서 비판철학은 자연과학의 적용 가능한 영역이 어디까지인지를 결정하는 동시에, 미처 날뛰며 자신의 고유한 한계를 뛰어넘는 이성으로부터 도덕성의 영역을 수호하고자 하는 것이다.


## 칸트 비판자로서의 쇼펜하우어

지난 세기에 아르투어 쇼펜하우어만큼 독일 관념론에 맞서 칸트를 옹호해 준 사람은 없었다. 그는 비판철학을 19세기 초반의 장황한 관념론 체계로 변모시킨 철학자들을 쉬지 않고 통렬히 비난했다. 특히 헤겔은 그의 영원한 분노의 대상이었다. 따라서 그는 이렇게 말한다.

전반적으로 사람들은 참되고 진지한 철학은 칸트가 떠난 바로 그 자리에 그대로 머물러 있다고 의식하기 시작하였다. 어쨌든 나는 그와 나 사이의 철학에서 도대체 어떤 작업이 진행되어 왔는지 전혀 알 길이 없다. 따라서 나는 그를 직접적인 나의 출발점으로 삼는다.[63]

흥미롭게도 시간이 흐른 지금에 와서 평가해 보건대, 쇼펜하우어가 늘 관념론 철학을 받아들이기를 꺼려했던 점에 비해, 실상은 그가 관념론자들과 훨씬 더 많은 공통점을 갖고 있었다는 사실이 입증되고 있다. 하지만 쇼펜하우어 본인은 칸트가 떠난 바로 그 지점에서 칸트가 남기고 간 과제를 자신이 인계받고 있다고 생각하였다. 그의 주저인 《의지와 표상으로서의 세계》는 칸트를 동양적 사유와 결합시킴으로써 탄생한 것이다. 라이프니츠가 《역경易經》에 관심을 두고 있었던 것을 논외로 한다면, 동양 사상이 서구 철학에 중요한 의미를 가진다는 사실을 처음으로 인식한 사람은 바로 쇼펜하우어였다.

쇼펜하우어의 책 제목은 세계가 두 가지의 근본적인 측면을 가진다는 그의 기본적인 생각을 반영한다. 쇼펜하우어는 대략 칸트의 실천이성과 사변이성에 각각 해당하는 그 두 가지 측면을 '의지'와 '표상'이라는 두 단어로 지칭한 것이다. 우리는 스스로를 인식자knower, 혹은 사유자thinker인 동시에 행위자actor, 혹은 행위 주체agent로 자각한다. 칸트와 마찬가지로 쇼펜하우어 역시 추상적이고 지성적인 사유의 영역에 한계를 설정함으로써, 가치의 영역과 사실의 영역을 구분하고 그 두 영역을 분리하는 일에 매우 큰 관심을 두고 있었다. 쇼펜하우어의 견해에 따르면, 칸트가 이룩한 가장 큰 두 가지 업적은 우리가 지각하는 모든 것이 '현상'(단지 겉으로 나타나는 것)이라는 점을 증명한 초월적 감성론과 '사물 자체'와 '현상'을 연합적으로 구분한 것이었다. 쇼펜하우어가 보기에, 이 두 가지는 세계의 두 가지 근본적인 측면이 분리되어 있는 동시에 확고한 방식으로 연결되어 있다고 주장할 수 있는 근거를 함께 제공한다. 즉 표상과 의지의 관계를 '현상'과 '사물 자체'의 관계와 같은 방식으로 설명할 수 있다는 것이다. 쇼펜하우어는 이러한 개념들을 발전시켰다는 측면에서 자기 자신을 칸트주의자라고 생각했다. 그리고 그 나름의 방식으로 해석된 그 개념들은 그의 철학에서 하나의 시금석을 이룬다. 결과적으로 쇼펜하우어는 칸트의 위대함과 통찰을 지지하는 동시에, 칸트주의적인 비판을 전혀 다른 무언가로 탈바꿈시키고 있었다.

쇼펜하우어 사상의 본질적인 부분은 칸트주의 철학에 대한 철저한 비판적 분석이다. 이런 측면은 우선 그의 연구 논문들인 〈충족이유율의 네 가지 근거에 관하여〉와 〈윤리학의 두 가지 근본적인 문제들〉에서 발견되며, 그의 주저에 부록으로 실린 〈칸트주의 철학의 비판〉이라는 논문에서도 대략적인 형태로 제시되고 있다. 칸트의 비판철학에서 쇼펜하우어가 발견한 가장 심각한 결함은 칸트가 자신의 기본적인 개념들을 정의하는 데 실패했다는 사실이다. 이를테면 '이성', '오성', '개념', '범주' 그리고 그 밖의 많은 어휘들이 적절하게 설명되지 않은 채로 사용되고 구분되었다고 그는 주장한다.

이제 내가 앞에서 언급한 대로, 만일 칸트가 지식의 그러한 두 가지 상이한 능력들이(그중 하나는 인류의 두드러진 특징이다) 도대체 어느 정도까지 알려지게 되며, 또한 모든 민족과 모든 철학자의 언어 사용에 준하여 이성과 오성이 무엇을 의미하는지를 진지하게 탐구했더라면, 그는 결코 이성을 그렇게 이성적인 것과 실천적인 것으로 나누지 않았을 것이고, 또한 실천이성을 덕스러운 행동의 원천으로 삼지도 않았을 것이다. 그의 구분은 스콜라주의자들이 전혀 다른 의미로 사용한 이론이성intellectus theoreticus과 실천이성intellectus practicus의 구분에 비해 더 권위 있다고 할 수 있는 것이 결코 아니었다. 동일한 측면에서 칸트는 오성의 개념과(이것을 통해 그는 한편으로는 자신의 범주들을, 그리고 또 다른 한편으로는 모든 공통 개념들을 이해한다) 이성의 개념(그가 말한 소위 이념Idea들)을 그렇게 조심스럽게 나눠서 그것들을 철학의 소재로 삼기 전에, **개념**이라는 것이 일반적으로 무엇인지를 진정으로 탐구했어야 했다. 대개 그의 철학은 단지 그러한 모든 개념들의 타당성과 적용, 그리고 그 기원만을 다루고 있을 뿐이다.[64]

여기뿐 아니라 도처에서 칸트를 겨냥한 쇼펜하우어의 주된 비난은, 처음부터 칸트는 찌꺼기 같은 스콜라주의가 본인의 총명한 통찰을 왜곡하도록 방치하고 있었다는 것이다. 그런 스콜라주의의 흔적을 극명하게 보여 주는 사례는, 칸트의 체계 안 도처에서 대칭을 요구하는 그의 지식 체계론이다. 《순수이성비판》을 파괴한 것은 엄밀히 말해 바로 이 지식 체계론이라고 쇼펜하우어는 주장한다. 칸트는 초월적 감성론에 이를 때까지는 아주 순조롭게 전진해 나갔으며, 그 지점에서 자신의 가장 빛나는 개념들 중 하나를 형성하는 데 성공했다. 그러나 그 이후에는 지식 체계론의 요구가 그를 지배했다. 쇼펜하우어의 연구 논문 〈충족이유율의 네 가지 근거에 관하여〉는 그 점을 바로잡으려는 시도로서, 외관상으로 개량되어 보이는 그런 구조가 수반하는 불필요한 부가물들을 제거함으로써 분석론을 단순하게 만들고자 한 것이다. 칸트가 분석론에서 진정으로 관심을 가지고 설정하려고 한 모든 것은 과학의 기반인 인과율이었다. 그러나 지식 체계론은 그로 하여금 또 다른 잉여적인 판단까지 그 안에 포함하도록 만들고 만 것이다.

쇼펜하우어는 인간 지식의 선험성이 충족이유율에 기반을 두고 있음을 증명함으로써, 그 점을 교정하는 작업에 착수했다. 여기서 충족이유율은 그것이 무엇의 근거를 마련해야 하는가에 따라서 네 가지 형식('네 가지 근거')을 취한다. 그는 과학(학문 일반)과 단순한 사실들의 집합체를 구분하는 것으로부터 시작한다. "왜냐하면 우리는 **과학**을 통해서 개념들의 **체계**를, 다시 말해 단지 단절된 것들을 모아 놓기만 한 집합체와는 전혀 반대인, 상호 연결된 것들의 총체를 이해하기 때문이다."[65] 우리의 표상들을 체계적인 지식 덩어리, 즉 과학으로 이어 주는 선험적 기반을 제공하는 것이 바로 충족이유율이다. 다른 말로 하면, 쇼펜하우어에게 과학은 지각들의 정합적인 표상이며, 충족이유율에 선험적으로 근거를 두고 있다. 지각들을 표상하고 그것들을 과학으로 통합하는 일은 오성의 기능이다.

> 이제 바로 그 오성은 자신의 고유한 기능을 통해 [공간과 시간의] **합일**을 야기하고 그들의 이종적異種的 형식을 다음과 같은 방식으로 연결시킨다. 즉 (비록 오로지 그 오성에게만 그렇지만) 경험적인 실재는 그 이종적인 형식들 상호 간의 완전한 침투로부터 생겨나며, 충족이유율의 형식들에 의해 결합되지만 그것의 한계는 불확실한 형태의 복합체를 형성하는 하나의 집합적인 표상으로 나타나게 되는 것이다.[66]

그렇다면 쇼펜하우어의 시도는 지식의 대상으로 간주되는 세계, 이른바 표상으로서의 세계의 선험적인 구조가 전적으로 충족이유율에 근거를 둔 것임을 증명하는 것이며, 그렇게 함으로써 지식의 토대에 관한 칸트주의적인 입장을 단순하고 명료하게 하는 것이었다.

그러나 쇼펜하우어 자신이 칸트주의적인 견해를 넘어섰다고 주장하게 된 근본적인 요점이 하나 존재한다. 그것은 순수한 사변적 이성의 영역을 '표상으로서의 세계'로 변환시킨 것이었다. 쇼펜하우어는 자신의 출발점으로 표상Vorstellung을 택함으로써 주체와 객체의 칸트적 이분법이 야기한 문제들을 피할 수 있다고 주장하였다.

> 이제 우리의 전개 방법은 이들 두 가지 상반되는 오해들(즉 주체에서 객체를 연역하거나 혹은 그 반대로 연역하려는 시도)과는 **전적으로 다르다**. 왜냐하면 우리의 출발점은 객체도 아니고 주체도 아니며, 단지 의식의 최초 사실로서의 **표상**이기 때문이다.[67]

만일 우리가 객체object에서 출발한다면, 우리는 전前칸트주의적인 독단론에 빠져 있는 자신을 발견하게 된다. 만일 우리가 주체subject에서 출발한다면, 우리는 즉각 피히테 식의 관념론에 사로잡히고 말 것이다. 지각의 심적 이미지로서의 표상에서 출발한다면 우리는 그런 어려움에 직면하지 않는다. 이런 의미에서 표상은 그것으로부터 도출되는 추상적인 개념들, 이른바 종種, 혹은 집합 개념의 표상이나 예술의 대상인 플라톤적인 이데아와는 구별되어야 한다. 쇼펜하우어는 주체를 세계 내에 있는 어떤 것이 아니라 바로 그 세계가 존재하기 위한 선결 조건으로 본 것이다.

> 일반적으로 주체가 없는 객체는 모순에 빠지지 않고는 생각될 수 없기 때문에, 우리는 외부 세계의 실재가 그 주체와 독립적으로 존재한다고 주장하는 독단주의자를 절대적으로 거부해야 한다. 객체들의 전체 세계는 표상이며, 표상 그대로이다. 그리고 객체는 바로 그러한 이유 때문에 전적으로, 영원히 주체에 의해 좌우된다.[68]

객체는 오로지 그것들이 알려지는 한에서만 존재하며, 주체는 오로지 인식자인 한에서만 존재한다. 이 맥락을 벗어나서 그 두 가지에 대해 이야기할 수 있는 것은 아무것도 없다. 그들은 표상으로서의 세계가 가지는 상호적인 **한계**이다.

그렇지만 이것이 세계의 유일한 측면은 아니다.

> 객체적인 세계, 표상으로서의 세계는 세계의 유일한 측면이 아니라 단지 (말하자면) 세계의 외재적인 측면이다. 세계는 그것과는 전혀 다른 측면도 가진다. 그것은 세계의 가장 안쪽에 있는 존재이자 핵이고, 사물 자체인 … 이른바 의지이다.[69]

세계의 이와 같은 본체계적 측면을 우리가 아는 것은 가능하다. 왜냐하면 인간은 그들이 행위와 의지의 주체인 한에서 자기 자신을 알 수 있으며, 따라서 지식의 대상이 될 수 있기 때문이다. 칸트의 '실천이성'은 '의지로서의 세계'를 논의하는 혼란스러운 방식이었다. 쇼펜하우어의 생각에, 표상으로서의 세계와 의지로서의 세계의 구분이 가지는 의미는 칸트가 이성의 쌍둥이 기능들 간의 차이를 구분하는 차원을 훨씬 넘어선다. 그리고 실제로 그 논의는 칸트의 기본적인 개념들 중 일부를 위배하는 방향으로 나아간다. 왜냐하면 쇼펜하우어는 자신이 본체계적인 것, 즉 '사물 자체'를 획득하는 새로운 길로 들어설 문을 열었다고 믿었기 때문이었다. 따라서 그는 이렇게 주장하였다.

> 현상은 표상을 의미할 뿐, 그 이상은 아무것도 아니다. 어떤 유형의 것이든 상관없이 모든 표상, 즉 모든 **객체**는 **현상**이다. 그러나 오직 **의지**만은 **사물 자체**이다. 말 그대로 의지는 표상이 결코 아니며, 그것과는 **전적으로** 다르다. 모든 표상, 모든 객체는 바로 그 의지의 현상이자 가

시성이며 **객체성**objectivity인 것이다. 그것은 모든 특수한 것들뿐 아니라, 또한 총체적인 것의 가장 심오한 본질이며 핵심이다. 그것은 자연의 모든 맹목적 행위의 힘과, 인간의 의도적인 행동들 안에 모두 나타나며, 그 둘 간의 엄청난 차이는 오로지 겉으로 드러남(현시)의 정도에만 관련되어 있을 뿐, 그렇게 겉으로 드러난 것의 내적인 본성과는 무관하다.[70]

표상 혹은 사유는 그것이 욕구의 수단이라는 점에서 의지가 객체화된 것들이라고 말할 수 있다. 그것은 인간으로 하여금 자신의 육체적 구조의 욕구를 만족시킬 수 있게 해 주는 도구이다. 사유의 기능은 영양과 번식이라는 생물학적 요구를 충족시키는 것이다. 이런 의미에서 표상은 의지를 위해 **봉사한다**.

쇼펜하우어는 자신의 의지로서의 세계라는 개념이, 칸트가 따르기로 선택한 길에서 자신을 이탈하게 만든다는 사실을 깨달았다. 그의 논문 〈도덕의 기초에 관하여〉는 칸트의 실천이성과 자신의 '의지로서의 세계' 사이의 관계를 명확히 하는 데 도움을 준다. 그것은 칸트 윤리학의 토대에 관한 논문이다. 아니, 좀더 정확하게 말하자면 윤리학의 본성에 관해 칸트가 처한 혼란에 관한 논문이다. 〈충족이유율의 네 가지 근거에 관하여〉에서와 마찬가지로, 이 논문 역시 스콜라주의의 잔재인 칸트적 사유의 결함들을 남김없이 파헤치고자 노력하지만, 여기에서 보인 쇼펜하우어의 공격은 〈충족이유율의 네 가지 근거에 관하여〉에서보다 훨씬 더 파괴적인 것이었다.

쇼펜하우어는 윤리학에 대한 칸트의 위대한 공헌이 행복주의와 신학에의 의존 둘 다로부터 도덕성을 단번에 자유롭게 만든 데 있다고 보았다. 칸트가 엄격한 의미에서의 윤리학을 윤리의 기반에 관한 설명들과 구분하는 데 성공했을 때, 그는 실제로 그 방향으로의 위대한 한 걸음을 내딛은 것이었다. 결과적으로 쇼펜하우어는 칸트가 그러한 구분을 정립한 《도덕 형이상학의 기초》는 상당히 우러러보았지만, 《실천이성비판》에 대해서는 오직 경멸할 뿐이었다. 그는, 전자는 한 천재가 절정의 능력을 발휘하여 집필한 것이지만, 후자는 수다스러운 늙은이의 작품에 지나지 않는다고 주장한다. 《실천이성비판》에서 칸트는 정언명령, 즉 '~이다$_{is}$'가 아니라 '~하여야 한다$_{ought}$'에 도덕성의 기반을 둠으로써 뒷문으로 신학을 다시 끌어들인다. 쇼펜하우어에게, 순수하게 도덕적인 법칙들이 존재한다는 칸트의 가정은 도대체 아무런 근거도 없는 것이었다. 그는 조물주라는 개념과 더불어 이 개념 역시 인류를 지적 노예로 만든 유대적인 유산의 일부라고 생각한다. 윤리의 기반을 의무에 두는 것은 성스러운 재판관과 행복주의를 다시 끌어들이는 것이나 다름없다. "명령의 음성이란 그것이 내부에서 나오는 것이건 외부로부터 오는 것이건 상관없이 오로지 위협을 가하는 것으로서나 무언가를 약속하는 것으로서만 상상될 수 있는 것이다."[71]

그렇다면 그러한 윤리는 행복에, 그래서 결과적으로 이기주의에 의거하게 되는 셈이다. 칸트의 윤리학이 지니는 또 다른 혼란스러운 일면은 '무엇이든 상관없이 모든 이성적 존재들'에게 고유하게 해당되는 도덕성이라는 개념이다. 쇼펜하우어는 말하기를, 우리가 가지고 있는 유類 개념은 오로지 하나의 종에만 적용되며, 우리가 알고 있는, 혹은 알 수 있는 유일한 그 종은 바로 인간이다. 칸트가 "인간을 제외하고서 합리적인 존재"에 관해 얘기한다면, 그것은 "물체를 제외하고서 무게를 가진 존재"를 언급하는 것이나 마찬가지일 것이다.

칸트와는 달리 쇼펜하우어는 도덕성의 기반이 순수한 선험적 개념이 아니라 경험적인 어떤 것이어야 한다고 주장한다. 오로지 경험적인 것만이 실재하며, 오로지 경험적인 것만이 의지를 움직일 수 있다. 선험적이고 개념적인 어떤 것이 의지를 움직인다고 말하는 것은, 의지가 **전혀 현실적이지 않은 어떤 것**에 자극받아 작용하게 된다고 주장하는 것이나 다름없는 것이다. 그는 강력한 논증을 통해 합리적인 것과 인간적인 것, 그리고 결과적으로 덕스러운 것이 완전히 합치한다는 칸트의 생각을 혹평한다. 쇼펜하우어에게 합리성은 윤리적으로는 중립적인 의미를 띠며, 따라서 덕스러운 것도 사악한 것도 아니다. 그것은 단지 인간과 동물을 구분하고, 인간이 훨씬 더 다양한 유형의 행위를 할 수 있도록 해 주는 능력을 뜻할 뿐이다. 즉 추상적인 개념을 이용해 주변 환경에 대처하는 인간의 능력을 의미하는 것이다. 추상적인 사유 능력의 결과, 인간은 '자유롭다'고 이야기된다. 왜냐하면 동물과 비교할 때 인간은 훨씬 더 다양한 양식의 활동을 할 수 있기 때문이다. 따라서 덕스럽지 않고도 매우 합리적일 수 있으며, 그와 마찬가지로 덕스러우면서도 꽤 비합리적일 수 있는 것이다.

쇼펜하우어는 동기부여의 진정한 토대를, 작용은 존재를 따른다고 하는 스콜라주의의 원리 안에서 발견하였다. 그에게 이 원리는 상이한 인간들의 관찰 가능한 행위들이 그 인간들 각자의 고정된 본성의 발현임을 의미하는 것이었다. 그는 이 오래된 원리에서 칸트의 기념비적인 발견들 중 하나가 예고되고 있다고 생각하였다. 즉 의지하는 주체에게서 발견되는 자유와 필연성의 공존이다. 쇼펜하우어는 의지를 그것의 행위들, 다시 말해 의지의 육체적 현시들과 동일한 것으로 여겼다. 그러므로 그 둘은 '현상'으로서 알려지고 인과율의 법칙에 따라 엄격하게 결정될 수 있으면서, 동시에 '사물 자체'로 알려지고, 따라서 자유로울 수 있는 것이다. 이에 따라 그의 윤리학은 진정으로 도덕적인 행위들, 다시 말해 이기주의에 의해 이끌리지 않은 행위들에 대한 경험적인 탐색으로 시작한다. 이기주의는 인간으로 살아가기 위한 의지의 발현으로서, 최적의 환경에서의 삶을 추구하도록 인간을 추동하되 그것을 성취하는 수단에 대해서는 고려하지 않게 만든다. 그러므로 "모든 이기주의적 동기의 부재가 곧 **도덕적 가치가 있는 행동의 규준**이다."[72]

쇼펜하우어의 견해에 따르면, 도덕성의 기반으로 유일하게 적합한 것은 사람들이 서로 도덕적으로 정당하고 자애롭게 행위할 수 있도록 해 줄 수 있는 것이어야 하며, 따라서 그것은 대학의 윤리학 강의에서 가르치는 것들과는 거의 관계가 없다. 쇼펜하우어에 따르면, 도덕성은 오로지 연민, 다시 말해 훗날 부버가 '나'와 '너'에 고유하게 적용된다고 기술한 그런 종류의 관계 속에서 내가 타인에게 현실적으로 헌신하는 그러한 행위에 기초하는 것이다. 쇼펜하우어는 이 개념을 힌두교의 신비주의를 연구하면서 이끌어 냈다. 그가 볼 때 힌두교 윤리는 종국에는 일종의 유아론에 이르게 되며, 그런 견해에 따르면 훌륭한 인간이란,

> 사악한 사람에게는 엄청나게 깊은 골이었던 자신과 타인의 구분이 단지 무상하고 기만적인 현상에 지나지 않는다는 사실을 자각한다. 그는 자기 자신만의 현상이라는 소위 '그 자체'가 또한 타인의 그것이기도 하다는 사실을 인식한다. 다시 말해 만물의 내적 본성을 구성하면서 모두에게 존속하는 바로 그 삶의 의지를 인식하는 것이다. 사실상 그는 이 삶의 의지가 동물에게까지, 그리고 자연 전체로까지 확장된다는 것을 인식한다. 따라서 그는 설령 동물에게라 할지라도 고통을 가하려고 하지 않을 것이다.[73]

이런 감정을 적극적인 형태로 표현하는 것은 어떤 식으로도 가능하지 않다. 그러므로 쇼펜하우어의 윤리학은 궁극적으로 신비적인 경험에

이르게 된다. 그 감정과 매우 유사한 유일한 다른 경험 역시 가치의 영역에 있는 경험이다. 그것은 이른바 미적 경험으로서,

대체로 우리가 순수한 명상의 상태에 돌입했을 때 모든 의지를 넘어서고 모든 욕망과 근심을 넘어서서 잠시 동안 위로 끌어올려지고, 그럼으로써 (말하자면) 자기 자신을 제거하게 되는 경우에 해당한다.[74]

이 경험 역시 단지 일시적인 것이기는 하지만, 그 자체로 도덕적인 경험이다. 왜냐하면 그런 경험에 몰입해 있는 한 우리는 타인에게 해를 끼칠 수 없기 때문이다. 명상에 몰입하는 행위를 통해 우리는 자신을 의지의 작용으로부터 떼어 놓고 있는 것이다.

## 키르케고르와 간접적 의사소통

따라서 칸트적인 사유에 남아 있는 스콜라주의의 잔재에 대한 쇼펜하우어의 공격은 도덕성을 감정과 의도에 직접 의존하게 만드는 수순으로 끝을 맺게 되었다. 칸트가 구분하기는 했지만 완전히 별개의 것은 아니었던 사실과 가치의 영역이, 쇼펜하우어의 철학에서는 더욱 확고하게 분리되었다. 쇠렌 키르케고르의 사상에서는 이러한 분리가 다리를 놓을 수도 없을 정도로 깊은 골이 된다.

쇼펜하우어가 그랬듯이, 키르케고르 역시 도덕성은 지성에 근거하는 것이 아니라고 믿었다. 그리고 그는 쇼펜하우어가 칸트를 비판했던 것과 같은 방식으로 헤겔주의의 도덕적 추상성을 공격하였다. 두 사람 모두에게 윤리는 이성의 개념들 속에 근거를 두어서는 안 되며, 실존하는 개인에게 뿌리를 내려야 하는 것이었다. 그리고 키르케고르는 쇼펜

하우어에게 매우 깊은 인상을 받은 나머지, 쇼펜하우어가 "의심할 바 없는 중요한 저술가로서 … 완벽한 불일치에도 불구하고 아주 많은 측면에서 나에게 영향을 미쳤다"라는 사실을 인정했다.[75] 어쨌든 키르케고르가 도덕적인 삶에 관해 사람들 각자가 가지고 있는 개념들 사이에 '완벽한 불일치'가 존재한다고 본 점은 옳았다. 쇼펜하우어가 보기에 도덕적인 인간은 본질적으로 수동적이다. 그리고 그런 인간의 주요한 도덕적 노력은 자신의 본능적 충동을 물리치는 데 있다. '연민의 도덕성'은 인류의 형제애라는 개념에 근거를 두고 있으며 철저하게 사회적인 것이다. 쇼펜하우어에게는 타인의 고통을 기꺼이 대신하는 인간만이 진정으로 도덕적이다. 반대로 키르케고르는 진정한 도덕성은 비사회적인 것이라고 주장하였다. 왜냐하면 도덕성은 사람들 각자가 신과 직접적으로 맺고 있는 절대적인 관계 안에 있기 때문이다. 키르케고르적인 인간의 목적은 '부조리 속으로의 도약'이다. 그리고 이러한 신앙의 도약을 통해 유한한 인격체는 자기 자신을 무한한 자에게 전적으로 위탁하게 된다. 이런 관계 하에서라면 친구나 동료 인간은 불필요한 타자가 되는 것이다.

키르케고르는 사람들에게 이 진리를 깨닫게 하는 데 일생을 바쳤다. "문제는 그 자체로 반성의 문제이다. 즉 누군가가 그저 그런 기독교인일 때, … 진정한 기독교인이 되는 것이다."[76] 이것이 키르케고르의 출발점이다. 나는 어떤 기독교인이 될 것인가? 바로 그 질문은 비록 내가 명목상의 기독교인일 수 있을지는 몰라도, 진정한 기독교인은 아닐 수 있다는 사실을 함축한다. 그렇다면 키르케고르의 문제는 인간의 삶의 방식에서 도출된다. 즉 그는 사람들이 실제로 행하는 것과 그들이 자기 자신에게 요구하는 것 사이에 엄청난 괴리가 존재한다고 주장한다. 따라서 키르케고르의 사유에 담긴 한 가지 본질적인 요소는 인습적인 부르주아적 규범들에 대한 철두철미한 비판이었다. 이런 점은 그의 저술에서 내내 되풀이되는 것이지만, 그래도 그의 에세이집 《오늘날의 시대》에 아마도 가장 잘 나타나 있을 것이다. 그는 안락, 숙고, 일시적인 무관심, 그리고 마찬가지로 일시적인 열광이 '오늘날'의 특징이라고 주장한다. 지금은 열정이 아무런 역할도 하지 않는 추상적인 사유의 시대이고, 참된 감정이 아무런 역할도 하지 않는 관념의 시대이다. 이런 나태의 시대에 혁명은 생각조차 할 수 없다. 따라서 지금은 진정한 가치가 없는 시대이다. "열정이 없는 시대에는 가치가 존재하지 않는다. 그리고 모든 것은 표상적인 관념들로 변형되고 만다."[77]

추상체를 소중히 여기는 시대에 도덕성은 가능하지 않다. 그러한 새 시대가 만들어 낼 수 있는 것은 오직 위선적인 삶뿐이다. 그 시대 자체가 하나의 추상물이 되어 버린다. 이 시대의 특징은 그 자체로 개체성의 여지가 전혀 남아 있지 않은 철저한 균일화의 과정 안에 있게 되었고, 그래서 결과적으로 그 시대는 '대중' 속에 구현되고 말았다.

> 만물이 균등한 수준으로 환원되기 위해서는, 우선 유령을, 그것의 망령을, 괴물 같은 추상체를, 모든 것을 포괄하는 아무것도 아닌 어떤 것을, 신기루를 손에 넣는 것이 필수적이다. 그리고 그 유령이 바로 대중이다.[78]

이런 추상체는 '대중의 여론', '훌륭한 취향' 등과 같이 자체적으로 만들어 낸 또 다른 추상체들을 통해 개인을 파멸시키는 방법을 알고 있다. 타락해 가는 사회에서 그런 '대중'은 언론이 꾸며 낸 허구이다.

사회적인 연대감이 구체적인 현실에 생명을 불어넣을 수 있을 정도로 강렬하지 않을 때, 오직 그럴 때만, 언론은 그런 추상체, 즉 '대중'을 창조해 낼 수 있다. 여기서 대중은 결코 존재하지도 않고 현실적인 상황이나 조직으로 통합될 수도 없지만, 그럼에도 불구하고 여전히 하나의 전체로 뭉쳐 있다고 주장되는 가공의 개인들로 이루어져 있는 것이다.[79]

따라서 코펜하겐의 키르케고르는 약 75년 후에 활약하게 될 빈의 크라우스처럼, 언론이야말로 탈도덕화의 특별한 주범이며 그것은 언론의 비인간성과 진리에 대한 무관심이 불러온 귀결이라고 생각하였다. 그는 이 모든 것에 개인을 대비시켰다. 개인은 오직 하나뿐인 책임의 담지자이며, 종교와 도덕적 경험의 오직 하나뿐인 주체이다. 이런 개인이 질식할 것만 같은 군중 속에서 길을 잃었으며, 키르케고르는 그것을 치유하기 위한 하나의 방법으로서 사람들로 하여금 이런 암울한 상황에 주목하게끔 만드는 것이 자신의 책무라고 보았다.

키르케고르는 그 일을 수행하기 위하여 자신이 속한 사회에 맞서 방대한 논쟁을 벌어야 했다. 그리고 이런 논쟁이 그가 말한, 소위 **간접적 의사소통**의 본질적인 요소를 형성하였다. "어떤 망상도 결코 직접적으로 파괴될 수 없으며, 그것은 오로지 간접적인 수단에 의해서만 근본적으로 제거될 수 있다."[80] 논쟁의 기능은 망상을 파괴하는 것이지만, 동시에 그 과업은 창조적인 것이었다. "창조적인 모든 활동은 잠재적으로 논쟁적이다. 왜냐하면 그로 인해 세상에 나오게 될 새로운 무언가가 비집고 들어갈 공간이 확보되어야만 하기 때문이다."[81] 이 점은 특히 종교적인 사유에 적용된다. 왜냐하면 종교는 늘 이방인처럼 세상에 등장하기 때문이다. 따라서 사회를 향한 키르케고르의 논쟁적인 비판은 그의 사유에 결코 없어서는 안 되는 요소이다. 무엇보다 중요한 것은 새로운 가치관의 확립을 목표로 하여 낡은 것들을 일소해야 한다는 것이다. 다른 사람의 가치관을 그저 반박만 하고자 하는 것은 아무런 효과도 없다. 그것은 단지 상대를 더욱 강하게, 그리고 더욱 지독하게 만들 뿐이다.

> 내가 어떤 사람에게 어떤 의견이나 신념, 혹은 믿음을 강요하여 받아들이도록 만드는 것은 영원히 불가능하다. 그러나 내가 할 수 있는 한 가지 일이 있다. 그것은 그가 그것에 주목하지 않을 수 없게끔 만드는 것이다. 한 가지 의미에서 이것은 가장 우선해야 할 일이다. 왜냐하면 이것은 그다음의 일, 즉 의견, 신념, 믿음의 수용에 선행하는 조건이기 때문이다. 또 다른 의미에서는, 그것은 최종적인 일이기도 하다. 이를 테면 그가 그다음 단계를 받아들이지 않는다면 말이다.[82]

따라서 논쟁자는 사람이 반드시 어떤 선택을 해야만 하는 상황에 처하도록 만든다. 그리고 (이런 경우의 본성상) 그것이 윤리 교사가 할 수 있는 일의 전부이다.

키르케고르의 저술들은, 이 '간접적 의사소통'이 사실상 소크라테스의 방법을 기독교 신앙의 복음 속에서 부활시킨 것과 다를 바 없음을 거듭해서 강조한다. 그것은 현대 세계의 복음화에 적합한 수단을 제공하지 않는 과거의 소극적인 해명 방식을 대체하게 될 '새로운 투쟁적인 기술'[83]이다. 간접적 의사소통, 혹은 (키르케고르가 종종 부르곤 했던) '반성의 수단으로서의 의사소통'은 소크라테스의 양식에 의거한 지적이고 도덕적인 산파술이다. 그것은 누군가를 앎의 문턱까지 끌어올리기 위해 애쓴다. 그리고 그렇게 해서 그 사람이 스스로 그 문턱을 넘어갈 수 있도록 돕는다. 따라서 논쟁과 함께 도덕 교사가 사용할 도구들은 냉소, 풍자, 희극, 그리고 풍유이다. 어떤 견해에 타격을 가하거나 그 견해를 조롱하거나, 혹은 공격하는 등의 표현 형식들은 사변적인 논증 구성으로는 할 수 없는 일을 성취한다. 그 도구들은 선택의 기로에 설 수밖에 없는 지점으로 사람들을 이끌어 간다. 키르케고르에게는 바로 사변이라는 개념 그 자체가 조롱의 대상이다. 왜냐하면 사변은 결코 사람의 **생활** 양태를 바꾸어 놓지 못하기 때문이다. 키르케고르에 따르면, 지금까지 기독교에 닥친 가장 커다란 재앙은 그 종교의 진리를 사변적인 어휘들로 표현하고자 시도한 것이었다. 결과적으로 기독교는 자기모순에 처하고 말았다. 사변적 진리는 **전 시대에 걸쳐 성립되는** 보편적이고 완전한 지식의 문제인 반면, 기독교는 늘 전화轉化의 상태에 있고 늘 개인으로 남아 있는 현존하는 인간과 관계가 있다. 사변은 '객관적인 진리'에 관심이 있지만, 기독교는 **주관적인** 진리에 그 뿌리를 두고 있으며, 이 주관적인 진리라는 개념은 키르케고르의 모든 사유의 핵심에 놓여 있다.

키르케고르는 '주관적인 진리'를 "가장 열정적인 내향성의 전유 과정 속에서 굳게 지속되는 '객관적인 불확실성'이라고 정의한다.[84] 이것이 그의 실존적 진리이다. 여기서 키르케고르가 말하고 있는 것은 사실상 **신앙**faith이다. 열정이 없는 사회에 대한 그의 공격은 이런 관점에서 조명했을 때 훨씬 더 큰 의미를 가진다. 열정을 상실한 사회는 '내향성'의 여지를, 그리고 결과적으로는 신앙의 여지를 허용하지 않는다. 이런 의미에서 군중은 '비진리적untruth'이다. 왜냐하면 군중과 그들의 정신 상태는 내향성과 열정에 철저하게 반대되기 때문이다. 이와 마찬가지로 아무리 사변을 많이 한들, 결코 열정을 생산할 수는 없다. 인간은 추론을 통해서는 신앙의 고백으로 나아갈 수 없으며, 오로지 '간접적 의사소통'만이 실존적 진리를 전달할 수 있다. 이것은 또한 신앙을 '불합리 속으로의 도약'으로 보는 키르케고르적인 신조의 원천이다.

> 기독교는 자신을 시간 속에 존재하게 된 영원불멸의 본질적 진리라고
> 선언해 왔다. 즉 기독교는 스스로를 **역설**이라 선포한 것이다. 그리고
> 기독교는, 그 자체로 유대인에게는 모욕으로, 그리스인들에게는 웃음
> 거리로, 그리고 오성에는 불합리성으로 나타나게 되는 그 역설과 관련
> 하여, 개인에게는 신앙의 내향성을 요구한다.[85]

'불합리'는 본성상 오성을 거스르게 되어 있는 객관적인 불확실성에 대
한 열정적인 집착이다. 키르케고르에게, 신앙은 그것이 수반하는 위험
의 크기로 측량된다. 따라서 가능한 최대의 신앙은 가능한 최대의 위
험이 되며, 그것은 가장 불확실한 것, 즉 불합리 속에 완전하게 몰입하
는 상태와 같은 것이다. 사변적 사유로는 결코 이것을 설명할 수 없다.
"그러므로 그 역설을 설명한다는 것은 역설이란 무엇인지를, 그리고
역설은 역설일 뿐이라는 사실을 더욱더 깊게 이해한다는 것을 의미하
게 될 것이다."[86] 그렇게 함으로써 사변은 자기 자신을 초월해야만 할
것이다. 그리고 그런 생각들은 오로지 '간접적으로만' 전달될 수 있다.
　이런 방식으로 키르케고르는 사실의 영역과 가치의 영역의 분리를
절대적인 것으로 만들었다. 칸트가 이성의 '사변적' 기능과 '실천적' 기
능을 구분하면서 착수했고, 쇼펜하우어가 표상으로서의 세계와 의지
로서의 세계를 분리함으로써 이어 나간 그 과정은, 키르케고르가 삶의
의미에 속하는 모든 것과 이성을 완전히 분리함으로써 절정에 달하였
다. 이 이론을 인정하되, 이런 논의를 넘어서서 그래도 무언가 교훈을
만들어 내고 싶은 사람에게는 오로지 한 가지 수단만이 남아 있을 것이
다. 즉 자신의 삶 속에서 인생의 의미를 발견한 사람들의 관점을 표현

하는 우화를 쓰는 일에 전념하는 것이다.

## 톨스토이와 인생의 의미

19세기 말에 그러한 결론을 가지고 일반적인 대중 독자층의 의식에 영향을 미친 사람이 바로 소설가 레프 니콜라예비치 톨스토이였다. 그의 작품과 키르케고르의 저술 사이에 직접적인 관련성이 존재하는 것은 아니다. 그러나 예술에 대한 그들의 개념과 '간접적 담화'와 '삶의 의미'에 대한 그들의 태도에는 분명한 유사성이 존재한다. 톨스토이는 도덕성이란 본질적으로 감정에 근거하며, 예술을 '감정의 언어'라고 보았다. 이와 대조적으로 말은 이성적 사유의 매개체였다. 따라서 톨스토이에게 예술은 도덕적 교훈을 널리 퍼뜨리는 데 사용되어야 하는 매개체였다. 그러나 도덕적 삶에 관한 톨스토이의 견해를 자세히 보면, 그는 키르케고르보다는 쇼펜하우어와 일치하는 면이 더 많다. 톨스토이의 경우, 만일 도덕성이 사회적이지 않다면 그것은 아무것도 아니었다. 따라서 예술은 인간의 삶의 조건이며 인간을 하나로 통합할 수 있는 감정의 전도체이다. 예술은 진정한 '연민', 곧 타인이 처한 상황에 대한 '공감'을 산출하며, 그렇기 때문에 본성상 종교적이라고도 이야기할 수 있다. 그렇지만 예술이 종교적인 이유는 교리적이라는 의미에서가 아니라, 그것이 사람들로 하여금 인간 삶의 근본 법칙, 즉 "나는 내 형제의 수호자이다"라는 원리를 자각할 수 있게 해 준다는 의미에서이다.

톨스토이는 그 원리를, 산상수훈의 교리와 같은 의미를 가진다는 측면에서 '악한 자를 대적치 말라'는 뜻으로 받아들인다. 따라서 톨스토이가 해석하는 기독교 정신은 고통 속에서도 헌신하는 삶을 수용하는 것이며, 이런 점에서 그것은 도덕성에 관한 쇼펜하우어의 개념과 닮아 있다. 그와 동시에 톨스토이는 모든 교리를 격렬하게 거부하였다. "나는 예수의 교리를 설파하는 일에는 관심이 없다. 나는 오로지 한 가지 일만을 기원할 뿐이다. 즉 모든 구차한 해설을 일소하는 것이다."[87] 한편 그는 주관성이라는 개념에 관해서는 키르케고르에 좀더 가깝다. 키르케고르와 마찬가지로 톨스토이는 전도할 때에 사변적인 지식을 거의 활용하지 않았다.

> 만일 우리가 삶의 문제에는 관심이 없고, 각자 나름의 특수한 과학적 문제들의 답을 찾는 데만 관심이 있는 학문 분과들에 의존한다면, 우리는 인간의 지성을 찬미하는 데 빠져들고 말 것이다. 그러나 그것들 안에는 삶 자체에 대한 우리의 질문에 대한 답이 없다는 사실을 우리는 전부터 알고 있다. 왜냐하면 이러한 학문 분과들은 삶의 문제에 관해서는 전적으로 무지하기 때문이다.[88]

우리는 소설 《안나 카레니나》에서, 톨스토이 자신이 그런 결론에 도달하는 과정에서 겪었던 정신적 투쟁을 자전적으로 설명하고 있는 것일 가능성이 아주 높은 내용을 발견할 수 있다. 콘스탄틴 레빈이라는 극중 인물은 여러 측면에서 톨스토이 본인의 자화상을 대신한다. 긴 이야기 전체에 걸쳐 레빈은 자신의 가족, 자신의 농장에서 일하는 농노들, 동료 지주들, 러시아 국민, 일반적인 인간성, 그리고 마지막으로 신과 관련하여 자신이 처한 인간적 상황을 이해하고자 애쓴다. 그러한 이해를 통해 레빈은 삶 속에서 어떤 의미를 발견하고, 그럼으로써 자신이 행위의 길잡이로 의존하고 있는 원리들에 대한 확신을 느끼고 싶었다. 이러한 레빈의 자기 발전과 관련하여, 전체 소설은 그가 공공의 직무 속에서, 결혼 생활에서, 자신의 농장 경영 방식의 합리적인 조직

안에서, 그리고 그 밖의 여러 가지 영역 안에서 자신이 추구하는 도덕성의 지적 토대를 찾고자 거듭 시도하는 과정을 연대기적으로 보여준다. 마침내 이야기의 결말에 이르러, 그는 일종의 개종과 같은 경험을 하게 된다. 그의 눈에 끼어 있던 딱지가 떨어져 나간 것이다. 농노들 중 한 명과 나눈 우연한 대화는, 그에게 "뿔뿔이 흩어져 있던 무기력한 별개의 관념들 전부를 하나로 탈바꿈하여 결속시키는, 전기 충격과도 같은 효과"를 빚어낸다. 그 결과 그는 **지적인** 토대 위에 행위의 원리에 대한 기초를 마련하려는 자신의 시도 자체가 출발부터 잘못 인도된 것이었음을 깨닫는다.[89]

나는, 그리고 다른 모든 사람들은 오로지 한 가지 사실만을 확고히, 분명히, 그리고 틀림없이 알고 있다. 그리고 그 앎은 이성으로 설명될 수 없다. 그것은 이성 바깥에 있으며, 어떤 원인도 가지지 않고 어떤 결과도 빚어낼 수 없다.

만일 선에 어떤 원인이 있다면, 그것은 더는 선이 아니다. 만일 그것에 어떤 결과, 이를테면 보상 같은 것이 따른다면, 그것 또한 선이 아니다. 따라서 선은 원인과 결과의 연쇄를 넘어서 있는 것이다.

나는 아무것도 발견하지 않았다. 나는 오로지 내가 알고 있는 것이 무엇인지 깨달았을 뿐이다. 나는 과거에 나에게 생명을 주었을 뿐 아니라 지금도 생명을 주고 있는 그 '위대한 힘'을 이해한다. 나는 내 자신을 기만으로부터 자유롭게 했으며, 나의 주인을 알아보는 법을 배웠다.

나는 내 몸 안에서, 이 초원에서, 이 벌레 안에서 … 물리적이고, 화학

적이고, 생리학적인 법칙에 따라 물질의 변화가 일어나고 있다고 말하
곤 했다. … 그리고 나는 그쪽으로 난 길을 따라 엄청난 노력을 기울여
사유했음에도 불구하고 인생의 의미, 나의 충동과 나의 열망의 의미가
나에게 드러나지 않았다는 사실에 놀랐다.

나는 나의 의문에 대한 답을 찾고 있었다. 그러나 이성은 나에게 그
답을 줄 수 없었다. 이성은 그 의문과는 상통하지 않는다. 무엇이 선이
고 무엇이 악인지에 관한 나의 지식 속에서, 삶 그 자체가 나에게 답을
주었다. 그리고 그 지식은 내가 어떠어떠한 방식으로 획득한 것이 아니
었다. 다른 모든 사람들에게 그랬듯이, 그것은 나에게 주어진 것이었
다. 내가 어디에서도 그것을 구할 수 없었기 때문에 그것은 **주어진** 것
이다.

따라서 인생의 의미는 과학이 다루는 것과는 다른 질서에 속하는 문제
이다. 톨스토이는 자신이 해석한 기독교의 정신 속에서 삶의 의미에
관한 문제의 답을 찾았다고 느꼈다. 그런 뒤에는 그 사실을 사람들에
게 가르치는 것이 그의 소명이 되었다. 그가 말년에 쓴 이야기와 단편
소설들, 특히 1872년부터 1903년 사이에 집필하고 《스물세 편의 이야
기》라는 제목으로 묶어 출판한 짧은 우화들은 문학을 통해 도덕을 가
르치겠다는 그의 노력의 결실이었다. 그 이야기들은 단순한 인간들에
관한 지극히 단순한 우화들로서, 인간의 주요한 덕과 악을 매우 직접적
으로, 그리고 가끔은 매우 감동적인 방식으로 예증하고 있다. 그 우화
들은 그 자체로 키르케고르가 '간접적 의사소통'을 통해 의도했던 바를
묘사하는 아름다운 삽화들이다. 그것의 기능은 모든 사람이 포용할 수
있는 삶의 방식으로서의 기독교를 가르치고자 하는 것이다. 그리고 그

것은 기독교적 삶의 방식을 준수하는 것이 간혹 기독교 교리에 대한 공식적인 믿음과 충돌할 수도 있다는 사실을 강조한다.[90]

마지막으로 톨스토이는 《예술이란 무엇인가?》에서 자신의 예술 이론을 해명하였다. 거기서 그는 당대의 많은 사람들이 추종하던 탐미주의와 예술의 밀교적密敎的인 성격을 비판하였다. 탐미주의에 대한 그의 공격은, 그런 식의 예술이 단지 상류층을 위한 변명이 될 뿐이라는 생각에 기반을 두고 있었다.[91] 이들 계층은 기독교에 대한 신앙을 잃었기 때문에, 오로지 형식에 대한 만족이나 기쁨에 지나지 않는 차원의 미를 '좋은' 예술과 '나쁜' 예술을 가르는 유일한 규준으로 삼은 것이다. 그렇게 세속화되는 과정에서, 예술은 예술가가 지각한 삶의 의미를 전달한다는 원래의 고유한 기능으로부터 멀어지게 되었다. 그와 동시에 상류층의 지지를 받는 예술의 직업주의와 학구적 태도는 일반 대중과 예술을 이간시키는 효과를 불러왔다. 그 결과는 고유한 사회적 책무를 망각한 **비도덕적**인 예술로 나타났다. 계급의 이해에 굴종하는 노예가 되었을 때, 예술은 단지 오락거리로 전락하고 말았다. 예술가에게 이것은 예술 활동에 더는 진지함이 요구되지 않는다는 것을 의미했다. 진지함을 잃은 예술가들은 보통 사람에게는 더는 호소력이 없는 밀교적인 작품들을 만들어 낼 수 있었다. 그리고 말년에 톨스토이가 행한 모든 노력은 이러한 경향의 반작용으로서 제기된 것이었다. 간단히 말해서 《예술이란 무엇인가?》는 이론적인 차원에서 탐미주의에 맞서고자 하는 그의 논쟁을 대표하는 것이다. 한편 그의 《스물세 편의 이야기》는 종교적으로 고취된 대중적인 예술을 복권시키기 위한 그의 실천적인 작업을 대표한다.

칸트의 비판철학으로부터 톨스토이의 우화에 이르는 역사적인 연속성이 완전하지도, 직접적이지도 않지만, 그 안에는 쇼펜하우어가 착수하고 키르케고르가 완성한 어떤 논리적인 발전이 존재한다. 그리고 한발 늦게 반추하는 지혜의 힘으로 말할 수 있건대(미네르바의 올빼미는 황혼 무렵에야 날개를 편다), 그 발전의 최종적인 결실은 톨스토이의 《스물세 편의 이야기》에서 가장 잘 예증되었다. 행위의 모든 다양한 영역에서 이성의 한계를 구획하려는 시도로 시작한 이 작업은 가치의 영역에서 이성의 타당성에 대한 즉각적인 부인으로 결말을 맺었다. 그러므로 이성의 범위에 한계를 설정하려는 시도는 궁극적으로 가치, 도덕, 그리고 삶의 의미가 오로지 합리적인 사유의 경계선을 넘어서 있는 정서의 영역 안에서 간접적인 수단에 의해서만 논의될 수 있다는 주장으로 귀결되었다. 키르케고르는 순수하게 개인주의적이었으나 톨스토이는 공동체적이었다는 점 등에서 알 수 있듯이, 도덕성에 대한 결론적인 태도에는 차이점이 있지만, 기존에 수용된 인습적 도덕 규율 내에서든 그 어디에서든, 사실의 세계 안에서 도덕성에 '지적인 토대'를 제공하려는 모든 시도를 완강히 거부했다는 점에서는, 그들 모두 한결같았다.

그러한 측면에서 이러한 발전 과정에 관계된 모든 사람은 사상가, 예술가, 그리고 사회비평가 들로 이루어진 빈의 한 세대 전체에 자연스러운 매력을 발산하였다. 그 세대는 자신들이 살고 있는 사회의 가치관으로부터 아예 자신들의 계층 전체가 소외되어 있음을 깨달은 사람들이었다. 그래서 이 시점에서 우리는 세기의 전환점에 도달한 빈의 문화적 상황으로, 그중에서도 특히 카를 크라우스를 비롯하여 사회와 예술의 '비판' 및 가치와 사실의 '창조적 분리'라는 측면에서 그의 태도를 공유했던 사람들에게로 되돌아오게 된다. 그들의 견해 자체를 놓고 볼 때, 크라우스주의자들은 후기 칸트주의자들이 발전시켜 온 논의의 흐름을 자연스럽게 받아들인 사람들이었다. 그리고 모든 후기 칸트주의 철학자들 중에서도, 경구 문의 박력과 기품 있는 문예 양식으로 당시 강단의 직업적인 동료 철학자들에 비해 크게 돋보였던 아르투어 쇼펜하우어는 1890년대의 빈에서 가장 널리 읽혔고, 가장 영향력이 큰 인물이었다. 오래지 않아 그의 대중적 인기에 쇠렌 키르케고르가 합세하였다. 한편 파울 엥겔만이 전하는 바와 같이, 도덕주의자로 변신한 소설가 톨스토이의 작품들에도 마찬가지로 생기 넘치는 흥미를 유발하는 요소가 들어 있었다. 그중에서도 특히 그의 중요한 평론서인 《예술이란 무엇인가?》는 당시에 유행하고 있던 탐미주의를 효과적으로 불신하면서, 도덕적 의사소통의 주된 경로로서 예술에 대한 관심을 되살려 냈다.

이런 배경을 역사적으로 재구성함으로써, 우리는 이제 1차 대전이 일어나기 직전의 시기에 빈에서 사상과 예술의 모든 분야에 종사하던 사람들이 직면했던 일반적인 지성적 문제가 무엇이었는지 확인할 수 있게 되었다. 그리고 그것은 그들에게 바로 철학의 핵심적인 문제로서 마땅히 제기될 수 있을 법한 문제였다. 1900년경에 이르러 포괄적인 언어비판의 분위기는 이미 무르익어 있었다고 우리는 말했다. 그러한 언어비판은 (예를 들어) 논리학과 음악, 시와 건축, 그림과 물리학 등의 분야에서 이미 친근했던 기존의 표현과 의사소통 수단에 대한 더 세부적이고 특수한 모든 비판들을 한데 끌어모아 철학적인 어휘들을 통해 일반화하는 것으로 기획될 참이었다. 그런 식의 철학적인 비판은 추측컨대 사실과 가치의 분리를 철학적인 필연성에 입각하여 확신하고 정당화해야 했을 것이고, 그렇기 때문에 특수한 각 분야에서 수행된 비판의 범위를 훨씬 넘어서야 했을 것이다. 마우트너와 그의 **비판**은 그러한 일반적인 철학적 분석을 제공하는 첫 시도를 감행하였고, 어느 정도는 그 결과 역시 매우 인상적이었다. 자신의 유명론적 원리들의 효과를 탐구함으로써, 그의 최종적인 언어비판은 분명히 쇼펜하우어, 키르케고르, 그리고 톨스토이가 공통적으로 주장한 핵심적인 윤리적 견해를 지지하는 것으로 끝맺게 되었다. 그것은, 이른바 '인생의 의미'는 이성적인 논쟁거리가 아니며, '지성적인 토대'를 부여받을 수도 없는 본질적으로 '신비로운' 문제라는 것이다. 그러나 마우트너는 그 명제를 지지하기 위해 너무나 터무니없는 희생을 치른 꼴이 되고 말았다. 왜냐하면 마우트너의 논증에 따르면, 더는 지식의 가능한 대상이 될 수 없는 것은 단지 '인생의 의미'만이 아니기 때문이다. 그는 자신의 원리에 따라 세계에 대한 은유적인 기술을 넘어서는 그 모든 진정한 지식들까지도 부정하게 되었다. 심지어 과학이나 논리학의 지식조차도 예외일 수는 없었다.

마우트너가 이러한 결론에 도달하게 된 과정은 비판을 면할 길이 없다. 그는 본질적으로 칸트주의적인 방법을 따라 그 내부로부터 언어의 범위와 한계를 구획하는 대신에 마흐의 전례를 따랐다. 결국 자신의 분석의 기초를 당면한 주제 바깥에 존재하는 일반 원리들에 둠으로써, 그는 자연과학과 논리학의 부정이라는 불필요한 운명의 인질을 제공하였던 것이다. 그렇다면 대안이 될 수 있는 어떤 길이 있었는가? 그래서 과연 그 길을 통해서라면 누구든 좀더 엄격한 방식으로 동일한 종착점에 도달할 수 있었을까? 그리고 그렇게만 했다면 과학과 논리학을 희생시킬 필요도 없을 수 있었을까? 한 가지 가능성 있는 사례는 이미 헤르츠와 볼츠만의 작업에서 접할 수 있었다. 이들은 물리과학의 논리적 명료화와 체계적 이론의 경험적 적용이 실제로 어떻게 세계에 대한 직접적인 그림적 표상bildliche Darstellung을 제공하는지 보여 주었다. 여기서 'bildliche Darstellung'이라는 어구는 마우트너가 의미했던 '은유적인 기술'과는 전혀 다른 의미로서, 이른바 **수학적인 모델**을 가리키는 것이다. 그것은 제대로만 적용된다면 세계에 대한 참되고 확실한 지식을 산출할 수 있으며, 실제로도 칸트의 근본적인 반형이상학적 요구들을 만족시키는 방식으로, 이른바 물리 이론에 담긴 언어의 한계를 전적으로 '그 내부로부터' 구획함으로써 그 임무를 수행해 왔다.

따라서 헤르츠와 볼츠만에 대한 배경 지식을 가지고 키르케고르와 톨스토이의 윤리적 견해에 접근하는 사람에게는, 다시 말해 그들의 도움으로 과학 이론의 기술적記述的인 언어가 어떻게 물리학의 사실적인 탐구에서 '표상적인' 용법을 획득하는지를 알고 있는 사람에게는, 그로부터 또 다른 하나의 의문을 제기하는 것이 선택의 여지가 없는 단 하나의 합당한 후속 단계일 수밖에 없었다.

헤르츠와 볼츠만이 이미 이론물리학의 언어에 관해 해 놓은 작업을 언어 일반에 관해 수행할 수 있는 방법이 있을까? (다시 말해) '말할 수 있는 것'의 범위와 한계를 전적으로 그 내부로부터 규정할 수 있는 방법이 존재하는가? 그렇게 함으로써 어떻게 일반적인 기술적 언어가 사실의 모든 문제들에 대한 수학적 모델의 형태로서 표상에 관한 헤르츠적 의미에서의 그림적 표상을 제공하는 데 사용되는가 하는 문제와, 또한 어떻게 모든 윤리적 문제의 '초월적' 성격(이로 인해 윤리적인 문제에는 오로지 '간접적 의사소통'의 여지만이 남게 된다)이 동시에 그러한 분석의 부산물로서 **스스로를 드러내게 되는가** 하는 문제를 **둘 다** 해결할 수 있는 그런 방법이 과연 있는 것인가?[92]

이 질문을 통해서 1880년대 후반 이래로 빈에서 벌어진 사회적, 예술적, 과학적, 그리고 철학적 논쟁의 공통 관심사였던 중대한 문제들이 마침내 단일한 상에 맺혀 매우 또렷해졌다. 철학적으로 볼 때, 이 질문은 우리가 지금까지 연구해 온 세기말 빈의 문화적 논쟁 전체를 **축약한**다. 그리고 그러한 모든 요구사항을 만족시키는 완벽하게 일반적인 언어비판을 창안하면서 그 언어비판이 마우트너의 경우보다 더 엄격하면서도 반박의 여지는 더 적다고 생각했던 사람이라면, 그는 당시의 가장 중요하고도 긴급한 지성적 문제를 자신이 단번에 해소하는 데 성공했다고 마땅히 느낄 수 있었을 것이다.

# 6
# 다시 생각해 본
# 《논리철학논고》

모든 철학은 언어비판이다. 비록 마우트너의 의미에서는 전혀 아니지만 말이다.

– 비트겐슈타인, 《논고》, 4.0031

이제 우리는 우리가 펼치려는 논증의 전환점에 서 있다. 우리는 도입부인 1장의 끝 부분에서 비트겐슈타인에 관한 한 가지 문제를 제기했고, 그 문제가 그의 《논고》에 담긴 참된 의미를 조명해 줄 수 있을 것이라고 주장하였다. 그 문제는, 어째서 그 책이 이미 그 당시부터 당대에 벌어진 지적 논쟁의 축도 내지 최후의 절정으로 여겨졌는지를 설명하는 문제였다. 다시 말해,

프레게와 러셀을 만나기 이전에 이미 비트겐슈타인이 몰두해 있던 철학적인 문제는 무엇이었나? 그 문제를 해결하는 것이 철학의 모든 미해결 문제들을 푸는 열쇠가 될 것이라고 비트겐슈타인이 생각했던 바로 그 문제는 도대체 무엇이었나?

그 뒤 이어지는 네 개의 장에서 우리는 후기 합스부르크 빈의 사회·문화적 상황에 관한 그림을 재구성했다. 그리고 그 그림은 그 시대의 사람들, 직업적인 철학자들뿐만 아니라 교양을 갖춘 모든 사유하는 인간에게 그동안 계속되어 온 후기 칸트주의의 비판이 어떤 중요성을 가지는지 보여 주었다. 이러한 탐구의 결과로 우리는 1) 빈에서는 전반적인 철학적 '언어비판'의 필요성이 이미 비트겐슈타인이 《논고》를 쓰기 15년

전쯤부터 대두되고 있었다는 사실과 2) 그러한 포괄적인 언어비판을 처음 시도했던 마우트너의 이론적 결함이 한 가지 해소되지 않는 매우 구체적인 난점을 남겼으며, 그럼에도 불구하고 만일 우리가 헤르츠와 볼츠만의 물리학을 키르케고르와 톨스토이의 윤리학과 화해시킬 수 있는 방법을 단일하고도 일관된 설명 속에서 찾을 수만 있다면, 그러한 난점이 극복될 수도 있으리라는 사실을 확인하였다. 우리의 분석을 통해 도달한 가설은 매우 간단한 것이다. **비트겐슈타인이 처음부터 몰두해 있던 문제이자 《논고》의 집필이 지향할 목표를 결정해 준 문제란, 바로 그 '일관된 설명'을 찾는 문제였다는 것이다.**

지금까지 우리의 탐구는 합스부르크의 사회와 그곳의 구조적 문제들에 대한 광범위한 연구에서 출발하여, 세기말 빈 문화의 몇몇 일반적인 선입관들을 경유해, 20세기 초 철학 특유의 구체적 난제들에 이르기까지 그 논의의 범위를 점차 좁혀 왔다. 이제부터 우리는 그 반대 방향으로 움직이게 될 것이다. 우리는 먼저, 우리가 여기서 제시하는 바로 그런 목적과 함축들이 《논고》에 실제로 담겨 있다는 사실을 확인하고자 노력할 것이며, 이어서 그 가설이 미칠 더욱 광범위한 파급 효과들, 그리고 비트겐슈타인 특유의 철학 사상과 그 뒤를 이은 발전이 최근의 문화·사회적인 발전을 어떻게 조명해 줄 것인지를 탐구할 것이다. 그러나 우선은 우리의 핵심적인 가설을 정당화하는 작업에 착수해야 한다.

그 작업은 단지 《논고》의 본문에서 끌어온 내부적인 증거에만 호소해서는 수행될 수 없다. 비트겐슈타인의 형식적인 논증들, 그리고 비트겐슈타인 스스로 그 책이 모든 본질적인 측면에서 철학의 미제들을 해결한 책이라고 간주한 이유들은 전혀 자명하지 않다. 그리고 우리가 자신의 분석을 '내부로부터의 구획 설정'이라는 엄격한 칸트적 방법으로 제시하겠다는 그의 확고한 결심을 인식하게 되면, 그러한 비자명성의 결과는 능히 예상되고도 남는 것이다. 그가 그 책에서 '자신의 논증이 무엇에 관한 것인지'를 설명하기 위해 언급하기로 선택했던 것들은 그런 칸트적인 방법에서 벗어나 있는 것들로 보였을 테고, 그래서 그는 안 받아도 좋을 비판에 노출되고 말았다. 그렇지만 만약 우리가 올바른 방향으로 고찰할 준비가 되어 있다면, 더 구체적으로 말해 우리가 그 책의 마지막 십여 쪽을 그 앞의 60쪽 내지 65쪽만큼이나 진지하게 받아들인다면, 그 책의 본문 자체에 그런 증거가 전혀 없는 것만은 아니다. 실제로 그 마지막 열 쪽을 단지 본문을 완성한 후에 추가로 삽입한 조항이거나 일종의 평형추 정도의 역할을 부여하려고 일부러 배치한 일련의 첨언들이 아니라, 그야말로 (그 위치가 말해 주는 바와 같이) 그 책의 절정으로 삼고자 한 것이었다고 일단 가정해 보자. 만일 그렇다면 또 다른 의문이 즉각적으로 생겨난다.

그렇다면 왜 비트겐슈타인은 6.3절의 그렇게 많은 부분을 논리학과 헤르츠의 이론역학의 상대적인 입장들에, 6.4절을 윤리학의 '초월적' 특성에, 그리고 6.5절을 '삶의 의미'에 관한 문제에 쏟아부었을까?

그렇지만 우리는 지금 비트겐슈타인의 전前프레게적인 관심사에 대한 설명을 확증해 줄 논의의 상당 부분을 어쩔 수 없이 정황적 증거에 의존하고 있다. 우리가 지금껏 묘사해 온 사회, 문화, 철학적인 상황에 비추어 볼 때, 그리고 또 한편으로 비트겐슈타인 자신의 가족 배경과 교육 수준에 비추어 볼 때(앞으로 보게 되겠지만), 그는 1) 그 문제의 본격적인 위력을 감지하고, 2) 새로운 명제 논리의 방법으로 그 문제를 공략할 수 있는 가능성을 인식하여, 3) 그가 실제로 해냈던 것과 같은 완벽하게 일반적인 형식적 해결책을 끄집어낼 수 있는, 그야말로 절묘한 위치에 자리하고 있었다. 사실 러셀과 프레게라는 본보기가 없었다면, 비트겐슈타인은 결코 우리가 지금 가지고 있는 것과 똑같은 형태의 《논고》를 쓰지 못했을 것이다. 그러나 프레게와 러셀이 비트겐슈타인에게 해 준 것은 비트겐슈타인 자신이 품고 있던 문제들을 해결하는 데 활용할 수 있는 새로운 기법을 마련해 준 것이었다. 이제 이러한 진단을 일단 수용하고 나면, 비트겐슈타인의 사상에 담겨 있는 '논리적인 측면'과 '윤리적인 측면'을 화해시키는 일은 전혀 어렵지 않을 것이다. 비트겐슈타인 자신이 그 후로도 끊임없이 주장하는 바와 같이, 그의 책에 담긴 **요점**은 윤리적인 것이며, 다만 그 책의 **형식적 기법**만이 명제 논리에서 도출된 것이다. 그리고 이 점을 인식하고 나면, 어떤 이유로 《논고》가 전형적인 빈 풍의 문건인 동시에 비트겐슈타인 당대의 사람들에게 하나의 열쇠가 되는 책이었는지도 분명해진다.

### 비트겐슈타인 가문과 비트겐슈타인

분명히 비트겐슈타인 가족의 생활상은 그를 오스트리아가 처한 곤경과 역설의 한가운데에 세워 놓았다.[1] 루트비히는 중부 유럽에서 스코다와 크루프 등에 비견되는 백만장자 사업가인 카를 비트겐슈타인의 막내아들이었다. 그의 집안은 당시 빈에서, 그리고 더 나아가 유럽 전체에서 가장 중요한 음악 살롱 중 한 곳이었다. 공적인 생활에서 카를 비트겐슈타인은 최신의 기술 발전에 관한 철두철미한 지식에다 예리한 사업가적 감각을 결합시킴으로써 합스부르크의 산업계와 재계의 거물이 되었다. 사적인 측면에서는 음악 예술의 위대한 후원자여서, 그의 저택에서는 브람스와 요아힘, 말러, 발터, 그리고 젊은 시절의 파블로 카잘스 등과 같은 음악가들이 낯선 사람들이 아니었다. 아버지

카를 비트겐슈타인은 인생에 필요한 유일하고도 진정한 교육적 토대는 엄격하게 통제된 사교육 과정을 통해 다져진다는 확신을 가졌다. 그래서 그의 막내아들은 열네 살이 될 때까지 집에서 교육을 받게 되었다. 더욱이 비트겐슈타인 가문의 형제들은 문화적인 욕구를 충족하기 위해 굳이 집 밖으로 나갈 필요가 거의 없었다. 그것은 극소수 유복한 가정의 자녀들이 누리는 특권이었다. 결과적으로 이 시점에서 비트겐슈타인의 가족과 집안 자체의 유별난 분위기를 고찰해 보는 것은 매우 의미 있는 일이다(이러한 개인적인 특수성은 그 철학자가 다른 곳 어디에서도 '편안함'을 거의 느끼지 못한 이유를 설명하는 데 도움이 된다). 그러나 이 집안의 특별한 성격과 분위기를 이해하려면, 우선 카를 비트겐슈타인의 생애와 그가 살았던 시대에 관해 여기서 좀더 많은 것을 이야기해야만 한다.

카를 비트겐슈타인은 헤르만 비트겐슈타인의 세 아들 중 막내였다. 헤르만 비트겐슈타인은 중산층 출신의 완고한 인물로서 딸도 여덟을 두었으며, 양털을 팔아 생계를 꾸리기도 했고, 쓸모없는 농장을 사들여 산출이 많이 나는 옥토로 개간한 뒤에 다시 팔아넘기는 방법으로도 돈을 벌었다. 훗날 자손들에게 전형적으로 나타난 음악 사랑은 헤르만 비트겐슈타인의 가족에게서도 이미 여실히 드러나 있었다. 그의 장녀인 안나는 클라라 슈만의 아버지인 비크, 브람스 등과 함께 피아노를 공부하였다. 피네는 가곡 분야의 빼어난 실력자들과 함께 공부한 성악가였으며, 클라라는 골드마르크의 제자였다. 한편 카를 역시 바이올린을 켤 줄 알았고, 나중에 사업의 성공이 정점에 달했을 때도 출장을 갈 때면 언제나 악기를 챙겨, 잠자리에 들기 전에 소나타 몇 곡을 연주하곤 했을 정도였다. 그러므로 헤르만이 자신의 처조카인 요제프 요아힘의 놀라운 음악적 재능을 잘 알고 있었으며, 그를 자신의 열한 명의 자녀와 함께 길렀다는 사실은 놀랄 일이 아니다. 헤르만은 열세 살의 요아힘을 유난히 아껴, 그를 멘델스존에게 보내 공부시켰고, 그 밖에도 자선 사업으로 다른 음악가들의 후원자 역할을 해 주기도 하였다.

이러한 모든 예술적 심미안에도 불구하고, 헤르만은 완고한 아버지였다. 그는 자신의 절대적인 권위가 흔들리는 꼴을 허용하지 않는 사람이었다. 예를 들어 어떤 남자가 자기 딸에게 구혼했을 때, 그는 딸과 한마디 상의도 하지 않고 퇴짜를 놓아 버렸다. 이런 완고함과 고집불통인 성격 때문에 그는 훗날 막내아들과 갈등을 빚게 되었다. 카를은 빈의 기술 고등학교에 몹시 가고 싶어 했지만, 그의 아버지는 그런 교육이 신사에게는 어울리지 않는다고 생각하면서 그의 요구를 고려조차 하지 않았다. 그러나 그 아버지에 그 아들이듯, 카를 역시 양보라고는 모르는 사람이었던 것 같다. 의지의 충돌은 분명히 해소할 수 없는 것이었기 때문에, 카를에게는 아버지의 영향권에서 도망치는 것 말고는 달리 방법이 없었다. 그래서 그는 실제로 탈출하였다. 그는 1865년 1월에 빈을 떠나 그 해 4월에 바이올린 한 대만을 들고 뉴욕에 도착했다. 그는 2년 남짓 미국에 머물렀고, 그러는 동안 다양한 직종의 일을 하였다. 그는 레스토랑에서 웨이터 겸 바이올린 연주자로 일하기도 하였고, 화물선의 조타수로도 있었으며, 바텐더, 야간 경비, 가난한 아이들을 가르치는 고아원 교사로도 일했다. 그리고 뉴욕에 있는 기독형제 학교에서도 교사로 일했는데, 그곳에서는 라틴어, 그리스어, 수학, 바이올린, 그리고 테너 호른을 가르쳤다.

카를 비트겐슈타인은 미국 생활에서 깊은 인상을 받았다. 훗날 사업가로 성공한 그는 《신자유신문》에 기고한 일련의 평론들에서(책 세 권을 채울 정도의 분량이다), 오스트리아 노동계의 현실에 비하여 미국의 노동자가 달성한 삶의 표준에 찬사를 표하게 된다.[2] 쉬운 일은 아니었지만, 카를과 그의 아버지는 화해를 하게 되었고, 곧이어 그 스무 살의 아들은 기술 고등학교에 입학해도 좋다는 허락을 받고 1867년에 빈으로 돌아왔다. 그 뒤 20년 동안 빈의 재계는 사업적 성공의 정점에 도달해 가는 카를 비트겐슈타인의 화려한 부상을 목격하게 된다. 그에게는 기술 지식을 활용하는 탁월한 능력이 있어 쓰러져 가는 공장을 생산성 높은 활황의 사업체로 변모시킬 수 있었다. 그가 거둔 성공의 결코 적잖은 부분은 바로 엄청난 노력에서 나온 것이었다. 그는 쉬지도 않고 밤낮없이, 그리고 날이면 날마다 그야말로 끝까지 일했다. 1895년 무렵이 되자 그는 '산업 합리화'로 알려지게 되는 기법의 확고부동한 대가가 되었고, 마침내 보헤미아 지역에 주요 공장을 두고 합스부르크 제국의 철강 산업을 지배하는 인물이 되었다. 우리는 이러한 헌신적인 노력과 프로테스탄트적인 완고한 도덕성이 결합된 카를 비트겐슈타인에게 막스 베버가 이야기한 '프로테스탄트 윤리'의 거의 완벽한 표상을 발견할 수 있다.

그는 1872년에 레오폴디네 칼무스를 만나 결혼하였다. 부부는 아홉 명의 자녀를 낳았고 그중 여덟이 성인으로 자랐다. 루트비히를 제외하고 그들 자녀 중에서 가장 널리 알려진 사람은 파울이었는데, 그는 오른팔을 잃었음에도 불구하고 결국은 훌륭한 피아니스트가 되었다. 그는 모리스 라벨의 유명한 〈왼손을 위한 협주곡〉뿐 아니라, 리하르트 슈트라우스에게도 한 손으로 칠 수 있는 피아노곡을 청탁하여 자신의 연주 곡목을 마련하였다(기술적인 완성을 향한 확고하고도 한결같은 헌신과 더불어 그에게 요구된 결단력과 자기 규율은 아버지인 카를 비트겐슈타인이 가족 전체에게 유산으로 물려준 세계관의 전형적인 특징인 완고한 프로테스탄트적 도덕성의 필수적인 요소들이었다). 나머지 가족들이 가장 어린 두 아이인 파울과 루트비히를 그다지 비범하게 여기지 않았다는 사실은, 가족들 모두 스스로에게 얼마나 특별한 기준을 설정하고 있었는지를 보여 주는 증거인 셈이다.

카를과 레오폴디네 부부의 다른 자녀들도 똑같이 재능이 흘러 넘쳤다. 장녀인 헤르미네는 수준급의 실력을 지닌 화가였는데, 그녀의 작품들에는 기법의 숙련도와 미적인 감수성이 풍부하게 드러난다. 클림트에 대한 그녀의 존경과 열망은 실제로 카를 비트겐슈타인의 마음을 움직여 카를이 분리파 회관을 짓는 데 필요한 자금을 지원하기에 이르렀고, 그 건물에는 히틀러를 추종하는 야만인들이 지워 버리기 전까지 그런 내용을 기록한 비문이 새겨져 있었다. 마찬가지로 둘째 아들인 루디는 연극에 조예가 깊었다. 세 딸 중 막내인 마르가레테는 가족 중에서 별종이자 가장 명민한 지성적 존재였다. 그녀의 부모 세대가 그저 라틴어와 독일어로 된 기성 고전들의 장점만을 인정할 수 있던 그 시기에, 그녀는 핸리크 입센의 충격적인 '모더니즘'에 푹 빠져 있었으며 철학, 사회과학, 그리고 인문학의 난해한 이론들에도 겁을 먹고 피하는 법이 없었다. 그녀는 지그문트 프로이트의 절친한 친구가 되었으며, 히틀러가 오스트리아를 합병한 이후에는 마리 보나파르트의 오스트리아 탈출을 도와주었다. 바로 그녀가 바이닝거와 키르케고르의 저술을 비롯하여 자신이 가장 좋아한 철학자인 쇼펜하우어의 저술들을 막내 동생의 손에 집어 주었을 가능성이 아주 높다. 왜냐하면 그녀는 늘 지적이고 문화적인 생명의 맥박을 놓치지 않던 여인이기 때문이다.

비트겐슈타인 가문의 사람들 전체를 놓고 볼 때, 첫째가는 문화라면 누가 뭐라 해도 음악 문화였다. '폴디Poldy'라는 애칭으로도 불렸던 레오폴디네 비트겐슈타인도 꽤 실력 있는 피아니스트였다. 맹인 오르간 연주자이자 작곡가였던 요세프 라보르를 비트겐슈타인 집으로 데려와 키운 사람은 바로 그녀였다. 그리고 그녀의 막내아들 루트비히도 생을 마감할 때까지 라보르의 음악을 존중하였지만, 애석하게도 그 사실은 오늘날 거의 알려져 있지 않다. 셋째 아들인 쿠르트 비트겐슈타인은 첼로 연주자였다. 그러나 자녀 중에 음악적으로 가장 재능이 뛰어났던 아이는 여러 가지 악기를 빼어난 솜씨로 다룰 줄 알았던 장남 한스였다. 이전 세대에 아버지와 할아버지가 빚었던 드라마는 이제 카를과 한스에 의해 재연되고, 이번에는 비극적인 결말을 맺게 된다.

유대 전통에 대한 비트겐슈타인 가문 사람들의 태도는 문제를 더욱 복잡하게 만들었다. 카를 비트겐슈타인의 아이들은 아버지의 프로테스탄트적인 인생관을 받아들였음에도 불구하고, 그들 모두 혈통에 따라 자신들을 완전히 유대인이라고 생각하였다. 이런 문제에 관해서는 다음과 같은 얘기도 전해진다. 언제가 한번은 카를 비트겐슈타인의 누이 중 한 명이 같은 형제이자 저명한 프로테스탄트 장로인 루이스에게 다가가 매우 당혹스러워하면서 가족의 유대인 혈통에 관한 소문들이 사실인지 물었다고 한다. 그때 루이스는 이렇게 대답했다. "순수 혈통이지, 밀리, 순수한 혈통이야!" 그들은 비록 유대교의 종교적 가르침과 계율에서 상당히 멀리 떨어져 있었지만, 자신들이 유대교 내에서 탐미적 관념주의의 전통으로 간주했던 것과 일체감을 느꼈다. 그들의 성격 속에 그러한 정체성이 너무 깊게 스며들어 있었기 때문에, 비트겐슈타인의 가장 어린 누이인 마르가레테 스톤버러는 독일의 오스트리아 합병 이후 펼쳐진 유대인에 대한 **나치의 노골적인 혐오에 맞서**, 나치가 그녀와 가족을 기꺼이 비유대인으로 간주해 줄 뜻을 표명했음에도 불구하고, 빈의 다른 유대인들과 함께 감옥에 가겠다고 고집했다. 그러나 종교적 충절이 빚은 이러한 갈등은 결코 가족이 받은 스트레스의 주된 원천이 아니었다. 문제는 카를 비트겐슈타인이 자신의 아들들이 각자의 인생행로를 결정할 때, 자신의 아버지가 자신에게 허용했던 것만큼도 선택의 여지를 주지 않을 태세였다는 데 있었다. 그는 자신의 전철을 따라 금융과 산업 분야에서 출세하려면, 한스의 특별한 음악적 재능은 희생되어야 한다고 고집했다. 여기서 예술가 아들과 그에 맞서는 더 현실적인 아버지 사이의 대립으로 나타난 세기말의 세대 간 격차는 다시 한 번 명백해졌고, 한스가 아버지의 결단력을 물려받았다는 사실은 결국 비극을 초래하였다. 그는 어릴 때도 아버지가 가족들이 사용하는 악기를 집에서 연주하지 못하게 하자, 몰래 집을 빠져나가 교회에 가서 오르간을 연주하곤 했었다. 간단히 말해서 아버지와의 의사소통이 불가능했기 때문에, 한스는 결국 아버지와 한집에 사는 것을 더는 견디지 못하였다. 예전에 카를이 그랬던 것처럼 그는 벗어나야만 했고, 실제로 그렇게 하였다. 한스 역시 북아메리카로 갔으며 거기서 그는 자살로 추정되는 비극적인 최후를 맞는다.

믿을 수 없는 일처럼 보이지만, 이 일화가 카를에게 큰 영향을 미치지는 않았던 것 같다. 그의 태도는 최소한 겉으로 관찰할 수 있는 한에서는 변하지 않았다. 둘째 아들 루디가 유사한 상황에서 자살했을 때, 그에게 미친 충격은 훨씬 더 뚜렷했다. 그러나 이 사건이 과연 그의 태도에 지속적인 변화를 야기했는지는 말할 수 없다. 왜냐하면 그 자신도 1913년에 암으로 죽었기 때문이다. 그리고 그렇기 때문에 그는 1918년에 그의 셋째 아들 쿠르트가 자살했다는 소식을 듣지는 못했다. 쿠르트는 이탈리아 전선에서 패배한 자신의 부대원들이 탈영해 버리자 스스로 목숨을 끊었다. 따라서 루트비히 비트겐슈타인이 자살에 관하여 《공책 1914~1916》에서 알 듯 모를 듯 암시한 내용과, 엥겔만과의 서신에서 자살에 관한 자신의 생각을 언급한 것 등은 어떤 의미에서도 그와 같은 비극적인 주제를 한가롭게 사변한 것이 결코 아니었다.[3] 엥겔만과의 서신에서 자신의 '품위 상실'에 관한 숙고를 언급한 부분도 마찬가지이다. 이런 것들은 모든 위선과 타협을 철저하게 거부하는 도덕성의 절대적 의무에 비추어 고려해야만 하며, 그러한 태도는 대대로 이어져 오는 비트겐슈타인 가문의 전반적인 특징으로서 가족 구성원들 각자에게 스며들어 있던 성향이었다.

그렇다면 아마도 틀림없이, 우리는 전쟁이 터지기 전에 문화와 윤리에 관해 빈에서 벌어진 논쟁의 주요한 원천들이었던 예술과 도덕의 위기, 그리고 더 나아가 가족생활의 위기에 비트겐슈타인이 직접적으로 노출되어 있었다는 사실을 굳이 증명할 필요까지도 없을 것이다. 오히려 증명의 부담은 그와는 반대의 견해를 입증하는 데 있는 셈이다. 즉 그가 성장한 집안 자체가 그러한 문화의 한 구심점이었던 데다, 그러한 논쟁을 촉발한 중요한 긴장 관계들을 그 안에 잔뜩 껴안고 있었다는 사실을 염두에 둘 때, 만일 비트겐슈타인이 주변에서 그렇게 활발하게 진행되던 논의들이 자신에게 즉각적으로 인지되지 않도록 막고 싶었다면, 그는 오히려 매우 의식적으로 스스로를 고립시켰어야만 했으리라는 것이다.

또한 한 가지 결정적인 측면에서 루트비히 비트겐슈타인의 성장 배경과 양육은 현재 우리의 관점에서 볼 때 매우 탁월한 것이었다. 우리는 이미 카를 비트겐슈타인이 일류 교육의 단 하나의 진정한 기반에 관해 갖고 있던 독특한 견해를 언급한 바 있다. 그는 자식들을 학교에 보내지 않고, 대신 가정교사를 불러 집에서 가르쳤고, 그것은 루트비히가 자신의 지적 능력을 자신의 보폭에 맞추어 발전시킬 수 있게끔 해주었다. 이런 사실은 또한 그가 훗날 받게 될 교육에도 결정적인 영향을 미쳤다. 그는 그리스어를 배우지 않았기 때문에 인문계 김나지움에 갈 수 없었으며, 따라서 1904년부터 린츠에 있는 레알슐레Realschule*에 다니게 되었다. 그리고 우연히도 바로 같은 시기에 청년 아돌프 히틀러가 바로 그 학교에서 쫓겨났다고 한다! 그는 일찍이 물건을 만드는 일에 특별한 재능을 보였으며(열 살 때 성냥을 가지고 실제로 작동하는 재봉틀 모형을 만든 적이 있었는데, 이것이 그가 어릴 때 선보인 유일하게 특별한 재주였다), 이런 재능을 참작하여 자연스럽게 그는 린츠에서 공학을 전공하기로 결정했다. 여기서 당치도 않은 연상 작용에 현혹되지 않는 것이 중요한데, 영국과 미국에서의 공학 교육은 늘 유럽 대륙보다, 특히 독일어권 국가들보다 실용적인 측면을 훨씬 더 강조한다. 그러나 취리히, 베를린, 그리고 빈에서 1900년 무렵의 일류 공학자에게 요구되는 최고의 지적 토대는 이론물리학에 대한, 특히 뉴턴 역학에 대한 철두철미한 지적 이해에 있었다. 그래서 비트겐슈타인과 같은 처지에 있는 젊은이가 스스로 설정하게 되는 첫째 목표는 수학을, 특히 물리학에 대한 수학의 응용을 올바르게 이해하는 것이었다. (이런 측면에서 루트비히 비트겐슈타인은 자신보다 몇 살 많았던 스위스의 '공학도' 알베르트 아인슈타인과 직업 형성의 과정이 같은 셈이었다.)[4]

따라서 하인리히 헤르츠의 《역학의 원리》는 통상적인 교육과정 속에서 비트겐슈타인의 손에 쥐어졌을 것이다. 그리고 그는 그 책을 단지 여러 교재들에 추가된 또 하나의 교과서가 아니라, 물리 세계의 근본 관념들에 대한 권위 있는 주요 분석을 담은 책으로 받아들였을 것이다. 그가 청년 시절에 헤르츠에게 품었던 존경심이야말로 그 이후에도 결코 잃지 않은 것이었다. 우리는 그가 세월이 흐른 뒤에는 거의 모든 사람들에 대해서, 심지어는 프레게에 대해서까지도[5] 꺼림칙한 태도를 취했다는 사실을 알고 있다. 그러나 그는 생애의 마지막 순간에 이를 때까지도 헤르츠의 이름만큼은 계속해서 인정과 동의의 뜻을 담아 언

---

* 실용 교육을 중시하는 독일의 중등학교.

급했다. 루트비히 볼츠만에 관해서도 마찬가지인데, 우리는 이미 '논리적 공간'에 관한 비트겐슈타인의 논의에서 분명하게 들려오는 볼츠만의 메아리를 언급한 바 있다. 그리고 1927년 이후로 적극적인 철학 활동에 복귀하게 되었을 때, 그는 이 특별한 주제를 다시 한 번 꺼내 들게 된다.[6] 고인이었던 하인리히 헤르츠가 비트겐슈타인에게 물리학의 권위 있는 모범을 처음으로 제공한 사람이었다면, 볼츠만은 그가 1906년에 린츠의 학교를 떠날 무렵 직접 그 밑에서 수학하고자 한 사람이었다. 그러나 그 소망은 그해 9월에 볼츠만이 두이노에서 자살함으로써 허망하게 좌절되고 말았다.[7]

지금까지 우리는 또한 비트겐슈타인의 더욱 폭넓은 관심사를 입증해 줄 상당히 많은 증거를 수집하였다. 음악은 그중에서도 가장 중요한 것이다. 쇼펜하우어는 음악가야말로 어떤 형태로든 표상의 한계를 넘어서 형식적인 철학의 언어가 표현해 보려고 헛되이 노력했던 더 깊은 감정과 태도, 신념 등을 전달할 수 있는 힘을 소유한 사람들이며, 형이상학자들은 불가피하게 그런 힘을 결여하고 있다고 주장하곤 했다. 훗날 비트겐슈타인 역시 기분이 편안한 시간에는 쇼펜하우어 못지않게 음악의 중요성을 강조하면서 음악이 가진 표현력에 관해 토론하곤 했다. 음악의 표현력은 그를 끊임없이 철학적 당혹감에 휩싸이게 만든 주제였다.[8] 킹스 칼리지의 음악 강사였던 필립 래드클리프는 비트겐슈타인이 케임브리지의 철학 교수로 있으면서 터무니없이 많은 악보를 들고 찾아와 자신에게 피아노 연주를 시키곤 했던 상황을 기술하고 있다. 그중에는 특히 비트겐슈타인 어머니의 오랜 친구인 요세프 라보르의 잊혀진 몇몇 작품들도 있었다. 비트겐슈타인은 악보가 연주되는 정확한 방식에 중요성을 부여하였고, 아마도 악보 안에서 쇼펜하우어가 주장했던 바로 그 초언어적 유의미성이라는 그 무언가를 발견했던 것 같다. 그의 음악적 취향과 관심의 영역은 제한적이지도 않았고 인습적이지도 않았다. 무어의 어린 아들 티모시가 소규모 재즈 악단을 성공적으로 결성했다는 이야기를 들은 비트겐슈타인은, 그를 피아노 앞에 앉혀 놓고 재즈의 구성과 전개(쇤베르크라면 '논리'라고 불렀을 법한)에 관해 아주 길게 설명해 달라고 졸랐다 한다.[9]

이와는 달리 비트겐슈타인은 철학 자체에 관한 글은 상대적으로 적게 읽었던 것 같다. 음악의 쇤베르크와 회화의 코코슈카처럼 그는 직업주의를 중시하지 않았고, 그저 무신경하게 자기 자신을 독학으로 공부한 철학자라고 생각하였다. 어린 시절부터 계속해서 그에게 감명을 준 몇 안 되는 철학 저술가 중 한 명은 게오르크 크리스토프 리히텐베르크였다. 18세기에 괴팅겐 대학교의 자연철학부 교수였던 리히텐베르크는 크라우스의 존경을 받았고 마흐에게도 중대한 영향을 미친 인물이었다. 리히텐베르크의 저술은 세기의 전환기에 서 있던 빈의 지식인들 사이에서 매우 큰 인기를 끌었다.[10] 심지어 그는 당시에 유행하였던 금언체 양식의 철학함이 정립되는 과정에서 쇼펜하우어보다 더 큰 영향을 미쳤으며, 그런 점에서 보면 《논고》에 담긴 금언들 역시 단지 시대적 조류를 보여 주는 하나의 실례일 뿐이다. 리히텐슈타인은 이론 물리학과 언어철학 양쪽에 모두 저술을 남겼는데, 실제로 그 기저에 깔린 정신은 (폰 브릭트가 말한 대로) '비트겐슈타인과 놀랄 만한 유사성'을 보인다.[11]

(비트겐슈타인의 후기 사상의 한 가지 요점을 예상하자면 다음과 같다. 리히텐슈타인의 저술들은 비트겐슈타인의 후기 논의에서 매우 커다란 역할을 수행하는 '패러다임'이라는 용어의 원천이기도 했다. 리히텐슈타인은 언어학에서 말하는 문법적 분석의 형식적 패턴들을 물리학의 이론적 분석 패턴들과 연결하기 위해 '파라데이그마타paradeigmata'라는 개념을 사용하였다.

문법에서 명사의 격 변화와 동사의 어형 변화들을 어떤 일반적이고 표준화된 형태의 용례, 즉 패러다임paradigm에 연결시키듯이, 물리학에서는 수수께끼 같은 사건과 과정을 특정한 표준과 자명한 형태들(즉 패턴들)에 연결시키는 방식으로 자연현상을 '설명한다.' 우리의 사유가 풍부한 결실을 맺을 수도 있고, 오도될 수도 있는 그 패러다임이라는 개념은, 철학에서 그 개념이 수행하는 역할과 '논리적 문법'에 관한 비트겐슈타인의 나중의 설명에서 핵심적인 자리를 차지한다.)[12]

마지막으로 우리는 비트겐슈타인이 동시대의 빈 사람들 중에서 오토 바이닝거, 카를 크라우스, 그리고 아돌프 로스를 존경했다는 사실을 확실히 알고 있다. 특히 비트겐슈타인은 건축가인 아돌프 로스와 개인적인 친분이 있었다. 장식과 치장에 관한 로스의 사상은 비트겐슈타인 자신의 생각에 잘 부합하는 것이었으며, 실제로 로스의 '기능' 개념은 비트겐슈타인 자신이 훗날 건축 분야로 잠시 외도하였을 때 그에게 영향을 미쳤다.

수많은 동시대 사람들이 그랬던 것처럼 루트비히 비트겐슈타인 역시 전반적으로는 브레너 서클과 관계가 있고, 그중에서도 특히 테오도어 해커라는 인물과 관계가 깊은, 이른바 키르케고르의 부흥 현상에 휩쓸리게 되었다. 물론 비트겐슈타인에게 가장 깊고도 직접적인 도덕적 영향력을 행사한 사람은 톨스토이였던 것 같다. 비트겐슈타인은 아주 어릴 때부터 의심할 바 없는 위대한 도덕적 성실성의 화신이었다. (그 아버지에 그 아들이라고, 그가 어떻게 그렇지 않은 사람이 될 수 있었겠는가?) 따라서 존 메이너드 케인스는 무어, 러셀, 그리고 훗날 블룸즈버리 그룹의 주요한 회원이 되는 그 밖의 동료들에 관한 글을 쓰면서, 이 케임브리지의 젊은 지성인들이 드러낸 무상성, 피상성, 그리고 무엇보다도 불경건성에 반대한 인물로서 '루트비히'를 D. H. 로런스와 한 부류로 묶어 분류하였다.[13] 비트겐슈타인의 타고난 진지함은 참전 경험을 통해서 엄청나게 깊어졌다. 그의 가족이 그에게서 유쾌하고 해맑은 아이의 모습을 보았던 것처럼, 1914년 이전에 그를 알았던 영국의 지인들 역시 그를 번뜩이는 지성을 갖춘 대단히 명랑한 사람이라고 생각하고 있었다. 어두운 그림자는 이미 존재하고 있었겠지만, 당시에는 그런 측면들이 대개 수면 아래 잠겨 있었던 것이다. 그러나 1919년 이후 그는 고독하고 내향적인 인물이 되어 갔다. 그는 자신이 오스발트 슈펭글러의 《서구의 몰락》에 깊은 감명을 받고 있다는 사실을 인정했으며, 극단적인 개인주의와 엄격한 금욕이라는 윤리적 태도 속으로 점점 더 깊이 은둔해 들어갔다. 톨스토이에게 그랬듯이 비트겐슈타인에게도, 인간적 고결성의 요구는 절대적 평등주의 및 인간 형제들에 대한 최우선적 관심을 추구하는 이론적 측면에서의 몰입으로 이어졌다. 그렇지만 그러한 몰입은 대개 이론적으로만 남았다. 그의 평소 생활 습관은 은둔이었으며, 그가 자신의 신념을 실천적으로 표현할 기회를 가졌던 적은 2차 대전 중에 병원의 짐꾼이나 잡역부 등과 같은 가장 보잘것없는 일을 맡아 전쟁에 동참하기로 결정했을 때뿐이었다.

## 해커의 〈쇠렌 키르케고르와 내재성의 철학〉

《논고》의 재해석을 시작함에 있어서, 우리는 루트비히 피커와 그가 인스브루크에서 발행한 정기간행물 《연소Der Brenner》를 중심으로 모여든 젊은 아방가르드 지성인 집단이 비트겐슈타인과 맺고 있던 관계, 그리고 좀더 구체적으로 말하자면 비트겐슈타인이 《논고》에서 펼친 자신의 작업과 명백하게 동일시했던 테오도어 해커의 저술과의 관계를 고려함으로써, 비트겐슈타인의 성장 과정과 문화적 배경 속에서 어떻게 《논고》의 주요한 문제의식들이 생겨나게 되었는지를 가장 잘 드러낼 수 있을 것이다.

저술가로서 해커의 생애는 대체로 키르케고르라는 이름을 친근한 어휘로 만드는 일에 매진하는 것이었고, 실제로 그의 노력으로 그 일은 성취되었다. 그가 첫 연구 논문인 〈쇠렌 키르케고르와 내재성의 철학〉을 출판했을 때 키르케고르는 아직 무명 철학자에 지나지 않았기 때문에, 주석가로서의 해커의 활동은 키르케고르에 대한 20세기의 새로운 열광에 결코 적지 않은 기여를 한 셈이었다. 이 첫 연구 논문에서 해커는 다른 무엇보다도 키르케고르를 마우트너와 직접적이고도 노골적으로 대비시켰다. 그것은 진정한 '언어비판'과 그 모조품 간의 대조였다.[14] 조금은 불공정한 측면도 있지만, 어쨌든 그는 마우트너를 안락의자에 앉아 있는 회의주의자로 평하면서, 그의 철학은 그의 삶에 영향을 주지 않았다고 결론 내렸다. 해커가 본 바와 같이, 마우트너는 실존적 태도에서라기보다는 단지 지적인 논제로서 회의주의를 포용하였을 뿐이며, 따라서 그는 파스칼보다는 데카르트와 더 많은 공통점이 있었다. 이와는 달리 키르케고르의 회의주의는 실존적이었고 불안Angst으로 가득 차 있었다. 키르케고르가 정확히 어떤 측면에서 진정한 회의주의자이자 진정한 언어비판가인지를 일일이 설명해 나가는 과정에서, 아마도 해커는 마우트너의 언어비판이 해결하지 못한 채로 남겨 놓았거나, 혹은 그가 거론조차 하지 못했던 문제들(아마도 이 점이 더 중요한 측면일 것이다)에 대해 비트겐슈타인이 한 번 더 주목해 볼 수 있도록 만들었을 것이다.

그러나 키르케고르도 나중에 깨닫게 된 것처럼, 그러한 질문들은 원리상 답을 할 수 없는 것들이었다. 삶의 문제, 인간 실존의 의미는 그가 끌어안은 단 하나의 숙고의 대상이었지만, 자신의 도구인 이성으로는 그로부터 귀결되는 삶의 역설에 관한 그 어떤 해결책도 찾을 수 없었다. 이성은 키르케고르를 오로지 역설로만 인도할 수 있을 뿐이며, 그것을 극복하기 위해서는 신앙이 필요했다. 이성 너머에 존재하면서, 다시금 인생과 사유를 통합시키는 좀더 높은 차원의 진리를 획득하는 작업, 이것이야말로 '주체적인' 사상가가 해야 하는 작업이다. 사실적 기술의 어휘들을 가지고는 주관적 진리, 다시 말해 삶 그 자체로서의 진리인 도덕적 진리를 전달할 수 없다. 가치들을 소유하고 가르치게 될 주체적인 사상가라면 소크라테스의 지적 태도를 몸에 배게 해야 한다. 반어, 풍자, 희극, 그리고 논쟁은 '간접적 의사소통'의 도구들이며, 그렇기에 그러한 목적에 적합한 수단들이다. 해커는 진정한 언어 비판이란 마우트너 같은 방법으로 어휘들을 연구하는 것이 아니라, 언어를 실질적 유용성을 가진 도구에서 인간의 삶을 변화시킬 영혼의 도구로 변환시키는 데 그 목적이 있다고 말한다. 이런 의미에서 해커는 키르케고르야말로 톨스토이처럼 예술을 영적인 영역에 접근하는 인간적 수단으로 간주한 '언어철학자'였다고 소개하였다.

해커는 당대의 인사들 중에서도 그런 주체적인 사상가 한 명을 알아보았다.

아마 이 한 사람만은 남의 눈에 띄지 않게 영혼의 삶을 이끌어 갈 수 있을 것이다. 그리고 그는 오늘날 글을 쓰는 대부분의 사람들보다 무한히 가깝게 그런 삶에 다가가 있다. 그가 출현함에 따라 이제 사람들은 자신들의 명예를 지키기 위해 실질적으로 단 두 가지의 가능성만을 가질 수 있게 되었다. 즉 침묵과 자기 비하가 그것이다. 더 생각해 볼 필요도 없이 그 한 사람의 이름이 곧바로 떠오른다. 바로 카를 크라우스이다.[15]

해커의 견해에 따르면, 크라우스는 정작 그 자신은 그 이름조차도 알지 못했던 키르케고르의 진정한 수제자나 다름없었다. 왜냐하면 결과적으로 크라우스는 자신의 풍자와 논쟁을 통해 키르케고르의 작업을 계속 이어 나간 셈이기 때문이었다. 크라우스도 키르케고르처럼 윤리학이 도덕의 과학이 아니며, 기하학이나 화학 같은 학문 분과도 아니라는 사실을 너무나도 잘 알고 있었다. 윤리학은 사실fact과 무관하다. 윤리의 기반은 신념의 주관성이며, 그 영역은 과학이 아니라 역설의 영역이다. 다른 한편으로, 예술 작품에서 형식과 내용의 통합을 절대적으로 중요시한다는 측면에서도 크라우스는 키르케고르와 일치한다. 미적인 형식과 윤리적인 내용은 동전의 양면일 뿐이다. 오직 선한 사람만이 가치가 무엇인지 알고 있으며, 오직 그런 사람만이 그 가치를 전달할 수 있다. 제아무리 과학적 지식을 많이 쌓는다 해도 그것은 결코 사람을 선하게 만들 수 없다. 윤리학에 대한 키르케고르와 크라우스의 견해에 따르면 '도덕과학Geisteswissenschaften'이라는 개념은 그 용어 자체에서 모순이 드러난다고 해커는 주장한다. 윤리학은 역설적인 것에 뿌리를 두고 있으며, 역설적인 것에 대한 과학 따위는 존재할 수 없기 때문이다. 오로지 금언만이 윤리적인 것의 직접성을 표현하는 도구일 뿐이다. 따라서 언어비판에 대한 해커의 이상은 키르케고르의 재림인 크라우스의 금언과 논쟁 속에서 찾을 수 있게 되었다.

비록 해커의 눈에 카를 크라우스가 키르케고르 식의 '언어비판'을 수행한 최고의 실천적 옹호자로 보였을지 몰라도, 그러한 사실은 마우트너의 분석이 남긴 문제를 해결하는 일과는 무관한 것이었다. 그 문제는 이른바 한편으로 헤르츠, 볼츠만의 생각과 다른 한편으로 키르케고르, 톨스토이의 생각을 화해시키는 문제였다. 헤르츠와 볼츠만의 물리학을 공부한 공학도로서 비트겐슈타인은 마우트너 같은 사람의 철학적

회의주의에도 불구하고 '표상적인' 언어가 불가능하지는 않다는 사실을 잘 알고 있었다. 최소한 물리학에서, 마우트너에게 은유적인 기술을 뜻했던 'bildliche Darstellung'이라는 표현을 헤르츠적인 의미로 극단적으로 재해석할 수만 있다면, 그것을 통해 자연현상을 의미 있게 표상하는 것은 가능한 일이었다. 물리학자들이 이론적으로 얘기하는 똑같은 원리들이 기계를 제작하는 데도 실제로 적용된다는 바로 그 사실이 그것을 증명하는 셈이다. 그러므로 열렬한 헤르츠주의자인 비트겐슈타인은 역학에서 그림, 즉 '모델'의 형태로 공적 용법의 표상Darstellungen이 가능하다는 것을 알고 있었다. 실제로 역학이 나머지 다른 인간적인 지식과 구분될 뿐 아니라 물리학의 가장 근본적인 분과로 간주될 수 있다는 확신은, 물리학자가 역학의 현상을 나름대로의 '모델'로 구성해 나가는 과정에서 그러한 현상에 부여하게 되는 수학적 구조의 귀결이었다.

더 나아가 그러한 표상은 그 자체의 수학적 형식에 의해 그 적용 범위가 대체로 결정된다는 측면에서 자기한계적self-limiting이라는 장점을 가진다. 그러므로 최소한 한 분야의 언어는 존재하는 것이었다. 그것은 이른바 역학의 언어로서, 세계에 관한 '사실들'을 전달하기에 충분한, 다시 말해 세계의 '표상'을 수학적인 그림의 형태로 제공하기에 충분한 일의성과 올바른 구조를 갖춘 언어이다. 이 언어가 가진 일의성과 그 덕분에 생긴 애매성으로부터의 면역력은 그 언어의 수학적인 구조, 다시 말해 그 언어의 형식에서 나온 직접적인 결과다. 그러한 형식은 경험으로부터 나온 것이 아니며, 더군다나 임의적인 규약이나 정의의 산물도 아니다. 오히려 그런 형식은 경제적으로 경험을 질서 잡는 방식으로서 그 경험에 부과되는 것으로, 바로 이런 측면 때문에 마흐는 헤르츠의 《역학의 원리》에 찬사를 보냈던 것이다. 따라서 비트겐슈타인이 진상을 분별할 수 있는 직접적인 위치에 있던 바로 그 시기에, 마우트너의 지식 개념은 수학적인 모델의 형식으로 나타나는 역학 언어의 헤르츠 식 표상에 의해 곧장 도전받게 되었다. 그래서 만일 누구든 그에 상응하는, 그러나 완벽하게 포괄적인 '언어의 수학'을 확립할 수만 있다면, 마흐나 마우트너처럼 역학적 개념의 **심리적·역사적 발전**을 연구하는 대신에, 헤르츠가 역학의 **수학적 구조**를 고려하여 역학을 철학적으로 안전한 기반 위에 올려놓고 결과적으로 역학 비판을 변모시킬 수 있었던 것과 같은 방식으로, 일반적인 언어의 본성과 한계를 '그 내부로부터' 설명해 줄 '언어비판'을 수행하는 일이 가능해질 수 있을 것이다.

따라서 《역학의 원리》에 나타난 헤르츠 식 논제의 핵심적인 과제는 당시 비트겐슈타인의 마음을 사로잡고 있던 과제와 신기하게도 유사한 것이었다. 헤르츠는 고전적인 뉴턴주의 역학 이론이 어떻게 공리와 연역이라는 수학적 체계를 형성하면서, 동시에 **논리적으로 사유 가능한** 모든 세계에 대조되는 것으로서의 **실제** 자연 세계를 기술할 수 있는지 설명하는 데 관심이 있었다. 그리고 그 문제야말로 비트겐슈타인이 훗날 《논고》에서 명제 6.34에서부터 6.3611에 이르기까지 유난히 길게 이어지는 구절들을 할애해 가며 다룬 주제이다. 헤르츠는 그러한 수학적 계산을 명료하게 표현하는 형식적인 단계들과 그로부터 귀결된 공리 체계를 실제적인 경험에 적용하게 만드는 경험적 혹은 실천적인 단계들을 아주 세심하게 주의하여 구분하기만 한다면, 그 문제는 스스로 답을 하게 될 것이라고 주장한 바 있다.[16] 더 나아가 그 답은, 예를 들면 19세기의 물리과학을 꼴사납게 만들고 그 발전을 차단했던 '힘의 본질적 본성'에 관한 논쟁들처럼 무익하고 혼란스러운 수많은 형이상학적 논쟁들을 우회하는 방식으로 제시될 것이다.

## 비트겐슈타인의 언어 모델 이론과 러셀의 《수학 원리》

만일 우리가 이야기한 대로, 비트겐슈타인이 언어에 대한 포괄적인 '모델' 이론을 확립하고자 했다면, 그는 철저히 일반적인 어휘들로 언어의 형식적 구조를 설명할 수 있게끔 물리학의 경우와 유사한 '언어의 수학'을 원했을 것이다. 그가 자연스럽게 프레게와 러셀의 작업으로 방향을 전환할 수 있었던 지점은 바로 여기이다. 왜냐하면 러셀의 초기 저술들에 나타난 철학적인 기획은 일반화된 형태로 헤르츠 식의 문제를 해결할 수 있는 수단을 제공하는 것으로 해석될 수 있었기 때문이다. 러셀이 제안했던 것과 같은 방식으로 재구성된 언어를 떠올려 보라. 그는 명시적으로 정의된 형식적 모델에 입각하여 명제들의 진정한 형식을 표현할 수 있는 '명제 계산법propositional calculus'에 도달하였다. 그로부터 귀결된 형식주의는 실제 세계의 '대상들'을 한데 묶어 '사실'로 만들어 내는 상응하는 구조들을 언어의 내부적인 구조가 어떻게 표상하는지 보일 수 있게 해 줄 것이다. 그러므로 명제의 참된 논리적 형식은 종종 자연 언어의 오도된 문법적 외관에 가려져 있으며 그러한 참된 형식은 《수학 원리》에 담긴 논리적 기호들로 표현될 때 가장 잘 포착된다는 러셀의 주장은, 비트겐슈타인에게 근본적인 실마리를 제공하였다. '명제 계산법'을 언어의 형식적 모델로 사용함으로써 새로운 종류의 언어비판을 구성하는 것이 가능해질 것이며, 이로써 마우트너의 초창기 시도가 초래한 비난을 피할 수 있게 될 것이다. 이것은 비트겐슈타인이 자신의 작업을 마우트너의 작업과 대조하면서, 왜 자신이 '외관상의' 논리적 형식과 '참된' 논리적 형식을 나눈 러셀의 새로운 구분에 호소하게 되었는지를 말해 준다.

　(비록 마우트너의 의미에서는 전혀 아니지만) 모든 철학은 '언어비판'

이다. 명제의 표면적인 논리적 형식이 그것의 진정한 논리적 형식일 필요가 없음을 보여 주는 임무를 수행한 사람은 바로 러셀이었다.[17]

이렇듯, 러셀과 프레게의 논리적 기호주의는 이제 비트겐슈타인에게 헤르츠와 키르케고르를 둘 다 올바로 평가할 수 있는 일반화된 언어비판을 제공해 줄 **수단**이 되었다. 특히 마우트너가 알지 못했던 러셀의 '명제 계산법'은 정확하게 비트겐슈타인이 필요로 했던 '언어의 논리'를 제공해 주었다. 수학을 기초로 논리학을 수정하고자 했던 러셀과 프레게는, 마우트너가 논리학을 거부할 때 전형적으로 드러낸 것과 같은 '심리적 환원주의'에 반대하는 강력한 논증들을 끄집어냈다. 특히 프레게는 이러한 반심리주의적 과제를 수행하는 데 많은 노력을 기울였으며 《개념 표기법》이라는 그의 연구 업적은 수리논리학을 체계화하고자 한 최초의 시도였다. 또한 화이트헤드와 러셀이 함께 저술한 《수학 원리》는 그런 체계에 대한 질서 정연한 대요를 제공하였다. 따라서 바로 여기에서 비트겐슈타인이 추구했던 새로운 '언어 계산법'의 기반이 마련된 것이다.

기본적으로 유명론적인 마우트너의 논증들은 언어**에 관한** 이론을 이용하여 언어의 한계를 증명하려고 시도했고, 따라서 그의 논증들은 순환성의 요인을 담고 있었다. 이런 측면에서 그것은 역학적 개념들에 **관한** 심리 이론에 기반을 두고 있는 마흐의 역학 비판과 닮았다. 헤르츠의 역학 비판은 마흐의 비판보다 훨씬 더 통렬한 것이었다. 왜냐하면 그는 그 개념들이 **사용되고 있는** 그대로의 상태에서 그것들의 구조에 명확히 초점을 맞출 수 있었기 때문이다. 그의 견해는 자연에 대한 이해와 역학의 내부로부터 설정된 그 학문 분야의 한계에 관한 것이었다. 그는 역학**에 관한** 이론들 속에서 피난처를 구할 필요가 없었다. 역하적 설명의 한계는 분명한 것이었고, 일단 역학적 개념들의 구조가 해명되고 나면 더는 증명이 필요하지 않았다. 모델은 그 자신의 적용의 한계를 간명하게 드러냈다. 비트겐슈타인은 나름의 명제 계산법으로 초창기 언어비판의 특징이었던 문제의 순환성(마우트너도 인정한 바 있는)을 제거할 수 있었다. 이런 방식이라면 누구나 언어의 구조를 이용하여 언어의 본성과 한계를 해명할 수 있다. 언어의 한계는 명확해질 수 있었고, 그것이 명시적으로 진술될 필요는 없었다. 비트겐슈타인이 소위 자신의 '언어 그림 이론'에 관하여 내세우는 장점들은 바로 이러한 측면들이다.

영국과 마국에서 《논고》를 해석하려는 학자들은 독일어 단어 'Bild'(그림)와 그 단어에서 파생된 'abbilden'(그림 그리기) 등과 같은 형태의 단어들을 처리하는 데 커다란 어려움을 겪는다. 영어로 글을 쓸 때, 철학자들은 비트겐슈타인의 '그림' 이론이 마치 우리로 하여금 '명제'가 '사실'에 대한 **스냅숏**이나 **심상**mental image 따위를 제공한다고 생각하게끔 만드는 이론인 것처럼 논의하는 경향이 있다. 그런 해석은 '그림'에 관한 비트겐슈타인의 논의에서 두 가지 핵심적인 논점을 놓치는 것이다. 첫째, 명제와 사실 간의 관계에 관한 그의 모든 논의는 적극적이고 건설적인 어휘들로 제시된다. 예를 들어 《논고》의 번역본 개정판에서는, 중요한 명제인 2.1 이 영어로 다음과 같이 번역되어 있다. "We picture facts to ourselves(우리는 스스로에게 사실을 그린다)."[18] 한편 원래의 독일어는 이렇게 되어 있다. "Wir machen uns Bilder der Tatsachen."* 여기서 비트겐슈타인에게 '그림'(즉 표상 혹은 모델)은 우리가 만드는, 즉 우리가 산출하는 인공물로서의 어떤 것이다. 화가가

* 이 책 저자들의 견해에 따른다면 "우리는 스스로에게 사실들의 표상을 구성한다" 정도로 번역할 수 있겠다.

어떤 장면이나 인물의 '예술적 표상'을 산출하듯이, 우리 자신도 사실을 그리는 명제를 언어로 구성하며, 그때 그 명제는 그것이 그린 사실과 동일한 형식을 가진다. 그리고 거듭 말하건대, 만일 우리가 훨씬 느슨한 단어인 '그림picture'을 사고함으로써 스스로 오도되지 말고 언어적인 '그림'을 '신중하게 구성된 말로 이루어진 표상'으로 생각한다면, 우리는 비트겐슈타인의 금언을 더 잘 이해하게 된다.

둘째, 현재 《논고》의 번역본으로 나와 있는 책들은 헤르츠가 물리학에서 사용한 'Bild'라는 단어의 용법과 비트겐슈타인이 철학에서 그 단어를 사용하는 방법 사이에 존재하는 본질적인 연속성을 가리고 있다. 우리가 헤르츠가 사용한 'Bild'라는 단어를 '모델'이라는 단어로 번역할 때 이론역학에 대한 그의 설명을 가장 잘 이해하게 되듯이 《논고》의 경우에도 사정은 다르지 않다. 예를 들어 그라모폰 레코드, 음악적 관념, 악보, 그리고 음파는 하나의 공통된 '그림(표상 혹은 모델)적인 내적 관계abbildenden interen Beziehung'(4.014) 덕분에 서로 연결된다는 비트겐슈타인의 생각은, 공통된 'picture'(그림)가 아니라 'model'(모델)이라는 용어를 사용하여 해석할 때 가장 잘 이해된다. 그림 안에 나타나는 공간적인 질서는 자연과학의 이론적이거나 수학적인 모델에 전형적으로 드러나는 논리적 질서와는 매우 다른 유형의 질서이다. 헤르츠의 경우에서처럼, 다시 한 번 비트겐슈타인의 모델도 공적인 의미에서의 '표상들'로 지칭된다. 이 점은 또한, 모델은 논리적 구성물이며 그렇기 때문에 감각 경험의 재생, 즉 감각적 용법으로서의 표상과는 전적으로 다르다는 사실을 강조하는 데도 도움을 준다. 실제로 《논고》에는 (감각적 용법에서의) '표상하다stellen vor'라는 동사형이 두 번 등장하고, 더불어 (공적 용법에서의) '표상하다stellen dar'라는 동사는 그보다 훨씬 자주 나타나지만 'Vorstellungen'이라는 단어는 그 자체로는 전혀 언급되지 않는다.

공적 용법으로서의 표상은 가장 넓은 의미에서 '모델들'을 망라한다. 그 단어는 건축가의 청사진, 아이들의 모형 장난감, 채색 초상화(사진은 아니지만), 그리고 모든 종류의 패턴을 포괄한다. 따라서 수학적 모델들은 그중에서 단지 한 가지 유형의 표상, 즉 공적인 용법으로서의 표상을 구성할 뿐이다. 비트겐슈타인은 "모든 모델은 **동시에** 논리적인 모델이다(반면에 모든 모델이, 예를 들어 공간적인 것은 아니다)"[19]라고 하면서, 자신이 말하는 모델들의 논리적 구조를 강조한다. 그가 "우리는 스스로에게 사실들의 표상을 **구성한다**"[20]라고 말하고, 모델은 "마치 자처럼 실재에 대어진다"[21]라고 말할 때, 그는 자신의 모델들이 구성된다는 사실을 강조하는 것이다. 실제로 《공책 1914~1916》에서 그는 다음과 같이 주장한다.

세계는 완벽하게 일반적인 명제들로, 그리고 그렇기 때문에 어떤 종류의 이름이나 그 외의 지시 기호를 사용할 필요도 없이 완벽하게 기술될 수 있을 것이다. 그리고 일상 언어에 도달하기 위해서는 단지 '(∃x)'라고 한 다음에 '그리고 그 x는 A이다' 등과 같은 식으로 말함으로써, 이름이나 그 밖의 것들을 도입하면 될 것이다.[22]

여기서 그는 이른바 '논리적 발판logisches Gerüst', 다시 말해 전체 세계를 모델화할 수 있고, 그렇게 함으로써 모든 기술의 논리적 구조를 공급할 수 있는 선험적 체계를 창조하는 일이 틀림없이 가능하다는 사실을 암시하고 있다. 만일 그 작업이 완수된다면, 그것은 헤르츠의 《역학의 원리》첫 권이 역학의 언어를 대상으로 거둔 성과를, 언어 일반을 대상으로 거두게 되는 셈이 될 것이다. 우리는 이런 일반적인 체계 안에 이름을 도입함으로써, 뒤이어 그 체계를 실재에 적용할 수 있을 것이다. 그 결과는 다름 아닌 '일상 언어'가 될 것인데, 비트겐슈타인은 바로 그것이 우리가 실제로 하고 있는 일이라고 주장했다. 그러므로 그는 자신이 역학 언어에 대한 헤르츠의 접근 방식을 모든 분야에 적용할 수 있는 방식으로 보편화시켰다고 생각했다. 이렇게 해서 그는 바로 '세계에 대한 그림적 표상bildliche Darstellung der Welt'을 달성할 수 있었으며, 그러한 그림적 표상이 가진 동형적同形的 성격 덕분에 그것은 은유적인 기술의 차원을 훨씬 넘어서 있는 것이다.

비트겐슈타인의 모델이 도대체 어떻게 경험을 '표상'하는 것인지 이해하기 위해서는, 그것의 모델 만들기의 양식, 다시 말해 그런 모델들이 구성되는 바로 그 방식을 고찰할 필요가 있다. 명제들은 어떤 상황이나 대상들의 배열(더 일상적으로는 '사실fact'이라고 불리는)에 대해 우리가 구성한 표상들이다. 명제는 그러한 사실의 정확한 재현물이 아니라 단지 그러한 사실의 **본질적인** 측면, 다시 말해 이름들에 의해 지시되는 대상들과 관계사들에 의해 표상되는 대상들 간의 논리적 관계들을 재현하는 것이다. 따라서 비트겐슈타인은 다음과 같이 말한다.

> 한 모델의 요소들이 확정적인determinate 방식으로 서로 연결되어 있다는 사실은 사물들이 그와 동일한 방식으로 서로 연결되어 있음을 표상한다. 모델의 요소들이 지니는 이런 관계를 그 모델들의 **구조**라고 부르자. 그리고 그런 구조의 가능성을 그 모델의 **모델 만들기 형식**이라고 부르자.[23]

그는 부언한다. "오로지 눈금선들의 끝점들만이 측정될 대상에 실제로 닿을 뿐이다."[24] 이런 측면에서 비트겐슈타인의 모델은 상응하는 현상의 구조에 본질적인 것만을 모델화하는 헤르츠의 모델과 닮았다. 원리상 비트겐슈타인의 모델은 대상들에 관해, 그것들을 명명하고 그것들의 배열을 기술하는 것 말고는 그 어떤 것도 주장할 수 없다. 이름 혹은 기호들 간의 확정적인 관계가 바로 명제의 뜻sense이다. "모델이 표상하는 것은 그것의 뜻이다."[25] 그리고 그것은 모델이 기호들에 관하여 **보여주는** 것이다. 만일 이름 혹은 기호가 지칭하는bedeuten 대상들이 실제로 그렇게 배열되어 있다면, 그 명제는 참이고 그 모델은 옳다. 만일 그렇지 않다면, 그 명제는 거짓이고 그 모델은 옳지 않다. 어느 경우든 "한 모델이 참인지 거짓인지를 말하기 위해서는, 그 모델을 실재와 비교해 보아야 한다."[26]

따라서 두 가지 점이 비트겐슈타인의 언어 모델 이론에 본질적이다. 하나는 진리대응론이고, 다른 하나는 우리의 모든 기술적인 언어 사용을 허용하고 정당화해 주기에 충분한 '동형성Verbindung'이 언어와 실재 사이에 존재한다는 가정이다. 언어의 논리적 구조는 우리가 대상들의 특정한 배열이 '가능하거나 가능하지 않다'는 사실을 선험적으로 확인할 수 있게끔 해 준다. 이것이 비트겐슈타인의 체계 안에서 '진리표truth table'가 수행하는 기능이다. 진리표는 어떤 모델이든 그 모델의 선험적인 진리 가능성들을 확립한다. 한 명제에 들어 있는 기호들에 가능한 모든 '진릿값truth value'이 부여되고 나면, 그중에서 어떤 것이 참인 가능성들인지 결정될 수 있고, 그 명제의 뜻, 다시 말해 그 기호들 간에 성립된다고 주장하거나 혹은 그렇지 않다고 부인되는 관계가 무엇인지 주어질 수 있다. 바로 그것이 "어떤 한 모델이 논리적 공간에서 어떤 한 상황을 나타내는" 방식이다.[27] 모델은 기호들 간의 논리적 관계를 주장하거나 부인함으로써 대상들의 특정한 배열을 결정한다. 그리고 모든 가능한 진릿값을 그 기호들에 할당함으로써 그 명제가 참 또는 거짓이 될 수 있는 조건들이 확립된다. 따라서 "한 명제는 논리적 공간 안에서 오직 하나의 장소만을 결정할 수 있다. 그렇지만, 그럼에도 불구하고 논리적 공간 전체는 이미 주어져 있어야 한다."[28]

우리가 앞에서 언급했던 것처럼, 비트겐슈타인의 '논리적 공간'은 이론물리학의 좌표 체계와 유사하다. 좌표들의 집합은 어떤 것이든 전체 체계의 존재를 전제로 한다. 실제로 공간적인 은유는 통계역학의 '위상 공간phase space'의 은유와 유사하다.[29] 후자는 6n 개의 차원들로 이루어진 인위적인 공간이며, 여기서 n은 해당 기체의 해당 부피 내 분자들의 수를 가리킨다. 6n 개의 차원들은 해당 순간에 각 분자의 위치와 운동량에 의해 정의되는 기체의 미시적 상태를 표상한다(그래서 분자의 위치에 관한 세 좌표와 운동량에 관한 세 좌표를 합쳐 6n 개가 되는 것이다). 이러한 위상 공간 개념은 개별적인 분자들의 모든 가능한 상태를 표상하기 위한 장치이며, 그것은 가장 개연성이 높은 거시적 상태를 확률 계산이라는 수단을 통해 계산할 수 있게 해 줄 선험적 확률들을 제공한다. 비트겐슈타인의 과학적 배경 지식과 루트비히 볼츠만의 작업에 대한 그의 분명한 관심에 비추어 볼 때, 이러한 은유가 가지는 유사성은 분명히 우연 이상의 것이다.[30]

명제의 모델 이론과 그에 결부된 진리 이론은 또 하나의 장점을 가진다. 그것은 또한 애초에 알렉시우스 마이농이 제기했지만 그때까지 논리학자들이 만족해할 만한 해결책을 찾지 못하고 있던 한 가지 문제도 다룰 수 있었던 것이다. 간단히 말해 문제는 이런 것이다. 예를 들어 누군가가 "무지개 끝에 있는 황금 단지가 가득 차 있다"와 같은 명제를 제시한 다음, 이것이 참인지 거짓인지를 묻는다고 가정해 보자. 어느 대답도 만족스럽지 않다. 왜냐하면 참이라고 하든 거짓이라고 하든 두 대답 모두 무지개 끝에 황금 단지가 실제로 존재한다는 것을 함축하는 것처럼 들리기 때문이다. 마이농은 '뜻'을 가진 긍정 명제는 반드시 '지시체'를 가져야 한다고 주장하였다. 그가 그렇게 주장한 근거는, **이름**은 그것이 **명제** 안에서 기호로 기능하고 있는지 여부와 무관하게 계속해서 사물을 가리킨다는 믿음이었다. 왜냐하면 이름은 의미를 전달하지 않는가? 즉 그 자체로 뜻을 갖지 않는가? 마이농의 추론에 따르면, 황금의 산, 프랑스를 통치하는 왕들, 그리고 무지개 끝에 있는 황금 단지 같은 '가능한' 지시 대상들을 포함하고 있는 영역은 어딘가에 존재해야만 했다. 그리고 러셀의 저 유명한 '기술 이론theory of descriptions'은 바로 이런 늪에서 논리학자들을 건져 내려는 시도였다.

비트겐슈타인은 모델에 관한 헤르츠의 견해를 이어받았고, **명제**의 의미를 **이름**의 의미에 선행하게 만든 러셀의 의미 이론을 따랐다. 비트겐슈타인에게 명제란 대상들을 연결하여 배열하는 상황을 '모델화'한다. 여기서 명제의 의미는 기호들 사이에서 그 명제가 표현하는 논리적 관계이다. 만일 구성 요소적인 기호, 즉 이름들이 가리키는 대상들이 그 논리적 관계가 '모델화하는' 배열을 형성한다면, 그 명제는 참이다. 그리고 만일 그렇지 않다면, 그것은 거짓이다. "오로지 명제만이 뜻을 가진다. 오로지 명제와 연계해서만 이름은 그 지시체를 가진다."[31] 이름은 그 자체로는 뜻을 가지지 않는다. 이름들이 납득될 수 있는 것은 오로지 이름들 간의 논리적 관계라는 맥락 안에서일 뿐이다. 따라서 명제에 관한 모델 이론 덕분에, 비트겐슈타인은 논리 이론의 한 가지 결정적인 문제를 처리하는 훨씬 더 세련된 해결책까지도 자신의 새로운 언어비판 속에 통합시킬 수 있었다.

이런 논리적인 문제를 염두에 둔다면, 이제 이렇게 한번 물어볼 만하다. "**논리학자로서의** 비트겐슈타인은 고틀로프 프레게, 버트런드 러셀과 정확히 어떤 관계를 맺고 있었는가?" 러셀 본인은 처음에는 당연히 비트겐슈타인이 자신의 제자이자 신봉자라고 생각하였다. 그러다 훗날 비트겐슈타인 자신의 자연스러운 철학적 발전이 러셀의 기호에 맞지 않는 방향으로 진행되었을 때, 러셀은 비트겐슈타인에 대한 착각에서 벗어나게 되었다. 엘리자베스 앤스콤 같은 다른 주석가들은 비트겐슈타인을 프레게의 추종자로 보고 있다. 그들이 분명하게 인정하는 점은 비트겐슈타인이 논리적으로 중요한 수많은 새로운 착상들을 도입했으나, 프레게야말로 그의 근본적인 출발점이었으며, 만일 비트겐슈타인의 논리적 기법들을 올바르게 이해하고자 한다면 항상 프레게를 가장 염두에 두어야 한다는 것이다.

그러나 우리가 나름대로 내린 분석은 또 다른 세 번째 가능성을 제안한다. 즉 비트겐슈타인은 시종일관 철학적 논리학에 독립적이고 독창적으로 기여한 사람이라는 것이다. 물론 그는 기호논리학의 전체적인 기획과 명제 계산의 새 시대를 연 프레게와 러셀에게 큰 빚을 지고 있다. 그러나 그는 나름의 독자적인 출발점에서 논리학과 언어철학에 진입한 것이었으며, 그의 마음 한가운데 자리 잡고 있던 문제들을 처리할 자기만의 독창적인 관점을 발전시켰다. 논리학 그 자체만 하더라도, 실제로 그는 러셀과 프레게가 훗날 발전시킨 세밀한 이론들보다는, 그들의 방법과 최초의 동기라는 측면에서 그들에게 더 많은 빚을 졌다고 말할 수 있다. 그리고 적절한 기회가 생겼을 때, 그는 그 자신 그들 동료 논리학자들에게 매우 비판적일 수 있었다. 한번은 1929년에 바이스만과 나눈 회고적인 대화에서 그는 그 두 사람에게 (철학적으로) 매우 상처를 주는 언급을 한 바 있다.

기호논리학을 구성할 때 프레게, 페아노, 그리고 러셀은 그것을 오로지

수학 하나에 어떻게 적용할 것인지에만 늘 관심을 두었습니다. 그리고
그들은 실제 사태Sachverhalte의 표상Darstellung에 관해서는 전혀 생각하
지 않았습니다.[32]

비트겐슈타인 본인의 입장에서는, 순수수학 내에서 언어 사용의 문제
는 언제나 부차적인 관심사였다. 처음부터 그의 목표는 어떻게 명제들
이 실제의 사태를 표상하고 실제 삶의 목적에 성공적으로 기여하는지
보여 줄 수 있는 형식적인 '언어 이론'을 확립하는 것이었다.

그리하여 비트겐슈타인의 언어비판은 일상 언어에 본래부터 내재해
있는 논리에 기초를 둔 것이 된다. 그것은 쇤베르크가 작곡의 논리에
서 음악의 본질을 추구했던 것과 마찬가지다. 명제 계산은 그에게 언
어의 선험적 '발판'이 되고, 그럼으로써 실제 세계에 대한 모든 과학적
기술의 기반이 된다. 논리학은 단지 기술 자체를 가능하게 만듦으로써,
바로 기술 가능한 세계의 존재를 가능하게 만든다. 칸트에게서 오성이
자연의 질서를 창조하듯이, 논리학은 비트겐슈타인의 '세계'에 형식을
제공해줌으로써 그 세계를 가능하게 만든다. "상상의 세계는 실제 세
계와 얼마나 다를 수 있든 상관없이 그 세계와 공통되는 **그 무엇**, 즉
공통된 형식을 가져야 한다."[35] 똑같은 요점을 부정적인 방식으로 제시
해 보자. "우리는 비논리적인 세계가 어떤 것일지 **말할 수** 없을 것이
다."[34] 여기서 명제의 논리적 형식과 비트겐슈타인의 언어비판 간의 연
결 고리는 매우 뚜렷해진다. "올바르게든 올바르지 않게든, 모델이 나
름의 방식으로 실재를 모델화할 수 있기 위해 실재와 공유해야만 하는
것이 바로 모델 만들기의 **형식**이다."[35] 그리고 또 "그러나 모델은 모델
만들기의 형식을 모델화할 수 없다. 모델은 그것을 드러낼 뿐이다."[36]
그리고 마지막으로, "보일 **수 있는** 것은 말해질 **수 없다**."[37]

그러나 비트겐슈타인의 분석은 이 지점에서 스스로 근본적인 난점을 드러낸다. 러셀은 실제 세계를 기술할 수 있는 명제의 '진정한' 논리적 형식이 명제 계산의 기호주의를 통해 표현될 수 있는 가능성을 당연한 것으로 받아들일 자세가 되어 있었고, 따라서 그는 그 실제적인 적용에는 면밀한 주의를 기울이지 않은 채 명시적으로 정의된 수학적 모델 위에 언어를 재구성하는 데만 만족했다. 그렇지만 그로부터 귀결된 형식주의가 우리의 실제적인 기술적 언어에 적용되며, 그리고 그것을 통해 실제 세계에까지 적용된다는 어떤 보장이 있단 말인가? 러셀의 형식적 체계를 '명제 계산'이라는 이름으로 부른 것은 매우 훌륭한 착상이었다. 그러나 그런 식의 설명은 근본적인 의문에 답하는 것이 아니라 그 답을 부당하게 가정하고 있을 뿐이다(그 체계의 형식적 표현들을 그저 손쉽게 명제로 취급하겠다는 생각은 단지 아전인수 격의 해석일 뿐이다). 그렇기 때문에 반드시 보여 주어야 했던 것은, 그렇게 형식적으로 정의된 계산이 도대체 어떤 조건하에서 **명제적인** 기능을 만족할 수 있는가 하는 것이었다. 힐베르트와 헤르츠가 증명했던 것처럼, 어떤 공리적인 체계도 그 자체로는 세계에 관하여 아무것도 **말할 수 없**다. 만일 그런 체계가 명제적인, 다시 말해 언어적인 기능을 수행하고자 한다면 무언가가 더 필요하다. 언어와 세계 사이에 실제로 성립하는 관계들이 그런 형식화를 가능하게 한다는 사실을 추가적으로 증명할 필요가 있는 것이다.

비트겐슈타인이 곧바로 이해한 바와 같이, 자신이 제시한 근본적인 원리들은 그 점을 증명할 수 없는 원리들이었다. 명제와 사실 간의 연결 가능성은 **스스로를 보여 줄** 수 있는, 따라서 **보여질 수 있는** 그 무엇이었다. 그렇기 때문에 그것을 주장하거나 '증명하는' 문제는 있을 수 없다. 이 한 가지 측면에서, 비트겐슈타인의 일반적인 언어비판은 좀더 특화된 헤르츠의 이론물리학 비판과는 다른 위치에 있다. 물리학에서는 물리 이론의 언어와 그 언어를 이용하여 설명하는 자연현상 간의 관계를 명시적으로 분석하는 일이 충분히 합당한 작업이었다. 그런 분석은 그 분석이 정당화하기로 되어 있는 것을 전제하지 않고도, 현재 논의되고 있는 해당 이론의 언어가 아닌 다른 언어를 사용함으로써 적절히 수행될 수 있다. 이와는 대조적으로 전체로서의 언어의 경우에는, 너무나 당연한 말이지만 요구되는 비판적 분석을 수행할 수 있는 '언어 밖의 언어'가 제공될 수 없다. 러셀의 철학적 기획은, 언어의 '참된 구조'는 필수 불가결한 형식화의 가능성이라는 차원에서 '명제적'이며, 실제의 세계는 그와 같은 언어를 이용하여 기술될 수 있다고 하는 **두 가지 주장을 동시에** 가정할 것을 요구하였다. 비트겐슈타인이 이해한 바와 같이 이 두 가지 가정은 매우 중대한 것들이다. 그렇지만 그러한 상황을 명료화하기 위해 더 무엇이 합당하게 이야기될 수 있단 말인가? 일단 세계를 기술하기 위한 언어 사용의 타당성 자체가 의문에 처한 상황에서, 언어와 세계 **사이의** 관계들을 기술하고 입증하려고 할 때 그 동일한 언어를 사용해서는 문제를 개선할 수 없다. 비트겐슈타인은 그 전체적인 기획이 일종의 인도 마법사의 줄타기 미술이 되리라고 암시하였다. 이를테면 지지대가 없는 사다리를 동시에 자기가 받쳐가면서 기어 올라가려고 하는 꼴이 되리라는 것이다.

이러한 갈등은 우리가 《논고》를 이해하는 데 근본적인 것이다. 그 초기 단계에서 분명히 비트겐슈타인은 러셀의 기획이 수학뿐 아니라 철학에 대해서도 적법하고 값어치 있다고 받아들였다. 처음에는 명제 계산의 적용 가능성에 대한 그의 의문들이 어떠한 적극적인 의구심도 불러일으키지 않았다. 오히려 그와는 정반대였다. 그렇지만 그의 곤혹감은 진정한 것이었다. 그는 독자들에게 세계는 "사물들things이 아니라 사실들facts의 총체로 구성되어 있다"[38]라는 주장, 사실 안의 단위 요소들은 "마치 사슬의 고리들처럼 서로 짜 맞추어져 있다"[39]라는 주장, 그리고 그 밖의 여러 주장들을 그저 받아들이라고 다그칠 수 있었다. 그렇지만 **왜** 언어가 그런 특별한 방식으로 세계와 연결된다고 생각해야 하는지를 설명해 달라고 그에게 요청한다면, 그는 자신이 고백한 바대로 그 어떤 엄밀한 응답을 제공할 수 있는 위치에 있지 않다. 만일 명제 계산이 의미 있는 엄밀한 진술을 만드는 유일한 도구를 제공하는 것이라면, 바로 그 명제 계산의 언어적 역할에 **관해서는** 오로지 비유적으로만 이야기할 수 있을 뿐이다. 따라서 말하는 투를 보자면, 《논고》는 전체적으로 (그도 나중에 인정한 것처럼) 일종의 플라톤적인 신화였던 셈이다. 언어와 세계의 관계를 어떻게든 엄밀하게 변호할 수 있는 직접적인 이론적 설명을 제공하는 대신에, 《논고》는 언어와 세계의 관계가 지나는 본성에 관한 통찰을 제공할 수 있는(그러나 결국에는 버리고 넘어서야만 하는) 기껏해야 유용한 하나의 이미지를 제공한 것이었다. 명제 계산은 처음에는 언어 일반에 대한 완벽하고도 엄격한 '비판'에 요구되는 지적인 도구로서 비트겐슈타인을 매료시켰다. 그러나 작업을 끝낼 무렵에는 그것이 단지 그에게 정교한 사유를 위한 발판만을 제공하는 것이었음이 밝혀졌다.[40] '사실'과 '진정한 논리적 형식'을 공유하는 명제를 통해 그 '사실'을 모델화할 수 있는 가능성을 **보지** 못했다면, 명제 계산이 실제 '사태'를 기술하는 데 사용될 수 있음을 입증할 수 있는 그 어떤 독립적인 증명도 불가능하다.


## 윤리적 저술로서의 《논고》

이로써 비트겐슈타인에게 결국 언어와 세계의 관계 그 자체는 다른 모든 비사실적인 숙고의 대상들과 마찬가지로 **말로 형용할 수 없는** 것이 되었다. 명제들은 모델화될 수 있으며, 그렇기 때문에 실재를 기술할 수 있다. 그렇지만 명제는 동시에 자신이 실재를 **어떻게** 기술하는지는 기술할 수 없다. 그러지 않고 그것을 굳이 기술하려고 한다면, 자기 지시적self-referential이 되어서 결국에는 무의미해지고 말 뿐이다. 비트겐슈타인의 모델은, 모델이 **말할 수 있는 것**의 한계를 **보여 주었다**. 모델은 사물들이 세계 내에 존재하는 방식을 모델화하였고, 따라서 현상에 대한 과학적 지식을 가능하게 하였다. 그러나 모델이 더 할 수 있는 일은 없다. 이것은 모델 그 자체의 본성으로 볼 때 분명한 것이다. 모델은 사실적이지 않은 것은 그 어떤 것도 감히 표상할 **수 없다**. 따라서 비트겐슈타인은 말한다. "그렇기 때문에 윤리학의 명제들이 존재한다는 것은 불가능하다." 그리고 곧바로 (더욱 놀랍게도) 이렇게 덧붙인다. "명제는 **더 높은** 것은 아무것도 표현할 수 없다."[41] 이 '더 높은'이라는 단어는 한 가지 중대한 측면에서 《논고》의 내용이 근본적으로 불완전한 것이었다는 사실을 말해 준다. '더 높은'이라는 단어는 '보여 줌'의 신조 안에 무언가 모델 이론 이상의 것이 존재한다는 것을 암시한다. 왜냐하면 비트겐슈타인은 계속해서 그다음 명제에서 이렇게 말하고 있기 때문이다. 논리학처럼, "윤리학은 초월적이다."[42] 이 시점에서 비트겐슈타인의 논증의 고리는 스스로 닫혀 버린다. 그리고 여기서 우리는 도대체 **그에게** 전체적인 '비판'의 근본적인 요지와 목표가 무엇이었는지의 문제에 또다시 직면하게 된다.

우리의 가설에 따르면, 비트겐슈타인이 착수한 문제는 다음 **두 가지를 동시에** 보여줄 수 있는 일반적인 언어비판을 구성하는 것이었다. 그 하나는, 논리학과 과학에는 일상적인 기술적 언어 안에서 수행하는 적절한 역할이 있으며 그것을 통해 우리는 물리적 현상에 대한 수학적 모델에 어울리는 세계의 표상을 산출한다는 것이고, 다른 하나는 '윤리, 가치, 그리고 인생의 의미'에 관한 질문들은 이 기술적 언어의 한계 바깥에 놓이기 때문에 (기껏해야) '간접적'이거나 시적인 의사소통을 통해 전달될 수 있는 일종의 신비적 통찰의 대상이 된다는 것이다. 그가 수행한 작업의 첫째 부분은 헤르츠가 물리과학의 언어에서 모델과 표상에 대해 시도한 분석을 확장함으로써 성취되었고, 그는 이러한 확장을 위하여 프레게와 러셀의 명제 계산을 그 기본 골격으로 활용하였다. 그가 수행한 작업의 둘째 부분은 부정적인 방식 외에는 말로써 결코 성취할 수 없는 것이었다. 파울 엥겔만은 이에 관해 다음과 같이 언급하였다.

> 실증주의는 우리가 말할 수 있는 것이 삶에서 중요한 모든 것이라고 주장한다(그리고 그것이 실증주의의 본질이다). 반면 비트겐슈타인은 인간의 삶에서 정말로 중요한 모든 것은, 그 자신의 견해에 따르면, 우리가 침묵을 지켜야만 하는 바로 그것이라고 열정적으로 믿는다. 그럼에도 불구하고 그가 중요하지 않은 것(즉 일상 언어의 범위와 한계)의 경계를 정하고자 엄청난 노력을 기울였을 때, 그렇게 엄밀하고도 정확하게 측량하고자 열중해 있던 것은 한 조그만 섬의 해안선이 아니었다. 그것은 바로 대양의 경계선이었다.[43]

《논고》에 실린 비트겐슈타인의 목표가 논리적인 것 못지않게 윤리적인 것이었다는 증거는, 따라서 그 책의 본문 안에서는 찾아낼 수 없다. 그러므로 우리가 여기서 밝혀야 하는 것은 그런 주장을 지지할 수 있는 정황적 증거이다.

## 피커에게 보낸 서신과 《논고》의 의미

여기서 비트겐슈타인이 루트비히 피커 및 브레너 서클과 맺었던 관계를 회고해 보자. 피커는 카를 크라우스의 저술을 조금이나마 언급했던 오스트리아의 유일한 편집인이었다. 크라우스는 《연소》가 오스트리아에서 발행되는 유일하게 정직한 잡지라고 언급함으로써 이에 보답했다.[44] 머지않아 비트겐슈타인이 물려받은 유산 중 일부를 작가와 화가들을 위하여 사용하고자 했을 때, 그는 루트비히 피커에게 약 10만 크라운을 기탁하면서 그 돈을 훌륭한 예술가들에게 나누어 주라고 부탁했다(라이너 마리아 릴케가 그 첫 수혜자이다). 비트겐슈타인은 전쟁이 발발한 이후 1919년까지 서신을 통해 피커와 지속적으로 접촉하였다.[45] 비트겐슈타인은 세 차례에 걸쳐서 《논고》를 출판하려고 시도했으나 실패하였다. 그의 접촉 상대는 처음에는 크라우스와 가까운 출판업자들인 야호다와 지겔이었고, 그다음에는 바이닝거의 책을 출판했던 브라우뮐러였으며, 그리고 마지막으로는 정기간행물 《독일 관념론 철학 논문집》과 관계가 있는 사람으로 알려져 있던, 폰 브릭트의 추측으로는 아마도 프레게가 아닐까 생각되는 '독일의 한 철학 교수'였다. 이 모든 시도가 수포로 돌아가자 그는 피커에게 도움을 청하였고, 그러면서 주고받은 서신은 《논고》의 의도가 무엇이었는지를 의미심장하게 조명해 준다.

한 편지에서 비트겐슈타인은 자신의 책에 관해 이렇게 쓰고 있다. "그것은 한 체계의 표상에 관한 것입니다. 게다가 그 표상은 완벽하게 성립합니다."[46] 다른 편지에서 그는 말한다. "그 저술은 엄밀히 말해 철학적이면서 동시에 문학적인 것입니다."[47] 또 다른 편지에서는 이렇게 언급한다.

나는 그런 경우 사정은 이렇게 얘기될 수 있다고 생각합니다. 만일 어떤 책이 아주 탁월하게 저술되었다 하더라도, 어떤 관점에서 보면 그것은 늘 보잘것없는 것입니다. 왜냐하면 이 지구 상에는 해야 할 전혀 다른 일들이 아주 많기 때문에 정녕코 그 누구도 책을 써서는 안 되기 때문입니다. 반면에 나는 이렇게 말할 수도 있다고 믿습니다. 만일 당신이 달라고와 해커 등의 책을 출판한다면, 당신은 **제** 책 또한 출판할 수 있습니다.[48]

여기서 그는 자신이 하고 있는 작업을 피커의 문학적이고 철학적인 관심, 그리고 해커가 그동안 해 왔던 작업과 동일시하고 있다. 이런 식의 또 다른 편지에서는 자기가 생각하기에 《논고》를 통해 성취한 것 중에서 가장 명백한 착상이 무엇이었는지 밝히고 있다.

> **그 책의 요점은 윤리적인 것입니다.** 한때 나는 서문에, 지금은 삭제한 몇 줄의 문장을 포함할 생각이었습니다. 어쨌든 당신을 위해 그 내용을 여기에 <u>쓰도록</u> 하겠습니다. 왜냐하면 그것이 당신에게는 아마도 그 책을 이해하는 열쇠가 될 것이기 때문입니다. 당시에 제가 쓰고자 했던 내용은 이것이었습니다. "나의 작업은 두 부분으로 되어 있다. 여기에 제시되어 있는 것이 한 부분이며, 내가 써 놓지 **않은** 모든 것을 거기에 더하면 된다. 그리고 **중요한 부분은 바로 그 둘째 부분이다.** 내 책은 윤리적인 것의 영역에 대하여, 말하자면 그 내부로부터 한계를 긋는 것이며, 나는 이것이 그런 한계를 긋는 **단 하나의 엄격한 방법**이라고 확신한다."
>
> 간단히 말해 오늘날 **많은** 사람들이 **허튼소리만을** 하고 있는 상황에서, 나는 내 책에서 그런 문제에 관해 침묵함으로써 모든 것이 확고하

게 제자리를 찾게 하는 일을 수행하였다고 믿습니다. 그리고 그 이유로
인해, 내가 크게 실수하지만 않았다면, 그 책은 당신 자신이 말하고
싶은 상당히 많은 것들을 말해 줄 것입니다. 이 책에 그러한 이야기가
담겨 있다는 사실을 당신이 알아차리지 못할 일은 거의 없을 겁니다.
나는 우선 당신에게 **서문**과 **결론**을 읽어 볼 것을 권하겠습니다. 왜냐하
면 거기에는 그 책의 요점이 가장 직접적으로 표현되어 있기 때문입니
다.[49]

여기에 이르러 마침내 우리는 윤리적인 명제란 그것이 '더 높은' 것들
이기 때문에 존재할 수 없다는 비트겐슈타인의 언급을 납득할 수 있게
되었다.

　비트겐슈타인은 이성적 담론의 영역에서 윤리적인 것을 떼어 내고
자 노력하고 있다. 왜냐하면 그는 윤리적인 것은 시적인 것의 영역에
좀더 온당하게 위치할 수 있다고 믿었기 때문이다. "윤리학과 미학은
동일한 것이다."[50] 세계의 논리적인 발판이 선험적인 것이듯이 윤리학
또한 세계의 한 조건이며, 따라서 "윤리학은 초월적이다."[51] 그러나 논
리학과 마찬가지로 윤리적인 것은 사실에 의존하지 않는다. "사물이
세계 내에 **어떻게** 존재하는가라는 물음은 무엇이 더 높은 것인가라는
물음과는 전혀 상관이 없다." 사람들이 《논고》를 해석할 때 겪게 되는
곤란의 상당 부분은, 윤리학과 논리학이 모두 '말해지는' 것이 아니라
'보일' 수 있는 것과 관련되어 있다는 사실과 무관하지 않다. 결과적으
로 '신비로운 것the mystical'은 애매하다. 첫째로, 그것은 세계가 세계의
표상이자 거울인, 이른바 언어와 공유하고 있는 그 무엇을 가리킨다.
둘째로, 그것은 '인생의 의미'를 전달하는 언어의 시적인 힘을 가리킨
다. 언어는 경험을 진술할 수 있다. 그러나 언어는 또한 경험에 의미를

불어넣을 수도 있다. 전자는 사실을 표상하는 명제가 논리적 구조를 가진 모델들이기 때문에 가능하다. 후자는 시의 역할이다. 악보, 음반, 그리고 음악적 관념들이 자신들의 공통된 형식을 통해 표상해 낸 음악은 또한 특별한 감정을 전달하기도 한다.[53] 따라서 언어는 명제를 이용해 사실을 표상할 수 있거나, 아니면 그 대신에 시를 통해 감정을 전달할 수 있다. 《논고》의 목표는 그 두 가지를 구분하는 것이었고, 그럼으로써 그것들을 혼란으로부터 지켜 내고자 한 것이었다.

사실의 세계에 가치란 결코 존재하지 않는다. "세계의 의미는 세계의 밖에 놓여 있어야만 한다."[54] 그리고 그런 세계에 수수께끼란 없다. "**수수께끼는 존재하지 않는다.**"[55] 세계의 의미는 사실적인 것의 바깥에 있다. 이러한 가치와 의미의 영역에는 명제도 없고 사실도 없다. 오로지 역설과 시가 존재할 뿐이다. 크라우스가 말한 것처럼 "해결책 없는 수수께끼를 만들어 낼 수 있는 자, 오직 그 자가 예술가다."[56] 논리학이 어떻게 세계를 표상할 수 있는가라는 의문과 세계의 의미에 대한 의문이 함께 '신비로운 것'을 구성한다. 두 영역 모두, 명제들이 결코 의미를 가질 수 없는 영역들이다. 따라서 '보여 줌'이라는 개념은 두 가지 관계에 뿌리를 두고 있다. 세계와 논리가 맺는 관계, 그리고 세계를 구성하는 사실들과 세계의 뜻, 혹은 의미가 맺는 관계가 그것이다. 이런 측면을 명제들의 논리적 구조 **내부로부터** 보여 주는 일의 미덕은, 그럼으로써 사실의 영역과 가치의 영역이 과학적으로 단호히 구분될 수 있다는 점이다. 간단히 말해서 피커에게 보낸 그 마지막 편지는 형식논리학자로서의 비트겐슈타인과 윤리적 신비주의자로서의 비트겐슈타인을 합일시키고, 그를 오스트리아 문화의 주된 흐름 속에 분명하게 위치시킨다.

윤리학을 '지적인 기반' 위에 올려놓으려는 모든 시도를 완전히 포기해야 한다는 비트겐슈타인의 변치 않는 신념은 나중에 그가 바이스만과 슐리크와 나눈 대화에서 다시 한 번 분명해진다. 이를테면 우리는 그가 1930년 12월에 바이스만에게 한 다음의 언급을 통해서 철학적 윤리학에 대한 슐리크의 접근 방식을 비판하고 있는 것을 발견한다.

슐리크는 신학적 윤리학에서 선의 본질에 관한 두 가지 해석이 존재한다고 말합니다. 피상적인 해석에 따르면, 선은 신이 그것을 바란다는 사실 때문에 선한 것이라고 합니다. 그리고 심오한 해석에 따르면 신은 선한 것을 원하는데, 그 이유는 그것이 선하기 때문이라고 합니다. 내 생각에는 첫째 해석이 더 심오합니다. 즉 선한 것은 신이 명령한 것이라는 해석 말입니다. 왜냐하면 그것은 '왜' 선이 선한 지에 관한 그 어떤 유형의 설명 수단도 차단해 버리기 때문입니다. 반면에 둘째 해석은 얄팍한 합리주의적인 해석인데, 그 이유는 '마치' 선한 것에 여전히 또 다른 근거를 부여할 수 있다는 듯이 군다는 점에서 그렇습니다.[57]

그리고 조금 지나서 그는 쇼펜하우어로부터 한 구절을 인용한다. "도덕을 설교하는 것은 어렵습니다. 그리고 도덕에 지적인 정당화를 제공하는 것은 불가능합니다."[58]

거의 정확히 1년 전에(즉 1929년 12월에) 비트겐슈타인은 어떤 대화를 나누던 중 G. E. 무어와 같은 직업적인 철학자들이 제시하는 철학적 윤리학을 '지껄임'이라고 비난하면서, 한편으로 본인의 견해와 칸트 및 키르케고르의 견해 사이의 결연 관계를 매우 명시적으로 표명한 적이 있었다. 훗날 유고로 출판된 《윤리학 강의》에 일부가 수록되기도 한 그 구절은 길게 인용해 볼 만하다.

나는 하이데거의 존재와 불안이 무엇을 의미하는지 잘 이해할 수 있습니다. 인간에게는 언어의 한계에 부딪히고자anzurennen 하는 충동이 있습니다. 예를 들어, 어쨌거나 무언가가 존재한다는 경이로운 사실을 생각해 보십시오. 이 경이로움은 질문의 형태로 표현될 수도 없고, 그에 대한 답도 존재하지 않습니다. 그것에 관해 우리가 말할 수 있는 모든 것은 선험적으로 단지 무의미한 것일 수밖에 없습니다. 그럼에도 불구하고 우리는 언어의 한계에 부딪힙니다. 키르케고르 역시 이러한 부딪힘을 알았으며, 그는 완전히 유사한 방식으로 이렇게 언급하였습니다. 즉 역설에의 부딪힘이라고 말입니다. 이렇게 언어의 한계에 부딪히는 것이 바로 윤리학입니다. 나는 윤리학이 과학인지 아닌지, 가치가 존재하는지 아닌지, 선이 정의될 수 있는지 아닌지 등등 윤리학에 관한 실없는 모든 얘기에 종지부를 찍어야 한다는 사실을 매우 중요하게 생각합니다. 사람들은 윤리학 안에서 그 자체의 본성상 설명되지 않는, 그리고 결코 설명될 수도 없는 어떤 것에 대해 말하는 방법을 찾기 위해 언제나 노력하고 있습니다. 우리는 선험적으로 알고 있습니다. 즉 누군가가 선의 정의를 통해 무언가 제공할 수 있는 것이 있다면, 그것은 오해 말고는 없다는 것을 말입니다.[59]

그러나 다시 한 번, 이것은 '말할 수 없는 것'을 표현하려는 윤리학적 **시도**를 모조리 단념해야 한다는 이야기가 아니다. 그것은 단지 어떤 희생을 치르더라도 과도한 지성화와 그를 통해 관련 논점들의 진정한 성격이 오도되는 결과를 피해야 한다는 것뿐이다.

아마도 《논고》를 이해하기 위한 가장 중요한 선결 조건은, 모델 이론과 프레게와 러셀의 비판 등 그 책이 담고 있는 **철학**과 비트겐슈타인이 그 책 안에서 해명하고 있는 **세계관**의 차이를 파악하는 일일 것이다. 그의 철학은 기술의 본성과 한계의 문제를 해결하는 데 목적이 있다. 그의 세계관은 오직 **보일** 수만 있는 것의 영역을, 그것을 **말로 하고자** 하는 사람들로부터 보호해야 한다는 믿음을 표현한다. 《논고》에 담긴 철학은 시가 명제로 구성되어 있지 않다는 사실을, 바로 명제의 본성을 통해 보여 주기 위한 시도이다. 이런 세계관에서 시는 인생의 **의미**가 표현되는 영역이며, 따라서 **사실적인** 어휘들로는 기술될 수 없는 영역이다.

가치를 세계에 끌어들이는 것은 이성이라기보다 의지이다. "나는 '의지'를 선과 악의 최우선의 담지자라고 부른다."[60] 비트겐슈타인의 견해에 따르면, 사실들의 총체인 세계는 쇼펜하우어의 표상으로서의 세계가 의지로서의 세계와 맺는 관계, 껍질이 씨와 맺는 관계, 현상이 본체와 맺는 관계 등과 매우 유사한 방식으로 의지와 관계를 맺는다.

> 만일 선하거나 악하게 의지를 행사하는 것이 세계를 정말로 바꾸게 된다면, 그것은 사실들(즉 언어를 이용하여 표현될 수 있는 것)이 아닌 세계의 한계만을 바꿀 수 있을 뿐이다.
> 간단히 말해서, 그 결과는 그것이 전적으로 다른 세계가 되는 것임에 틀림없다. 그것은 하나의 전체로서, 소위 찼다 기우는wax and wane 것이어야 한다.[61]

우리는 과학을 통해 사실을 알고 싶어 한다. 삶의 문제에서 사실은 중요하지 않다. 삶에서 중요한 것은 타인의 고통에 응답하는 능력이다. 그것은 올바른 감정의 문제이다. 《논고》에 담긴 **철학**은 어떻게 '지식'이 가능한가를 보여 주는 데 주안점이 있다. 그러나 그 책에 담긴 세계관에서는 이런 지식이 부차적인 역할로 좌천된다. 삶에서 우선적인 역할을 하는 바로 그 감정을 담아 전달하는 매체는 시 또는 우화이다. 파울 엥겔만이 우리에게 말해 준 것처럼, 톨스토이의 《스물세 편의 이야기》는 이런 측면에서 특히 비트겐슈타인에게 감명을 주었다.[62] 그리고 그가 우화나 도덕적 교훈이라고 생각했던 초창기 미국의 서부영화들 또한 그랬다.[63] 그런 우화들은 인간의 내재성에까지 이르게 되고, 따라서 그것들은 가치의 원천인 환상을 접하게 해 줄 수단들인 것이다.

《논고》에 대해 우리가 지금까지 내린 해석은, 그 책이 프레게와 러셀로부터 특정한 논리적 도구들을 가져다가 마우트너가 일찍이 착수한 바 있던 문제, 이른바 완벽하게 일반적인 철학적 어휘들로 언어에 대한 비판을 산출하는 그 문제에 적용하고 있다는 것이다. 마우트너는 결국 철학적인 회의주의에 이르고 말았지만, 바로 그 지점에서 비트겐슈타인은 그러한 논리적 뼈대를 사용함으로써 일상적인 사실적 혹은 기술적 언어가 말 그대로의 직접적인 의미를 획득한다고 (비록 은유적으로라도) 합당히 생각할 수 있는 범위가 **어디까지인지를** 보여 줄 수 있었다. 그것은 헤르츠가 '수학적 모델'을 중심으로 과학적 지식에 대한 자신의 설명을 수립했던 것과 같은 방식이었다. 그러나 전체 비판의 근본적인 요점은 결국 가치에 관한 모든 문제는 그런 일상적인 사실적, 혹은 기술적 언어의 영역 **바깥**에 놓여 있다는 윤리적인 관점을 강조하고자 하는 것이었다. 그리고 비트겐슈타인의 이러한 **윤리적인** 강조점에서 출발함으로써, 우리는 그가 자라난 곳이자 (만일 우리가 옳다면) 그가 자신의 고유한 문제와 선입관들을 형성해 가는 데 실질적인 영향을 미쳤던 더욱 폭넓은 빈의 문화적 상황으로까지 거슬러 올라가 우리의 작업을 시작할 수 있었던 것이다.

엥겔만은 《논고》의 상당 부분이 빈 식 문화의 소산이라고 주장한다. 크라우스와 문학의 관계, 그리고 로스와 건축의 관계는 비트겐슈타인과 철학의 관계와 같은 것이다. 지금쯤 우리는 이미 그것이 어느 정도까지 정확한 특성 짓기인지를 알 수 있게 되었다. 《논고》에 표현된 비트겐슈타인의 언어비판은 실제로 그 자신도 주장한 바 있는 것처럼 오로지 절반의 비판일 뿐이다. 그가 쓰지 않은 나머지 **절반**은("중요한 부분은 바로 그 둘째 부분이다") 카를 크라우스의 저술들 전체를 포함한다. 비트겐슈타인에게 있어 합리적인 윤리학과 형이상학은 크라우스에게 문예란이 의미했던 것과 같은, 이른바 개념적인 괴물들이었다. 그 괴물들이 해낸 일이라고는 본질적으로 다른 두 가지 것을 뒤죽박죽으로 만들어 놓은 것뿐이었다. 문예란에서 사실과 환상이 예술적인 잡종을 만들어 냈듯이, 형이상학에서도 과학과 시가 교미하여 개념적인 혼혈이 탄생하였다. 그림에서는 장식과 기능이 결합하여 전쟁 전 빈의 가정을 가득 채웠던 추하고도 쓸모없는 물건들을 생산했다. 음악에서는 연극적인 효과들의 추구가 음악적 관념의 내재적인 논리 자체를 내쳐 버렸다. 작곡의 원리들은 다른 유형의 소리들을 흉내 내는 효과를 불러일으키게끔 응용되었으며, 진정한 작곡의 예술은 무심결에 사라져 버렸다.

이 모든 왜곡은 본질적으로 무관하고, 결합되면 서로에게 파괴적으로 작용하는 요소들을 억지로 끼워 맞춘 결과들이었다. 그런데 바로 그 사회가 그런 탈선의 산물을 용인했을 뿐 아니라 아예 그것을 요구했기 때문에, 예술에 대한 모든 비판은 암암리에 전체로서의 사회와 문화에 대한 비판이 될 수밖에 없었다. 비트겐슈타인의 《논고》는 그런 비판 가운데 가장 추상적인, 따라서 쉽게 이해하기가 가장 어려운 비판을 제공한 셈이었다. 그럼에도 불구하고 엥겔만이 주장한 것처럼 《논고》는 20세기 빈의 언어, 의사소통, 그리고 사회에 대한 비판을 구성하는 핵심적이고도 본질적인 한 요소였다.

따라서 이러한 빈적인 맥락에서 볼 때, 《논고》는 20세기 초에 몇십 년간 진행된 빈 식의 사회 비판이 근거를 두고 있던, 이성의 영역과 환상의 영역 간의 차이에 대한 이론적 기반을 제공하려는 시도인 셈이다. 그렇게 이해했을 때, 사실과 가치에 대한 비트겐슈타인의 극단적인 분리는 칸트로부터 시작되었고 쇼펜하우어에 의해 예리해졌으며 키르케고르에 이르러 의심의 여지가 없는 절대적인 것이 된 자연과학의 영역과 도덕의 영역을 구분하려는 일련의 노력들의 종착점으로 간주될 수 있다. 동시에 비트겐슈타인은 칸트와 마찬가지로 마우트너의 회의주의에 맞서 과학적 도구로서의 언어의 적절성을 옹호하는 데에도 주안점을 두었다. 따라서 명제의 모델 이론은 비트겐슈타인에게 언어가 **말해 주는** 것과 언어가 **보여 주는** 것, 즉 '더 높은' 것 사이에 절대적인 선을 긋는 한편으로 과학적 언어에 확고한 토대를 제공할 수 있는 기반이 되었다.

이런 해석에 근거할 때, 《논고》는 예술만이 삶의 의미를 표현할 수 있다는 근거에서 인간 삶의 핵심적인 중요성을 예술에 할당하는 특정한 유형의 언어 신비주의의 한 표현이 된다. 오로지 예술만이 도덕적 진리를 표현할 수 있으며, 오로지 예술가만이 삶에서 가장 중요한 것들을 가르칠 수 있다. 예술은 사명이다. 1890년대의 탐미주의자들처럼 형식에만 관심을 쏟는 것은 예술을 곡해하는 것이다. 그러므로 톨스토이의 《예술이란 무엇인가?》처럼, 어디까지나 《논고》 역시 그 나름의 방식으로 예술을 위한 예술에 저주를 퍼붓고 있는 것이다. 실제로 비트겐슈타인에게는 《논고》에 함축되어 있는 것들이 톨스토이의 소론에 함축되어 있는 것보다 훨씬 더 광범위한 것이었다. 왜냐하면 《논고》가 함축하고 있는 것은 언어 및 여타 표현 수단들의 본성에 관한 완벽히 일반적인 이해에 기반을 두고 있기 때문이다.

간단히 말해서 《논고》의 저자가 품은 우선적인 관심은 삶의 계도의 영역으로 사변의 영역이 침범해 들어오는 것을 막아 내자는 것이었다. 그는 이성의 침입으로부터 환상을 보호하고자 하였고, 자발적인 감정이 합리화에 의해 질식되는 것을 막으려 했다. 크라우스가 그랬던 것처럼, 비트겐슈타인은 이성이 오직 선한 사람의 것일 때만 선을 위한 도구가 된다는 사실을 깨달았다. 선한 사람의 선함은 그의 합리성이 작용한 결과가 아니라 그가 환상의 삶에 참여함으로써 비롯된 것이다. 선한 사람에게 윤리는 삶의 방식이지 명제들의 체계가 아니다. 엥겔만이 얘기하는 것처럼 "윤리적인 명제란 존재하지 않는다. 다만 윤리적인 행위들만이 있을 뿐이다."[64] 따라서 《논고》는 처음부터 끝까지 모든 형태의 합리적인 윤리 체계에 대한, 다시 말해 인간 행위의 근거를 이성에 두려는 모든 윤리 이론에 대한 공격이었다. 물론 《논고》는 도덕성이 이성에 **반하는** 것이라고 주장하지는 않았다. 단지 도덕성의 토대가 다른 곳에 있다고 주장했을 뿐이다. 그러므로 칸트와 대조적으로, 쇼펜하우어와 비트겐슈타인 두 사람은 도덕성의 기반을 '정당한 이성'이 아니라 '올바른 감정'에서 찾았다.

이성과 환상을, 물리학자의 수학적 표상과 시인의 은유를, 직접적인 기술적 언어와 '간접적 의사소통'을 분리시킴으로써, 비트겐슈타인은 자신이 '철학의 문제'를 해결했다고 확신했다. 모델 이론은 어떻게 세계에 대한 지식이 가능한가를 설명해 주었다. 그 이론의 수학적(논리적) 기반은 어떻게 명제들의 구조가 그것들의 한계를 **보여 주는지**, 다시 말해 어떻게 명제들의 구조가 과학적(합리적) 탐구의 한계를 결정하는지 설명해 주었다. 모델 이론이 함축하고 있는 것은 '삶의 의미'가 말해질 수 있는 것의 영역 바깥에 놓여 있다는 것이며, '삶의 의미'는 문제라기보다 수수께끼로 언급되어야 마땅하다는 것이다. 왜냐하면 거기에는 해결하거나 답해야 할 질문이 존재하지 않기 때문이다. 그러므로 모델 이론은 삶의 의미가 이성의 범주들을 통해서는 논의될 수 없는 주제라는 키르케고르의 생각을 확인한 것이었다.

주관적인 진리는 우화, 논쟁, 냉소, 그리고 풍자를 통해서 간접적으로만 전달할 수 있다. 그것은 사람이 '세계를 똑바로 보게' 될 수 있는 유일한 방법이다. 윤리는 논증이 아니라 도덕적 행동의 본보기를 제공함으로써만 가르칠 수 있으며, 그것이 바로 예술의 임무이다. 그 임무는 톨스토이의 후기작인 《스물세 편의 이야기》 속에서 실현된다. 그 책은 진정으로 종교적인 사람이 어떻게 살아가는지를 **보여 줌**으로써 종교가 무엇인지를 설명한다. 삶의 의미는 톨스토이에게 그랬듯이, 비트겐슈타인에게도 더는 학문적인 질문이 아니었다. 그것은 지금껏 이성에 의해 답해지지 않았고, 또 그렇게 될 수도 없는 것이다. 왜냐하면 그것은 오로지 사람이 살아가는 방식에 의해서만 해소되기 때문이다. 비트겐슈타인에게 이 모든 것은 모델 이론 안에 함축되어 있었다. 모델 이론은 마우트너의 회의주의를 논박함으로써, 결국 과학의 객관성을 회복시켜 주었고, 다른 한편으로는 윤리의 주관성을 확립해 주었다.

### 논쟁으로서의 철학

《논고》에 담긴 세계관이 근본적으로 크라우스의 세계관이라면, 철학에 대한 비트겐슈타인의 개념도 역시 크라우스적인 것이다. 만일 크라우스의 저널리즘이 논쟁적인 것이라면, 비트겐슈타인의 철학 역시 그렇다.

철학의 올바른 방법은 실제로 다음과 같을 것이다. 즉 말해질 수 있는 것, 다시 말해 자연과학의 명제들, 다시 말해 철학과 무관한 것을 제외하고는 아무것도 말하지 않는 것이며, 그런 다음 어떤 사람이 형이상학적인 어떤 것을 말하고 싶어 할 때마다 그에게 그가 자신의 명제 안에 있는 특정한 기호들에 의미를 부여하는 데 실패했음을 입증해 주는 것이다. 비록 이것이 다른 사람에게는 만족스럽지 않겠지만(그는 우리가 그에게 철학을 가르치고 있다고 느끼지 않을 것이다) **바로** 이 방법만이 엄격히 올바른 방법이 될 것이다.[65]

철학의 임무는 일군의 학설들을 수립하고자 노력하는 것이 아니라, 바로 그런 시도를 방지할 수 있게끔 지속적으로 경계하는 것이다. 자연과학의 명제들을 제외하고는 의미 있는 명제란 결코 있을 수 없다. 메타언어라는 것은 존재하지 않는다. 논리학은 비의미적sinnlos이지만 철학은 무의미Unsinn이다. 그렇지만 여기에서조차 모종의 크라우스적인 반어법이 존재한다. 왜냐하면 비트겐슈타인은 이 '무의미'가 **중요치 않**은 것은 절대로 아니라고 생각하기 때문이다.

《논고》에 대한 공통된 반론은 그 책이 결국은 모순에 이른다는 것이다. 왜냐하면 그 책 또한 말할 수 있는 것을 초월하려는 시도에 실패해야만 하기 때문이다. 분명 강단 철학자들로서는 그 책의 맨 끝에서 둘째 번 금언인 6.54와 같은 진술에 직면했을 때, 그것 말고 다른 결론에 도달하기란 어려운 일이다.

나의 명제들은 다음과 같은 방식에 따라 해명으로서 기여한다. 즉 나를 이해하는 사람이라면, 그 명제들을 넘어가기 위하여 그 명제들을 사다리로 사용했을 때, 결국 그 명제들을 무의미한 것으로 인식하게 된다는 것이다(말하자면 그는 그 사다리를 타고 올라간 다음에는, 그것을 걷어 치워 버려야 한다). 그는 그러한 명제들을 초월해야 하며, 그러고 나면 그는 세계를 올바로 보게 될 것이다.[66]

비트겐슈타인을 러셀의 추종자로 생각하는 사람들에게 이런 진술들은 불가피하게 역설적이며 자멸적인 것이 된다. 대신 그 진술들을 크라우스적인 환상의 마법에 걸린 한 사상가가 저술한 금언집에 나오는 하나의 금언으로 간주한다면, 그것들은 그다지 놀랍지 않게 다가올 것이다. 크라우스는 "금언은 결코 자기 자신을 진리로 포장하지 않으며, 그것은 절반만 참이거나 1.5배로만 참이다"[67]라고 말하지 않았던가? 따라서 비트겐슈타인의 명제들은 과학적 본성에 대한 진술도 메타언어적인 진술도 아니었다. 오히려 그것은 일반화된 비판을 제공함으로써 동시에 하나의 세계관을 전달하는 **금언**들이다. 다시 말해 그 명제들은 크라우스적인 메시지를 전달하는 크라우스적인 매개체인 것이다.

　일단 그러한 금언들의 의미가 파악되고 나면, 그것들은 더는 필요하지 않다. 가치란 논의될 수 있는 것이 아니라 그에 따라 행위할 수 있는 어떤 것이라는 사실을 알게 된 사람에게는 더는 《논고》가 필요하지 않다. 왜냐하면 《논고》는 인간의 정신에 상처를 입히고 그것을 속박하는 형태의 합리주의에 맞서는, 그 자체로 하나의 고의적인 논쟁이기 때문이다. 그런 합리주의는 합법적인 이성적 사변의 영역과 환상의 영역을 구분하지 못한 결과로 나타난 것이다. 그리고 그 이성적 사변의 한계를 증명하는 유일한 방법은 사실과 가치의 두 영역이 어떻게 구분되는지를 보여 주는 금언집을 이용하는 길뿐이다.

　그 결과는 "그 안에 표현된 생각들을 이미 해 보았던"[68] 사람이 아니라면 너무나 어려워서 이해하지 못할까 봐 비트겐슈타인 본인도 걱정했던 암호와도 같은 75쪽짜리 책이었다(얼마나 빨리, 그리고 얼마나 완벽하게 그의 두려움이 현실화되는지는 다음 장에서 보게 될 것이다). 그 진술은 또한 비트겐슈타인이 아무도, 심지어는 버트런드 러셀마저도 자신의 요점을 파악하지 못했다고 분명히 밝혔음에도 불구하고, 그가 책을 출판한 이후에는 그 책에 관해서 거의 언급조차하지 않은 이유가 무엇인지를 조금은 설명해 준다. 《논고》의 저자와 같은 생각을 하기 위해서라면 누구든 세기말 빈의 환경 속에서 살아 보아야 했을 것이다. 그러나 그것 이상으로, 루트비히 비트겐슈타인 본인이 1차 대전 중에 겪었던 일들을 체험해 보아야 했을 것이다. 왜냐하면 크라우스와 로스, 헤르츠, 그리고 프레게, 쇼펜하우어, 키르케고르, 톨스토이에게서 이끌어 낸 사유들이 **인간** 루트비히 비트겐슈타인이라는 하나의 통일체로 합체된 것은 바로 그 전쟁 기간 중의 일이었을 것이기 때문이다.

그 경험이 정확히 무엇이었는지는 아직도 완전히 밝혀지지 않은 채로 남아 있다. 아마도 그 경험은 그가 루트비히 피커를 대리인 삼아 후원하고 있던 트라클을 찾아가면서 시작되었을 것이다. 크라쿠프의 야전 병원에 도착하여 애타게 찾았지만, 불과 사흘 전에 그 총명한 젊은 시인이 자살했다는 사실을 알게 되었을 때, 비트겐슈타인은 무엇을 느낄 수 있었을까? 틀림없이 톨스토이는 이 결정적인 시기에 프레게만큼이나 그의 사유에 큰 영향을 미쳤을 것이다. 그의 동료 병사들은 그를 '복음서를 지닌 사나이'라는 별명으로 불렀다. 왜냐하면 그는 늘 톨스토이의 《요약 복음서》 한 부를 가지고 다녔기 때문이다. 그는 러셀에게 보낸 어느 편지에서 그 책을 손에 넣었다고 언급하였고, 그 책을 '내 삶을 구원한' 책이라고 부르기도 했다. 간단히 말해, 전체적으로 《논고》는 지극히 개인적인 세계관을 표현하고 있다. 그 세계관은 수많은 전거들로부터 안출된 것이며, 그러한 별개의 요소들을 한데 묶었다는 점에서 매우 독특하고도 창의적인 것이었다. 분명히 이처럼 복잡한 상황에서 등장한 일련의 금언들은 쉽게 이해되지 않았을 것이다. 실제로 러셀 식의 배경과 정신세계를 가지고 있는 사람이라면, 비트겐슈타인이 가장 중요하게 여긴 많은 것들이 전적으로 이해할 수 없는 것이라고 생각할 도리밖에는 없었다.

바로 여기에 아직도 '괴짜 천재'라는 루트비히 비트겐슈타인의 이미지를 감싸고 있는 신화의 원천이 있다. 그 신화는 비트겐슈타인의 저술에 기반을 두었다고 주장하는 조각품과 시뿐만 아니라, 아마도 《논고》에 고무되었으리라 생각되는 유진 구슨스의 오보에 협주곡, 그리고 엘리자베스 러티언스의, 이른바 '비트겐슈타인 모테트'인 〈논리철학논고 발췌곡〉 같은 진기한 산물들을 탄생시켰다. 이 모든 것들은 1920년대와 1930년대, 그리고 1960년대와 1970년대의 비철학적인 독자들이 그 책 속에서 발견한 밀교적인 특성을 반영한다. 그것은 러셀과 논리실증주의자들에게는 전적으로 낯선 종류의 특성이었다. 그렇지만 이러한 작품들이 러셀이 쓴 서문 못지않게 비트겐슈타인의 생각과 거의 관련이 없을 것이라는 점을 이 단계에서 분명히 해야만 한다. 그것은 쇤베르크가 옛것을 숙달하기도 전에 '새로운 음악'을 배우겠다고 찾아온 학생들을 초지일관 외면했던 것과 같은 맥락이다.


## 침묵

의문은 남는다. 왜 이 모든 오해를 접하고서도 정작 비트겐슈타인은 침묵을 지켰을까? 이와 같은 그의 무반응을 완벽하게 설명하려면, 그의 성격의 전반적인 발전 과정을 밝히게 될 성격 분석적 전기傳記 차원의 과제가 마땅히 요구될 것이다. 아마도 그러한 해석은 《논고》의 저자가 지닌 실존주의적 태도에 부합할 것이다. 《이것이냐 저것이냐: 삶의 단상》의 저자가 자기가 쓴 저술에 관해 학술적인 해설을 쓸 수 없었던 것처럼, 비트겐슈타인 또한 그 누구에게도 더는 자신의 책을 설명해 줄 수 없었다. 실제로 이 시점에서 우리가 비트겐슈타인의 마음을 이해하는 데 가장 가까이 다가갈 수 있는 방법은 카를 크라우스의 금언을 마음에 떠올리는 것뿐이다.

왜 많은 사람들은 글을 쓰는가? 글을 쓰지 않을 만한 인품을 갖추지 못했기 때문이다.[69]

# 7
# 인간 비트겐슈타인과
# 그의 후기 철학

언어의 한계와의 충돌이라고? 언어는 감옥이 아니다.
— 루트비히 비트겐슈타인, 1930년 12월 17일

## 톨스토이적인 삶

그 책처럼, 그 사람도 그랬다. 만일 《논고》에 담긴 메시지가 크라우스적인 메시지였다면, 비트겐슈타인의 삶 역시 크라우스적인 삶이었다. 우리는 1940년대의 케임브리지에서 비트겐슈타인이 드러낸 터무니없는 성격과 인습에 얽매이지 않는 행동이 그의 철학과는 무관한 것이라고 생각했다. 심지어는 그런 성격과 행동 때문에, 그가 우리에게 가르쳐야 했던 순수한 용천과도 같아야 할 진리의 명료성과 투명성에 집중하지 못하게 된다고까지 생각했다. 지금 되돌아보면, 그런 생각은 잘못이었다. 그 철학자와 그 사람됨 사이에는 그런 식의 분할이 존재하지 않았다. 처음부터 비트겐슈타인의 철학적 사색은 하나의 완전한 인격체의 여러 가지 표현 방식 중 하나였을 뿐이다. 그래서 만일 우리가 그의 **논증**의 정수를 꿰뚫어 보는 것이 어렵다는 사실을 깨달았다면, 그 이유는 우리가 **그를** 완전히 이해하지 못했기 때문이며, 이 점은 결코 가볍게 생각할 측면이 아니었다.

어째서 그를 이해하지 못했냐며 우리에게 따지고 들 이유는 아마도 없을 것이다. 1919년 이전의 빈과 1946년부터 1948년 사이의 케임브리지 사이에는 너무나도 커다란 시간, 역사, 그리고 문화의 장벽이 있었다. 영국의 지성인과 예술가 들도 가끔씩은 자신들이 홀대받고 무시당한다고, 심지어는 조롱을 당한다고 느꼈을지 모른다. 그러나 그들은 결코 세상사로부터 철저하게 '차단'되었다거나, 혹은 자신들이 총체적으로 거부하는 가치들을 보유한 문화와 사회에 억지로 기여할 것을 강요받았다고 느꼈던 적은 없었다. 이런 측면에서 그들은, 크라우스나 비트겐슈타인의 양보 없는 비타협적 고결성을 탄생시킨 절대적 소외를 겪어 보지 않았던 것이다. 결과적으로 그들은 평소에 훨씬 밝은 태도로 세상사에 대처할 수 있었으며, 그렇기 때문에 그들은 비트겐슈타인과 D. H. 로런스의 부류에 속하는 인간들로부터 천박하고 불경하다는 비난을 피할 수 없었던 것이다.[1] 이에 대한 응답으로 언제나 영국인들은, 이를테면 "만일 내가 두 가지 악 중에 조금 덜 나쁜 악을 선택해야만 한다면, 나는 어느 쪽도 택하지 않을 것이다"와 같은 전형적으로 크라우스다운 언급들을, 그저 다소 불쾌감을 주는 거만함과 자존심의 과시 행위로만 이해했을 뿐이다.

그렇지만 비트겐슈타인의 영국인 학생과 동료 들이 그에 대해 가장 크게 오해한 바로 그러한 측면들은, 아주 크게 보자면 다름 아닌 **스타일**의 문제였다. 모든 소외된 지성인 세대는 인습적인 세속적 가치들에 대한 거부 의사를 표현하는 자신들만의 특징적인 방식을 찾는다. 때때로 젊은이들은 수염을 기르고 머리를 어깨까지 기른다. 즉 외적인 모든 규율을 권위주의적인 것으로 치부해 거부하고, 그 대신 규제받지 않는 자유로운 '라이프스타일'을 택하겠다는 것이다. 그리고 그들은 윤리와 도덕에 관한 모든 문제를 심미적 취향의 문제로 간주하고 '멋대로 행동'하면서 그 안에서 심술궂은 자만심을 획득한다. 그러나 이와는 대조적으로 또 다른 어떤 시기가 되면, 오히려 긴 머리와 수염이 그 자체로 완벽하게 '질서 잡힌' 모습으로 보이기도 한다. 엄청나게 덥수룩한 머리와 부삽 같은 수염을 한 19세기 후반의 뛰어난 의사, 사업가,

학자 들은 사람들을 현혹하기 쉬운 자기만족이 가득한 득의만만한 눈으로 학생과 아이 들에게 다가섰다. 한편, 오스트리아 전역에서는 관공서마다 벽에 걸린 프란츠 요제프 황제의 반백의 구레나룻이 지긋이 아래를 내려다보고 있었다. 그 결과는 (우리가 지금 알 수 있는 바와 같이) 뻔한 것이었다. 저속한 잡동사니와 무의미한 허례로 가득 찬 문화 속에서, 일관성과 고결성을 성취하고자 노력한 반항적인 젊은이들은 여타의 모든 부르주아적 사치품들과 함께 얼굴에 털을 기르는 것도 거부했다. 그들에게 턱수염과 구레나룻은 흡연용 벨벳 상의나 화려하게 장식한 넥타이처럼, 단지 허례허식에 지나지 않는 것이었다. 진지하며 다소곳한 정신은 깨끗하게 면도한 턱과 목 단추를 푼 셔츠를 요구했다. 그들에게는 도덕성이 미적 취향의 문제가 되는 것이 아니라, 반대로 예술적인 문제들이 도덕적 반성과 판단의 문제가 되었다. 그리고 사회의 오만 방자한 권위주의에 대항하는 올바른 대안은 무정부주의가 아니라 자기 수련이었다. 인간은 신 앞에서, 아니 최소한 자기 자신의 '선에 대한 이해' 즉 (톨스토이가 말한 것처럼) 인간 각자의 마음에 "의심의 여지 없이 드러나면서도 이성적인 추론을 통해서는 성취할 수 없는 그러한 앎" 앞에서, 순전히 자신의 책임하에 자신의 인생을 걸어야 한다.[2]

따라서 1920년대의 반더푀겔Wandervögel* 세대는 그들의 반듯한 겉모습에서 연상될 수 있는 것과는 달리, 그들의 근본적인 열망과 이상 측면에서는 히피 세대와 다를 바 없었다. 만일 20세기 초의 독일과 오스트리아의 젊은이들이 (언뜻 보아서는 끝이 없을 듯 보이는 프란츠 요제프 황제 치하에서 이미 모든 생명력과 미덕이 사라져 버린 독재 정권의 영구

---

* 1901년에 독일에서 일어난 '철새'라는 뜻을 가진 자발적인 청년 운동으로, 대자연 속에서 자주적으로 활동하며 이상주의를 불태우고자 하였다.

화를 지켜보면서) 이미 1914년 이전부터 아버지 세대의 문화와 사회의
도덕적 고결성에 의문을 제기하고 있었다면, 1914년부터 1918년 사이
에 일어난 사투와 유혈은 그들의 그러한 숙명적인 감정을 한층 더 강화
시켜 주었을 뿐이다. 그 당시는 실로 인류 최후의 나날이었다. 19세기
후반의 속물적인 부르주아 사회는 이미 자신의 목에 칼을 찔러 넣은
상황이었고, 살아남은 사람들은 과거의 모든 도덕적 의무에서 자유로
워졌다. 이제는 신선한 출발을 시작할 때였다. 구속救贖은 오로지 옷에
관한, 예절에 관한, 취향에 관한, 스타일에 관한 새로운 엄격함을 통해
서만 도래할 것이다(1920년대에는 장발이 아니라 상고머리를 한 골칫덩어
리 과격파가 학교에서 쫓겨나기 훨씬 더 쉬웠다). 웃통을 벗어 제치고, 발
에 샌들을 걸치고, 등에는 배낭을 짊어진 독일과 오스트리아의 젊은이
들은 부패한 도시에서 줄지어 빠져나와 소나무 숲으로 되돌아갔다. 그
리고 그들은 그곳에서 형제단Brüderschaft의 정신 아래 아버지 세대가 까
맣게 모르고 있던 더욱 순수하고 더욱 단순한 가치들을 회복하기를
갈망했다.[3]

　루트비히 비트겐슈타인 자신은 반더푀겔 세대에 속하기에는 너무나
이른 시기에 태어났다. 그렇지만 비트겐슈타인이 그 세대의 가치들 중
상당 부분을 공유했던 것은 분명하며, 사실을 말하자면 그러한 가치들
자체가 크라우스, 로스, 비트겐슈타인 등과 같은 사람들을 본보기로
형성된 것이었다. 비트겐슈타인 개인으로서는, 처음에는 러시아에서
그리고 둘째는 이탈리아 전선에서 보낸 군 복무 기간이 정신적인 자기
의문의 시간이자 또 한편으로는 성취의 시간이기도 했다. 오랜 기간을
전방에서 보냈지만, 군 생활도 그를 정신없이 잡아 두기에는 충분하지
않았던 것 같다. 그는 거기서 《논고》를 집필하는 마지막 단계에 도달
해 있었고, 그 작업은 명백히 1918년 여름 동안 마무리되었다. 한편

군 생활은 이전에 그가 빈에서 부잣집 막내아들로 지낼 때보다, 혹은 그 이후에 겪게 된 삶에서보다 그를 동료 전우들과 시민들에게 좀더 가까이 다가서게 만들었다. 다른 경우와 마찬가지로 이번에도 누구나 톨스토이의 콘스탄틴 레빈을 떠올리게 된다. 레빈은 '삶의 의미'란 오로지 인생을 살아가는 동안 밭을 경작하고, 가족의 삶을 돌보고, 인간적인 호의를 베푸는 실천적인 일상의 과제들 앞에 정직하고도 성심성의껏 헌신하는 사람에게만 자신의 모습을 드러낸다는 사실을 인식한 사람이었다.[4]

음악, 미술, 문학에서 나타나는 무의미한 장식과 잉여는, 크라우스와 로스 같은 사람들의 마음을 도덕적인 성격을 띤 경멸감으로 가득 채웠을 것이다. 사회와 인간관계의 관습들이 신성시되고 있을 때, 비트겐슈타인은 그런 관습들이야말로 진정으로 구역질 나는 장애물임을 깨달았다. 케임브리지 트리니티 칼리지의 특별 연구원으로 처음 선임되었을 때, 그에게는 구내식당의 교직원 전용 식탁에서 저녁을 들고 싶은 마음이 생길 수 없었다. 이것은 연구원들이 더 많고, 또 더 좋은 음식을 제공받는다는 사실과는 별로 관계가 없으며, 학부 학생들과 한데 어울리겠다는 만인 평등주의적 욕구의 발로도 아니었다. 그는 교수 식탁 자체가 식당의 원래 바닥보다 15센티미터 정도 더 높은 단 위에 있다는 바로 그 상징적인 사실을 거부한 것이었다. 그래서 대학 측은 한동안 더 낮은 쪽에 놓여 있는 카드놀이용 탁자에서 그의 식사를 따로 제공하기로 합의했다.[5] (그는 나중에는 이 식당에서 거의 식사를 하지 않았다.) 오로지 사회적 관습의 인위성만이 그를 두렵게 만들었던 것은 아니었다. 사실 더 나쁜 것은 지성적인 삶의 인위성이었다.

그는 톨스토이로부터 '인간적으로 유용한' 작업, 특히 육체적인 노동만이 위엄과 가치를 가진다는 느낌을 받게 되었다. 비록 서구 유럽 사회에서보다 소련 사회에서 자신의 취향에 더 잘 맞는 제안을 찾을 수 있었던 것은 아니었지만, 그는 잠시 러시아를 방문하기도 하였다.[6] 그리고 그는 다른 누구보다도 바로 자신이 키부츠 같은 체제 내에서 고결성과 만족감을 발견할 수 있는 사람이라는 인상을 사람들에게 심어 주었다. 그러한 인상 또한 우연적인 것은 아니다. 1880년대와 1890년대 동안 최초의 유대인 집단 농장이 팔레스타인에 건설되었을 때, 고든이라는 새로운 러시아 이민자가 키부츠 운동의 윤리성과 사회 이념을 확립하고 해명한 바 있는데, 그 사람이 바로 톨스토이의 직계 제자이자 추종자였던 것이다.[7]

'인간적으로 유용한' 일에 대한 비트겐슈타인의 존중은 놀라운 방식들로 환기될 수 있었다. 1946년 혹은 1947년 초의 어느 날, G. E. 무어(비트겐슈타인은 바로 무어의 뒤를 이어 케임브리지 대학교의 철학과 교수가 되었다)의 아내 도로시 무어가 자전거를 끌고 캐슬힐을 올라가고 있었다. 그녀는 히스턴에 있는 치버스 잼 공장에 시간제 노동을 하러 가던 길이었고, 그때 그녀와 마주친 비트겐슈타인은 산책을 하던 중이었다. 그는 그녀가 어디에 가고 있는지를 물었다. 그 직후 그녀는 영국에서 가장 추상적이고 지성적인 철학자의 아내가 '진정한' 일을 하기 위해 공장 작업대로 가고 있는 광경을 본 비트겐슈타인의 표정이 자신이 보았던 그 어느 때보다도 밝아 보였다고 사람들에게 전해 주었다.[8] 지적이고 특히 학술적인 활동들이 '진정한', 즉 인간적으로 유용한 작업을 표방하지 않는다는 그의 믿음은 당연히 그 자신의 철학함에까지 확장되었다. 개인적인 의사 결정에도 영향을 미칠 수 있을 만큼 사이가 가까웠던 학생들을 대할 때, 비트겐슈타인은 강단 철학을 하나의 직업으로 받아들이려는 그들의 자세를 강하게 꾸짖었다. 실제로 그런 자세는 그 자체로 그들이 비트겐슈타인의 가르침에 담긴 요지를 오해했음을 보여 주는 것이었다. 대신 그는 그들에게 드루어리처럼 의과 과정을 이수하거나, 혹은 그래도 꼭 학자가 되고야 말겠다면 적어도 W. H. 왓슨처럼 물리학과 같이 그나마 조금은 진지한 분야로 학업을 옮길 것을 촉구했다. 만일 누군가가 그러는 당신은 계속해서 철학을 하고 있지 않느냐고 묻는다면, 그는 그 이유를, 자신은 "다른 어떤 일에도 어울리지 않으며" 어떤 경우에든 자신은 "자기 자신을 제외하고는 어느 누구에게도 해를 끼치고 있지 않기" 때문이라고 답했을 것이다. 누군가는 지적 세계에 존재하는 아우게이아스 왕의 마구간을 청소해야만 했다. 그리고 이 지적인 위생 사업을 수행할 운명을 타고난 사람이 우연히도 그였을 뿐이다.[9]

## 철학에 대한 비트겐슈타인의 태도

어떤 사람들은 자기 자신의 철학을 대하는 비트겐슈타인의 태도 안에서, 거의 무정부주의에 가까운 비일관성을 보아 왔다. 그러나 거듭 말하건대, 그런 반론은 문제의 핵심을 놓치는 것이다.[10] 만일 진정한 실증주의에서 그런 태도가 나왔다면, 그것은 자기 논박적인 것으로 비판받을 수 있었을 것이다. 이를테면 '검증 원리' 그 자체가 '검증 불가능'한 것이 아니냐며, 1920년대 후반부터 1930년대에 걸쳐서 거듭 문제시되었던 것과 동일한 방식으로 말이다. 그러나 비트겐슈타인이 신뢰할 수 없는 이성주의의 산물이라며 거부했던 것은 오로지 특정한 **유형의** 철학함이었을 뿐이다. 물론 그것이 강단 철학자들이 특히 빠지기 쉬운 유형임에는 틀림이 없다(이런 측면에서 우리는 쇼펜하우어와 키르케고르를 새로이 상기하게 된다). 그것은 이른바 "사실적인 탐구와 개념적인 탐구 사이의 차이를 지워 버리는(즉 그 둘을 뒤섞어 버리는)"[11]

철학적 논의의 유형이다. 이런 종류의 지성주의적인 논의는 구제받을 길이 없을 정도로 '무의미'하다. 하지만 또 다른 유형의 철학적 논의가 그것과 나란히 존재하는데, 그것은 키르케고르나 톨스토이 같은 사람에게서 발견되는 유형으로서, 직접적인 일상 언어로는 진술할 수 없는 심오한 인간적 진리를 '간접적'인 방식으로나마 전달하기 위해 투쟁하는 유형의 논의이다. '언어의 한계에 충돌an die Grenze der Sprache an-zurennen'하는 인간의 경향은, 따라서 우리를 (무어의 경우에서처럼) 개념적인 문제와 경험적인 문제를 뒤섞어 놓는 철학적인 요설로 이끌어 가든가,[12] 그렇지 않다면 (키르케고르에게서 볼 수 있는 것처럼) 본질적으로 언어화될 수 없는 것을 말로 표현하기 위한 종교적인 시도로 이끌어 갈 수 있다. 이들 두 종류의 철학은 언뜻 보아서는 분별하여 말하기 어려울 수도 있다. 이 점은 그가 케임브리지에서 보낸 마지막 해에 자신의 집에서 연 어느 모임에서 다음과 같이 말한 데에서도 알 수 있다.

> 때때로 우리는 누군가의 서재에 들어가 그의 책들과 논문들이 온통 널려 있는 것을 발견하곤 합니다. 그리고 지체 없이 이렇게 말할 수 있습니다. "엉망진창이군! 우리가 이 방을 싹 치워야겠어." 하지만 어떤 경우에는, 처음 방과 매우 비슷해 보이는 방에 들어가서도, 방 안을 둘러본 뒤에 그 방을 원래대로 내버려 두어야겠다고 결정할 수도 있습니다. 이번에는 **심지어 먼지까지도 제자리에 있다는 사실**을 인정하면서 말입니다.[13]

그러나 어떤 쪽이든 간에 '철학함'이라는 활동은 사실 비트겐슈타인의 삶에서 **유일한** 것은 물론, 심지어는 **핵심적인** 것조차 아니었다. 서두에서 언급했던 것처럼 케임브리지의 동료들은 그를 빈에서 영국으로 홀연히 날아온 '천재 철학자'로 간주했다. 그러나 지금 우리는 그를 크라우스 및 쇤베르크와 비교해 봄으로써, 그가 바로 크라우스가 말한 '고결한 인간' 중 한 명이며, 그의 천재성은 여러 분야 가운데 다만 철학을 통해서 그 표현의 통로를 찾았을 뿐이라는 사실을 알 수 있게 되었다. 1918년부터 1919년 사이에 《논고》를 완성하고 나자, 그는 그 분야에 관해 자기가 할 수 있는 일은 모두 했다고 느꼈다. 그래서 그는 그 일을 그만두었다. 정도를 벗어난 듯한 그러한 태도와 더불어, 그의 창조적인 환상은 다른 곳을 향한 방향 전환을 필요로 했다. 그는 1919년부터 1920년까지 쿤트만가세에 있는 빈 사범대학에서 공부를 했고(그로부터 6년 후 그는 전혀 다른 자격으로 그 거리에 되돌아오게 된다), 그 뒤 초등학교 교사로 임용되어 몇 년간의 교원 생활을 하게 되었다. 비록 그가 학교 측의 권위주의나 담임을 맡고 있는 학생들의 부모들과 편하게 지낼 수 있었던 것은 아니었지만, 그는 자신이 맡은 현재의 일에 헌신했다. 그의 교육은 대단히 효과적인 듯했는데, 특히 수학 시간이 그랬던 것 같다.[14]

나중에 너무나도 암담한 마음이 되어 더 이상 가르치는 일을 계속할 수 없게 되었을 때, 그는 잠시 정원사로 일하기도 했다. 그러던 중 그의 누이 마르가레테 스톤버러가 그를 불러 도시에 자신의 새 집을 짓는 일에 참여시켰다. 비트겐슈타인은 엄격한 반직업주의적antiprofessional 태도를 가지고 있었다. 그리고 그는 단지 자신의 개인적인 명민함과 기능 감각을 시험해 볼 수 있는 또 하나의 알맞은 도전으로 그 작업을 대하였다. (로스가 거듭 이야기했던 것처럼, 건축 설계는 엄격히 기능에 따라야 한다. "의미는 **사용**이다.")[15] 처음에 그는 자신보다 나이가 어린 친구이자 실제로 건축을 공부한 적이 있는 파울 엥겔만과 협력하였다.

그러나 얼마 지나지 않아 그는 단독으로 책임을 맡을 수 있게 되었고, 그렇게 해서 그 두 사람이 마련한 설계도에는, 엄밀히 말해서 비트겐슈타인의 고유한 착상에 따른 부분(특히 집 내부의 세부적인 설계에 관한 부분)이 더 많아지게 되었다. 최근에 한 건축 평론가는 그 쿤트만가세의 저택에 관해 다음과 같이 말한 바 있다.

> 학원이나 건축 사무소의 입장에서는 이 건물에서 그 어떤 형식적인 신조나 비법을 전혀 발견할 수 없다. 그들은 세로대 없이 유리를 끼운 모퉁이나 띠 모양의 유리창처럼, 베낄 수 있는 세부적인 부분들만을 헛되이 들여다볼 것이다. 판에 박힌 공식이나 진부함 대신 철학이 ….
>   그 건물은 중요하다. 왜냐하면 그것은 한계를 허무는 것의 한 전형이기 때문이다. 왜냐하면 그것은 '비전문가의 영역 침범'이 어떻게 풍요로운 결과를 가져올 수 있는지를 증명하기 때문이다. 그리고 그것은 주로 특정한 직업의 종사자들이 스스로 설정해 놓게 되는 바로 그 직업의 한계에 의문을 제기하기 때문이다. 철학자 비트겐슈타인은 건축가였다.[16]

그 메시지는 다시 한 번 크라우스적인 것이었다. 각 직업들 간의 제도적인 장벽은 철학 그 자체의 지적인 장벽만큼이나 사람들의 창조적인 환상에 독단적인 제약으로 작용할 수 있다. 건축이나 음악에, 혹은 학교 교육이나 저술에 관심이 있었든 없었든, 예술가로서든 도덕주의자로서든, 아니면 둘 다로서든, 이 모든 상이한 매체와 기법을 통해서 그 표현의 방법을 찾았던 인격과 환상의 소유자는 바로 루트비히 비트겐슈타인이라는 동일한 한 개인이었다.

## 러셀과 무어, 그리고 철학의 혁명

비트겐슈타인의 《논고》의 본성과 목적은 거의 그 책이 출판된 바로 그 순간부터 동시대의 빈 사람들 사이에서 오해를 불러일으켰다. 그리고 그가 철학의 무대에서 스스로 사라져 버린 사건은 그런 상황을 호전시키는 데 아무런 도움이 되지 않았다. 명제 6.3 이후의 마지막 다섯 쪽을 제하기만 한다면, 앞부분에서 전개된 지적인 기법들은 그 책을 수학과 철학 양쪽에서 모두 전혀 다른 용도로 사용될 수 있도록 할 뿐 아니라, 도리어 비트겐슈타인 자신의 견해와 매우 상반되는 지적인 태도를 지지하는 것으로도 충분히 인용될 수 있다. 결과적으로 《논고》는 영국뿐 아니라 빈에서까지도 신실증주의, 혹은 신경험주의의 초석이 되었다. 그리고 그러한 경향은, 과학적 지식이야말로 합리적인 인간이 믿어야 할 모범이라고 주장한 콩트와 그의 19세기 추종자들이 비교적 느슨하게 표현했던 실증주의를, 러셀과 프레게의 명제 논리를 올바르게 적용한 새롭고 더욱 엄격한 기반 위에 정초시키는 철저한 반형이상학적인 운동으로 발전하였다. 따라서 우리는 여기서 이러한 또 다른 철학적 사조들, 이른바 케임브리지의 '분석철학'과 빈의 '논리 실증주의'가 어떤 원천을 가지고 있는지 간단히 살펴보아야 한다. 그리고 과학에 기반을 둔 모든 유형의 경험주의로부터 윤리학을 해방시키려는 후기 칸트주의적인 '초월 철학'의 최종 결정판으로 쓰인 문헌이, 어떻게 그렇게 쉽게 경험주의 체계의 재주입을 정당화하는 데 사용될 수 있었는지도 알아보아야만 한다.[17]

세기의 전환점에 선 케임브리지에서부터 이야기를 시작해 보자. 우선 초기에 버트런드 러셀이 구현한 형식 논리와 철학적 분석 간의 제휴에는 특별히 실증주의적인 요소가 담겨 있지 않았다. 어쨌거나 그 의도만으로 볼 때 그것은 철학적으로 중립적인 것이었다. 실제로 러셀과 그의 가장 절친한 동료인 무어는 영국의 후기 헤겔주의적인 관념론자들, 그중에서도 특히 브래들리에게 반기를 든 사람들이었다. 그렇지만 그들이 브래들리와 벌인 다툼은 브래들리가 **말한 것**과는 관계가 없었다. 그들이 볼 때, 정작 문제는 브래들리가 의미 있는 이야기를 전혀 하지 못했다는 사실에 있었다. 절대적 관념론은 철학적인 학설이라기보다는 지적인 방탕이었다. 《마인드 *Mind*》에 조롱이 잔뜩 담긴 글을 투고한 F. C. S. 실러처럼,[18] 누구나 그 이론을 비웃을 수 있고 누구나 그 이론을 거치적거리지 않게 걷어치워 버린 뒤 처음부터 새롭게 시작할 수 있었지만, 누구도 그 이론을 반박할 수는 없었다. 왜냐하면 절대적 관념론에 따라 펼치는 논증은 합리적인 토론의 수위를 넘어선, 너무나 혼란스러운 것이었기 때문이다.[19] 그래서 무어와 러셀은 그런 선배들과 토론을 벌인다는 것 자체를 경멸하였고, 아예 '새로운 복구', 다시 말해 빅토리아 시대의 철학적 마구간을 완전히 치워 버린 다음 새롭고 애매하지 않은 용어들로 철학을 재구성하는 작업에 착수했던 것이다.

1900년을 전후한 기간 동안 케임브리지에서 전개된 지적인 상황을 되돌아보면서 이제 우리는 한편으로는 그러한 '철학적 개혁'의 명시적인 내용을, 그리고 다른 한편으로는 그러한 개혁의 혁명적인 방법과 동기들을, 마땅히 그 당시에 가능했던 것보다 더 주의 깊게 구분할 수 있어야 한다. 우리가 무어와 러셀의 직계 선배들의 저술들을 충분한 주의를 기울여 들여다본다면, 실제로 이 젊은이들이 과연 어떻게 사람들에게 자신들의 철학적 견해가 매우 위대한 **지적** 쇄신이었다는 인상을 심어 줄 수 있었는지 조금은 아리송해지기 시작한다. 예를 들면 '직접지knowledge by acquaintance'와 '기술지knowledge by description'에 대한 대단히 선구적인 러셀의 구분은, 이미 브래들리의 《논리학 원리》에 명확히 설명되어 있다.[20] 또한 가치 술어를 '비자연적인' 속성을 가리키는 '정의 불가능한' 어휘로 간주하는 무어의 설명은, 지금 생각해 보면 철학적 윤리학에 관한 맥타가트의 견해와 별반 차이가 없어 보인다.[21] 그래서 어쩌면 그런 내용보다는 차라리 존 메이너드 케인스의 전기를 쓴 로이 해로드의 이야기에 좀더 주의를 기울이는 편이 더 나을 것이다. 그 책에서 그는 무어의 《윤리학 원리》에 담긴 '불꽃같은 창도'가 케인스를 비롯한 케임브리지 동료들에게 미친 심대한 영향력에 관해 기술하고 있다.[22]

만일 무어와 러셀의 논증들이 강한 자의식에서 나온 실로 혁명적인 것이었다면, 그것은 논증의 지적인 내용만큼이나 인격적인 태도의 문제이기도 했다. 무어의 친한 친구들과 후계자들 중 많은 이들이(예를 들면 케인스가 쓴 〈나의 초창기 믿음들〉이라는 뜻깊은 글에 등장하는 케인스 자신도 그중 한 명이다) 그의 인격적 탁월함을 증언하고 있다.[23] 그래서 1903년부터 1914년 사이에 케임브리지의 자칭 엘리트들에게는 《윤리학 원리》가 일종의 세속 성경, 혹은 올바른 행위에 대한 이론적 지침서가 되었다. "이상적인 것들이란 정의할 수 없는 것이다. 그리고 G. E. 무어는 그것들의 예언자이다." 이런 측면에서 볼 때 무어와 그의 저서는 그 시대의 맥락에 따라 재고할 필요가 있다. 무어와 러셀의 논증들이 처음으로 일깨워 준 열정, 케인스와 러셀에서부터 E. M. 포스터와 레너드 울프를 거쳐 로저 프라이와 리턴 스트레이치에 이르는 케임브리지와 런던의 저술가와 사상가 세대 전체의 지적·감성적 에너지의 물꼬를 트는 데 도움을 준 바로 그 열정을 이제 와서 생생하게 다시 포착해 낸다는 것은 분명 어려운 일이다.[24] (1970년대의 철학도가 《윤리학 원리》를 읽고 연상해 내기 가장 어려운 어구는 다름 아닌 바로 그 '불꽃같은 창도'일 것이다.)

그러므로 이 시점에서, 케임브리지와 블룸즈버리 그룹 전체의 사회적 지위와 그들이 빅토리아 식 생활양식을 철폐하는 데 수행한 역할을 매우 신중하게 상기해 볼 필요가 있다. 개인적으로 수입이 안정적이었던 그들은 안심하고 국교회를 조롱할 수 있었다(어떻게 정의할 수도 없는 선이 웨스트민스터의 교회 강당에, 혹은 한술 더 떠 버킹엄 궁전에 구현된다고 생각할 수 있단 말인가? 한편 벤담 식의 공리주의에 관해 말하자면, 그것은 단지 편협한 정도가 아니라 저속한 것이었다). 다른 경우들도 그렇지만 이번 경우에도 이 새로운 철학 운동의 **혁명적인** 성격은, 돌이켜 보면 사상사적인 현상보다는 사회심리학적인 문제로 볼 때 좀더 납득 가능해진다.

20세기 초 철학사에 등장하는 수많은 주요 인물들처럼, 무어와 러셀 또한 엄격하게 지적인 분야에서 작전을 수행한 개인 혁명가들이었다고 말할 수 있다. 샤를 페기가 정서적인 차원에서 수행한 것과 같은 당대 가톨릭에 대한 도덕적 비판이 자크 마리탱의 철학적 가르침 안에서 지성적으로 분석되었다고 한다면, 무어의 '이상적 공리주의'는 일찍이 오스카 와일드라는 이름과 그의 저술에 결부되어 있던 도덕적 탐미주의를 지적인 차원에서 추상적으로 정교화하고 정당화하는 길을 모색한 것이라 할 수 있다. 따라서 무어와 러셀의 지적인 관점과 그들의 젊은 동료들이 그런 견해들을 기반으로 구축한 생활양식 그리고 그들의 추종자들이 관계된 실천 윤리와 미학에서의 극단적인 변형들(이를테면 로저 프라이의 후기 인상주의 전시회, 디아길레프의 러시아 발레가 거둔 엄청난 성공, 그리고 레너드 울프의 아내인 버지니아의 소설 등으로 대표되는) 간에는 철학사를 다룬 책들에서 흔히 제시되는 것보다 훨씬 더 밀접한 연관성이 존재했다. 따라서 무어와 러셀의 저술들에서부터 시작된 철학적인 개혁은 그 이면에 숨은 동기들을 가지고 있었고, 그것이 또한 그 두 사람을 비롯해 영국 분석철학계의 직계 계승자들이 비트겐슈타인의 철학적 관심사의 진정한 요점을 파악하기 어렵게끔 여러 가지 측면에 심각한 제약을 가했던 것이다.

러셀과 무어가 수행한 철학의 재구성 작업에 활용된 분석적 방법은 두 가지 선택적 유형의 것들이었다. 즉 《윤리학 원리》에서 볼 수 있는 것과 같은 세련된 사전 편찬적인 방법과 《수학 원리》에서 볼 수 있는 것과 같은 정제된 수학적 방법이 그것이다. 그러나 각각의 경우에서, 핵심어는 바로 '원리'였다. 그들의 작업은 새로운 것이었으나, 처음에는 어느 한 쪽으로 치우침 없이 출발하였다. 실제로 1890년대 후반에 러셀과 무어가 쓴 가장 초기의 논문들로 거슬러 올라가 보면, 아직은 감각 자료와 같은 매우 전형적인 개념조차도 눈에 띄지 않는다는 사실을 알게 될 것이다. 그런 생각들은 나중에야 등장하게 되었다. 당시 그들의 과제는 철학에 사용할 감염되지 않은 언어를 끌어모으는 것이었다. 즉 정의할 수 있는 용어들에 대해서는 명확한 정의를 고집하고, 본질적으로 정의할 수 없는 용어들을 정의하려는 모든 오도된 시도들에 대해서는 반박하며, 그리고 일상의 언어가 우리의 사유에 종종 덧씌우는 문법과 구문론의 기만적인 외투 속에 감추어진 '진정한' 문법적 형식과 명료성을 드러내려는 것이었다. 이러한 일들은 시시한 야망이거나 존 로크가 언급한 것과 같은 '하급 노동자의 임무'에 지나지 않는 것이었을까?[25] 우리에게는 그렇게 보일 수도 있다. 그러나 사명감으로 가득 찬 개혁의 열망은 제아무리 지루해 보이는 기획일지라도 끝까지 완수해 내도록 만들게 되어 있는 것이다.

## 비트겐슈타인과 빈학파

처음 슐리크를 비롯한 빈학파의 다른 실증주의자들의 목표는 무어와 러셀의 초기 계획과 크게 다를 바 없는 학리적인 것이었다. 1914년 이전에, 과학적인 태도를 지닌 독일과 오스트리아의 지성인들은 공식적인 유럽 철학의 전반적인 세태를 혐오하고 있었다. 만일 그들이 학계의 철학자들에 대해 조금이나마 인내심을 가지고 있었다면, 그 인내심은 바로 쇼펜하우어를 위해 남겨진 것이었으나, 그 점은 쇼펜하우어의 개인적인 학설도 학설이지만 그가 헤겔에게 퍼부은 논쟁적인 공격들에 기인하는 것이었을 수 있다. 그들의 고유한 관심사는 오히려 정밀과학exact science으로부터 유발되었다. 그들은 공감과 관심 속에서 프레게와 힐베르트의 수학적 혁신, 푸앵카레, 로렌츠, 그리고 신성처럼 등장한 알베르트 아인슈타인의 이론물리학, 오스트발트, 마흐, 그리고 말 그대로의 의미에서 원자론을 주장한 다른 비평가들의 화학적 회의주의를 추종했다. 이 모든 논증들은 새로운 종류의 비판적인 분석에 의존하고 있었다. 그리고 바로 이 정밀과학 내에서 형성된 그러한 비판적인 흐름이 이제 새로운 실증주의에 영감을 제공하게 되었다.

따라서 빈의 젊은 실증주의자들이 가지고 있던 철학적 목표는 무어와 러셀이 품었던 목표와 유사했으나 그 방법은 달랐다. 케임브리지의 젊은 급진주의자들이 분석을 통해 철학의 개혁에 착수했던 반면, 빈의 실증주의자들은 이미 과학 이론에서 그 가치가 입증되고 있는 방법들을 일반화함으로써 철학을 개혁하겠다고 결심했다. 철학은 '과학의 확실한 통로'를 따라가야 하며, 실제로 물리학, 생물학 등과 함께 단일한 '통일과학unified science'으로 통합되어야만 한다.[26] 사실상 그러한 개혁은 프레게의 전례가 제시하는 바와 같이, 철학과 과학 모두를 공리적이고 수학적인 학문의 형태로 재건하는 작업을 수반하였다. 다시 말해 기존의 철학과 과학을, 경험에 호소하여 모든 일반화와 추상적인 개념들을 직접적으로 정당화할 수 있는 경험적이고 귀납적인 학문으로 변모시

키겠다는 것이다. 혹은 좀더 **이상적으로는**(여기서 그들은 헤르츠와 비트
겐슈타인이 마주쳤던 것과 동일한 문제들에 부딪히게 되었다), 경험적이고
귀납적인 동시에 그 내부의 정연함이 순수수학의 공리적 패턴 체계에
따라 형식화되는 학문들로 그 두 학문을 재구성하는 것이다.

　이 단계에 나타난 어떤 실증주의적 경향이 **있다면**, 그것은 마흐, 아
베나리우스, 파이잉거 등과 같은 사람들을 통해 형성된 것이었다. 그
중에서도 에른스트 마흐는, 비록 논리실증주의의 주요한 창시자는 아
니었지만, 장차 그 사상의 대부가 되었다. 그리고 물리학과 과학사에
관련한 그의 모든 저작들에 전형적으로 나타나는 경험과 관찰의 우위
성에 대한 강조는, (우리가 앞에서 보았던 것처럼) '현상주의'에 대한 철
학적인 동조와 결합되었다. 마흐는 우리를 둘러싼 세계에 대한 모든
지식은 우리의 감관의 증거로부터 그 정당성이 도출되며, 그 '증거'는
궁극적으로 우리의 개별적인 감각장sense field에 주어진 직접적인 내용
을 통해 해석되어야 한다고 주장했다. 따라서 과학 전체는 아니더라도,
적어도 인식론은 '감각의 분석'으로 환원될 수 있다. 마흐의 인식론적
입장은 흄과 마찬가지로 '감각론적'인 것이었다.

　방금 언급한 이 착상은 1920년대 빈학파의 철학자들에게 대단히 중
요한 의미를 제공했다. 그런데 그들은 자신들의 이론에 담긴 인식론적
인 출발점을 찾는 일에 착수하며 헛되이도 비트겐슈타인의 《논고》로
방향을 전환하였다. 하지만 설령 《논고》가 새로운 실증주의에 기본적
인 논리적 구조를 제공해 주었다 하더라도, 빈학파의 철학은 《논고》의
논리학에 마흐의 감각론적인 지식 이론을 정확히 결부시킬 때만 완성
되는 것이었다. 《논고》에서 제시된 논증은 이상화된 형식 언어의 '단
위 명제unit proposition'에 대응하는 '원자 사실atomic fact'이라는 개념을 채
택했다. 그리고 더 나아가 《논고》에서는 좀더 복잡한 명제들의 유의

미성이 '진리함수적'인 방법에 의해 어떻게 분석될 수 있는지를 (어쨌든 이론상으로는) 보여 주었다.[27] 그러나 비트겐슈타인은 우리가 '원자 사실'이나 '단위 명제'를 실제로 어떻게 인식하게 되는지는 전혀 언급하지 않았다. 그것을 밝히는 것은 비트겐슈타인의 목적이 아니었다. 이제 논리실증주의자들이 그가 빠뜨린 부분을 보수하고 나섰다. 마흐로부터, 그리고 러셀의 '직접지' 이론으로부터 실마리를 얻은 그들은 비트겐슈타인의 '원자 사실'을, 마흐와 러셀의 인식론에서 제시되는, 의심의 여지 없이 직접적으로 알게 되는 '확고한 자료hard data'와 동일한 것으로 간주했다. 따라서 의미의 궁극적 담체인 '단위 명제'는 '원초 문장Protokollsätze'이 되었고, 그럼으로써 지식의 궁극적인 담체가 되었다. 즉 각각의 원초 문장은 한 가지 단일한 감각에 의해 허용된 감각적 증거의 한 가지 단일한 항목, 곧 하나의 '감각 자료sense datum'를 기록하고 있는 것이다.

따라서 빈의 실증주의자들은 대체로 마흐처럼 데이비드 흄의 '인상' 개념에 조금의 수정을 가한 인식론적인 단위를 기꺼이 활용하였다. 거듭 흄과 마찬가지로 그들은 '필연적'인 것과 선험적인 것의 영역을 '분석적'인 것, 혹은 '동어반복적'인 것의 영역과 동일시했다. 그리고 이것은 처음에는 논리적 참 혹은 거짓에 대해 《논고》에서 제시된 설명과 일치하는 것처럼 보였다. 즉 명제는, 오직 명백하게 논리적이어서 동어반복적이거나 모순적인 경우에, **또는** 그 명제가 진정으로 경험적이어서 그 의미론적 값이 실제 혹은 가능한 관찰 보고 문장, 즉 원초 문장으로 환산됨으로써 결정되는 경우에만 의미 있는 것으로 간주되어야 한다. 따라서 《논고》의 형식적인 진릿값 계산은 인간의 지식을 논리적으로 구성하는 방법이 되었고, 고차원의 추상적 개념들과 과학적 이론에 대한 명제들은 그런 방법을 통해 개념이 적재되지 않은 원초 문장의 '확고한 자료'로부터 구성되며, 또한 그 자료에 단단히 뿌리를 내리게 된 것이다. 경험적인 명제와 논리적인 명제 사이의 근본적인 이분법은 절대적이며, 그 이외의 명제란 있을 수 없는 것으로 받아들여졌다. 그리고 이 두 가지 중 어느 하나의 형태로도 표현될 수 없는 것은 어떤 것이든, 진정으로 의미 있는 명제가 아니었다. 실제로 이러한 도끼질은 윤리적인 발화와 그 밖의 많은 것들을 의미 있는 것의 영역 바깥으로 도려내 버리겠다고 으르렁거렸다. 그러나 그러한 탈도 많은 수많은 발화들이 있어야 할 자리는 곧 마련되었다. 비록 이류의 언어로서, '인지적'이 아닌 '정서적' 표현이라는 딱지가 붙여진 채이기는 하지만 말이다.[28]

어쨌든 그로부터 귀결된 철학은 현역 과학자들 사이에서 아주 흔히 발견되는 비실증주의적인 어리석음이라고는 전혀 찾아볼 수 없는 깨끗하고 기능적인 철학이었다. (논리실증주의는 절대 공간과 시간에 대한 뉴턴 식의 개념에 맹렬한 공격을 가한 마흐를 우러러 인용하곤 했다.)[29] 그리고 그러한 철학의 윤곽은 기하학적이어서, 실로 그로피우스적인 가치*를 지닌 것이었다. 그렇게 해서 변혁의 과정은 본궤도에 오르게 되었고, 그 작업은 《논고》로부터 러셀의 《논리적 원자론의 철학》을 거쳐 카르나프의 《세계의 논리적 구조》와 더 나아가 에이어의 《언어, 진리, 논리》에 이르기까지 차근차근 진행되었다. 그리고 그 이후로 열두 번도 더 내용의 수정과 명칭의 변화가 있었지만, 애초의 기본적인 이분법(사실적인 것과 논리적인 것 사이, 인지적인 것과 정서적인 것 사이의)은 여전히 오늘날의 '논리적 경험론'에서도 핵심적인 위치를 차지하고 있다.

비트겐슈타인과 러셀 사이에서 빚어진 오해의 씨앗은, 따라서 매우

---

* 바우하우스의 건립자 그로피우스는 철저한 기능적 조형성을 추구했다.

조기부터 싹터 있던 셈이었다. 그리고 당시에 비트겐슈타인이 자신의 책에 대한 러셀의 해석을 거부한 이유를 공개적으로 설명하지 않았다는 사실은, 결국 경쟁하던 실증주의적 해석의 발전을 조장하는 데에만 일조하고 말았다. 러셀 본인은 자신의 '명제 논리'가 확장되어 새로운 인식론의 핵심을 제공하고 있다는 사실을 매우 만족스럽게 생각했다. 따지고 보면 러셀 자신은 1914년에 하버드 대학교에서 '바깥 세계에 대한 우리의 지식'이라는 제목으로 행한 강연에서 이미 그런 인식론적인 방식으로 '원자 사실'의 개념을 해석한 바 있었다.[30] 그리고 그 이후로 1922년부터 약 5년 동안, 마흐와 러셀의 영향을 크게 받은 사람들이 상당수 포함된 빈 대학교의 직업적인 수학자, 철학자 및 물리과학자들은 비트겐슈타인이 참여하지도 않은 채로 《논고》와 그 책이 가지는 폭넓은 함축에 대해 강도 높은 토론을 계속하고 있었다. 한편 비트겐슈타인은 재야에 묻혀 지내는 일종의 신비로운 인물이라는 평판을 얻게 되었다. 모리츠 슐리크는 일찍이 1924년에 그에게 모임을 주선하는 편지를 보냈으나 아무런 소득을 얻지 못했다. 실제로 두 사람은 1927년이 되어서야 일련의 토론을 시작할 수 있게 되었다. 토론은 주로 비트겐슈타인과 바이스만 사이에서 이루어졌지만 슐리크도 가끔 참여하였고, 그런 과정은 1932년까지 계속되었다.[31]

그러나 1927년경에 벌써 그 피해는 현실화되었다. 이들의 만남에는 처음부터 역설적인 조짐이 있었다. 훗날 슐리크의 아내가 전해 준 바에 따르면, 슐리크는 마르가레테 스톤버러가 주선한 비트겐슈타인과의 점심 자리에 '순례자의 경외하는 태도'를 갖추고 참석했다고 한다. 만남이 끝난 후에는 "황홀경에 빠진 상태로 되돌아왔고, 말도 거의 하지 않았다. 그리고 나는 남편에게 질문 같은 것을 해서는 안 된다고 느꼈다." 비트겐슈타인은 첫 만남 후에 파울 엥겔만에게 이렇게 전했다. "우리는 서로 상대방이 미쳤다고 생각하고 있음에 틀림없다." 비트겐슈타인은 슐리크의 요청에 따라 카르나프를 비롯한 빈학파의 몇몇 구성원들과 만나기로 했다. 그러나 그들 사이의 지적인 견해는 매우 동떨어진 것이었으며, 그 차이는 다리를 놓을 수도 없을 만큼 벌어져 있다는 점이 곧 분명해졌다. 우선 비트겐슈타인은 빈학파의 사람들과 철학적인 기법상의 요점들에 관하여 토론하기를 꺼렸다. 그는 오히려 그들에게 시를 읽어 주겠다고, 특히 라빈드라나트 타고르의 시를 읽어 주겠다고 고집했다(비트겐슈타인의 톨스토이적인 태도를 염두에 둔다면, 이런 고집은 당시 그 학파의 청자들이 예외 없이 느꼈으리라 생각되는 것만큼 그렇게 괴팍스럽고 부적절한 일은 아니었을 것이다). 그는 시간이 조금 지나고 나서야 차차 솔직하고 대등하게 철학적인 토론에 참여할 수 있을 정도의 자신감을 얻게 되었다. 그렇더라도 그는 카르나프나 그보다 더 광적인 실증주의적 태도를 지닌 그 학파의 다른 구성원들보다는 슐리크나 바이스만과 토론하는 것이 훨씬 편하다는 사실을 깨달았다.

그들을 갈라놓은 차이는 결국은 매우 실질적인 것들이었다. 수리철학에 관해 나눈 그들의 대화는 꽤 건설적인 기조하에 진행될 수 있었다. 그리고 바이스만이 우리에게 남겨 준 대부분의 대화들은 그런 일반적인 영역에서 이루어진 것이었다. 그러나 그들의 토론이 그 정도의 영역을 벗어나기만 하면, 곧바로 극단적인 의견의 불일치가 빚어졌다. 일례로 언젠가 대화가 어느 시점에서 지각에 관한 분야로 빗나가게 되었다. 여기서 우리는 슐리크가 로크, 흄, 그리고 마흐의 전통을 따라 경험주의적 관점을 강조하고 있음을 발견하게 된다.

당신은 색들이 하나의 체계를 형성한다고 말합니다. 당신은 그것을 통해 논리적인 어떤 것을 의미하고 있는 건가요, 아니면 경험적인 어떤 것을 의미하고 있는 것인가요? 예를 들어 누군가가 일생을 붉은 방에 갇힌 채 살아 왔고, 그래서 오로지 붉은색만을 볼 수 있다고 가정합시다. … 그렇다면 그가 "나는 오로지 붉은색만 봅니다. 그러나 다른 색들도 틀림없이 있습니다"라고 말할 수 있을까요?

이 질문에 대한 비트겐슈타인의 대답은 예전에 칸트가 흄에게 했던 답을 연상시킨다. 이른바, 모든 지각은 판단의 형성을 동반한다는 것이다.

나는 붉은색을 보지 않습니다. 오히려 나는 **그 진달래가 붉다는 것**을 봅니다. 이런 의미에서 나는 또한 그것이 파랗지 않다는 것을 봅니다. … 기술될 수 있는 어떤 사태가 있어서 그 경우에 붉은 색이 색들의 체계를 선제하거나, 그게 아니라면 '붉다'가 전혀 다른 것을 의미해서 그 경우에는 그것을 색이라고 부르는 것이 아무런 의미가 없을 것입니다.[32]

빈학파의 논리실증주의가 모양을 잡아 가고 있던 1920년대 중반의 매우 중요한 시기에, 그 학파에 관여한 철학자와 과학자 들은 모두 비트겐슈타인과 《논고》의 권위를 깊이 존중하였다. 그렇지만 정작 비트겐슈타인 본인은 방관자인 채로 남아 있었고, 점차 회의적인 태도를 가지게 되었다. 그렇게 해서 1930년대 초에 이르자, 그는 다른 사람들이 여전히 **그**의 독창적인 생각으로 간주하고 있는 생각과 주장 들로부터 스스로 완전히 결별하고 말았다. 비트겐슈타인 자신의 입장에서는, 자기가 《논고》에 담긴 은유들을 "뚫고, 올라가, 넘어서서" 마침내는 그것들을 '정복'하기를 바랐다.[33] 그리고 그는 거기로 올라가기 위해 발판 삼아 임시로 사용했다가 걷어차 버린 사다리를 다른 사람들이 주워서 지적인 콘크리트 안에 영원히 굳혀 두려고 하는 것 때문에 괴로워했다. 그것은 결코 그의 의도가 아니었다. 논리실증주의자들은 비트겐슈타인이 《논고》에서 애초에 언어에 관해서 드러내고자 했던 바로 그 난점들을 간과하고 있었다. 그리고 그들은 원래의 난점들은 해결하지도 못하고 내버려 둔 채, 비트겐슈타인이 **모든** 철학적 학설들에서 벗어나기 위해 고안한 《논고》의 논증을 전혀 **새로운** 주장의 원천으로 변모시키고 있었다.

이런 반응을 그저, 간섭받기 싫어하는 프리마돈나와 같은 천성을 가진 어떤 사람이 자신의 기질을 드러낸 것으로 치부해 버린다면 문제는 간단할 것이다. 그러나 그것은 실수일 수 있다. 우리가 우리 편한 대로 그의 내면의 동기들을 자유롭게 숙고해 볼 수도 있겠지만, 비트겐슈타인에게는 마땅히 논리실증주의자들과 결별할 수밖에 없던 강력한 **이유들**이 있었다. 그리고 우리가 그런 이유들을 분석하는 데 곤란을 겪더라도, 그렇게 함으로써 우리는 빈학파의 접근 방법 그 자체의 힘과 범위, 그리고 한계를 좀더 정확하게 정의하는 데 도움을 얻을 수 있을 것이다. 문제의 근본적인 요점은 과학의 철학에 대한 두 가지 접근 방식을 비교함으로써 명확해질 수 있을 것이다. 앞서 언급한 바와 같이, 비트겐슈타인은 《논고》를 전개하는 과정에서 언어의 본성에 관한 자신의 견해에 확장된 예증을 제공하기 위해 뉴턴의 역학을 인용하였다. 그리고 그 논의는 그 이후로 카르나프, 헴펠, 네이글 등과 같은 사람들이 세련되게 다듬어 놓은 과학적 이론의 '논리'와 유용하게 대조될 수 있다.[34] 논리적 경험주의자들에게, '과학의 논리'가 지닌 주된 기능 중 한 가지는 과학에 대한 인식론적인 보장을 제공하는 것이었다. 그러나 비트겐슈타인에게 《논고》는 어떤 의미에서도 그런 인식론적 과제의 실행이 아니있다. 그와는 반대로, 비트겐슈타인이 보았던 바와 같이, 빈 학파의 동료들은 인식론적인 선입견에 빠져 비트겐슈타인의 진정한 주제인, 이른바 언어와 세계가 맺는 관계로부터 멀어져 가고 있었으며, 그로 인해 그들은 불가능한 언어 이론을 당연한 것으로 받아들이기에 이르고 말았다.

이런 차이는 철저하게 규명할 가치가 있다. 《논고》에 따르면, 형식 화된 과학 이론이 지니는 기능은 자연 세계에 관한 적절한 종류의 사실 을 '표상하는 가능한 방법'을 제공하는 것이었다. 비트겐슈타인이 헤르 츠로부터 배운 바대로, 에우클레이데스의 것이든 뉴턴의 것이든, 혹은 러셀의 것이든 모든 공리적 형식주의는 그 적용 가능성이 반드시 문제 가 된다. 그런 체계를 명시적인 정의와 연역의 형태로 전개하는 것이 한 가지 과제라면, 어떻게 그로부터 귀결된 범주와 논리적 마디마디가 우리가 알고 있는 그대로의 세계에 적용될 수 있는지를 보여 주는 것은 전적으로 또 다른 과제이다. 여기까지는 비트겐슈타인과 실증주의자 들 사이에 견해 차이가 존재하지 않는다. 그러나 여기서 이제 그 오래 된 인식론적 의문이 발생한다(이를테면 뉴턴 역학과 같은) 이론이 정말 로 적용된다는 보장이 있는가? 그리고 바로 여기서 우리는 기로에 선 다. 왜냐하면 마흐를 비롯한 초창기 논리실증주의자들은, 유의미한 이 론의 모든 추상적인 용어들이 어쨌든 원리상으로는 일련의 적절한 감 각들이나 '관찰들'과 결부됨으로써 그 나름의 '물리적 의미'를 부여받게 된다고 믿었기 때문이다. 그리고 이런 식으로 해석되었을 때, 추상적 인 형식주의의 진술들은 우리가 감각하는 그대로의 자연 세계에 대한 경험적인 기술이 된다. 따라서 완벽하게 공평무사한 과학에서는, 일반 적인 모든 추상 명사나 명제들이 그에 상응하는 원초 문장의 집합에 논리적으로나 인식론적으로나 굳건히 닻을 내리게 되며, 한편 그 원초 문장에 사용된 용어들 자체는 우리의 관찰 내용, 또는 좀더 이상적으로 말하자면, 우리의 감각장의 내용과 결합됨으로써 '직시적으로<sub>ostensively</sub>' 정의될 것이다.[35]

이것은 '인상'과 '인상'을 기록하는 진술들에 상응하는 '감각', '감각 자료' 및 원초 문장 등과 더불어, 다시 한 번 흄으로 되돌아가는 것이었다. 비트겐슈타인은 그런 이론을 전혀 활용하지 않았다. 공리적인 이론은 '논리적 공간' 내에 있는 가능성들의 형식적인 **총체**만을 정의할 뿐이라고 그는 주장하였다. 이러한 가능성들의 형식적 총체, 달리 말하자면 이러한 '기호 체계', '표상의 양식', 혹은 '언어'는 우리가 그런 것들을 이용하여 기술하는 세계에 **논리적으로** 닻을 내릴 수 없다. 왜냐하면 논리적 관계들은 오로지 기호 체계 **내에서만** 성립하기 때문이다. 우리는 뉴턴 식의 형식주의나 다른 어떤 기호적 분절 단위들의 집합을 그 자체로 세계에 대한 명백한 기술이 되게끔 변환시켜 줄, 그 어떤 믿을 만한 정의들의 집합도 결코 안출해 낼 수 없다. 만일 우리가 그런 이론에 의해서 정의된 가능성들을 우리의 과학적인 기술과 설명을 위한 상용의 도구로 **실제로** 사용한다 하더라도, 그러한 사실은 불가피하게 세계에 관한 것만큼이나 **우리**에 관한 사실로서 남게 된다. 비트겐슈타인은 이렇게 선언하였다. "뉴턴 식의 역학이 세계를 기술하는 데 사**용될 수 있다는** 것은, 세계에 대해 우리에게 아무것도 말해 주지 않는다. 대신에 그것이 우리에게 **실제로** 말해 주는 것은 이것이다. 즉, 그런 **이론은 우리가 실제 그것을 사용하는 방식 그대로** 세계를 기술하는 데 사용될 수 있다는 것이다."[36] 만일 마흐가 흄의 역할을 맡고 있었다면, 비트겐슈타인은 여기서 칸트의 역할을 맡은 셈이다. 비트겐슈타인은 흄에 대한 칸트의 반격을 재연하면서, 다만 인식론적이라기보다는 언어적인 방식을 택했을 뿐이다. 논리실증주의자들이 언어와 세계 사이의 관계를 설명하는 데 이용할 수 있으리라 희망을 품었던 '직시적 정의ostensive definition'라는 결정적인 착상은 미혹일 뿐이었다. 결론적으로 말하자면, 언어적인 영역과 세계 사이의 관계들, 이를테면 의미, 사용, 혹은 언어 사용에 수반되는 일종의 사용 설명서 같은 것들은 형식적 정의에 관한 문제가 될 수 없었다. 그런 것들은 우리가 단지 '터득해야' 하는 것일 뿐이다.

물론 이 마지막 구절을 사용하는 것은 너무 앞질러 나가는 것이 된다. 우리가 '터득해야' 하는 어떤 것으로서의 '언어 사용'이라는 착상은 비트겐슈타인이 논리실증주의자들과 완전히 결별한 것으로 드러난 다음인 그의 후기 철학의 국면에 가서야 공공연해지고 명시화된다. 그렇지만 비트겐슈타인을 이러한 착상으로 이끌어 간 논증은 그의 초기의 견해들에 이미 내재되어 있었다. 《논고》에서의 작업은 그에게 언어와 실재 사이의 관계가 '논리적'인 것이 아니며, 그럴 수도 없다는 사실을 가르쳐 주었다. '단순한 기호'와 실제 세계에서 그 기호가 가리키는 것 사이의 관계는, 증명될 수 있거나 보일 수 있는 어떤 것이지만, 이때의 증명Erklärung은 어떤 의미에서도 '정의definition'가 아니다. 이 관계는 보일gezeigt 수는 있지만 진술될gesagt 수는 없다. 정의는 오로지 한 어휘 집합과 다른 어휘 집합들 사이에서만 논리적인 힘을 가진다. 따라서 '직시적 정의'를 통해서든 다른 방식을 통해서든, 말과 세계 사이에 형식적인 관계를 확립하려는 야망은 수용될 수 없는 것이었다. 그렇지만 마흐의 입장에서는, 인식론이 그가 요구하는 바와 같이 자연과학에 일종의 보증서를 제공하는 학문이 되어야 하는 한 그러한 야망은 필수적인 것이었다.

여기가 바로 비트겐슈타인과 논리실증주의자들이 결별한 지점이었다. 그들은 비트겐슈타인과 마흐 사이에서 선택을 해야만 했으며, 대체로 마흐를 택했다(바이스만은 하나의 예외였다). 그렇지만 그들이 그런 태도를 처음 취했을 때 굳이 비트겐슈타인과 단절해야 할 필요는 없었다. 왜냐하면 그들이 보았던 것처럼, 그 두 거장의 통찰들 사이에는 양립 불가능한 것이란 존재하지 않았기 때문이었다. 《논고》는 《수학 원리》에 담긴 기본적인 기호 체계를 진리표 방식을 통해 일반화함으로써, 오귀스트 콩트의 저술들이 결여하고 있는 논리적 골격을 완벽히 갖춘 명실상부한 실증주의를 제공하고 있었다. '원자 사실'에 관한 착상은 그러한 사실들을 마흐의 '감각'의 증거와 동일시함으로써, 즉시 인식론적인 용도를 부여받을 수 있었다. 그리고 《논고》에서 내친 김에 내뱉은 다른 수십 개의 금언적인 단평들도 동일한 의미에서 해석될 수 있었다. 예를 들어 언어와 세계의 관계가 근본적으로 '형용 불가능'하다는 비트겐슈타인의 주장, 우리가 빛의 **도움으로** 무언가를 볼 때 그 빛을 **볼** 수는 없는 것처럼 지도의 투사 양식 자체는 '지도로 그려질' 수 없다는 주장이 그랬다. 그리고 《논고》를 끝마치는 명제인 "말할 수 없는 것에 대해서는 침묵해야 한다Wovon man nicht sprechen kann, darüber muss man schweigen"라는 주장은 그의 빈 동료들에 의해 다음과 같은 실증주의적인 표어로 재해석되었다. "형이상학자들이여, 입을 다물라!" 이로써 형이상학에 종지부를 찍겠다고 선포했으나 오히려 러셀과 화이트헤드의 기호 체계로 흄과 마흐의 형이상학을 다시 쓰는 데에만 성공한 잡종적 체계의 논리실증주의가 탄생한 것이다.

난파 중인 합스부르크 제국의 정치와 문화 속에서 자란 중부 유럽의 젊은 지성인들에게 이러한 철학적인 개혁은 신선한 공기를 쐬는 듯한 느낌으로 다가왔다. 그리고 실제로 대략 《논고》의 5분의 4는 굳이 명백한 오해를 저지르지 않더라도 직설적이고 근엄한 실증주의적 표어들의 원천으로 사용될 수 있었다. 이들 젊은이들이 독해한 바대로, 그 책은 웅장하고 매우 전문적이었으며 외형상으로는 미신에 대한 최후의 탄핵 선고였다. 그리고 그 책을 마감하는 그 금언은 고상한 모든 젊은 자유사상가들의 기치 위에 아로새겨졌다.[37] 비트겐슈타인이 일단 실증주의자로 낙인찍히고 나자, 사람들은 그에게서 다른 어떤 빛도 발견하기 어려웠다. 그래서 그가 1929년 이후로 철학에 복귀하여 이전과는 대조되는 두 번째 철학함의 국면으로 점차 접어들게 되었을 때에도 그의 새로운 방식은 실증주의를 **거부**하는 것으로 간주되지 않았다. 그것은 오히려 초기의 실증주의적 입장을 새롭고 심도 깊은 기반 위에 재구성하려는 시도로 비추어졌다. 예를 들어 1940년대 후반에 브라이언 패럴이 《마인드》에 투고한 영향력 있는 두 편의 논문에서는, 비트겐슈타인의 새로운 견해가 '치유적인 실증주의'로 규정되고 있었다.[38] 그 해석에 따르면, 여전히 우리는 미신적이고 검증 불가능하며 무의미한 믿음들에서 벗어나도록 교화되어야만 했다. 그러나 그러한 결과를 산출하도록 꾸며진 그의 논증들은 완전히 새로운 출발점과 새로운 방법을 가지는 것이다. 유의미한 것의 영역이 수리논리학의 기호 체계 내에서 언어에 대한 분석을 통해 증명될 수 있다는 생각은 이제 포기되었다. 그 대신 이른바 철학 이론이라고 불리는 것들은 우리의 **일상 언어**를 오해한 데서 비롯된 병적인 증상, 이를테면 우리의 감정적인 관계들에 관한 오해에서 발생하는 '신경증'에 비견할 만한 일종의 '대뇌질환'으로 진단받게 될 참이었다.[39]

그러나 비트겐슈타인은 사실 그 이전부터도 《논고》가 실증주의이기는커녕 정확히 그 반대의 의미로 해석되기를 바랐다. 빈의 실증주의자들이 '중요한' 것을 '검증 가능한' 것과 동치로 보고, 모든 검증 불가능한 명제들을 '말할 수 없기 **때문에** 중요하지 않은' 것으로 간단히 처리해 버렸을 때, 《논고》의 결론부에서는 **말할 수 없는 것만이 홀로 진정**

한 가치를 지닌다고 분명히 주장되었다(비록 소귀에 경 읽기인 셈이기는 했으나). 《논고》는, 우리는 오로지 우리가 사용하는 언어의 명제들로 포착해 내기에 **부적절한** 것들 안에서만 '더 높은 것'을 인식할 수 있다고 말한다. 왜냐하면 '명제'로 '그릴' 수 있는 '사실'이란 우리의 도덕적 복종이나 미적 승인에 관한 그 어떤 본질적인 권리도 가지고 있지 않기 때문이다. '말로 내뱉을 수 없는 것' 앞에서 비트겐슈타인이 택한 침묵은 실증주의자들의 것과 같은 조롱의 침묵이 아니라, 존경의 침묵이었다. 그는 '가치 중립적'인 사실들만이 규칙적인 명제의 형태로 표현될 수 있을 뿐이라고 결론 내리면서, 그 책의 독자들이 이제 사실적인 명제들에서 눈을 돌려 진정한 가치를 지닌 것들, 이른바 말해질 수 없고 다만 보여줄 수 있을 뿐인 것들에 주목하도록 타일렀다. 비트겐슈타인이 《논고》의 완성을 철학하기를 그만두는 계기로 여기고 인간적으로 중요한 활동들에 몸소 헌신하는 일로 나섰던 것은 전혀 놀라운 일이 아니었던 것이다!

파울 엥겔만은 그 점을 이렇게 설명한다.

비트겐슈타인의 사도들 전체가 그를 실증주의자로 간주할 수 있었다. 왜냐하면 그는 실증주의자들과 엄청나게 중요한 무언가를 공유하고 있기 때문이다. 즉 그는 우리가 말할 수 있는 것과 있는 그대로 침묵해야만 하는 것 사이에 선을 그었다는 것이다. 차이가 있다면, 단지 실증주의자들에게는 침묵해야 할 대상이 별것이 아니라는 점뿐이다. 실증주의는 우리가 말할 수 있는 것이 삶에서 중요한 모든 것들이라고 주장하고 있으며, 그 점이야말로 그 이론의 본질이다. 반면 비트겐슈타인은 인간의 삶에서 진정으로 중요한 모든 것은, 그 자신의 견해에 따르면, 이른바 우리가 반드시 침묵해야만 하는 것이라고 열정적으로 믿었다.[40]

'원자 사실'과 그 이외의 것들에 관한 비트겐슈타인의 관심은 어떠한 인식론적인 함축도 가지지 않는 것이었다. 그러나 애초부터 케임브리지와 빈 두 곳에서는 모두 《논고》가 이전에 마흐와 러셀이 비트겐슈타인보다 덜 형식적인 방식으로 발전시켜서 외부 세계에 대한 우리의 지식을 분석하는 데 적용하려 했던 '논리적 원자론'과 사실상 다를 바 없는 이론을 그런 사람들보다 좀더 정교하게 제시하고 있는 것으로만 읽혀졌다. 표면적으로 비트겐슈타인은, 마흐와 러셀이 착수했던 작업에 기초하여 '물질적 대상'에 관한 명제들이 어떻게 직접적인 감각 경험의 명제들로부터 '논리적으로 구성'될 수 있는지 설명하는 과제를 완성했다. 그리고 비트겐슈타인이 러셀의 구절인 '원자 사실'을 그대로 가져다가, 그러한 사실들과 그것들을 '반영'하는 명제들 사이의 논리적 관계를 분석하면서도, 그 구절에 관한 본인의 용법과 그 구절이 러셀의 인식론에서 차지하는 용도를 구별하지 않았다는 점에서(러셀은 그 용어를 '감각의 확고한 자료'를 가리키는 데 사용하였다) 누구든 비트겐슈타인의 신중하지 않은 행동에 비판을 가할 수 있을 것이다. 이런 혼란이 야기된 다음이라면, 비트겐슈타인의 후기 철학인 《철학적 탐구》역시 인식론적 차원으로 읽어 내는 것이 그리 어려운 일이 아니었다. 러셀과 같은 철학자들이 비트겐슈타인의 '단위 명제들'을 언어의 단위뿐 아니라 지식의 단위로 간주하는 오해를 저질렀다고 한다면, 이제는 누구나 '사적 언어'(이 언어에서 사용되는 어휘들은 '감각'으로부터 그 의미를 직접 이끌어 낸다)라는 생각에 대한 비트겐슈타인 후기 철학의 비판적 논쟁을, 그저 우리가 가진 모든 지식의 기반이 감각 자료라고 주장하는 이론에 대한 **인식론적** 비판 정도로 읽을 수 있었다.

그럼에도 불구하고 비트겐슈타인의 관심사는 처음 모습 그대로 일관되게 유지되었다. 그것은 지식의 기반에 관한 것이라기보다는 언어

의 본성과 한계에 관한 관심이었다. 그는 무엇보다도 '초월적인' 철학
자였으며, 그의 윤리적인 의문들과는 대조적으로 그가 품었던 핵심적
인 철학적 의문은 칸트주의적인 형태로 제시될 수 있었다. 도대체 어
떻게 의미 있는 언어가 **가능한가**? 그리고 이런 의미에서 볼 때, 무어와
최근의 옥스퍼드 분석가들이 의심할 바 없는 '언어철학자'로 간주된다
는 그런 의미에서 비트겐슈타인까지도 '언어철학자'로 간주하는 것은
잘못이다. 비트겐슈타인은 언어와 그 언어가 우리의 삶 속에서 작동하
는 방식에 대해 틀림없이 관심을 가지고 있었다. 그렇지만 그는 결코
그것을 자족적인 철학적 주제로 여기지 않았다. 분명히 사전 편찬과
언어학은 모두 존중해 마지않을 학문들이지만, 그렇다고 특별히 **철학
적인** 학문 분야는 아니었다. 비트겐슈타인의 견해에 따르면, 철학자의
과제는 단어의 의미를 분석하여 일반 대중을 가르치는 것이 아니다.
비트겐슈타인 자신은 다음과 같은 언급을 통해 그런 생각을 거부함을
밝혔다.

> 철학적인 문제에 상식적인 답변은 존재하지 않는다. 누구나 철학자들
> 의 수수께끼를 풂으로써, 즉 상식적인 견해를 재진술하는 것이 아니라
> 상식을 공격하고 싶은 유혹에 빠진 철학자들을 치유해 줌으로써, 철학
> 자들의 공격에 맞서 상식을 보호할 수 있다. 철학자는 제정신을 잃은
> 사람도 아니고, 누구나 보는 것을 못 보는 사람도 아니다. 그런 반면에
> 철학자가 상식에 동조하지 않는 것이 저잣거리 사람들의 조악한 견해
> 에 동의하지 않는 과학자의 태도와 같은 것도 아니다.[41]

비트겐슈타인에게 언어는 단지 더욱 커다란 연구의 한 요소로서만 흥
미를 줄 뿐이다. 그리고 언어에 대한 탐구는 오로지 그것이 더욱 폭넓

은 지적 맥락에 놓여졌을 때만 철학적인 함축을 가진다. 이런 의미에서 그는 플라톤, 칸트, 혹은 쇼펜하우어와 마찬가지로 더는 '언어철학자'가 아니다. 비록 그들 모두 어떻게 '사유'가 '사물'에, '언어'가 '사실'에, '판단'이 '사물 그 자체'에, 혹은 '표상'이 '표상된 것'에 관계하는지를 찾아내는 데 관심을 가지고 있었지만, 그들 중 어느 누구도 (비트겐슈타인 본인이 그랬던 것처럼) 그 질문을 단지 언어학의 문제로만 제시하지는 않았다.

## 간접적 의사소통을 통한 가르침

1929년 이후로 비트겐슈타인은 다시 한 번 철학에 골몰하고 있었고, 철학계의 동료들과도 어느 정도 지속적인 접촉을 가졌다. 임종에 이르렀을 무렵, 그는 언뜻 보기에는 《논고》와 공통적인 것이 거의 없어 보이는 견해에 도달해 있었고, 그러한 견해는 유고인 《철학적 탐구》에서 가장 잘 드러났다. 표면적으로 볼 때 《논고》는 러셀과 프레게의 전통에 따른 기호논리학적인 공헌이었다. 이와는 대조적으로 《탐구》는 인간의 삶에서 언어가 사용되는 방식이 '놀라운 다양성'을 가지고 있음을 증명하기 위해 계획된, 언뜻 보기에는 경험론적인 것으로 여겨질 법한 논증을 제시하고 있다. 그리고 계속해서 그 책은 수리논리학이 아니라 인류학과 심리학에 가까워지고 있는 것처럼 보인다. 그러나 이런 표면적인 대비는 그 책을 잘못 이해한 것이다. 바이스만은, 비트겐슈타인이 실제적인 언어 행동의 유의미성과 범위를 설명해 줄 도구로서 논리적 기호주의에 대해 점차 환멸감을 느끼게 되었음을 언급했던 대화 (1931년 12월 9일) 내용을 기록해 둔 바 있다.[42] 그로부터 일곱 달이 지난 후(1932년 7월 1일) 그는 바이스만에게 이렇게 말했다.

《논고》에서 나는 '논리적 분석'과 직시적인 증명Erklärung에 관해 명료하지 않았습니다. 나는 언어와 실재 사이에 직접적인 연결Verbindung이 존재한다고 생각하곤 했습니다.[43]

《논고》에서 '단순 기호들'과 그것들에 대응하는 것 사이의 관계를(그 것이 **진술될** 수는 없다고 하더라도) 직접적으로 보일 수 있다고 당연히 생각했던 그는, 표상으로서의 언어에 대한 형식적 분석에 너무도 성급하게 만족하고 말았다. 그리고 결과적으로, 그는 형식화된 표상들이 실제 삶의 언어적 행동 속에서 **사용되는** 방식들에 대해 너무나 주의를 적게 기울였다. 헤르츠가 그에게 가르쳐 주었던 것처럼, 물리학에서조차 수학적인 체계는 오로지 우리가 수학적인 기호들을 경험상의 크기나 척도와 연결시키는 명료한 절차들을 가지고 있을 경우에만 실제 세계의 과학적인 문제들에 적용될 수 있다. 그러므로 그가 앞선 책에서 모종의 자명하고도 직접적으로 인식 가능한, 언어와 실재 간의 연결이 당연히 존재할 것이라고 생각한 것은 잘못이었다. 그와는 반대로 이제 결정적인 문제는 이것이 되었다. "인간은 어떤 절차를 통해 한편으로는 언어, 다른 한편으로는 실제 세계에 지금처럼 규칙 지배적인 연결 관계를 확립하는가?"

따라서 '명제들'을 표현하는 데 적절한 언어에 이르기 위해 우리가 "우리 스스로에게 사실의 표상을 만드는 것"만으로는 충분하지 않다. 우리의 언어적 표현들은 우리가 동료 인간들과 세계에 실천적으로 대처해 나가는 과정에서, 그러한 표현들에 확정적인 **용법**들을 제공해 주는 절차들을 통해 그 구체적인 **의미**를 획득한다. 그러한 의미는 내부적인 논리정연함만으로도, 혹은 발화 그 자체의 본질적으로 '그림적인' 특성으로부터도 획득할 수 없다. 그러므로 《논고》라는 저술은 결국 비트겐슈타인의 철학적 작업을 완성시키지 못했다. '초월적'인 문제에 대한 그의 초창기 해결책, 즉 언어의 범위와 한계에 대한 그의 초기 설명은 (지금은 그가 매우 분명하게 이해하고 있는 바이지만) 실은 기껏해야 유용한 은유에 불과한 '그림 그리기picturing' 관계를 통해 제안된 것이었다. 이로써 그는 보완 작업의 필요성에 직면하였다. 즉 '그림적인' 것이든 아니든, **모든 언어적인 표현이 인간의 삶 속에서 그 용법을 부여받음으로써** 언어적 유의미성을 획득하는 방식을 보여 주는 것이다.

이것은 비트겐슈타인이 후기에 펼친 전형적인 탐구의 출발점이었다. 그의 관심은 더는 언어의 '형식적인 구조'에 있지 않았고 '명제'와 '사실' 사이에 상정되는 구조적인 유사성 같은 것에도 있지 않았다. 사람들은, 이를테면 물리학 내에서라면, 현상에 대한 직접적인 '그림적' 표상을 제공해야 할 특별한 이유들을 가질 수도 있을 것이다. 그러나 다른 분야에서라면 우리가 사용하는 언어의 명제들을 '사실의 그림들'로 간주해야 할 이유가 덜하다. 그리하여 이때부터 비트겐슈타인은 그런 것들 대신 **행동으로서의 언어**에 주의를 집중하였다. 그는 상이한 표현들의 사용을 지배하는 실천적인 규칙들, 그러한 규칙들이 작용하는 **언어게임**들, 그리고 궁극적으로 그런 언어게임들에 유의미성을 부여하는 더 폭넓은 차원의 **삶의 형식**들을 분석하는 데 몰두했다. 따라서 (비트겐슈타인에게) '초월적인' 문제의 핵심은 더는 언어적 표상의 형식적인 성격 안에 놓이지 않게 되었다. 그 대신 그것은 '인간의 자연사' 속의 한 요소가 되었다.[44] 철학에 대한 논의를, 이른바 합리적인 사유의 분석이 아닌 '단순한 인류학' 정도로 격하시키는 징후가 보이는 그 어떤 조처에도 끝까지 굴하지 않았던 칸트와는 달리, 비트겐슈타인은 (그가 "언어는 우리의 언어이다"라고 말하게 된 것과 같은 맥락에서) 철학적 과제를 인간적인 자기 이해의 과제로 생각하게 되었다. 그렇지만 이와 같은 초점의 전환에도 불구하고 그가 후기에 품고 있던 더 깊은 관심사는 젊은 시절의 그것과 다를 바 없는 채로 남아 있었다. 즉 칸트와 쇼펜하우어가 착수한 논리적이고 윤리적인 과제들을 완성하는 것이었다.

그렇게 해서 결국, 청년 시절에 헤르츠의 역학과 볼츠만의 열역학을 숙달하는 것으로 출발했고, 이십대 때는 분야를 옮겨 기호논리학의 발전 과정에서 탁월한 역할을 수행했으며, 서른이 되어서는 인간적으로 좀더 가치 있는 다른 일을 하기 위해 철학을 포기했던 바로 그 고상하고 교양 있는 빈 출신의 철학자는, 이제 쉰 살이 되어 언어의 실천적 기능의 기반인 표준적인 행동 패턴을 어린아이들이 지금 실제로 어떻게 학습하고 있는지(혹은 다른 식으로 배울 수도 있었는지), 그리고 이러한 실천적인 기능들을 분명히 명심하지 않음으로써 발생할 수 있는 형이상학적 혼란들을 좀더 주의 깊게 숙고할 것을 청중에게 재촉하고 있었다. 그렇지만 겉으로 드러난 이 모든 변화에도 불구하고 그의 지적인 오디세이는 나침반 위의 유일하고도 항구적인 방위에 맞추어져 있었다. 사람은 오로지 자신의 이해의 범위와 한계를 이해하게 되었을 때만 "너 자신을 알라"라는 소크라테스적인 명령에 복종할 수 있다. 그리고 무엇보다도 그것은 인간 오성이 가지는 최고의 도구인 언어에 대한 정확한 범위와 한계를 인식하는 것을 의미하였다.

비트겐슈타인은 지적인 관심사와 윤리-종교적인 관심사를 모두 마음에 품고 철학에 입문하였다. 전자는 칸트와 쇼펜하우어의 초월적인 연구들에 그 기원을 두고 있으며, 후자는 톨스토이에게 물려받고 키르케고르가 계속해서 다루어 왔던 문제였다. 그 두 묶음의 관심사가 모두, 그로 하여금 언어적 표현의 범위와 한계에 몰두하게끔 만들었고, 이 문제에 관한 그의 관심은 계속해서 여러 가지 상이한 형태를 띠게 되었다. 먼저 젊은 응용수학도로서의 그는 헤르츠와 볼츠만의 착상들을 일반화함으로써 이런 '초월적인' 문제를 해결하리라고 희망했다. 그다음으로는 프레게와 러셀의 새로운 논리학 안에서 수단(그리고 기호 체계)을 발견하였고, 그것을 통해 언어 일반의 범위와 한계를 증명할 수 있을 것이라고 믿었다. 그리고 그런 믿음의 소산이 바로 《논고》였다. 몇 년간 휴지기를 보내고 철학에 복귀한 그는 이제, 더욱 심오한 문제들은, 심지어 수학에서조차, 수학적인 계산의 내적 정연함이 아니라 그런 계산이 외재적인 적절성을 획득하게 되는 규칙 순응적인 행동을 고려할 것을 요구한다는 사실을 깨달았다(이 점이 바로 그가 바이스만 및 슐리크와 나눈 대화의 취지이다). 그리고 마지막으로, 무어 같은 인물이 지배하고 있는 철학의 현실 속에 케임브리지로 돌아온 그는, **모든** 기호적 표상(수학적인 표상뿐만 아니라 언어적인 표상까지 포함하는)의 의미와 범위, 그리고 한계가 사람들이 그러한 표상을 더 폭넓은 행동의 맥락에 결부시킬 때 사용하는 관계들에 어떻게 의존하는지를 증명해 내고자, 이번에도 다시 한 번 자신의 분석을 일반화하였다.

따라서 후기의 비트겐슈타인에게 특정한 발화의 '의미'는 바로 그 표현들이 관례적으로 사용되는 규칙 순응적이고 기호 사용적인 활동('언어게임')에 의해서 결정된다. 그리고 차례로 그러한 기호 사용적인 활동들은 더욱 폭넓은 활동의 패턴들(즉 '삶의 형식들')로부터 그 유의미성을 이끌어 낸다. 삶의 형식은 그러한 활동을 담고 있으며, 그러한 활동들은 삶의 형식을 구성하는 하나의 요소이다. 따라서 비트겐슈타인이 처음부터 가지고 있던 '초월적인' 문제에 대한 최후의 해결책은, '삶의 형식'이 '언어게임'을 위한 합당한 맥락들을 창조하는 그 모든 다종다양한 방법들과, 그럼으로써 그 언어게임들이 말할 수 있는 것의 범위와 경계를 어떻게 정하게 되는지를 인식하게 되는 것이 된다.[45]

비트겐슈타인 사상의 연속성은 그가 자신의 전 생애에 걸쳐 잃지 않았던 하인리히 헤르츠에 대한 충절과 존경심 속에 반영되어 있다. 그가 '초월적'인 문제를 해결하는 데 진전을 볼 수 있는 방법을 처음으로 배운 것은 바로 헤르츠의 전례를 통해서였다. 1940년대 후반에 그가 철학적 혼란에 대한 고전적인 기술을 떠올리며 자주 곱씹어 보았던 사람이 바로 헤르츠였다. 구체적으로 말하자면, 그는 헤르츠가 《역학의 원리》의 서문에서 힘 혹은 전기의 본성에 관해 19세기에 벌어졌던 논쟁의 배후에 깔려 있는 혼란을 진단하는 다음의 단락을 즐겨 찾았다.

사람들이 그런 방식으로 금의 본성은 무엇이고, 또 속도의 본성은 무엇인지 묻지 않는 이유는 무엇인가? 금의 본성은 힘의 본성보다 우리에게 더 잘 알려져 있는가? 우리는 우리의 개념들을 이용하여, 우리의 어휘들을 이용하여, 어떤 것의 본성을 완벽하게 표상할 수 있는가? 분명, 그렇지 않다. 어쩐지 나는 그 차이가 바로 이 점에 있어야 하지 않을까 생각한다. 우리는 '속도'와 '금' 같은 어휘들을 다른 어휘들에 대한 수없이 많은 관계들과 연결시킨다. 그리고 그 모든 관계들 사이에서 우리를 성나게 만드는 어떠한 모순도 찾지 못한다. 따라서 우리는 만족하고, 더는 의문을 제기하지 않는다. 그러나 우리는 '힘'과 '전기' 같은 용어들 주변에, 그 자체로 완벽하게 양립할 수 있는 것 이상의 관계들을 축적한다. 우리는 이에 관하여 불명료한 느낌을 가지며, 그런 것들을 정돈하고 싶어 한다. 우리의 혼돈된 소망은 힘과 전기의 본성에 관한 혼돈된 질문들로 표출된다. 그러나 우리가 원하는 답은 실제로는 그런 질문에 대한 답이 아니다. 그것은 좀더 많은 새로운 연결 관계들을 발견함으로써가 아니라, 기존에 알려져 있는 것들 사이에 존재하는 모순들을 제거하고, 그를 통해 어쩌면 그런 관계들의 숫자를 줄임으로 써 답해질 수 있을 것이다. 이러한 **고통스러운 모순들**이 제거되었을 때에 도 힘의 본성에 관한 의문은 대답되지 않은 채로 남을 것이다. 그렇지만 그 럴 때 우리의 마음은, 더는 혼란을 겪지 않을 우리의 마음은, 부당한 질문을 던지기를 멈출 것이다.[46]

이러한 후기 국면 내내 비트겐슈타인의 철학적 발전은 빈 실증주의자 들의 철학적 발전과 점점 더 간격이 벌어져 가고 있었다. 물론 실증주 의자들은, 인간은 '직시적 증명hinweisende Erklärung'을 통해 어떤 단순기 호와 그에 대응하는 실재 사이의 연결 관계Verbindung를 '보게' 된다는 비트겐슈타인의 언급들을 일종의 정의로 독해함으로써, 《논고》를 자 신들의 철학 체계의 기반으로 삼을 수 있었다. 사실 《논고》 그 자체에 서도 비트겐슈타인은 이미 그런 증명Erklärung이 그런 방식으로는 올바 로 이해될 수 없다는 점을 밝혔었다. 그리고 무어를 비롯한 감각 자료 이론가들, 그리고 마흐를 비롯한 논리실증주의자들이 한결같이 그들 의 언어 이론 안에서 당연한 것으로 이야기해 왔던 것들에 관해 생각하 면 할수록, 비트겐슈타인은 이제 그들에게서 점점 더 많은 당혹감만을 느끼게 되었다. 왜냐하면 어떻게 '사적인 감각'이 언어의 닻으로서 정 의에 사용될 수 있단 말인가? 그리고 그가 믿었던 바대로, 만일 사적인 감각들이 이런 정의의 기능을 수행할 수 없다면, 다시 말해 '직시적 정의'라는 생각이 사실상 전혀 터무니없는 것이라면, 무어, 마흐, 그리 고 그들의 추종자들이 그렇게 매력적이라고 생각했던 그 지적인 모델 의 위력은 어떻게 깨뜨려야 할 것인가? 비트겐슈타인은 언어가 **실제로** 어떻게 작동하는지를 보여 줄 대안적인 방법을 찾아야 한다는 사실을 곧 알게 되었다. 문자 그대로, 언어의 사용은 '진술될' 수 없고 다만

'보일' 수 있을 뿐이라고 주장하는 것은 매우 온당한 일이었다. 그러나 그런 주장은 말할 수 없는 것에 대한 '침묵'을 위한 논증으로 더 이상 받아들여질 수 없었다. 따지고 보면 그는 《논고》에서 그림 그리기 관계Abbildung라는 모델을 자신의 설명의 도구로 사용하여 형식화된 과학 이론과 세계 사이의 관계에 관해 상당히 많은 측면을 '보여 주는' 부수적인 성과를 거둔 셈이었다. 이제 문제는, 신화적이거나 유비적인 것은 물론이고 언어의 '그림' 이론으로도 적절히 설명할 수 없는 사유, 추론, 의미의 다른 영역들에서 언어가 어떻게 작동하는지를 보여 줄, 그에 필적하는 방법들을 찾아내는 것이었다.[47]

칸트는 자신의 반감각주의 논증 가운데 이에 상응하는 부분에서 이른바 '초월적 연역'에 착수하였다. 그는 우리가 가진 개념, 범주, 그리고 직관 형식의 기존 체계만이 경험의 **정합적인** 이해를 산출할 수 있다고 주장했다. 칸트는 단지 '연역' 만으로 만족할 태세가 아니었다. 왜냐하면 그의 눈에는 우리의 이성적 개념들의 근본 구조를, 그가 소위 '단순한 인류학'이라고 부르는 것과 격리시키는 작업이 필수적으로 보였기 때문이었다. 예를 들어 목수, 측량사, 혹은 다른 기하학 사용자들이 그들의 실질적인 업무를 수행하는 과정에서 피타고라스 정리를 습관적으로 활용하고 있으며, 거기서 나온 결과가 에우클레이데스 기하학 체계의 적절성과 적용 가능성을 보장한다는 식으로, 그 정리의 **필연적인** 진리성이 **경험적인** 사실들에 의존하게 해서는 결코 안 될 일이었다. 비트겐슈타인의 야망은 그런 칸트에 비해 좀더 온건한 것이었다. 분명히 '필연적'인 것과 '동어반복적'인 것을 동치로 삼는 실증주의적 견해는 너무나 얄팍한 것이었다. 동어반복은 그야말로 하찮은 것이고, 우리는 루이스 캐럴의 《이상한 나라의 앨리스》에 등장하는 험프티덤프티의 지혜를 발휘해 기분이 내킬 때마다 그런 것들을 얼마든지 원하는 만큼 만들어 낼 수 있다. "그것은 누가 주인이 되느냐의 문제이다. 당신인가 아니면 단어인가." 그러나 이것은 한 가지 중요한 사실을 설명하지 않은 채로 남겨 놓았다. 즉 그런 동어반복들 중 몇 가지는 분명히 다른 것들보다 더 긴요하며, 우리는 나머지 것들은 태연히 내다 버릴 수 있으면서도 그런 몇 가지에 대해서는 (키츠의 표현을 인용하자면) '우리의 맥박으로' 그 필연성을 '느낀다'는 사실이다.

이 점은 무어가 그랬던 것처럼, 이를테면 문제를, "'p는 필연적인 명제이다'라는 명제는 **그 자체로** 필연적인 명제인가?"[48]와 같이 마치 말장난처럼 들리는 재치 문답으로 바꾸어 놓는다고 해소되는 것이 아니었다. 그렇게 하는 것은 우리가 여기서 두 가지 종류의 '필연성'에 관심을 두고 있으며, 그중에 하나는 '동어반복'과 그럴듯하게 동일시될 수 있지만, 다른 하나는 그럴 수 없다는 사실을 단지 가려 버릴 뿐이다(무어의 질문은 다음과 같은 형태로 재구성하는 편이 더 나았을 것이다. "우리는 동어반복 p가 없어도 아무런 문제가 없는가? 혹은, 이 동어반복은 없어도 되는가?") 또한 그 문제는 콰인 식으로, '필연적'인 것과 '우연적'인 것 간의 원래의 구분은 아마도 우연히 생겨난 것이며 그렇지만 않았던들 애당초 적용될 수 없는 구분이었다고 응답한다 해도 해결되지 않는다.[49] 왜냐하면 쟁점이 되고 있는 질문은 바로 이것이기 때문이다. 즉 그러한 구분은 어떤 현실적인 조건들 아래서 계속해서 적용 가능한 것으로 남는가? 어떤 한 근본적 개념(혹은 어떤 '필연적' 관계의 적절성)의 적용가능성이 또다시 의심스럽게 여겨질 수밖에 없는 우연적인 상황이란 도대체 어떤 경우들인가? 오히려 우리는 우리의 기존 범주와 개념들의 채택 속에 전제되어 있는 **인간적인 우연적 조건들**(칸트라면 '인류학적'인 사실들이라고 불렀을 법한)을 공표할 수 있는 어떤 방법을 찾아내야만 한다. 이렇게 해서 비트겐슈타인이 내내 관심을 가져 왔던 그 핵심적인 철학적 문제는 이제, 구문론과 형식적 의미론에 관한 모든 의문들에서 벗어나, 지금까지 논리실증주의자들과 논리적 경험주의자들에 의해 형태가 분명치 않은 지적 찌꺼기라며 늘 무시당해 왔던 '화용론'과 '심리주의'의 영역에 초점을 맞추도록 비트겐슈타인 자신을 이끌어 갔다.

이 둘째 국면에서도 비트겐슈타인의 설명 방식은 이전처럼 괴이한 것이었다. 그러므로 그의 강의를 들어 보지 못한 사람들이 그의 논점을 놓쳤다고 해서, 그들을 비난하기는 어려울 것이다. 그는 《논고》에서는 신화에 호소했던 반면, 이번에는 우화와 동화를 사용하였다. 기억을 되살려 두 가지의 전형적인 실례를 재구성해 보았다.

어린아이가 밖에서 놀다가 집으로 뛰어 들어와 부엌 문고리를 잡고, 이런 식으로 외치고 있다고 가정해 보라. "물, 물." 아이는 어제서야 처음으로 그 단어가 사용되는 것을 들었다고 치자. 그리고 이제 누군가 질문을 제기한다고 생각하라. "이 아이는 우리에게 무언가를 말하고 있는 것인가? 아니면 자기가 그 단어의 의미를 배웠다고 보여 주는 것인가? 아니면 마실 것을 달라고 요청하는 것인가?" 그러면 우리는 무엇을 해야 되는가? 그 질문에 답하는 어떤 정해진 방법이 존재할 필요가 있는가?

이번에는 또 다른 이야기이다.

한 인류학자가 어떤 부족의 부족민들에 대해 알아보려 한다고 하자. 그는 아직 그들의 언어를 이해하지 못하고 있다. 그들은 세로 줄무늬가 있는 여러 필의 옷감을 재단하고 있었고, 그것들을 작은 나무토막들과 교환하려 하는데, 그들이 나무토막을 넘길 때마다 '이나', '미이나', '미나', '모' 등등의 소리를 언제나 동일하게 규칙적으로 발화하고 있었다고 하자. 그리고 그 인류학자가 이 교환이 (우리 식으로 말하자면) 옷감이 한 폭이든 두 폭을 한 폭 길이로 접은 것이든 상관없이 언제나 동일한 치수로 이루어진다는 사실을 발견했다고 가정하자. 그렇다면 어떻게 결론을 내려야 할까? 그 부족이 세로무늬를 따라 측정한 길이만 가지고 옷감의 가치를 매긴다고 추론해야 하는가? 아니면 한 폭으로만 옷감을 파는 상인들을 악당이라고 추론해야 하는가? 아니면 그 부족의 수학은 우리의 것과는 다른 구조를 가지고 있다고 추론해야 하는가? 아니면 '이나', '미이나', '미나', '모'는 결국 우리말 '1', '2', '3', '4'에 해당하는 말이 아니라고 추론해야 하는가? 아니면 이것이 사실 상거래가 아닌 일종의 제례의식이라고 추론해야 하는가? 아니면 우리에게 이런 대안들 중에서 하나를 골라 결정할 수 있는 효과적인 방법이 없는 것일까?[50]

각기 마지막 질문에 가시가 돋쳐 있는 이 짧은 이야기는 둘 다 똑같은 일반적인 효과를 발휘하였다. 이 이야기들은 오로지 한 방향으로만 탈출이 가능한 궁지로 청자를 몰고 간다. 그곳에서 탈출하려면, 어떠한 현실적 범주나 개념의 적용 가능성 내지 적용 불가능성이 실제로는 언제나 선행하는 인간적 결정에 의존하며, 그러한 결정은 다음의 두 가지 구분되는 이유 중 하나 혹은 둘 다로 인해 우리에게는 '제2의 천성'이 된다는 사실을 인정해야만 한다. 우선, 문제가 되는 선택들은 우리의 문화가 발전하는 과정에서 오래전부터 만들어졌으며, 그런 선택들에 도전해야 할 이유가 발생하지 않는 한 그에 따른 결과물들은 그때 이후로 우리의 개념적인 전통들 속에 보존되어 왔을 것이다. 혹은 생각해 볼 수 있는 어떤 대안적인 방식이 아니라, 지금 현재 우리가 가지고 있는 바로 그 관례적인 방식으로 어떤 표현을 사용하는 습관을 아주 어릴 때부터 몸에 들이기 때문에, 어떤 예측하지 못한 우발적 상황이 우리로 하여금 그러한 사용 방식을 재고하게끔 강요하기 전까지는, 그 용법에 관해 다시 생각하지 않게 될 수도 있다. 혹은 가장 일반적으로 말하자면, 현재 논의되고 있는 개념적 특징은 개념적 발전의 과정 중 지금은 잊혀진 어떤 분기점들에서 채택된 선택들을 반영하는 것이며, 그러한 선택들은 문화사적인 관점에서는 매우 오래된 것들이면서, 동시에 말하고 생각하는 개인적 습관의 발전 과정에서는 아주 이른 시기에 형성된 것들이라고 말할 수 있다.

우리는 직접 그러한 분기점들에서 발생한 결과들을 명료하게 재구성함으로써, 현재의 모든 환경하에서 우리의 현실적인 개념적 습관들이란, 기회만 있다면 우리가 언제든 능히 채택했을 법한 매우 자연스럽고 실제적으로 가장 눈에 띄는 실용적인 것들이었으며, 그렇기 때문에 기꺼이 '없어도 되는' 그런 것일 수 없다는 사실을 대개는(비록 필연적으로는 아니라도) 알게 될 것이다. 이런 측면에서 우리는 '선험적 종합'에 대한 '초월적' 증명을 요구하는 칸트를 만족시킬 수 있는 작업을 하는 셈이 될 것이다. 우리가 실제로 이용하는 개념과 범주 들이 정합적이고 기술 가능한 세계 경험을 위하여 유일하게 생각해 볼 수 있다거나, 혹은 유일하게 무모순적인 기반을 제공하는 것은 아닐 수도 있다. 그러나 그것들은 일련의 엇갈린 선택의 상황들에서 기인한 것들로, 실제 선택의 맥락에서는 그러한 선택들 중 그 어떤 것도 특정한 대가를 치르지 않는 한 달리 취해질 수 없었을 것들이기 때문에, 그야말로 합당한 평형 상태를 표상하는 것들이다. 그리고 우리는 오로지 우리의 언어 건축물에 관련된 것들을 오해하는 경우에만 그 이상의 것을 요구할 수 있다.

　이러한 우화나 동화를 해명할 때, 실제로 비트겐슈타인은 많은 사람들이 지레짐작하는 것과는 달리 《논고》에 나타난 자신의 초기 입장에서 멀리 벗어나 있지는 않았다. 왜냐하면 비트겐슈타인 자신이 이야기했던 것처럼 그러한 '상상 속의 이야기들'은 단지 '명백한 것들을 떠올릴 수 있게끔 모아놓은 암시들'에 해당하는 것일 뿐이기 때문이다. 그런 방식으로 그는 청중들이 그들 자신의 언어적 실행 안에 암묵적으로 내재되어 있는 그 무언가를 **직접 인식할 수 있는** 지점으로 그들을 인도하고 있을 뿐이다. 그가 그런 것들을 명시적으로 **주장**하려 했다면 그는 자신의 원리들을 포기할 수밖에는 없었다. 언어와 세계 사이에 직접적인 가시적 연결 관계는 없을지도 모를 일이지만, 그럼에도 여전히 그 관계는 진술되기보다는 보여 주어야만 하는 어떤 것이었다. 그리고 그것은 오직 간접적 의사소통을 통한 가르침의 문제일 수밖에 없었다. 톨스토이의 《스물세 편의 이야기》가 윤리학에서 말할 수 없는 것에 대한 이야기였다면, 비트겐슈타인의 이러한 우화들은 언어철학에서 말할 수 없는 것에 대한 우화들이었다. 그러므로 비트겐슈타인은 윤리학에서와 마찬가지로 철학에서도 누군가를 가르치는 행위는, 다른 사람들이 이해하고 있는 바를 그 누군가가 스스로 인식하게 되는 지점으로까지만 이끌어 갈 수 있을 뿐이라고 믿었다. 그리고 당사자를 대신하여 명시적인 결론을 끌어내 주는 것은 결코 훌륭한 시도가 아니었다.


## 삶의 형식

이런 문제에 관해서라면, 비트겐슈타인이 '진리표'라는 형식적 이론에서 '언어게임'에 대한 비형식적인 분석으로 전환한 일 또한 자신의 크라우스적인 유산과의 연결고리를 단절하는 일과는 전혀 무관한 것이었다. 《논고》에 담긴 논증들과 정확히 마찬가지로 《탐구》에 담긴 논증들 역시 빈에서 보낸 그의 초창기 성장 배경에 비추어 고려할 필요가 있다. 예를 들어 우리는 그가 '표상적'인 언어관을 포기하고 '기능적'인 어휘 분석을 선택했을 때 그 바탕에 깔려 있던 숙고와, 일찍이 후고 폰 호프만슈탈로 하여금 (그림으로서의 시적 이미지에 기반을 둔) 서정시를 포기하고 종합예술로서의 도덕극을 선택하게 만들었던 바로 그 숙고를 비교해 볼 수 있다. 이와 함께, 언어적 표현의 의미 획득의 원천인 언어게임에 맥락을 제공하는 것으로서의 '삶의 형식'이라는 개념은 그 자체로 놀라우리만큼 로스적인 개념이다. 로스는 이미, 모든 의미 있는 공산품의 설계는 (이를테면 의자의 형태는 우리가 앉는 방식에 따라 결정되어야 한다는 식으로) 반드시 그것이 사용되는 '문화의 형식'에 따라 결정되어야 하며, 그렇기 때문에 설계의 변화는 생활양식의 변화에 의해 정당화되어야지 그 반대가 되어서는 안 된다고 주장한 바 있다. 심지어 비트겐슈타인이 그 시점에서 자신의 논증에 사용하고 있는, 삶의 형식Lebensformen이라는 용어 자체 역시 누구나 쉽게 알 수 있는 빈적인 어원을 가지는 말이었다. 그 용어는 사실 《횃불》의 필자인 오토 슈퇴슬이 1차 대전 전야에 빈에서 출간한 연구서인 《삶의 형식과 글쓰기의 형식》의 제목 중 일부분이며, 한편 그 책이 나온 직후에 등장한 에두아르트 슈프랑거의 성격학 연구서 《삶의 형식》은 그로부터 십여 년이 지날 무렵에는 약 2만 8천 부가 팔린 상황이었다. 따라서 비트겐슈타인이 속했던 빈이라는 배경을 염두에 둘 때, 그는 '삶의 형식'이라는 말을 **지어낼** 수 있는 상황에 있지 않았다. 그것은 오늘날 아무도 '세력권 의식territorial imperative'*이라는 어구를 지어낼 수 없는 것과 마찬가지다. 1920년대의 빈에서 '삶의 형식'이라는 표현은, 설명이 필요 없는 그곳 사람들의 문화적 상투어 중 하나였을 뿐이다.

그러나 이번에도 역시 비트겐슈타인이 이 개념을 활용하는 방식은 매우 독창적이었다. 칸트는 우리의 모든 사유, 지각, 경험이 개념과 범주, 그리고 조직화의 형식들로 구성된 단일하고도 유일무이한 정합적 체계를 필요로 한다고 주장했다. 그리고 이런 '이성적인 형식들'은 진정으로 이성적인 모든 사유자와 행위 주체에게, 이른바 **강제되는** 것이다. 신칸트주의적인 성격학자들은 이 견해에 한 가지 중요한 수정을 가하였다. 그들은, 순수하고 실천적인 이성이란 '선험적 종합의 원리들'로 이루어진 공통의 체계를 통해 표현되는 어떤 단일하고, 유일무이하고, 보편적인 구조를 갖고 있어서 사유를 할 줄 아는 존재라면 어떤 이해관계나 문화적 상황에 처해 있건 상관없이 그런 구조를 갖추게 강제된다는 생각을 부인하였다. 오히려 상이한 사유자와 행위 주체 들은 상이한 규제적 원리들의 체계에 의해 특성화되는 다양한 방식들에 의거해 자신들의 경험을 구조화한다. 그렇다면 어떠한 특별한 해석의 구조든, 오로지 특별한 삶의 형식의 영역 내에서만 강제적인 것이며 그 구조를 표현하는 '선험적 종합의 진리들' 또한 그 영역 내에서만 타당하고 적절한 것이 된다.

1920년대 무렵 슈퇴슬과 슈프랑거 같은 사람들은 삶의 궁극적인 자료이며 우리의 기본적인 범주와 사유 형식 들은 그러한 삶과 문화의 형식들과 맺게 되는 관계로부터 의미와 적용을 획득한다고 가르치고 있었다. 그러나 그들은 그런 관계가 그 자체로 어떻게 이해되어야 하

---

* 동물들의 영역 보호 행위에 비추어 인간에게도 서로 반목하고 분쟁으로 치닫게 되는 일종의 영토적 요구, 혹은 텃세에 대한 본능이 있다는 의미를 가지는 용어로서, 로버트 애드레이가 1960년대 사용한 표현이다.

는지에 관해서는 분명하게 밝히지 않았다. 슈프랑거 본인은 선택적인 이성적 체계들이야말로 경쟁하는 심적 유형들의 특징이라고 선언했다. 예를 들어 '호전적인 마음'은 한 부류의 규제적인 원리들에 순응하고 '성찰하는 마음'은 다른 원리들에, 그리고 '예술 창조적인 마음'은 또 다른 원리들에 순응한다는 것이다. 따라서 선택적인 규제적 원리들로 이루어진 상이한 체계들은 각기 상이한 **사유 양식**들을 규정하고, 그런 양식들은 이어서 그에 상응하는 생활양식의 양태나 형식을 반영한다. 그렇지만 결과적으로 슈프랑거의 분석은 기묘하게도 얄팍하고 순환적인 것이 되고 말았다. 왜냐하면 우리는, 이를테면 '호전적'인 생활양식과 '성찰적'인 생활양식의 본질적인 차이가 무엇인지 물을 수 있기 때문이다. 우리는 각각의 규제적 원리들에 부합한다는 사실 자체를 정의상의 규준이나 종차種差로 이용하지 않고 독립적으로 그 차이를 특징지을 수 있는가? 결국, 슈프랑거의 설명은 기껏해야 호전적인 생활양식은 호전적인 규제 원리에 순응하는 것이라고 반복하는 것에 지나지 않는다.

성격학자들의 글을 읽는 것으로는 우리는 결코 이러한 기본적인 동어반복에서 벗어날 수 없다. 그래서 우리는 비트겐슈타인이 삶의 형식들에 대한 자신의 설명에 도입했던 진정한 '인류학적' 차원에 대한 느낌을 동경하게 된다. 《탐구》에서는 성격학자들과는 달리 선택적인 삶의 형식, 즉 사유와 성격과 언어의 모든 가능한 인간적 양식들이 너는 휑뎅그렁한 추상적 도식들이 아니다. 비트겐슈타인은 오히려 이렇게 말한다. "우리의 삶이 **실제로** 어떻게 짜여 있는지를 보고 이해하라. 만일 우리의 핵심적인 개념들(예를 들면 '증명', '시간', '감각' 등)이, 지금 그것들을 사용하는 사람들이 명백히 가지고 있는 바로 그러한 의미들을 가지고 있는 것이라면, 그래서 그런 것이고, 또한 그래서 그래야만

하는 것이다." 그러므로 《탐구》 속에서 우리는 어떻게 도식적인 생활 양식들에 대한 추상적 논의를 넘어서서 우리의 근본적인 개념과 범주, 그리고 사유 형식의 타당성이 의존하고 있는 인간 삶의 실제 특징들을 확인할 수 있는지를 마침내 처음으로 이해할 수 있게 된다. 그리고 이 점에 관해서는 《논고》의 경우와 마찬가지로, 잠시 마흐와 러셀의 경험론을 제쳐 두고 비트겐슈타인의 문제를 칸트로 거슬러 올라가는 초월적 전통 속에 위치시킬 때만, 그의 공격 노선의 진정한 방향이 분명해진다.

비트겐슈타인이 언어와 실재 사이에 자명한 연결 관계가 있다는 생각을 포기한 것은 오로지 한 가지 측면에서 그에게 역설적인 귀결을 불러왔다. 그는 《논고》에서 명제의 '표면적인 논리적 형식'과 그것의 '진정한 형식'을 구분한 러셀에 동조한 바 있다. 그리고 그가 모든 철학은 '언어비판'이라는 자신의 언급(비록 마우트너와 같은 의미에서는 아니지만, 4.0031)을 정당화한 것도 정확히 이러한 구분에 호소해서였다. 1928년부터 1929년경 사이의 어느 때인가 그가 마침내 직접적인 연결이라는 생각을 포기하게 되었을 때, 그는 또한 그와 관련된 러셀의 구분, 즉 '표면적인' 것과 '진정한' 논리적 형식 사이의 구분도 포기하였다. 그리고 결과적으로 그는 이전에 비해 마우트너에 훨씬 더 가까워진 상황에 놓이게 되었다. 사실 그는 마우트너의 문화적 상대주의를 명시적으로 공유하지 않았으며, 마흐 식의 유명론을 수용하는 바람에 생겨난 부산물로서, 마우트너가 말려들게 된 다른 귀결들 또한 모두 거부하였다. 그럼에도 불구하고, 전반적인 철학적 언어비판으로 간주되는 비트겐슈타인의 후기 저술들은 마우트너가 이미 1901년에 제안한 바 있는 여러 견해와 논증을 되살려 내고 있다. 예를 들어 언어의 규칙이 게임의 규칙과 비슷하다거나, '언어'라는 단어 그 자체는 일반적인 추상명사이며 사람들의 모든 다양한 문화적 맥락들 속에서 그들이 그들의 언어에 담긴 표현들을 어떻게 사용하는지 살펴봄으로써 그 단어의 의미를 밝힐 필요가 있다는 등의 견해가 그것이다. 결국 《논고》의 '논리적 구조'는 단지 비트겐슈타인이 더 큰 특정한 철학적 목적들을 염두에 두고 잠정적으로 채택한 은유였던 셈이었다. 그리고 그가 크라우스와 로스를 오랫동안 존경해 온 사람이라는 점과 차후에 스스로 수행한 자기비판을 고려해 볼 때, 그는 너무도 기꺼이 '논리적 형식'을 우회하여 '의미'를 '기능'과 '삶의 형식'에 직접 연결시키는 대안적 견해를 수용한 것이었다.

## 행동으로서의 언어

우리는 이제 관점을 넓혀서, 1920년 이후로 철학에서 일어난 변화들이 그 자체로 어느 정도까지 문화와 사회의 좀더 폭넓은 측면들을 반영하고 있으며, 또 반대로 그런 변화들이 문화와 사회 속에 어느 정도까지 반영되어 있는지를 고려할 채비를 하게 될 것이다. 그렇지만 비트겐슈타인이 제시한 두 가지 주요한 철학적 견해들 간의 대조는 마지막으로 한 가지 의문을 불러일으킨다. 되돌아보건대, 그 대조로 인해 '철학의 문제들'에 관해 《논고》에서 제시한 해결책들이 '공격할 수 없는 결정적인 것'이라는 그의 원래의 주장에 의문이 생겨나는 것이다. 왜냐하면 그가 프레게와 러셀에게서 전수받은 형식적 분석의 기법들은, 분명히 그에게 언어와 실재 간의 연결 관계가 가지는 '불가언명성unsayability'뿐 아니라, 가치에 관한 모든 의문들의 '불가언명성'까지도 증명할 수 있는 수단을 제공했기 때문이다. 그러므로 여기서 우리는, 자신이 초기에 도달한 **언어적** 결론들의 기반을 스스로 뒤엎는 과

정에서, 자신의 윤리적 결론들의 기반이 예기치 않게 파괴될 수도 있
는 상황을 비트겐슈타인이 과연 어디까지 막을 수 있을 것인지 재고
해 보아야 한다.

처음부터 우리는 비트겐슈타인의 두 가지 주된 관심사, 즉 '표상'의
문제와 '윤리적인 것'의 문제가 서로 연결되어 있는 동시에 구분될 수
있는 것이라고 주장하였다. 《논고》의 결론들은 그 두 가지 관심사를
동시에 만족시키는 확실한 장점을 가지고 있었다. 왜냐하면 '언어의
한계'에 대한 그의 형식적인 구획은 윤리학 전체의 가치와 '더 높은 것'
을 '말할 수 있는 것'의 범위 바깥으로 효과적으로 밀어냈으며, 그럼으
로써 키르케고르적인 자신의 최초의 태도를 지탱해 주었기 때문이다.
우리는 1930년 이후로도 그가 여전히 동일한 윤리적 관점에 천착했음
을 발견하지만, 이번에는 새로운 철학적 맥락 속에서였다. 그리고 언어
에 대한 그의 새로운 설명이 자신의 **윤리적 관점**에 대해 《논고》에 담긴
견해가 제공했던 것과 같은 유형의 지지를 여전히 계속 제공하고 있는
지는 분명하지 않다. 우리는 비트겐슈타인이 후기에도 슐리크나 무어
같은 사람들의 철학적 윤리학을 과도하게 지성적인 것으로 간주해 완
강히 거부했음을 알고 있다. 그리고 그 자신은 '선의 본성은 사실들과
무관하며, 따라서 어떤 명제로도 설명될 수 없다'는 견해를 고수하였
다.[51] 그렇지만 그가 '사실'과 '가치' 간의 이러한 절대적인 분리, 다시
말해 직접 이야기할 수 있는 것과 오로지 '간접적으로 전달'할 수 있는
것 사이의 분리를 지지하기 위해 여태까지 사용한 논증은, 그에 상응하
여 언어의 '표상적인' 사용과 '시적인' 사용 사이에 놓여 있는 확고하
고 분명한 차이를 끄집어낼 수 있는 능력에 결정적으로 의존해 있었다.
그리고 1929년부터 1931년 사이에 바이스만과 나눈 대화를 읽어 보았
을 때, 우리는 비트겐슈타인이 윤리학에 관한 새로운 난제들을 스스로

에게 즉각적으로 떠올려 가면서 자신의 후기 견해를 향해 접근해 들어가고 있음을 보게 된다.

예를 들면 어떤 시점에 비트겐슈타인은 이렇게 묻는다. "말이 종교에서 본질적인 역할을 수행하는가?"[52] 그리고 이 질문에 답하고 있는 그는 언뜻 보기에 **행동으로서의** 언어에 대한 후기의 일반적인 설명을 예견하고 있는 것 같다.

> 나는 아무런 교리가 없어서 말해질 수 있는 것이 아무것도 없는 종교를 능히 상상할 수 있다. 그렇다면 분명히 종교의 본질은 말해질 수 있는 것과는 아무런 관계가 없다. 아니, 오히려 어떤 것이 말해진다면, 그것 자체는 종교적 행동Handlung의 한 요소일 뿐 이론이 아니다.

이것으로부터 우리는, 종교의 언어게임들은 그러한 언어게임들을 요소로 가지는 종교적인 삶의 형식으로부터 그 의미를 획득한다고 결론 내리고 싶은 유혹을 받는다. 그렇지만 곧바로 그는 계속해서 이렇게 말한다.

> 따라서 더 나아가, 사용된 담화가 참인지 거짓인지 아니면 무의미한 것인지에 관한 어떠한 질문도 생기지 않는다. 종교적인 발화들은 어떤 종류의 비유Gleichnis도 아니다. 그렇지 않다면 누구든 그런 발화들을 산문으로도 표현할 수 있어야 했을 것이다.

여기서 '비유'라는 단어를 사용한 것은 《탐구》의 행동주의적 의미론을 향해 나아간다기보다, 표상적인 언어관으로 되돌아가는 것처럼 보인다. 따라서 이 시점에서 비트겐슈타인은 종교적이고 시적인 언어(표상

적이 아니다)를 일상적인 기술적 언어(추정컨대 표상적이다)와 여전히
대조시키고 있다. 그러나 나중에는 '의미'에 대한 행동주의적 설명을
일반화하면서, 언어에서는 그 어떤 것도 단지 '그림'이 되는 것으로부
터 그것의 진리, 거짓, 혹은 유의미성을 도출한다고 상정해서는 안 된
다고 경고하게 된다. 그러므로 결론적으로 그의 후기 논증들은, **모든**
언어적 표현은 '행동의 요소Bestandteilen der Handlung'로서의 그 역할들 때
문에 의미 있는 것이라고 제안한다. 이 마지막 전환이 완성될 무렵,
그는 분명히 말 그대로의 기술적인 발화('그림'으로서의 언어)와 관례적
이거나 수행적인 언행(행동으로서의 언어) 사이의 그 어떤 절대적인, 혹
은 견고하고 탄탄한 대조를 포기했다. 그리고 그는 또한 이 마지막 단
계를 밟음으로써, 언어가 담을 수 있는 '말할 수 있는' 사실들과 본성상
영원히 표현 불가능한 것으로 남아야만 하는 '초월적' 가치들 사이의
절대적인 구분을 도출할 때 호소했던 바로 그 최초의 규준을 폐기하게
되었다.

   이 최종적인 국면에서도, 비트겐슈타인은 윤리학과 종교가 그 나름
대로의 삶의 형식들을 수반하거나, 혹은 그러한 삶의 형식들 안에서
윤리적이고 종교적인 언어게임들이 다른 게임들처럼 그들 나름의 방
식으로 언어화될 수 있고 의미를 가질 수 있다는(심지어는 참이나 거짓
일 수 있다는) 논증을 명백하게 옹호하지는 않고 있다. 그렇지만 적어도
표현 가능한 것과 초월적인 것 사이의 확고한 이분법에 호소하여 자신
의 개인주의적 윤리관을 지지했던 과거의 견해를 더는 유지하고 있지
않다. 종교적인 믿음에 관해 그가 후기에 나눈 대화들에서 보건대, 그
가 끝까지 종교적 담화의 성격에 관해서 예전과 다를 바 없는 당혹감을
느끼고 있었다는 사실은 분명하다.[53] 그러나 그가 후기에 정식으로 집
필한 저술들은 오로지, 이를테면 괴이하게 괄호를 친 '(문법으로서의 신

학'등과 같은 구절에서처럼 동떨어진 금언들로만 그 주제를 건드리고 있다.[54] 그 금언들은 윤리적이거나 종교적인 담론 안에 과연 의미 있는 언어게임의 합법적인 체계가 담겨 있는 것인지 여부를 묻는 핵심적인 질문에는 명시적인 답을 내놓지 않는다. 사정이 이런데도 수많은 모더니즘 신학자들이 벌써부터 종교적인 담론을 종교 행위의 한 요소로 분석하고, 그럼으로써 비트겐슈타인의 후기 방법들을 실증주의자들에 대한 신학적 반격의 기반으로 활용할 태세를 기꺼이 갖추고 있는 것도 흥미로운 현상 중의 하나이다.[55]

또한 너무나 분명한 사실이지만, 비트겐슈타인의 철학적 방법의 변화는, 그에게는 단지 다른 수단을 이용하여 그가 초창기에 가졌던 지성적인 방침을 지속해 나간 것에 지나지 않는다. 방법의 변화가 그가 오랫동안 유지해 왔던 윤리적 개인주의를 **실제로** 포기하도록 만들지는 않았다. 그러므로 우리는, 만일 누군가 '윤리적'인 삶의 형식과 언어게임의 적법성에 대해서 그에게 단호히 반발하였다면, 그가 과연 어떤 반응을 보였을지 오로지 추측만을 해 볼 수 있을 뿐이다. 즉 그의 후기 원리들에 입각할 때, '좋다'와 '옳다' 같은 단어들에 관한 **납득 가능성** 역시, 다른 모든 언어적 표현들의 납득 가능성처럼 그 단어들이 표준적인 용법을 제공받게 되는 공유된 언어게임과 삶의 형식의 수용에 의존하고 있으며, 바로 그 점에 입각해서만 우리는 서로의 선택, 결정, 그리고 도덕관념을 이해할 수 있지 않느냐고 추궁해 볼 수 있지 않을까? 분명히 비트겐슈타인 자신의 후기 견해는, '가치'라는 개념 자체의 의미가 '평가적' 행동의 표준적이고 인지 가능한 특정 양태들의 존재에 의존하고 있음을 함축하고 있지 않은가? 이런 측면에서 보자면 비트겐슈타인의 후기 언어철학은 사실의 영역과 가치의 영역의 완벽한 분리를 **원칙적으로는** 정당화할 수도, 반박할 수도 없어 보인다. 아마도 그 점에 대하여, 비트겐슈타인은 윤리적 판단의 '뜻sense'을 그것의 '내용content'과 구분하고 그러한 판단이 가지는 본질적으로 사적인 **내용**에 호소하는 방식으로 응답했을지 모른다. 윤리적 판단의 **뜻**은 공적 규준들에 의해서 필연적으로 지배되지만, 윤리적 판단의 '참' 혹은 '타당성'에 관한 논의는 그렇게 되지 않는다는 것이다. 그래서 비트겐슈타인의 후기 저술에서 커다란 역할을 수행하는 '사적 언어' 논변들도 아마 이런 식으로 비트겐슈타인 개인으로서는 암묵적인 윤리적 의의를 가질 수 있을 것이다. 이 점에 관해서 우리는 단지 추측만을 해 볼 수 있을 뿐이다. 그의 후기 견해의 엄밀한 함축들이 무엇이든 간에, 확실한 것은 가치와 사실 사이의 절대적 이분법이 그에게는 엄청난 중요성을 가지며, 실제로 그 구분을 지지하거나 정당화하기 위해 제안될 수 있을 법한 그 어떤 특별한 철학적 논증보다도 그 구분 자체가 훨씬 더 중요하다는 것이다.

### 《논고》와 《탐구》의 연속성

그렇다면 그러한 이분법의 배후에 깔려 있는 그의 본심은 무엇인가? 우리가 과연 그 너머 비트겐슈타인 사유의 좀더 깊은 단층 속으로 뚫고 들어가 볼 수 있을까? 철학적 이론의 관점에서 볼 때, 사실의 모든 문제들로부터 가치를 분리하는 시도는 명백히 궁지에 몰려 있다. 그러나 비트겐슈타인 개인적으로는, 다른 무언가가 그 환원 불가능한 대조의 기반이 될 수도 있음을 보여 주는 몇 가지 암시가, 특히 엥겔만에게 보낸 편지들 속에서 나타난다. 우리는 심리학적이거나 사회학적인 두 가지 방향으로 각기 그러한 암시를 추적해 볼 수 있을 것이다. 다시 말해 좀더 깊은 곳으로 들어가 보려는 시도 속에서, 우리는 비트겐슈타인 고유의 개인적 기질이나 그의 정신이 형성된 역사적인 배경을 좀더 자세하게 관찰해 볼 수도 있을 것이다. 우선 심리학적인 측면에서 말하자면, 비트겐슈타인이 가치의 영역과 사실의 영역의 분리에 관하여 **원칙적으로** 또 다른 어떤 정당화를 계속해서 제공할 수 있었든 없었든, 그는 **그 자신의 삶 속에서** 그 두 영역 사이의 어떤 효과적인 조화를 창조하는 데 성공하지는 못했다고 우리는 마땅히 말할 수 있을 것이다. 예를 들면, 엥겔만에게 보낸 편지에서 그는 여러 차례에 걸쳐 자살을 생각하고 있음을 알렸다. 그는 자신의 '품위 결여Unanständigkeit' 에 관한 이야기를 자기 모멸적인 어조로 거듭 적고 있다. 그리고 자신으로서는 극복하거나 승화시키는 것이 모두 똑같이 어려웠던 여러 가지 감정적인 압박들에 관해서도 암시한다. 그는 1920년 10월 11일에 이렇게 적는다.

마침내 나는 초등학교 교사가 되었습니다. 그리고 트라텐바흐라는 작고 이름다운 마을에서 일하고 있습니다. … 나는 학교에서 맡은 일에 즐거움을 느낍니다. 그리고 나는 그 일을 정말로 끔찍하게 필요로 합니다. 그렇지 않았다면 지옥에 있는 모든 악마들이 내 안에서 풀려나 돌아다니고 있을 것입니다. 내가 얼마나 당신을 보고 싶어 하는지, 얼마나 당신과 이야기하고 싶어 하는지 모르겠습니다! 엄청난 일이 있었습니다. 나는 **매우** 고통스럽지만 그런대로 잘 성사된 여러 가지 수술들을 집도하고 있습니다. 말하자면 나는 때때로 잘려 나간 손발을 그리워할 수도 있을 겁니다. 그러나 손발을 좀 덜 갖더라도, 지금 가지고 있는 것들을 잘 건사하는 편이 더 낫습니다.[56]

원인이 무엇이든, 그는 1922년에도 여전히 투쟁하고 있었다. 그는

1925년에 다시 이렇게 썼다. "어쨌든 나는 행복하지 않습니다. 나의 타락이 나를 괴롭혀서가 아니라, 타락 속에서 나는 불행합니다."[57] 그리고 1937년이 되어서도 그는 케임브리지 트리니티 칼리지에서 이렇게 썼다. "신은 내가 어떻게 될 것인지 알고 있다."[58]

그렇지만 가장 깊숙한 곳에 존재하는 비트겐슈타인의 지적 태도의 궁극적인 원천을 그의 개인적인 기질과 성격 속에서 샅샅이 추적하는 작업은 비생산적이고 부적절한 사변으로 빗나갈 가능성이 아주 높다. (그가 영국에서 1925년 여름에 엥겔만에게 보낸 한 편지에서 말한 것처럼 말이다. "내가 어떻게 당신에게 나를 이해해 줄 것이라고 기대할 수 있겠습니까? 나 자신도 나를 거의 이해하지 못하는 상황에서.")[59] 그 대신 우리는 앞선 여러 장에서 우리가 마주쳤던 사회적이고 문화적인 비교 자료들을 되돌아보는 편이, 다시 말해 비트겐슈타인의 삶과 배경의 어떤 측면들이 그를 오스트리아-헝가리 제국의 마지막 나날을 대표하는 인물로 만들었는가에 주목하는 편이 더 나을 것이다. 따라서 비트겐슈타인의 극단적인 개인주의적 견해는 19세기 후반의 빈 부르주아 사회와 문화를 배경으로 고찰할 필요가 있다. 그것은 키르케고르의 견해를 19세기 초반 덴마크 루터파 교회의 사회적 인위성에 저항했던 하나의 반향으로서 고찰할 필요가 있는 것과 마찬가지다.

사회의 성격이 공동의 도덕적 문제들에 대한 개방된 인지와 논의의 영역을 제공하고 사회적 구조가 그러한 숙고들에 응답할 수 있을 정도로 유연하고 융통성 있는 곳에서였다면, 비트겐슈타인이 사실과 가치의 분리를 받아들이는 방식과 같은 비타협적인 유형의 태도는 역설적인 것으로 비추어졌을 것이다. 그러한 개방된 영역이 존재하지 않는 곳에서는 극단적인 개인주의적 주장들이 훨씬 더 이해할 만해진다. 만일 비트겐슈타인이 자라난 문화와 사회가 그 이전보다도, 이를테면 카를 크라우스에게 제공했던 것만큼도 도덕성이나 가치에 대한 이성적인 논의의 전망을 제공하지 않는 환경이었다면, 결국 비트겐슈타인이 가치와 사실을 격리시킨 궁극적인 이유들은 그의 인간적 품성의 어떤 개인적인 괴팍함에 있는 것이 아니라, 오히려 진지한 정신을 가진 그렇게 많은 부르주아 지성인들을 처음부터 절대적인 소외로 이끌어 간 더욱 광범위한 사회적 맥락의 여러 가지 특징들에 있게 된다. 만일 크라우스와 비트겐슈타인 모두에게 가치의 영역과 사실의 영역이 완벽하게 분리되었다면, 그것은 카카니아 중상류층의 삶의 형식들을 뒤덮은 화석화에 대한 일종의 주석인 셈이다. 1900년대 초 빈의 삶 속에서는, 윤리학이나 미학에 관한 문제를 성심성의껏 진지한 마음으로 토론할 수 있는 공개적인 논의의 장이 존재하지 않았다. 그러므로 가치 판단의 더욱 심오한 성격을 진정으로 이해한 사람이라면, 오로지 그 자신의 개인적인 삶이라는 사적인 세계에서만 그러한 판단의 여지를 찾을 수 있었다.

그렇다면 합스부르크 제국이 붕괴되고, 제국 건설의 중심 이념이었던 왕가의 하우스마흐트가 단념된 이후에는, 이런 논의가 과연 어느 정도까지 유효한 것이었을까? 분명히 낡은 체제의 제국주의적 방해물들이 사라진 새로운 민주적 오스트리아 건설에 나섰던 1920년의 사람들은 이상주의적인 희망을 품고 그 과업에 착수했다. 그리고 또한 두 차례의 세계대전 사이에, 화가와 음악가, 건축가와 시인들은 분명히 자신들의 새로운 혁명적 기법이 1914년 이전 빈의 인습적인 인위성으로부터 자신들을 해방시켜 주리라고 믿었다. 그러므로 우리는 이제 방향을 바꾸어 다음과 같이 물어야 한다. 1918년에 일어난 중부 유럽 왕조 체제들의 붕괴에 뒤이은 문화와 사회의 재건설은, 결과적으로 크라우스주의자들이 요구했던 것과 같은 유형의 방식으로 화가, 작가, 그리

고 철학자 들의 '창조적인 환상'을 해방시키는 데 과연 어느 정도까지
성공했는가?

# 8
# 직업주의와 문화:
# 현대 사조의 자살

우리에게 시인들을 거스르는 통일령을 받아들이라 하지 말라.
— 새뮤얼 테일러 콜리지

## 1918년 이후의 오스트리아와 유럽

대개 다른 유럽인들보다도 특별히 오스트리아인들에게는, 1914년부터 1918년 사이에 일어난 전쟁이 정신적인 외상을 입혔을 뿐 아니라 하나의 결정적인 전환점이 되었다. 독일과 이탈리아에서는 실제로 아주 최근에야 민족의 통일이 이루어졌기 때문에, 1차 대전으로 야기된 혼란의 소용돌이는 전쟁의 승패와는 상관없이 그저 길고도 혼란스러운 그들의 역사에 추가된 또 다른 하나의 삽화 정도로만 받아들여졌을 뿐이었다. 특히 독일인들은 아무런 향수도 느끼지 않은 채 호엔촐레른 왕조에 작별을 고할 수 있었다. 프랑스인들에게 전쟁의 직접적인 효과는 외과 수술의 집도를 요할 정도로 중한 것이었으나, 그렇다 해도 그들은 그 전쟁 역시 지난 오랜 세월 동안 라인 강변을 따라서 전개된 일련의 유사한 국가 방위 전쟁들 중 단지 가장 최근에 벌어진 사건 정도로 여길 수 있었다. 영국인들에게 그 전쟁은, 1815년 이래 용케도 직접 관여하지 않아 왔던 유럽 대륙의 문제에 부질없이 재개입하여 피를 흘리고 만 것으로 비추어졌다고 보는 것이 옳다. 그리고 그 사건은 그 이후로 영국에서 지금까지도 계속 진행되고 있는 사회 개혁과 정치권력의 재분배 채비를 갖추는 계기가 되었다. 그러나 오직 러시아와 오스트리아에서만 1914년부터 1920년 사이의 기간이 과거와의 완벽한 단절을 불러왔다. 사실 그 두 나라는 통치 왕조가 너무 오랫동안 권력을 쥐고 있었기 때문에, 왕조 자체가 민족적 정체성을 구현하고 있는 것처럼 보일 정도였다. 그러나 1914년에 이르자 나라의 통치는 생기를 잃어버린 독재 권력으로 딱딱하게 굳어 있었고, 자기 나라 국민들 중에서 종교적이든 인종적이든, 아니면 사회적이든, 어떤 이유를 막론하고 다른 정치 파벌에 충성하는 부류의 사람들을 현실적으로 적절히 다룰 수 있는 (한때는 보유했다고도 볼 수 있는) 능력들을 이제는 완전히 상실하고 말았다. 사람들은 그 나라의 권력 구조가 해소 불능의 역설들에 직면해 있으면서도 여태껏 생존을 유지해 왔다는 바로 그 사실이 그 자체의 무제한적인 내구성을 가장 잘 보증해 준다고 생각했지만, 결국 로마노프 왕조의 좀더 폭력적인 권력 박탈과 마찬가지로, 합스부르크 왕조 계승 체계의 해체는 그렇게 해서 기존 정치권력의 구조를 단번에 날려 버리고 말았다.

이러한 상황은 빈 사람들, 그중에서도 특히 1880년대 후반에서부터 1890년대 사이에 태어난 세대에게 가장 큰 영향을 미쳤다. 그들은 각자 한 명의 개인으로 서서히 성숙해 가던 바로 그 과정에서 자신들의 사회와 국가의 생존의 뼈대가 분해되는 광경을 목격했다. 후기 합스부르크 빈이 (크라우스가 표현한 것처럼) '세계 파괴의 실험장'이었는지 아니었는지는 몰라도, 비트겐슈타인 세대의 지적인 청년들에게 그곳이 가혹한 시험대였던 것만큼은 틀림없었다. 이중 군주국, 합스부르크의 하우스마흐트, 이교도인 투르크족으로부터 유럽을 방어하기 위해 300년 전에 형성된 이래 경쟁국인 오스만 제국에 인접한 상태로 조용히 화석화되어 온 포 계곡에서부터 카르파티아 산맥에 이르는 길게 뻗은 엄청나게 넓게 펼쳐진 영토, 그리고 무엇보다도 1800년 이전에 프란츠 황제가 처음으로 이룩했고 메테르니히와 프란츠 요제프가 영구화한 중앙집권적 전제정권 등 모든 정치적 권위와 사회적 통제의 전체적인 친근한 발판들이 갑작스레 해체되어 버렸고, 이에 따라 빈 사람들은 사지가 잘려 나간 자신들의 공화국을 위해 1920년대의 유럽에서 자신들이 어떤 미래를 만들어 나갈 수 있을 것인지 궁리해야 하는 상황에 처하게 되었다. 그것은 심지어 러시아조차도 겪지 않았던 엄청난 규모의 절단 수술이었다. 두 차례에 걸친 1917년 혁명의 돌연성과 폭력성, 그리고 그 후로 이어진 혼란기와 백군과 적군 간에 빚어진 내전에도 불구하고, 궁극적으로 소비에트 러시아의 영토는 차르 정권의 전통적인 심장부뿐 아니라 차르가 정복한 지역 대부분을 그대로 유지하고 있었다. 전통적인 전제 정권의 관료 기구는 빠르고 손쉽게 프롤레타리아 독재에 적응하였다. 아니, 그보다는 자칭 프롤레타리아의 대변자들에게 적응했다고 하는 편이 낫겠다. 그러므로 우리는 오스트리아 유력 가문 출신의 지적이고도 창조적인 잠재력을 갖춘 청년들이 군사적인 패배 이후 적국의 전쟁포로 수용소나 적과 대치하던 전선에서 빈으로 귀환했을 때, 훨씬 더 충격적인 단절적 상황들에 직면했으리라는 사실을 소련 공산주의에 대한 선입견 때문에 간과해서는 안 된다.

실용주의자들의 틈에 섞여 있는 절대주의자들을 신속하게 솎아 내는 것이 당시의 정세였다. 전통적인 귀족 계층 중 극소수의 사람들은, 전체적인 상황을 '있을 수 없는 일'이라고 결론짓고, 혐오스런 감정으로 무대에서 물러나 버렸다. 그러면서 내심으로는 두 차례의 전쟁 기간 동안 파리의 카페 사회에서 망명 생활을 했던 백러시아*의 공주와 대공들처럼 비현실적이고 실현 불가능한 희망들을 품고 있었다(프란츠 요제프의 궁극적 실패를 가장 분명하게 증언해 주는 것은, 전후 오스트리아

---

* 현재의 벨로루시 공화국.

에서 왕정 복고를 주장하는 그 어떤 설득력 있는 준동도 일어나지 않았다는 사실이다). 이들 귀족 잔재 세력들과는 달리, 똑같이 '절대적인 태도를 가진' 또 다른 부류의 소수의 사람들이 있었다. 그들은 정치권력 그 자체의 가치와 미덕에 대한 모든 신념을 상실한 채, 공동의 문제들에 대한 모든 집단적인 토론을 배제하고 각자 나름의 개인적 염원이 담긴 삶을 추구하는 사람들이었다. 키르케고르의 극단적인 개인주의, 전후 시기의 시적인 자기반성과 예술적인 표현주의, 그리고 소설가 프란츠 카프카의 반권위주의적 악몽 등에 대해서라면, 이들은 이미 알 것은 다 알고 있는 관객들이었다. 합스부르크 정권의 마지막 몇십 년 동안, 나라의 상황은 '늘 절망적이지만 결코 심각하지는 않은' 것으로 기술되어 왔다. 하지만 이제 그 판도는 분명히 뒤바뀌었다. 그리고 이들 실존적인 태도를 지닌 사람들은, 기나긴 세월을 기다린 끝에 마침내 사회 정치 운동의 건설적인 가능성들이 존재하게 된 바로 지금이야말로 실로 엄중한 상황이라고 진단하였다.

한편, 실용주의적인 대다수 사람들에게는 그러한 가능성들을 잘 이용하는 것이 무엇보다 중요했다. 새로운 오스트리아 공화국의 제도와 사회적 관행을 건설하는 일에 착수한 그들은 더는 소외의 원인을 (특히 키르케고르적인 형태의 극단적인 소외의 원인을) 이전과 동일하게 생각하지 않았다. 신생 오스트리아에서는 지성인들이 수행해야 할 적극적인 활동들이 많았다. 켈젠주의자\*이거나, 뷜러주의자†이거나, 라자스펠드주의자‡라면 가치가 실천적일 수 있다는 사실을 거의 의심할 필요가 없었다. 헌법의 뼈대를 갖추어야 했고, 의회를 세워야 했으며, 효과

---

\* 켈젠은 1920년에 오스트리아 헌법을 기초하는 데 기여한 프라하 출신의 법학자임.
† 뷜러는 인도 고전 연구에 전념한 오스트리아의 동양학자임.
‡ 라자스펠드는 오스트리아 출신으로 미국에서 활동한 사회학자 겸 사회심리학자임.

적인 사회민주주의 체계가 순조롭게 작동할 수 있도록 만들어야 했다.[1] 프란츠 요제프가 못 본 체하는 바람에 오랫동안 등한시되어 왔던 미진한 산업화의 부작용들, 그중에서 특히 빈의 주택 부족 현상은 시급히 달려들어 해결해야 할 문제였다 그리고 합스부르크의 극단적 보수주의라는 사회 전반의 장애물은 마침내 감쪽같이 사라져 버렸다. 실용주의자들은, 지금은 미래를 지향하고 건설적인 일들을 찾아야 할 시기라고 생각했다. 그리고 이런 사람들에게 마흐의 역사 비판적이고 건설적인 실증주의는 그 형이상학적 결함에도 불구하고 확실한 호소력을 지녔다. 정작 마흐 자신은 그보다 이른 1916년에 자신의 사상에 대한 당시의 사회적 반응에 환멸과 실망을 느끼며 죽었다.[2] 사실 그는 그렇게 걱정할 필요가 없었다. 오히려 몇 년이 지나지 않아, 그의 가르침이 법과 정치와 사회사상에 미친 실천적인 영향력 때문에, 그가 일생에 걸쳐 발휘했던 매우 중대한 학문적 영향력이 오히려 무색해질 정도가 되었기 때문이다.

이렇듯 변화된 역사적 상황하에서, 비트겐슈타인의 《논고》에 담긴 **요지**가 그렇게 광범위하게 오해되었다는 사실에는 그다지 놀랄 만한 이유가 없는 셈이다. 우리는 그 책을 의사소통과 표현에 관한 '동시대' 오스트리아 식 비판의 전형으로 기술해 왔다. 그러나 확실히 밝혀 둘 것이 있다. 도대체 **누구**와의 동시대란 말인가? 우리가 지금 알 수 있는 것처럼, 《논고》는 빈의 예술과 문화에 담긴 철학적이고 지적인 문제들을 **1918년 이전**에 그것들이 존재했던 상태대로 축약해 놓은 것이었다. 그러므로 굳이 언급하자면, 1920년 이래로 비트겐슈타인은 바로 우리가 구분한 세 부류 중 둘째 부류에 속하는 사람들을 대변하고 있었다. 다시 말해 그들은 카카니아에서 겪은 경험 때문에 집단적 가치에 대한 모든 믿음을 포기할 정도의 정신적 외상을 입고, 그 대신 자기들이 반

발하고 있던 상황만큼이나 그 나름대로 절대적이고 몰역사적인 개인
주의로 뒷걸음치고 있던 사람들이었다. (그 상황이란 물론 빈 부르주아
들의 획일화된 '훌륭한 취향'과 '예절', 그리고 합스부르크 왕가 사람들 자체
의 파렴치한 독재 정치를 모두 포함하는 것이다. 프란츠 황제의 관료들 중
한 명이 '애국자'로 묘사되었을 때, 정작 황제의 반응은 다음과 같았다. "아
하, 그런데 그는 **나**를 위한 애국자인가?")

실제로 누군가가 비트겐슈타인에 대한 정신분석적 전기를 쓰고 있
다면 아마도 마땅히, 비트겐슈타인은 자신이 어린 시절을 보냈고 겉보
기에는 영원할 것만 같았던 바로 그 세속적 허위의 뼈대가 1918년에
붕괴되면서 자신에게 야기된 정신적 위기를 결코 몸소 극복해 내지
못했다고 주장할 수 있을지도 모른다. 19세기의 합스부르크 체제는 역
사의 효력을 무력화하려는 기도 위에 세워진 것이었다. 그리고 그 체
제의 헌법적 구조는, 단지 국가 운영에 관한 문제를 도덕적 판단의 영
역에서 배제하기 위한 하나의 조치로서, 신이 내린 왕권을 주장하였다.
실존주의자들이 역으로 드러낸 약점은, 현존하는 사회와 정치적 권위
에 대한 이러한 주장들을 너무 심각하게 받아들였다는 사실에 있었다.

### 비트겐슈타인의 몰역사주의

19세기 초 덴마크 어느 작은 마을의 프로테스탄트 사회가 지닌 도덕적
결함은, 키르케고르의 눈에 그 사회가 19세기 초 덴마크 어느 작은 마
을의 프로테스탄트 사회였다는 사실과는 무관한 것이었다. 그렇다. 그
러한 도덕적 결함들은 인간의 기본적인 사악함에서, 그리고 그 인간이
동료 인간들 및 신과 맺는 불변의 관계들에서 생겨나는 것으로서 (좀더
우주적인 관점에서) 이해해야만 한다. 사회 운동의 영역 **내에서**, 혹은

경쟁하는 집단적 '도덕 규약들' 사이에서 올바른 윤리적 분별을 이끌어 낼 수 있는 희망은 없었다. 기껏해야 근본적으로 비기독교적이거나 아예 반기독교적인 상태에 있는 제도권 '기독교계'를 구원하고자 희망할 수 있을 뿐이다. 오히려 제일 먼저 해야 할 일은 사람들이 결정적인 **몰역사적** 진리를 인식하게끔 만드는 것이었다. 다시 말해, 구원은 전적으로 한 개인이 신과 맺는 관계를 통해서 이루어지며, 그것을 떠나서는 어떠한 선행을 하더라도 구원과는 무관한 것이다.

《논고》에서 보인 윤리와 가치의 문제에 대한 비트겐슈타인의 접근 방식 또한 똑같이 **몰역사적**이다. 그가 (표상적 기술에 적합한) 사실의 영역과 (기껏해야 시적으로만 말할 수 있는 것에 관련된) 가치의 영역을 대립시킨 것은 키르케고르가 기독교계나 도덕률의 도덕성을 비난할 때 그랬던 것처럼 역사적으로 재고해 볼 만한 것도, 역사에 의해 조건 지어진 것도, 혹은 역사에 노출되어 있는 것도 아니었다. 그와는 반대로, 키르케고르와 마찬가지로 비트겐슈타인에게 중요한 것은 윤리의 '초월적' 특성을 **무시간적인** 기반 위에 올려놓는 것이었다. 그러고 나면 윤리에 관하여 어떠한 의심도 있을 수 없을 것이며, 차후의 되새김도 없을 것이다. 물론 이것은 윤리에 대한 비트겐슈타인의 접근 방식이 또한 전적으로 **정치와 무관한** 것이었음을 의미한다. 지금 우리가 합스부르크 제국의 붕괴와 1920년대 초 비트겐슈타인 자신의 개인적인 위기 사이에서 아무리 많은 연관성을 찾아내더라도, 아마 비트겐슈타인 자신은 그 둘 사이의 연관성을 전혀 인정하지 않을 것이다.

이와는 대조적으로 레닌 및 마르크스주의자들이 에른스트 마흐의 견해를 매우 두려운 적대적 견해로 여기게 된 것은 바로 마흐가 그의 선배 경험론자인 데이비드 흄과 공유했던 역사적인 요소 때문이었다. 마르크스주의자나 마흐주의자 둘 다, 사람들이 이 세상에서 집단적인 사회적 행위를 통해 실제로 좋은 일이나 나쁜 일을 할 수 있다는 사실을 의심할 이유는 없었다. 따라서 역사는 도덕적 평가의 합당한 대상이자 도덕적 선택의 활동 무대였다. 지금까지 시대에 뒤처진 군주 정권이 그러한 대의의 실천적인 구현을 가로막고 있었을지언정, 우리의 집단적인 자산이자 관심사인 '사실들의 세계'에 관해 본질적으로 몰도덕적인(반도덕적인 것은 말할 것도 없고) 측면은 결코 존재하지 않는다. 루트비히 비트겐슈타인은 이러한 역사주의를 전혀 원하지 않았다. 플라톤이나 데카르트, 혹은 그가 존경해 마지않던 프레게도 마찬가지였지만, 그에게 역사적인 다양성과 변화란 아무런 철학적 적절성을 갖지 않는 것이었다. 남아 있는 《논고》 이전의 공책들 중 한 권에서 우리는 그가 다음과 같은 흥미로운 단평을 적어 놓은 것을 발견한다. "나에게 역사는 무엇인가? 나의 세계가 최초이자 유일한 세계이다."[3] 그리고 비록 이런 내용이 명백히 유아론의 문제와 연결되는 것이었지만, 그것이 역사에 대해 민감하거나 분별력 있는 사상가의 언급이 아닌 것만은 분명하다.

실제로 이러한 맥락에서, 사실과 가치 사이의 관계에 관한 총체적인 철학적 토론을, 칸트에서 시작하여 쇼펜하우어와 키르케고르를 거쳐 톨스토이와 비트겐슈타인에 이르는 **정치** 사상사 속의 한 사건으로 보는 것은 흥미로운 일이다. 18세기 후반의 칸트는 역사에 대해 진지한 도덕적 기대를 거의 갖지 않았다. 그러나 강박적이라 할 정도로 온건한 그 자신의 정치적 자유주의는 원칙적으로 그런 희망을 배제하지 않으려고 주의했으며, 잠깐 동안은 프랑스 혁명을 합리적 도덕성의 승리로 찬양하고자 한 적도 있었다. 그 사건을, 가치라는 본체계가 정치적 사실이라는 현상의 영역 속으로 뚫고 들어간 종말론적인 돌파구로 보았던 것이다.[4] 쇼펜하우어를 거쳐 비트겐슈타인으로 옮겨 가면서,

우리는 희망 없는 온건주의라는 그 정치적 태도가 염세주의를 거쳐 철저한 절망으로 변모하는 것을 본다. 집단적인 도덕성은 환영illusion이다. 개인이 가질 수 있는 유일한 희망은 자기 자신의 영혼을 찾고 구원하는 것뿐이다. 그리고 그것조차도 오로지 이 세상에 휘말려 들어가는 것을 피함으로써만 가능할 뿐이다. 말년에 비트겐슈타인이 제시했다고 이야기되는 몇 가지 안 되는 진정한 도덕적 충고 중 하나는 "사람은 가볍게 여행해야 한다"[5]라는 격률이었다.

비트겐슈타인은 이러한 반역사주의를 고틀로프 프레게로부터 배운 것일까? 그는 부분적으로, 프레게가 '심리주의'의 오류와 '발생적'인 오류를 꾸짖고 개념적인 분석은 형식적이고 논리적이며 무시간적인 방식으로 추구되어야 한다고 주장했기 때문에, 몰역사주의를 지향하게 된 것인가? 그럴지도 모른다. 그러나 비트겐슈타인의 도덕적 태도가 매우 완강하다는 점을 놓고 볼 때, 그런 특별한 태도는 그가 프레게를 알기 전부터 형성되었으며, 오히려 이전부터 그러한 도덕적이고 지적인 경향을 가지고 있었기 때문에 프레게의 논리주의가 자기에게 맞는다는 사실을 쉽게 깨닫게 되었다고 추정하는 편이 더 그럴듯하다. 여기서 다시 한 번 말하지만, 비트겐슈타인의 견해는 그가 거부했던 마우트너의 견해와 분명한 대비를 이룬다. 역사와 문화의 다양성에 대한 마우트너의 공감은 그를 극단적인 상대주의로 몰고 갔을지는 몰라도, 어쨌든 역사와의 관련성에 대한 그의 감각을 계속 살아 있게 만들었다. 비트겐슈타인은 후기에 이르러 진정한 논리적 형식들로 이루어진 보편적 구조에 대한 러셀 식의 믿음을 포기하고, 대신에 삶의 형식의 기능적인 반영으로서의 마우트너적인, 혹은 로스적인 분석을 지지하게 되었지만, 심지어 그럴 때조차도 결코 자신의 새로운 접근 방식이 갖는 역사적인 함축들을 철저히 파고들어 밝혀내지 않았다. 음악에서 비트

겐슈타인에 상응하는 크라우스적인 인물인 아르놀트 쇤베르크는 작곡
의 올바른 이해는 바흐로부터 베토벤을 거쳐 바그너와 새로운 12음계
에 이르기까지, 역사적으로 발전해 온 음악적 관념의 논리를 상세히
연구함으로써만 이루어질 수 있다고 매우 분명하게 가르친 바 있다.
마찬가지로 비트겐슈타인의 절친한 협력자였던 프리드리히 바이스만
도 마흐를 연상시키는 역사 비판적인 충실성으로 수 개념의 내적 복잡
성을 해명하는 《수학적 사유 입문》이라는 책을 집필할 수 있었다.[6] 그
러나 비트겐슈타인은 자신의 후기 철학에 담긴 가르침이 문화적 다양
성에 관한, 그리고 언어게임이 그것의 작동 기반인 인간 삶의 양태들에
상대적이라는 점에 관한 확고한(거의 인류학적인) 인식을 드러내고 있
음에도 불구하고, 어떠한 유의미한 차원에서도 인간 역사의 행로가 우
리의 삶의 형식 그 자체에서든, 혹은 삶의 형식의 요구에 반응하면서
발전해 온 언어적 절차들 안에서든, 조금이라도 합리적인 진보를 보여
준 적이 있었는지를 묻는 질문 따위에는 전혀 열의를 드러내지 않았
다.[7]

    만일 비트겐슈타인이 1914년 이전에 이미 키르케고르적인 극단적
개인주의로 경도되어 있었다면, 그다음의 몇 년 동안 겪은 그의 경험도
그러한 소외감을 돌이키는 데는 아무런 역할을 하지 못했다. 동부 전
선에서 현역 군인으로 복무하던 기간 동안 체험한 전우 관계는 아마도
그가 맞서 싸운 적군을 포함한 병사들 전체에 대한 그의 인간적 동료애
를 자극했을 것이다. 그러나 농장 인부들에 대한 콘스탄틴 레빈의 동
료애가 그 자신을 러시아의 소작농으로 변모시킬 수는 없었듯이, 그런
동료애가 그 자체로 오스트리아-헝가리 제국의 보통 사람들인 소작농
과 기계공 들로부터 그를 갈라놓은 사회적이고 지적인 장애물을 제거
해 준 것은 아니었다. 그래서 사실의 영역이 가치의 영역과 전혀 별개

라는 비트겐슈타인의 신념은, 그가 정통해 있던 음악과 지성의 반성적인 삶과 그가 그다지 쉽게 다루지 못한 감정의 따스함과 느즈러짐의 정서적인 삶 사이의 절연과 더불어 그 자신의 인격 속에 반영되었다. 따라서 그러한 심리적 분열은 그가 젊은 시절을 보낸 오스트리아에 그 사회적(사회학적이라고까지는 말할 수 없어도) 기원이 있는 것이다.

그러나 다시 한 번 반복하건대, 만일 그러한 사회적인 기원이 정말로 있다고 한다면, 그것은 어디까지나 1914년 이전의 빈에 해당하는 것이다. 반면 실용주의적 태도를 가진 1920년의 사람들에게 《논고》에 담긴 언외言外의 요점이라 할 수 있는 절대적인 도덕적 개인주의는 아주 간단히 말하자면 쓸모없는 것이었다. 그들의 목적을 놓고 볼 때, 그 책에서 중요하게 보인 것은 오로지 건설적으로 사용될 수 있는 부분들, 이를테면 그 책에서 소개한 형식적인 기법들, '그림들'의 체계로서의 언어에 대한 이론적 모델, 진리표 그리기 방법들뿐이었다. 중부 유럽의 낡은 왕조들이 무너진 뒤에 남은 것은, 이제 사회적이고 정치적인 국면뿐만 아니라 과학적이고 문화적인 국면에서도 새로운 무언가가 건설되기만을 기다리는 신세계였다. 실증주의는 철학적 합리주의자의 공리주의라고 말할 수 있을 것이다. 즉 다른 사람들이 '본능적으로 수용하는' 경험론적 실용주의에 대한 형이상학적인 정당화, 혹은 독단적인 반형이상학적 정당화였던 것이다. 그러므로 1920년대의 오스트리아와 독일에서는 실증주의와 실용적인 기술적 문제들을 지향하는 자연스러운 전환이 목격되었다. 삶, 사유, 예술의 모든 영역이 새로운 부흥을 요청했다. 중요한 것은, 활용 가능하고 효과적인 최신의 과학적 기법들을 건설과 개혁의 위대한 과업에 동원해야 한다는 것이었다. 그리고 바로 여기, 그야말로 이론과 지적 활동의 핵심에서 비트겐슈타인의 《논고》는 논리실증주의의 성서로서 얼토당토않은 호소력을 발휘

하게 되었다. 그렇게 해서 신세계를 향한 지적 조향 장치의 역할을 맡
아 줄 근본적인 네트워크가 마련되었고, 이제는 그 네트워크를 기반으
로 논리학, 수학, 물리학, 그리고 그 밖의 건설적인 지식을 전반적으로
포괄하는 단일한 통합 철근 콘크리트 구조물을 우뚝 세울 수 있는 희망
을 가지게 된 듯이 보였던 것이다.

## 빈학파와 사회의 재구성

그리하여 이제는 건설의 시대가 되었다. 그러나 그것은 또한 자결의
시대이기도 했다. 즉 이전까지 중앙 집중화되어 있던 권력을 새롭게
등장한 다수의 독립적이고 자치적인 집단과 공동체에 할양할 때였던
것이다. 이것은 지금까지 쉽사리 통제되지 않았던 여러 민족들에게 가
장 확실히 적용될 희망적인 이야기였다. 체코인들은 토마슈 마사리크
의 영도 아래 자주적 주권국가인 체코슬로바키아의 건립을 목표로 승
전국인 연합군 측의 지지를 획득하고자 가장 적극적이고 교묘한 방식
으로 독립 운동을 전개해오고 있었다. 그러던 와중에 평화조약으로 오
스트리아-헝가리 제국이라는 정치 조직이 마침내 해체되자, 제국을
구성했던 대다수의 민족들은 제각기 (마자르인처럼) 자신들만의 자치
국가를 세우든, 아니면 최소한 (보스니아인과 슬로바키아인처럼) 새롭고
인종적으로 훨씬 더 동질적인 어떤 국가 내에서 나름의 지분을 확보하
는 쪽으로든 자신들이 나아갈 길을 찾게 되었다. 물론 평화조약을 입
안했던 사람들은 발칸 지역의 인종적 혼란 속에 만연되어 있는 상충하
는 민족주의적 주장들을 모두 만족시킬 수 없었다. 마케도니아뿐만 아
니라 유럽의 남동부 전역에 퍼져 있던 잡다한 언어, 문화, 그리고 민족
적 충의는 지금과 마찬가지로 그 당시에도 도저히 해결할 수 없는 방식

으로 뒤엉켜 있었다. 그렇기는 하지만 민족자결의 원리는 주권의 결과적인 분산과 함께 1919년부터 1920년 사이의 평화 정착 과정에서 적잖이 중요한 역할을 담당하였다(그로 인한 정세는 곧 불안정한 것으로 밝혀졌지만, 그 이유는 이를테면 체코슬로바키아와 폴란드의 독일계 소수 민족들과 루마니아의 헝가리인들이 같은 원리를 또다시 요청하고 나선 데에서 이내 취약성이 드러났기 때문이었다). 잠깐 동안이지만 전후의 안정은 신생 오스트리아 공화국뿐만 아니라, 새로운 '민족 원리'에 입각해 세워진 다른 모든 주권 국가에게도 건설적인 발전의 시기를 예견하고 있었다.

그리고 이제 정치적인 차원에서 이전 제국에 속해 있던 여러 민족들에게 새로운 계기가 되었던 자주, 독립, 자치의 권리 주장은, 지성과 문화의 영역 내에 존재하는 상이한 예술, 과학, 직업으로까지 확장되었다. 합스부르크 체제하에서, 문화와 예술 활동은 오랫동안 정교한 후원 체계를 중심으로 조직되어 왔다. 고전주의의 전성기 내내, 모든 귀족 가문과 고위 성직자들은 오르간 연주자, 작곡가, 그리고 심지어는 완벽하게 구성된 악단까지 건사하고 있었고, 가족 예배나 대성당에서 시급으로 봉사하는 그들 음악가들에게는 각자의 고유한 독창성과 기획을 펼칠 수 있는 실질적인 권한이 주어져 있었다(어느 정도는 화가와 조각가, 건축가 등 예술가들의 경우에도 마찬가지였다). 매우 자연스러운 일이었지만, 바로 황실이 자체적으로 중대한 공헌을 했고, 그러한 후원은 대개 궁정 예술원들을 통해 예술가들에게로 흘러 들어갔다. 그리고 그렇게 해서 당시의 사회 체제가 보유한 그런 기관들이 자리를 잡게 된 바로 그 장소가 그들의 예술적 기준과 판단에 한층 무게를 더해주었다. 앞에서 보았듯이 많은 신흥 부르주아들 역시 음악과 각종 예술 후원 활동에 참여하게 되었다. 그들의 후원은 개인적인 차원에서 이루어질 때도 있었고, 음악 동호회 같은 협회를 통해서 이루어지기도 하였다. 그렇지만, 비록 1890년대에 나타난 탐미주의의 성장이 '젊은 빈' 같은 카페 동인들의 형성을 이끌어 내기는 했으나, 1914년 이전에는 우리가 현재 당연한 것으로 받아들이고 있는 유형의 조직, 다시 말해 초상화가나 작곡가 들이 자신들의 직업적인 이상, 표준, 기법 등을 관리할 목적으로 자발적으로 조직하는, 그러한 전문 직업 단체들이 생겨날 조짐은 거의 보이지 않았다.

그러나 왕조 체계가 분쇄되고 새롭고도 더욱 민주적인 사회가 건설되면서, 문화 활동 또한 새로운 방향으로 접어들게 되었다. 그러므로 1920년대에 성취한 예전 취향과 인습으로부터의 해방은 자연과학과 여타의 지적인 영역뿐만 아니라, 예술의 모든 분야에 걸쳐서 가히 폭발적이라 할 만한 기술적 혁신을 자극하였다. 예전의 합스부르크 영토와 독일과 러시아에서도 마찬가지였지만, 낡은 독재 권력이 힘을 상실한 곳이라면 어디에서나(철학은 말할 것도 없고) 시와 문학, 회화와 영화 제작, 음악과 건축 등의 분야들이 강렬한 기법상의 실험 단계로 돌입하였고, 그러는 동안 예술가와 작가 들은 이전까지 향유해본 적이 없었고 또 그때 이후로도 (특히 러시아에서는) 향유하지 못하게 되는 고도의 자유를 만끽하였다. 당시는 모든 예술의 분야에서 새로운 시작의 순간을 맞이하고 있었다. 시적 언어나 음악이나 회화가 과연 무언가를 표현하거나 표상할 수나 있는 것인지에 관한 전쟁 이전의 모든 비판적 의심들은 파기되었다. 실증주의적 태도는 행동을 낳았다. 해야 할 일은 단지 주어진 과제를 제대로 진척시키는 것뿐이었다. 수없이 많은 스타일이 만개하도록 하라. 그리고 그렇게 진행되는 실험들 중 어느 것이 성과를 냈으며, 어느 것이 실패했는지는 해당 예술가들이 직접 결정하게 하라.

이때 이후로 예술적인 판단은 더는 (주교나 대공과 같은) 개인 후원자나 지체 높은 부르주아 사회가 가장 큰 권한을 가질 수 있는 문제가 아니었다. 그 대신에 예술가들이 직접 전문적인 직업적 기반 위에 자신들의 고유한 직무를 조직할 수 있는 기회를 가지게 되었고, 자기 동료들의 성과에 대해 전문적인 판단을 내리는 책임을 지게 되었다. 이렇듯 문화적 권위의 분산은 사회·정치적 권한의 분산과 매우 유사한 흐름을 따랐다. 하지만 초창기의 과도기적 상황에서는, 공식적인 전문 직업 기관들이 아직 등장하지 않았기 때문에 마음이 통하는 예술가나 철학자 등의 무리들이 함께 모여서 동아리 모임을 형성하였고, 그런 모임은 여전히 그들에 대한 강력한 후원 조직의 성격을 띠고 있었다.

프로이트를 추종하는 정신분석학자들의 무리와 철학계의 빈학파는, 그런 매우 광범위한 현상들 중 가장 친숙한 사례들이다. 그런 단체들은 더는 사회 내에 적법한 기관들이 존재하지 않게 된 상황에서 발생한 '권위의 공백'을 메우는 데 도움을 주었다. 그러나 그것보다도 그들은 지금껏 '모더니스트'를 자칭하는 반란자들을 배척해 왔던 고루한 19세기의 제도적 관례로부터 벗어나 새로운 종류의 직업적 정체성의 확보로 이어지는 가교를 제공하였다. 따라서 오래지 않아 1920년대의 새로운 예술은 각자 나름의 독자적인 기관들을 발전시켰다.[8] 건축 분야에서 바우하우스가 그랬던 것처럼, 몇몇 경우들에서 그러한 조직의 최우선적인 기능은 교육이었다. 그러나 다른 경우들은 국제 현대음악 협회가 그랬던 것처럼, 후원회 내지 장려회의 성격을 띤 변형된 형태로 나타나기도 했다. 어느 쪽이든 이러한 발전은 훨씬 더 광범위한 예술의 전문 직업화를 이끌어 냈고, 이제 화가와 건축가, 음악가와 시인 등은 제각기 나름의 방식으로 개업하고 예술 활동에 나서게 되었다.

예전에 개인 후원자나 관습적인 '훌륭한 취향'의 독재를 비난했던 사람들이 이러한 권한 분산의 결과를 모두 기대했던 것은 아니었다. 또한 그런 결과가 카를 크라우스 같은 사람들이 바랐던 희망사항과 완벽하게 일치한 것도 아니었다. 물론 어느 정도는 사회 문화 조직의 이러한 혁명적인 변화가, 일찍이 크라우스가 요구했던 바와 같은 종류의 창조적 환상의 해방을 촉진하고 창조적 혁신의 길을 가로막고 있던 중대한 장애물들을 일부 제거하는 데 도움을 준 것은 사실이다. 두 차례 세계대전 사이 기간에 발휘된 문학과 예술 작품의 풍요롭고도 다채로운 창작력은(다듬어지지 않은 에너지와 간간이 분출된 노골적인 추함은 물론), 상당 부분 바로 그때의 해방에 빚을 지고 있는 것이다. 그러나 오래 지나지 않아 친숙한 사회적 기제들이 작동하기 시작했고, 권위적인 '외부' 후원자들이 사라지면서 야기된 힘의 공백은 새로이 창조된 직업들 자체의 내부로부터 다시 채워지기 시작하였다.

한마디로 문화는 할거되어 있었다. 그리고 그런 과정에서 그것은 또한 관료화되어 있었다. 이제 예전의 낡고 진부한 정통적 관행들은 말끔히 잊혀졌다. 그러나 크라우스적인 '고결한 인간들'이 각기 스스로 판단해 선택한 매체와 절차를 통하여 자유롭게 자신의 창조적 환상을 펼쳐 갈 수 있는 문화적 민주주의가 그 빈자리를 차지하는 대신, 예술의 전문 직업화 또한 결국은 낡은 정통적 관행 대신에 새로운 정통적 관행을 강요하는 결과를 낳는 경우가 드물지 않았다. 물론 시대가 시대이니만큼 그러한 새로운 직업적 정통성의 관행은 특별한 **일련의 기법들**을 통해 규정되었다. 이제 직업적으로 훌륭한 행동이란 자신이 특별한 스타일이나 방법을 숙달했음을 사람들에게 보여 주는 것이 되었다. 예를 들면 12 음계를 기반으로 구성된 '12음 기법'으로 현악 4중주곡을 작곡할 수 있는 기술을 보이는 것이다. 그러므로 1890년대의 탐미주의는 약 30년이 지난 후의 매우 다른 환경에서, 그리고 매우 다른 인식론적 토대에서, 예술의 전문 직업화 속에 사회학적으로 자리 잡게 되었다. ("화가는 화가는 화가이고, 음악가는 음악가는 음악가이다A painter is a painter is a painter while a musician is a musician is a musician.") 그 후로는 아르놀트 쇤베르크처럼 여러 분야에서 수완을 발휘하는 또 다른 다재다능한 독학의 천재들이 출현할 수 있는 여지가 거의 없었다. 예술가 조합의 길드적인 구조는 그런 결과를 빚게 되어 있었다.

### 문화의 할거주의

이러한 배경에 비추어 볼 때, 1914년 이전 시기에 예술과 사상의 모든 분야에 걸쳐 제기된 의사소통에 대한 포괄적인 빈 식 비판과 결부된 그 모든 혁명적인 예술과 문예 사조들이 1920년 이후에 무슨 일을 겪게 되었는지를 고찰하는 것은 흥미로운 일이다. 각각의 경우에 한 세대와 그다음 세대를 연이어 고찰해 보면, 한 가지 유사한 패턴을 발견하게 된다. 즉 위대한 비판적 개혁가들을 포함하는 앞 세대의 사람들이 나중 세대의 회고에 따르면 매우 반동적인 혁명가들로 낙인찍혀 버리는 것이다. (이를테면 아르놀트 쇤베르크에 대한 최근의 연구는 그를 드러내 놓고 '보수적 혁명가'라고 부르고 있다.)[9] 왜냐하면 앞에서 보았듯, 쇤베르크는 자신이 무조주의자라고 불리는 것을 거부하였으며 '12음렬을 위한 작곡이 아니라 12음렬로 된 작곡'을 가르친 사람으로 여겨지기를 고집했기 때문이다. 실제로 그는, 사용할 수 있는 재료가 이미 모두 소진된 구태의연한 고전적 화성보다는 자신의 12음계가 20세기의 작곡가들에게 그들 자신의 내적인 논리에 따라 곡을 전개시킬 수 있는 훨씬 더 풍부한 음악적 관념의 혈맥을 제공했다고 믿었다. 그러나 새로운 음계의 미덕은 그가 생각했던 것처럼 자명한 것도 아니고 전적으로 '내적인' 것도 아니었다. 누구든 12음계를 고전적인 7음계의 자연스러운 확장이자, 그 고전적 음계의 '적자'로 생각할 때만 그것의 진가를 인정할 수 있었다. 따라서 그 누구도 쇤베르크가 그러한 신선한 기법 자체를 우상화했다고 비난할 수는 없다. 그에게 그러한 기법 자체는 음악 작곡이라는 영구적 과업을 진척시키기 위한 신뢰할 만한 수단 이상의 것이 결코 아니었다. 이 기법을 창시한 요제프 하우어의 생각과는 달리, 쇤베르크에게는 그 기법 자체가 결코 미학적 이념의 최종적 산물이 아니었다.

어쩌면 쇤베르크의 고유한 화성 이론은 그 자체로 심각한 비판에 직면해 있는 것일지도 모른다. "어떻게 음악이 소리를 내느냐"는 문제는 전혀 미학적인 의의를 가지고 있지 않으며 중요한 것은 음악적 전개의 내적인 논리(이러한 내적인 논리란 교육받은 눈으로 악보를 연구하기만 해도 똑같이 음미할 수 있는 것이다)일 뿐이라는 그의 주장은, 반세기가 지난 지금에 와 생각해 보면, 거꾸로 지나친 과장처럼 들린다. 후기 낭만파가 불합리할 정도로 긴 곡을 써 가며 자신들의 '음악적 효과'를 탐구했던 점에는 의심의 여지가 없다. 그러나 쇤베르크 자신도 인정했듯이, 구스타프 말러 같은 작곡가들은 낡은 고전주의 체계와 완전히 단절하지 않고서도 그런 체계를 변화시킨 음악적 표현들을 자기들이 품고 있는 관념들에 부여하는 방법들을 찾아낼 수 있었다. 그리고 이러한 새로운 후기 낭만주의 양식은 단지 인기에 영합하는 부르주아의 기대에 순응하는 것이 아니라 교육받은 귀에 '제대로 들리는' 표현 양식들을 창조했던 것이다(매우 통찰력 있게도, 현대 작곡가들에 대한 어느 총서의 말러 편에서는, 그를 '미래의 현재인'이라고 부르고 있다).

## 파울 힌데미트와 실용음악

우리는 그다음 세대들이 초기의 혁명적 작품과 기법들을 관료화하고, 그것들을 통해 새로운 정통적 관행의 기반을 만들어 가는 과정을 발견하게 된다. 음악 이론은 실용음악Gebrauchsmusik이라는 신조 안에서 그 자신의 실증주의적 이념을 발견하였다. 과학의 기본 자료에 관한 더욱 철저한 입장을 견지하기 위해 마흐의 감각 이론을 포기하면서도, 다른 한편으로는 '논리적 건설'을 위해 마흐의 철학적 기획을 수용했던 '물리주의적인' 형태의 철학적 실증주의처럼, 실용음악의 이론도 음악 작곡에 관한 매우 냉정하고도 현실적인('도구적'이기까지 한) 견해를 채택하였다. 작곡이란 것도 결국은 외부적인 요구사항들의 충족을 목표로 하는 또 하나의 제품 생산 과정에 불과한 것이다. 따라서 작곡가는 '자아 표현'이라는 과대한 주장들을 모두 포기해야만 한다. 왜 청중이 작곡가의 '내적인 정신 상태'에 관심을 가져야만 한단 말인가? 작곡가는 제품이 팔리게 될 시장을 염두에 둔 정직한 장인으로서 자기 자신을 다시 한 번 되돌아보아야만 한다. 바흐, 하이든, 베토벤의 자부심이 아무리 강했다 한들, 다른 사람들의 유희를 위해 식탁음악tafelmusik, 교회 칸타타, 부수음악incidental music 같은 곡을 아예 쓰지도 않았을 정도까지는 아니었다. 그렇다면 왜 20세기의 작곡가는 무언가 다른 역할을 주장해야만 한단 말인가? 작곡가가 자신의 작품 속에서 정확히 어떤 기능적인 기법을 사용할 것인지는 당연히 작곡가 자신과 동료 음악인들의 문제였다. 그리고 일정 수준의 직업적인 자기 존중은 기술적인 측면에서 적절한 자율성을 요구하였다. 그러므로 12음렬 기법으로 음악을 만들고 싶은 사람들은 마땅히 그렇게 할 수 있을 것이다. 그렇지만 그런 이야기는 그들이 자신들의 결과물을 진정한 수요가 있는 형태로 만들어 낼 준비가 되어 있을 때만 해당된다.

따라서 한편으로는 파울 힌데미트를 위시한 실용음악의 옹호자들이, 그리고 다른 한편으로는 쇤베르크의 보수적 태도를 무시하고 '12음렬'의 형성과 변형에 관한 기술적인 규칙들에 따라 작곡하는 것을 하나의 원리로 삼아 버린 쇤베르크의 추종자들이 공존하게 되었다. 어느 쪽이든 상관없이, 신흥 관리자 집단은 결과적으로 이 나중 세대의 음악에도 정통적 관행들, 즉 일군의 인습들을 강제하게 되었다. 그것은 예전에 혁명 세대가 앞장서 추방하고자 했던 요소들만큼이나 매우 지나친 요구들이었다. 그러므로 예술 관료들의 영도에 따라 활동하는 전문 직업인의 시대에, 새로운 상황에 답하여 자유롭게 전개할 수 있는 표현 형식들을 요구하는 몇 안 되는 독립심 강한 '외톨이들'의 환상이 활약할 수 있는 영역은 그리 넓지 않았다. 그리고 그러한 신정통성이 가하는 제약은 말러를 '현재인'으로 기꺼이 받아들일 좀더 확고한 태세를 갖춘 신세대 작곡가들이 등장한 최근 10년에서 15년 사이에 이르러서야, 비로소 도저히 견딜 수 없는 것으로 거부되고 있을 뿐이다.

1914년 이전의 상황을 놓고 볼 때, 당시 음악에서 시도된 혁명적이고 비판적인 움직임들은 다른 분야에서와 마찬가지로 지당하고도 찬연한 것이었다. 그러나 전쟁 직후, 이번에는 그렇게 도입된 새로운 기법들이 도리어 우상화되고 고착화되어 버리고 말았을 때, 이를테면 해당 음악가들이 자기 자신을 '12음렬을 **사용하는** 작곡가'가 아니라 '12음렬을 위한 작곡가'로 생각하기 시작했을 때, 혁명 운동은 지속적인 발전에 필요한 역량을 상실하였다. 이런 점에서도 아르놀트 쇤베르크는 자신의 추종자들보다 현명한 사람이었다. 그것은 단지 그가 자신이 펼치는 기법상의 혁신이 몬테베르디에서부터 바흐에까지 이르는 음악의 전통 전체에 비추어 자체로 정당화될 수 있어야 한다는 사실을 내다보았다는 점 때문만은 아니다. 음악 자체가 사람이 다른 모든 것을 제쳐 놓고 마치 수도승과 같이 헌신하면서 자기 자신을 온전히 바쳐야만 하는 자기 완결적이고 전업적인 활동이 되어서는 안 된다는 것을 이해하고 있었다는 점에서도 또한 그렇다.

## 바우하우스의 데카르트적인 형식주의

다른 분야를 살펴보더라도 우리는 이와 유사한 발전 과정들을 발견하게 된다. 현대 건축 사조에도 아돌프 로스라는 형상을 빌어 나타난 구약의 선지자가 있다. 그리고 쇤베르크처럼 로스 역시 '혁명가'라는 칭호를 거절하였다. 로스 본인이 사람들에게 가르친 바대로 건축 설계의 원리는 미래를 향해 완전히 열려 있는 것이다. 건축가는 미래의 삶의 형식이나 문화의 형식을 미리 규정할 수 없다. 그러한 외적인 형식의 변화는 건축가 자신에게서 새로운 창조적 반응들을 요청하게 될 것이다. 그리고 그런 의미에서, 로스가 가르쳤고 그의 건물들을 통해 구현된 설계 이론은 진정으로 **기능적인** 건축술을 지향하였다(예를 들어 만일 주택 내부의 배수관 체계의 중요성을 이해하고자 한다면, 그 체계가 어떤 **용도**로 쓰이는지를 살피라. 의미는 사용이다). '기능적으로 필요 불가결한 것들'에 대한 로스의 집념은 자신의 건축물에서 빈의 진부한 부르주아적 건축물과 그 뒤를 이은 아르누보 양식에 공통된 특징으로 나타나는 무의미한 세부 장식들을 즉각 제거하는 방식으로 이어졌다. 양식상으로 볼 때, 로스의 원칙들은 결과적으로 건축의 모든 비본질적인 요소들을 일소하면서 자신의 설계에 극단적인 단순화를 부여한 것이었다. 그렇지만 그의 작품에는 그의 이론과 마찬가지로 양식은 늘 용도의 노예로 남아 있었다.

이른바 온전한 의미에서의 현대적인 건축 양식을 창조한 사람들은 로스를 추종하고 그의 직업을 밑천으로 삼은 세대였다. 다시 말해 로스가 창도한 기술적 단순화의 최초 산물들을 받아들여 그것들을 양식화하고, 그러면서 1920년대 후반 이래로 이른바 '현대식 건축양식'이라는 이름이 붙여지게 된 친숙한 콘크리트-유리 슬래브와 구두 상자 모양의 빌딩들을 만들어 낸 사람들이 바로 그들이다. 당시에 그로피우스와 바우하우스 건축학교의 영향력은 지배적이었다. 그렇지만 로스의 원리에 입각하여 자신들의 슬로건을 정하고, 자신들의 건축 양식을 고도로 기능적인 것으로 내세웠던 바우하우스의 더 젊은 세대는 사실상 로스의 건축술을 전혀 다른 어떤 것으로 바꾸어 놓았다. 모든 설계를 그 나름의 구체적인 용도에 매우 섬세하게 부합시키는 로스의 태도를 결여한 그들은 자신들의 건물에 **어떠한** 기능이라도 모조리 감당할 수 있는 극히 일반화된, 다목적의 구조 설계를 부과하였다.

　매우 반어적이게도 그러한 발전의 결과물은 양식화된 설계 방식이었고, 그런 양식의 작업 원칙들이란 기능적이라기보다는 거의 전적으로 **구조적인** 것이었다. 전형적인 바우하우스의 건물은 처음 설계를 할 때, 필요한 기능에 따라 그 형태를 세부적으로 결정하는 대신 오로지 일반화된 '논리적 공간'만을 제공하였다. 그 공간은 건물이 자리를 잡고 난 다음에야 비로소 구체적인 형태가 실현되는 건축적 가능성의 총체를 규정한다(흔히 인용되는 '생활공간의 분할'이라는 개념을 떠올려 보라). 그로 인해 등장한 구조들은 기능적인 건물이기는커녕, 지금까지 등장한 건물들 중 데카르트의 순수한 기하학적 좌표 체계에 가장 가까운 물리적 구현물이라고 말할 수 있을 것이다. 건축가는 단지 구조적인 기준이 되는 좌표축을 정의할 뿐이며, 그런 좌표축 안에서 공간의 점유자가 생활이나 업무의 무제약적인 영역을 효과적으로 자유롭게 추구하는 것이다. 기능적인 측면에서 말하자면, 실제로 그러한 건물들은 다른 건축 양식가의 건물들만큼이나 몰개성적인 것들이었다. 그러한 데카르트적인 양식은 건물들이 어떤 용도로 쓰이게 되는지를 보여주는 것이 아니라, 아예 용도라는 측면을 완전히 감춰 버렸다. 두 차례의 세계대전 사이에 아르놀트 쇤베르크에서 자의식 강한 12음렬 작곡가들로 이행했을 때처럼, 건축에서의 이러한 변화 역시 로스의 원리들을 전도시키면서, 로스가 늘 염두에 두었던 역사에 민감한 다채로운 기능주의를 무시간적인 양식화된 구조주의로 대체해 버렸다.

이러한 데카르트적 양식이 어느 정도 상업적인 성공을 거두게 된 데는 의심할 바 없이 경제적인 이유들이 있었다. 뉴욕 애비뉴 공원에 줄지어 늘어선 빌딩들 같은 융통성 많은 다목적 건물들은, 로스 같은 사람이 착안했을 법한 훨씬 빡빡하게 설계된 구체적인 기능성 건물들보다 더 높은 임대 및 분양 수익을 약속했다. 그리고 1950년대에 이르러서야 비로소 우리는 이런 몰개성적인 양식이 주도권을 상실하고, 로스적인 의미에서 철저히 기능적인 것으로 여겨질 수 있는 대규모 현대식 건물들이 건축되는 것을 보게 된다. 이를테면 존 F. 케네디 국제공항에 세워진 에로 사리넨의 트랜스월드 항공사 터미널 청사를 그 예로 들 수 있을 것이다. 그 건물은 구태의연한 사각형 모양의 껍데기를 거부하고 건물의 **실제** 용도에 따라 채택한 내외관의 형태를 새롭게 배열하여 조성된 건축물이었다. 한마디로 말해서, 비행기와 지상 운송수단 사이를 오가는 승객들의 소통을 원활하게 해 줄 수단으로서의 건물을 지은 것이다(그렇게 해서 탄생한 건물은 구두 상자보다는 유기체의 세포와 더 많은 공통점을 갖게 되었다. 그 건물은 특히 아베마의 가족假足처럼 항공기의 외부 출입문과 연결하기 위해서 뻗어 있는, 망원경 모양의 이동 트랩을 도입한 것으로 유명하며, 그런 설계는 그 이후로 매우 광범위하게 채택되고 있다). 따라서 어찌하여 아돌프 로스라는 이름이(음악에서 말러라는 이름이 그랬던 것처럼), 1970년대에 이르러서야 비로소 우리가 그 풍부한 독창성을 인정할 수 있게 된 사람의 이름으로 대중의 이목을 다시 끌게 되었는지 고찰해 보는 것은 흥미로운 일이다.

이렇듯 음악에서건 건축에서건, 1914년 이전에 쇤베르크와 로스라는 '비판적' 세대가 수행한 기술적인 혁신은 1920년대와 1930년대에 이르러 형식화되었고, 그럼으로써 결국에는 그들이 제거하고자 했던 지나치게 장식적인 양식만큼이나 인습적인 것이 되어 버린 강압적인 반장식적 양식의 기반이 되었다. 그리고 원하기만 한다면 이외의 다른 분야에서도 얼마든지 이와 유사한 상황들을 추적해 볼 수 있을 것이다. 시와 문학, 회화와 조각, 그리고 심지어는 물리학과 순수수학 분야도 예외는 아니다. 각 경우마다 이를테면 공리화, 혹은 도약률sprung rhythm*, 조작주의, 혹은 비구상 예술 등의 새로운 기법들은 처음에는 19세기 후반으로부터 떠넘겨진 예술적이고 지적인 문제들에 대처하기 위하여 도입되었으며, 그렇기 때문에 흥미롭고도 합당한 새로운 **수단**으로서의 지위를 얻게 되었지만, 불과 몇 년이 지나지 않아 현대 시인, 추상 미술가, 철학적 분석가 등 새로이 전문 직업화된 학파들이 사고파는 물건이 되어 버림으로써, 결국에는 도리어 수단이 아닌 **목적**으로서의 지위를 획득하게 되었다. 이런 방식으로 문화의 전문 직업화는 새로운 관료 집단을 낳게 되었다. 그들은 신뢰를 잃어버린 과거의 부르주아적 취향과 19세기 관학주의의 표준 규범들이 사라진 자리에 새로운 추상적 기법과 구조의 우상화를 기반으로 한 새로운 정통적 관행을 강제할 준비가 되어 있는 사람들이었다. 그 과정에서 그러한 새로운 기법들의 기능이 애초에 기여하고자 했던 더욱 심오한 인간적 목적들은, 아예

---

* 하나의 강세가 넷까지의 약한 음절을 지배하며, 주로 두운, 중간운 및 어구의 반복에 의하여 리듬을 갖추는 일종의 운율법.

잊혀진 것은 아니지만 너무나도 자주 무시되었다. 그래서 시의 기법과 형식이 시적인 표현보다 훨씬 더 중요해졌으며, 준準 수학적인 귀납논리 체계의 구축이 과학적 절차의 합리성보다 훨씬 중요해졌고, 일반적으로는 형식과 양식이 용도와 기능보다 훨씬 더 중요해졌다. 그로 인해 생겨난 새로운 전문적 기법들의 관학주의화는, 당연히 세상의 모든 카를 크라우스들에게는 그들이 모더니스트들과 함께 이론적으로 저항해 왔던 것들만큼이나 그 자체로 비위에 거슬리는 행태였을 것이다. 왜냐하면 예술이나 지적인 직업에서 학자연하는 인습들에 부합하는 **자기 부과적인** 구속은 낡은 후원 체계가 강제했던 것과 같은 **외부적인** 제약과 마찬가지로, 개인의 환상을 가로막고 그것에 피해를 끼치는 짓거리가 될 수 있을 뿐이기 때문이다.

1960년대에는 이렇게 직업적으로 강제된 전통존중주의의 불모성이 광범위한 분야의 다양한 창조적 활동 영역에서 신기하게도 아무런 이의 없이 인정되고 있었다. 그러나 지난 몇 년에 걸쳐 우리는 음악과 건축뿐만 아니라 다른 많은 분야에서 분명히 1918년에 파괴되어 버린 것들을 다시 되살려 내려 하고 있는 사람들을 보아 왔다. 그리고 그 중간 세대들이 간과했거나, 혹은 철저히 거부했던 후기 합스부르크의 문화적 잠재성과 성과를 포괄적으로 복구하는 방향으로의 움직임도 보아 왔다. 레들 사건에 관한 존 오스본의 희곡 《나를 위한 애국자》에서 토마스 만의 소설 《베니스에서의 죽음》을 영화화한 것에 이르기까지, 〈헬로 돌리!〉와 〈윤무〉의 성공(두 작품 모두 빈 사람들의 원작을 각색한 것)으로부터 과학철학의 역사주의화에 이르기까지, 우리는 1900년과 1920년 사이에 미처 해결하지 못하고 미뤄 두었던 예술적이고 지적인 과제들이 어느 정도나 우리 자신의 과제로 남아 있는지를 스스로 재발견하고 있는 것이다.

그리고 우리가 재발견하고 있는 것이 단지 합스부르크 빈의 문화적 과제들뿐만은 아니다. 1970년에 런던 왕립학술원에서 개최된 빈 분리파 전시회와 구스타프 말러의 역동적인 감상주의에 대한 새로운 열광과 더불어, 한 세대 전만 해도 전문가들이 저주를 퍼붓는 대상이었던 존 골즈워디와 에드워드 엘가 같은 사람들의 이름도, 이제는 다시금 애정과 존경심 속에 회자되고 있다. 그리고 아마도 머지않아 우리는 첫 비판 세대(제임스 조이스나 아르놀트 쇤베르크, 아돌프 로스나 오스카어 코코슈카 등 그 누구든 간에)가 대체 어떤 심오한 창조적 환상에 빠졌기에 그들 나름의 정당한 목적을 이루고자 그런 새로운 기법들을 고안하게 된 것인지 다시 한 번 충분하게 음미할 자세를 갖추게 될 것이다. 신정통성을 자칭한 나중 세대의 전문 직업적인 관료주의자들이 이른바 현대적 양식 안에 동결시켜 버린 그 기법들에 대해서 말이다.

**'직업적인 철학'에 대한 비트겐슈타인의 비판**

이런 전반적인 요점을 염두에 두고, 비트겐슈타인의 철학적 의도들이 무엇이었는지 다시 고찰해 보도록 하자. 1920년대에서 1960년대 중반까지 줄곧 그의 관점과 방법을 둘러싸고 있던 애매성은 지적인 측면만큼이나 전문 직업적인 측면에도 해당되는 것이었다. 《논고》에서 도입한 철학적 기법들은 1920년 이후에 빈의 논리실증주의자들과 케임브리지의 철학적 분석가들에게 전수되었다. 그리고 그러한 기법들은 당시 '직업적인 철학'이라는 새롭고도 특화된 학술적 사업 분야의 성장에 자양분을 제공하던 기술적인 수법과 신조 들의 총체 중에서도 핵심적인 위치를 차지하게 되었다.

이 시점에서 철학에 대한 이러한 새로운 직업적 개념이 정확히 어떤 것이었는지 확실히 해 둘 필요가 있다. 물론 중세 이래로 철학에 대한 교육과 논의는 대학 교과과정에서 늘 중요한 자리를 차지해 왔다. 그러나 그 학문의 영역은 자연과학이나 인문과학 등 다른 영역과 중첩되며, 그렇기 때문에 다른 학문들과 더불어서, 그리고 그들과 연계하여 연구되어야 한다고 흔히 생각되어 왔다. 20세기 초에도 사정은 크게 다르지 않았다. 이를테면 위상학자位相學者, 미생물학자, 로망스어 문법학자 등이 학문적인 조직을 결성하듯이, 직업적인 철학자들에게도 굳게 결속하여 자치적인 집단을 창설해야 할 필요성이 절실한 전문적인 철학적 문제들의 집합이 존재한다는 생각은 불과 50년이 조금 넘는 역사를 가지고 있을 뿐이다. 그리고 이런 생각에 대한 비트겐슈타인 자신의 태도는 그의 철학적 후계자들뿐 아니라, 심지어는 자칭 그의 추종자라고 생각했던 사람들과도 날카롭게 대립한다. 그것은 쇤베르크와 로스의 태도가 그들을 따랐던 추종자들의 태도와 대립했던 것과 꼭 같은 것이었다.

이런 질문을 던진다고 가정해 보자. 비트겐슈타인은 《논고》에서 자신이 무엇을 성취했다고 생각했을까? 그렇다면 다시 이렇게 묻는다고 해 보자. 비트겐슈타인은 이전의 철학적 기법들을 도려내어 제거하려는 의도를 갖고서 의식적으로 **참신한** 철학적 기법들을 찾아 나가고 있었는가? 아니면 그의 의도는 오히려 **모든** 기술적인technical 철학관에서 나타나는 인습에의 굴종에서 인간을 해방시키려는 것이었는가? 우리가 그렇게 질문한다면 그 답은 분명한 것이다. 크라우스와 마찬가지로 비트겐슈타인의 논쟁적 비판에 담긴 전체적인 요점은, 그것이 지적인 해방을 위한 비판이었다는 것이다. 물론 빈학파의 철학자들 또한 자신들을 그와 동일한 해방자의 역할을 하는 사람들로 내세웠다. 그러나 그들의 해방은 정치학을 비롯한 여타 분야의 '진보적' 사상에서 전형적으로 나타나는 그런 의미의 해방이었다. 즉 도그마 그 자체로부터 자유로워지는 것이라기보다, 새로운 도그마를 가지고 낡은 도그마에 맞서 싸우는 유형의 해방이었던 것이다. 빈의 실증주의자들은 분명히 반형이상학적이었다. 그러나 형이상학에 대한 그들의 반대는 흄의 반대와 마찬가지로, 그들이 반대했던 쪽만큼이나 전횡적이라고 할 수 있는 일반적인 철학적 원리들에 의해 지지된 것이었다. 반면에 비트겐슈타인의 반형이상학적 접근 방식은 진정으로 **비교조적**이었다. 1918년부터 1948년 사이에 그의 실질적인 철학함의 방법들이 얼마나 많이 변했는가와 상관없이, 그러한 근본적인 기초 과제는 결코 변하지 않았다.

> 말할 수 있는 것 말고는 아무것도 말하지 않는 것 … 그래서 그런 다음 어떤 사람이 형이상학적인 어떤 것을 말하고 싶어할 때마다 그에게 그가 자신의 명제들 안에 나타나는 특정한 기호들에 의미를 부여하는 데 실패하였음을 증명해 주는 것.[11]

후기의 관점에서 분명히 비트겐슈타인은 어떤 언어적 표현이 '의미를 부여받지' 않았음을 증명하는 일과 **관련된** 문제에 대한 자신의 생각을 바꾸었다. 그렇지만 사람들이 무의미한 혼란에 빠지기 쉬운 지점들에서, 언어의 한계를 감독하는 근원적인 철학적 임무는 바뀌지 않았다. 그리고 이 한계선에 계속 주의를 기울이는 것이 **중요한** 이유는 여전히 동일한 것이었다. 다시 말해 명료한 사유와 올바른 감정이 진정으로 중요시되는 영역, 이른바 인간적 감정의 진실한 표현과 창조적 환상의 자유로운 발휘가 이루어지는 영역 안에 부과되는 불필요한 제약을 막아 내자는 것이었다. 이런 측면에서 실제로 철학적 해방은 크라우스적인 의미로서의 환상의 삶을 어떻게든 올바르게 이해하기 위한 전제 조건이었다. 비트겐슈타인은 케임브리지의 한 동료가 윌리엄 블레이크에 관하여 쓴 글을 읽고 나서 이렇게 말했다고 한다. "어떻게 누구누구는 자기가 블레이크를 이해할 수 있다고 생각하는 것일까? 그는 철학조차도 이해하지 못하고 있는데!"[12]

만일 첫 만남에서 비트겐슈타인이 빈학파의 철학자들에게 타고르의 시를 읽어 주겠다고 고집했다면, 그것은 그야말로 진정한 논쟁점이 있는 고도의 크라우스적인 행동이었다. 왜냐하면 그것은 철학의 전문적인 문제들이 기껏해야 이른바 인간 정신의 해방이라는 목적을 이루기 위한 수단일 뿐이며, 그런 점에서 자기는 톨스토이나 타고르 같은 작가들이 다룬 진정 심오하고 의미심장한 문제들을 직시할 수 있다고 선포한 셈이었기 때문이다. 이런 방식으로 비트겐슈타인은 《논고》에서 제시된 새로운 방법들이 자율적이고 자존적인 한 학문 분야의 기초를 제공하고 있다고 자의적으로 평가하는, 철학에 대한 '기술적인', 혹은 '직업적인' 개념으로부터 자기 자신을 공공연히 떼어 놓았다.[13] 이 시점에서 비트겐슈타인과 논리실증주의자들 사이의 불화는 단지 지성적인 차원의 불일치일 뿐 아니라 사회적 차원에서의 불일치이기도 하였다. 무조주의 작곡가들이나 바우하우스의 건축가들과 마찬가지로 실증주의자들은 단지 낡은 정통적 관행을 새로운 것들로 바꾸면서, 과거에 철학적 해방의 수단으로 제안된 바 있는 사상들을 새롭고 준(準) 수학적인 일군의 철학적 원리들로 변모시키고 있을 뿐이었다.

공학도로서의 경력을 고려해 보더라도, 당연히 비트겐슈타인은 수학적 계산법에 대하여 그것이 제자리를 지키고 있는 한 반대하지 않았다. 그러나 응용수학은 무언가에 응용되어야만 했다. 즉 관련된 계산들이 **형식적으로** 결함이 없다는 사실뿐 아니라, 그것들이 자체의 형식적 정교함의 차원을 넘어 실제로 **무언가 일을 해야만** 했다. 언뜻 보아도 모더니즘적인 빈 식 철학함의 양식은 어떤 외부적인 적절성이나 적용에 대한 요구를 무시하고, 전적으로 철학함 그 자체를 위한 세련된 형식론들을 발전시키는 경우가 너무도 흔했다. 이런 방식으로, 그런 공허한 이론들은 아무런 기계적인 효과도 없이 그저 기어 장치에 붙어 있기만 한 쓸모없는 톱니바퀴가 되었고, 그것은 마치 체스 판에서 퀸의 머리에 그 말이 움직이는 규칙에 아무런 영향도 미치지 않는 종이 왕관을 씌우는 것이나 다름없었다.

비트겐슈타인에게는 무어와 그의 케임브리지 동료들이 1930년대에 발전시킨 분석철학이 더는 쓸모가 없었고, 2차 대전 후 옥스퍼드에서 부흥을 이룬 '언어' 철학도 마찬가지였다. 시간이 지나면서 마침내 비트겐슈타인은 무어의 인간적인 순박함과 헌신적인 태도, 그리고 훗날 그가 보여 준 지적인 문제 제기의 성실성이라는 두 가지 측면 모두에서 그를 인간적으로 존경하게 되었다. 만일 우리가 비트겐슈타인이 케임브리지에서의 마지막 나날 동안 썼던 글들에서 그의 치밀함과 판별력이 점차 증대되고 있음을 볼 수 있다면, 아마도 그것은 틀림없이 상당 부분 무어와 나눈 오랜 대화들의 영향 덕분이었을 것이다.[14] 그러나 그렇다고 해서 비트겐슈타인이 철학적 문제와 방법에 관한 분석철학자들의 견해를 공유했다고 제안하는 것은 매우 잘못된 이야기일 것이다. 분석주의자들이 생각하는 의미에서의 철학에는 명확하게 인식 가능한 일련의 기술적인 문제들이 존재하며, 그것들이 소위 철학의 기초적인 '겉모습'을 표상한다고 상정되었다. 그리고 그들은 어떻게 하면 기술적인 방법의 개선을 통해 그러한 문제들을 처리할 수 있는 좀더 건설적이고 포괄적인 해결책이나 '이론'을 제공할 수 있을 것인지 고심하는 작업을 자신들의 임무로 삼았다. (비트겐슈타인은 케임브리지 트리니티 칼리지의 동료 C. D. 브로드에 대해 이렇게 언급한 적이 있다. "불쌍한 브로드는 철학을 추상적인 대상을 다루는 물리학으로 생각한다.")[15]

비트겐슈타인은 이를테면 타인의 마음, 혹은 과학적 존재자들, 혹은 감각 자료를 통한 물질적 대상의 논리적 구성 등에 관해 점점 더 정교한 '이론들'을 고안해 내는 철학적 기획 전체를 오도된 가짜 전문 항목들의 집합체로 보았다. 그것은 다시 한 번 철학의 수단과 목적을 뒤죽박죽으로 만드는 것이었다. 1945년 이후 영국의 수많은 동료 철학자들과 비트겐슈타인 사이를 갈라놓은, 이른바 우선성의 차이는 옥스퍼드의 분석가 J. L. 오스틴이 한 언급에서 아주 잘 포착된다. 오스틴은 자신이 공들여 내놓은 언어 용법에 관한 설명이 시시한 것이 아니냐는 비판을 반박해 나가는 과정에서, 자신은 어떤 철학적인 질문이 중요한 질문인지를 묻는 질문이 **그 자체로** 중요하다고 생각해 본 적이 한 번도 없다고 대답했다.[16] 여타의 순수과학자처럼 전문 철학자도 기술적으로 '달콤하고' 해결책을 바로 제시할 수 있는 문제들에 천착하는 것으로 시작해야만 하며, 그 문제들이 대외적으로 중요한지 그렇지 않은지는 문제가 되지 않는다. 순수철학이 우선권을 가져야만 한다. 그런 뒤에 그 결과를 현실적인 문제들에 적용할 시간은 얼마든지 있을 것이다. 그러므로 철학적 활동의 주무대가 비트겐슈타인의 케임브리지에서 1940년대 말 옥스퍼드의 언어분석가들로 이행된 것은 철학이 어쨌든 그 주된 동기를 상실했음을 느끼게 해주는 과정이었다. 비트겐슈타인의 이야기에 몸소 귀를 기울였던 사람이라면, 누구든 정신의 자유로운 활동을 가로막는 지적인 장애물을 치워 버리기 위해 투쟁하는 진정으로 철학적인 한 사상가를 의식했을 것이다. 한편 옥스퍼드에서는 겉보기에는 비슷해 보이는 기법들이 가장 빼어난 기술로 포장되어 활용되고 있었고, 거기에 어떤 심오하거나 명료한 철학적 목적 같은 것은 없

었다. 그것은 마치 진짜 시계를 어린아이의 시계 글자판과 바꾸는 것
과 같았다. 언뜻 보면 다를 바 없어 보이지만, 어린아이가 가지고 노는
글자판은 시간을 알려 주지 않는다.

　무엇보다도 비트겐슈타인은 다음 한 가지 측면에서 현대적인 철학
적 분석 운동과 거리를 두었다. 1950년대의 옥스퍼드에서는 20세기 영
국 철학의 혁명적인 성격에 관하여 상당히 많은 논의가 이루어졌다.
예를 들어 그 주제에 관한 대중적인 담론들을 담아 놓은 아주 유명하고
매우 성공적이었던 한 선집은, 아예 《철학의 혁명》이라는 노골적인 제
목을 달고 있었다.[17] 그러나 오늘날의 관점에서 그 선집을 되돌아보면,
우리는 그 책이 선포하고 있는 '혁명'이 지적인 것이라기보다는 얼마나
사회적인 쪽에 가까운 것이었는지를 알 수 있다. 이를테면 그 책은 특
화된 방법들, 체계들, 그리고 기법들을 가지고 일하는 자율적인 준 전
문 직업인으로서의 강단 철학자의 권리를 주장하고 있다. 그 책의 저
자들은 무어, 러셀, 그리고 비트겐슈타인 덕분에 자신들이 이제 '진정
한 전문 직업인'이 되었고, 과학자들의 얼굴을 똑바로 쳐다볼 수 있다
고 말하고 있다. 그리고 낡은 철학함의 양식들을 불식시키고, 그 대신
언어적 분석을 받아들임으로써 그들은 존중받을 만한 학술적인 직업
을 자급한 셈이며, 따라서 자신감과 근면함을 가지고 그 일에 나설 수
있게 되었다. 비트겐슈타인의 견해로 보면, 쇤베르크가 혁명가가 아니
었듯 자신 또한 혁명가가 아니었다. 쇤베르크가 자신의 새로운 12음렬
화성악이 (예를 들면) 바흐와 베토벤으로부터 시작된 '음악적 논리'의
탐구를 지속하는 가장 효과적인 방법을 제공하는 것일 뿐이라고 주장
했던 것처럼, 비트겐슈타인 역시 자신의 철학함의 방식들이 '예전에 철
학이라고 불렸던 것의 적법한 계승자'를 표방할 뿐이라고 역설했다.
그리고 혁명가로서 좀더 강렬한 자의식을 가지고 있던 분석주의자들

이, 이전까지의 철학사 전체가 언어도단적인 일련의 지적 실패들에 의거하고 있는 것이라며 그것을 늘 무시해 버릴 수 있었던 때에도, 비트겐슈타인은 비록 그 분야의 고전 문헌들에 대한 독서가 빈약하긴 했지만, 아우구스티누스, 쇼펜하우어, 그리고 키르케고르 같은 사람들의 이름을 감탄과 존경 속에 언급하곤 하였다.[18]

비트겐슈타인이 전후 영국의 분석철학과 자신의 견해 사이에 거리를 두고 있었다면, 그는 1940년대와 1950년대 미국 강단 철학의 많은 측면을 지배하고 있던 '논리적 경험론logical empiricism'과는 더욱더 날카롭게 갈라서 있었다. 결국 그는 마흐나 슐리크로부터 나온 것이든 러셀과 무어로부터 나온 것이든, 경험주의적인 인식론 쪽으로는 결코 진지하게 이끌려 본 적이 없었던 셈이다. 그런 점에서 볼 때, 그는 아주 많은 측면에서 늘 초월적인 철학자였다. 그리고 카를 헴펠이나 어니스트 네이글 같은 사람들의 논증은, 그의 눈에는 두 차례의 세계대전 사이 시기에 빈학파의 실증주의가 다루었던 형식주의적인 전문적 내용들을 그대로 이식하여 지속하고 있는 것으로 비추어졌다. 그것은 전후에 애비뉴 공원에 늘어선 구두 상자 모양의 건물 덩어리들이 그로피우스와 바우하우스의 인습적 구조주의의 산물이었던 것과 같은 맥락이었다. 우리가 '우리의 맥박을 통해', 그리고 우리의 경험을 통해 느끼게 되는 철학의 참된 문제들을, 실제의 삶 속에 어떠한 뿌리도 내리지 못한 추상적인 형식적 수수께끼들로 대체한다는 구실로, 철학계에서는 무익한 기호주의와 준 전문 기술적인 특수 용어들이 활개치고 있었던 것이다. (비트겐슈타인은 늘 영리해서만은 안 된다는 것이 철학에서 매우 중요하다고 설명하곤 했다.[19] 왜냐하면 '영리한' 철학자는 그의 사상이 마땅히 빛을 던져 주어야 할 일반 대중의 문제들에서 오히려 멀어지고, 자기 자신이 만든 부차적인 문제에 몰두하게 될 위험이 있기 때문이다. 가끔씩 솔직

한 우둔함의 기운을 느껴 보는 것만이, 직업적인 강단 철학의 논증이 어디에
서 우리의 진정한 지성적 욕구에 답하는 데 실패하고 있는지를 이해하는
데 도움을 줄 것이다.)

## 비트겐슈타인과 철학의 미래

이렇게 말한다고 해서 비트겐슈타인 자신의 철학적 입장이 반드시 최
종적이거나 결정적인 것이라고 주장하는 것은 물론 아니다. 그것은 음
악에서 쇤베르크의 위치가 말해 주는 바와 같다. 우리는 지금에서야
쇤베르크의 음악적 혁신과 이론 들을 마침내 어느 정도 올바른 관점에
서 조망할 수 있는 시점에 도달했다. 그리고 이미 어떤 측면에서는,
쇤베르크가 오히려 그의 제자들을 막다른 골목으로 이끌었던 것일 수
도 있는 듯 보인다. 물론 그 당시의 전통적인 온음계 조성법에 대한
그의 비판적인 거부는 철저하게 공을 들일 만한 가치가 있는 혁신이었
다. 그렇지만 이제 그 혁신이 뒤이은 반세기 동안 원래의 고유한 가치
를 소진해 버렸다고 주장하는 편이 쇤베르크 자신의 역사적 감각과도
매우 잘 맞아떨어지는 이야기일 것이다. 쇤베르크 자신은 아무리 생각
해 보아도 요제프 마티아스 하우어보다 구스타프 말러를 더 좋아했다.
하우어처럼 새롭다고는 하지만 이전과 다를 바 없이 인습적이고 양식
화되어 버린 유형의 기법들에 자신을 팔아넘기느니, 차라리 말러가 그
랬던 것처럼 낡은 온음계 양식의 인습성만을 박차고 나오는 편이 더
나았다. 그리고 지금의 음악에서 앞으로 가장 풍부한 결실을 가져올
방법은, 고전적인 전통에서 벗어나 말러의 방법에 좀더 가까운 방향으
로 나아감으로써(어쨌든 쇤베르크도 그렇게 했다) 그 자체로 12음계를
거의 철저하게 우회해 버리는 것은 아닐지 자문해 볼 필요가 있을 것이

다. 결국 혁명적인 모더니스트들은 기꺼이 인정하고픈 생각이 들지 않았겠지만, 19세기의 대위법과 화성에 덧씌워진 인습의 껍데기를 부드럽게 떼어 버릴 수 있는 방법들은 실제로는 훨씬 더 많았던 셈이다. 그리고 이제는 결과적으로 하우어나 힌데미트보다는 말러와 오늘날 그를 계승하고 있는 사람들에서 출발하여 작업해 나감으로써, 우리의 현실적인 인간적 목적에 순응하는 음악적 표현의 형식을 발전시킬 수 있는 더 많은 방법들이 활용 가능해졌다고 말할 수 있을 것이다.

마찬가지로 1900년대 초 빈에서 이루어진 철학적 논의의 상황을 놓고 보면, 비트겐슈타인이 자신의 두 권의 주요한 저서에서 택하고 있는 철학적 방법들은 분명히 합당한 것이었으며, 아마도 불가피한 것이었다. 그렇지만 다시 한 번 우리는 그의 직업을 단지 최종 목적지가 아니라 가능한 하나의 출발점으로서 고찰해 볼 준비를 해야 한다. 비트겐슈타인의 작업은 하나 이상의 측면에서, 한 세기가 넘는 세월 동안 후기 칸트주의적인 '초월적' 전통 전체를 지배해 온 사유와 의문의 노선을 결정적으로 종결짓고 있다. 예를 들어 그의 작업은 칸트적인 구도에서 제기되는 '규제적 원리들'과 '선험적 종합의 진리들'은 그 자체의 의미를 도출해 내는 원천인 삶의 형식에 의해 **기능적으로** 필요 불가결한 것이 된다는 측면을 제외하고는, 단지 동어반복적인 '필연성' 이상의 것을 주장할 수 없다는 사실을 의심의 여지 없이 분명하게 만들었다 (이 지점에서 로스와 비트겐슈타인이 공감하고 있는 바를 떠올려 보라). 그리고 이제 우리에게는 지금까지 비트겐슈타인 자신이 해 왔던 작업을 넘어서서, 상이한 생활과 탐구의 영역에서 우리의 합리적 사유 방법과 양식의 **역사적** 발전을 근본적으로 가능케 한 기능적인 고려사항들을 추적해 볼 권리가 있다. 만일 우리가 실제로 그 작업을 해 나간다면, 이를테면 헤르츠의 업적에 대한 비트겐슈타인의 찬사에 동의하고 그것을 자신의 출발점 가운데 하나로 삼아 《상징 형식의 철학》을 저술한 에른스트 카시러 같은 사람에게서, 일종의 철학에서의 말러와도 같은 모습을 발견하게 될지도 모른다. 다시 말해 좀더 보수적으로 보이면서도 아마도 철학이 나아갈 길에 대하여 비트겐슈타인 자신의 저술과 가르침만큼이나 많은 실마리를 제공할 수 있는 논증들을 내놓는 저술가를 발견하게 되리라는 것이다.[20]

1900년부터 1914년까지의 빈의 상황하에서라면, 즉 크라우스주의자들이 꾸짖었던 정치적·문화적·지적 활동의 체계적인 부패와 왜곡, 그리고 위조 아래에서는, 아마 앞으로 전진할 수 있는 **유일한** 효과적 방법은 당분간 **논쟁의** 방법뿐이라는 게 사실이었을 것이다. 어쨌든 쇤베르크의 작품은, 이를테면 끊임없이 분비되는 단순한 극단적 감상주의Schmalz로는 표현할 수 없는 방식으로 사람들로 하여금 음악적 표현의 새로운 수단과 음악적 관념의 '논리'를 전개하는 새로운 방법들을 발전시키는 일에 관련된 진지한 지적인 문제들을 피할 수 없게 만들었다. 실제로 문화적인 역사 흐름 속의 바로 이 시점에서, 모든 분야의 미적인 얄팍함과 지적인 자기 탐닉에 맞서 벌인 불가피한 저항의 이념은, 사람들이 상실할 위기에 처해 있던 지적인 전념과 순도 높은 상상력 앞에 창조의 과제를 다시 부과한 예술적이고 지성적인 청교도주의였던 것이다.

그렇지만 논쟁적인 청교도주의는 스스로 너무 멀리 나아가는 바람에 도리어 새로운 광신주의에 빠져들 위험이 항상 존재한다. 따라서 청교도적 개혁의 필수 과업을 완수한 다음에는, 처음 그 과업에 착수할 때 목표로 삼았던 바로 그 적절한 평형 상태로 사람들을 되돌려 놓는 시점이 언제인지를 인식하는 것이 매우 중요할 수 있다. 그 시기가 오면 우리는 그 청교도주의가 지배하는 시기 동안에는 합법적인 무게와 권위를 담고 있던 사상, 방법, 그리고 절차 들이 단지 다른 사람들에게는 그 자체로 하나의 신선한 출발점에 지나지 않게 된다는 사실을 깨닫게 될 것이다. 사람들은 그것에서 출발하여 훗날의 역사적 상황이 제기하는 새로운 요구들을 해소하기 위해 앞으로 나아가야만 한다. 그리고 쇤베르크, 로스, 비트겐슈타인의 사상을, 그들이 원래 성장해 왔던 역사적 상황을 배경으로 하여 고찰함으로써 얻게 되는 장점 중의 하나가 바로 이것이다. 그것은 우리로 하여금 결국 피할 수 없게 될 한 가지 사유와 화해할 수 있도록 도와준다. 즉 머지않아 다른 종류의 음악 작곡, 건축 설계, 그리고 철학적 논변 들이 그들의 합법적인 상속자가 되리라는 것이다. 그렇게 물러나게 될 것들 역시 자신들이 저항했던 세기말 전통들의 적법한 상속자들이었던 것처럼 말이다.

# 9
# 후기: 소외의 언어

더 이상 말할 게 없는 것을 위해서, 혹은 우리가 그런 것에 관해서는
더 이상 말하고 싶은 마음이 들지 않게 되는 버릇을 들이기 위해서,
우리는 그저 말을 극복하는 법을 배웠을 뿐이다.
　　　　　　　　　　　　　　− T. S. 엘리엇, 《이스트 코커》

## 오늘날의 카카니아 사회

되돌아보건대 만일 우리에게 두 차례의 세계대전 사이 기간의 유럽보다 카카니아의 세계가 더 친근하고 알기 쉽게 느껴진다면, 그것은 부분적으로는 그 시대에 대한 향수 때문이기도 하겠지만 그 이상의 이유도 존재한다. 그것은 아마도 그 모든 호사스러운 안정감과 안락한 자기만족감, 돈에 대한 솔직한 향유와 사회적 불평등에 대한 노골적인 망각을 우리 자신이 저지르고 있는 오늘날의 죄악과 선입견에 직접 대조해볼 때 우리의 마음이 조금은 편안해지기 때문일 수도 있다. 그러나 그러한 차이만큼이나 카카니아와 현대 세계와의 유사성 역시 우리에게는 공감을 불러일으킨다. 바로 우리는 자신들의 권위의 한계를 이제야 알아차린 초강대국들이 지배하는 세상에서 살고 있다. 바로 우리는, 제국주의적인 권력이 지정학적인 충성도나 이념적 동조에 따른 동맹관계에 누수가 발생하고 난 한참 후에도 여전히 자신의 존재를 정당화하려고 저지르고 있는 온갖 술책과 속임수와 부정을 잘 알고 있다. 그리고 바로 우리는, 어떻게 국가 지도력의 붕괴가 정치가들과 그들에게 일상적인 삶을 통제받는 시민들 사이에 신뢰의 간극을 빚어내고, 또 어떻게 그것이 나머지 문화와 사회에 외부적인 효소로 작용하여 우유와 같던 인간관계를 시큼한 유장乳漿으로 변질시키게 되는지 관찰할 수 있는 반복적인 기회를 접하고 있다.

따라서 지금까지의 탐구 결과에는 더욱 광범위한 관련성과 효용성
이 있는데, 그 이유는 오스트리아라는 나라가 더욱 일반적인 현상들
가운데 단지 하나의 극단적인 사례였을 뿐이라는 사실에서 비롯된다.
우리가 지금껏 연구해 온 것처럼, 그 나라의 전형적인 왜곡과 인위성은
유사한 조건과 관계가 존재하는 모든 곳에서 소규모로 재생산되었다.
메테르니히와 프란츠 요제프라는 두 인물에 의해서 120년이 넘도록
지속된 선왕 프란츠 황제의 의도적인 반동주의 정책은 20세기 초에
이르기까지 오스트리아-헝가리 제국 내에 만연되어 있던 극단적으로
부적절한 상황을 야기했다. 그러나 어떤 사회에서든 정치제도의 발전
이란 어느 정도까지는 늘 그 사회의 객관적인 요구에 뒤처지게 마련이
다. 이런 의미에서 후기 합스부르크 빈은, 비유하자면 매우 특별한 사
회적인 압력솥이었던 셈이다. 즉 정치적인 측면뿐 아니라 사회적이고
문화적인 측면에서도, 카카니아에서 벌어진 일들은 단지 공동생활의
익숙한 절차들이, 이른바 비정상적인 온도와 압력이라는 조건하에서
어떻게 그 모습을 드러내게 되는지 예증해 주는 사례들일 뿐이었던
것이다.

갑작스런 부의 증대가 두드러진 소비와 부르주아적 취향의 그 모든
비속함을 낳은 현상은 단지 세기말의 빈에서만 일어난 것이 아니다.
따라서 레이먼드 챈들러는 로스와 무질을 연상시키는 용어로 남부 캘
리포니아에 있는 어느 아파트 건물에 대해 기술할 수 있었다.

그곳은 구식이었다. 거기에는 연소관과 대리석 벽난로를 갖춘 엉터리
난방 기구가 있었으며, 회반죽으로 칠한 벽면에는 금이 갈라져 있고,
돈깨나 들었을 것이 뻔한 불쾌하기 짝이 없는 벽면 위에는 강렬한 색채

로 서툴게 칠해진 조잡한 그림들이 몇 점 걸려 있었고, 거실 한쪽에는 낡아서 군데군데 이가 빠진 검은색 스타인웨이 그랜드 피아노가 놓여 있는데, 그나마 이번에는 그 위에 스페인 풍의 숄이 덮여 있지 않았다. 근사한 커버를 씌운 새것처럼 보이는 수많은 책이 여기저기 흩어져 있었고, 멋진 무늬가 새겨진 쌍발 엽총이 구석에 세워져 있었는데, 그 총신에는 흰색 비단 나비넥타이가 둘러져 있었다. 그야말로 할리우드 식 재치가 아닐 수 없다.[1]

1910년과 마찬가지로 오늘날에도 '공공 예절'이라는 이름으로 법적 또는 정치적 수단을 동원하여 성 도덕에 관한 인습적 표준을 다시 강제하려는 시도들은 윤리적일 뿐 아니라 계급적인 기반을 가진다(일례로 《채털리 부인의 사랑》의 무삭제판을 출간했다는 이유로 펭귄북스 출판사를 고소한 머빈 그리피스존스가 "이것은 당신이 **하녀**의 손에 쥐어줄 만한 종류의 책인가?"라고 물은 것은 단순한 말실수가 아니었다). 카를 크라우스가 문예란과 《신자유신문》에 맞서 벌인 운동을 놓고 보더라도, 1914년 이래로 일간지나 주간지의 지적이고 예술적인 표준들이 실질적으로 높아졌다거나, 또는 (뉴욕과 런던의 일급 주간 신문들에 실린 문화나 서평 관련 부록들을 포함하여) 오늘날의 정기간행물에 실리고 있는 문예 소론들이나 예술 비평이 1914년 이전 빈의 유사 매체들과 비교할 때 눈에 뜨일 정도로 진지하고 정직해졌다거나, 혹은 객관적 보도의 책무와 개인적 판단 간의 구별을 훨씬 더 잘하고 있다고 주장할 만큼 용기가 있는 사람은 오늘날 거의 없을 것이다.

오히려 예술적 표현과 의사소통의 문제들에 관한 오늘날의 혼란과, 예술과 상업 사이의 경계선이 뭉개져 버린 현상은, 크라우스가 1914년 이전 빈의 언론과 예술을 꾸짖을 때의 상황보다 더 악화되어 있다. 충

분히 이해할 만한 일이지만 크라우스의 동시대인들은 어떤 언론 매체
건 자체의 이해관계에 부합하는 메시지를 전달할 수 있는 당시의 상황
에 당혹스러워하였다. 그러나 적어도 그런 당혹감 안에는 예술가 본인
이 합당한 자존심을 느낄 수 있는 창조적인 진정성과 판단의 표준들을
지켜 내거나 복구하려는 진심에서 우러난 결연한 의지가 반영되어 있
었다. 이와는 대조적으로, 바로 **매체**와 **메시지**의 차이 그 자체를 의문
시한 마셜 매클루언의 세계는 예술가들이 대체 어느 정도까지 그런
가혹한 표준들을 스스로에게 계속 부과할 각오가 되어 있는 것인지마
저 의문에 처하게 된 그런 세계이다.[2]

## 현대적인 초강대국에서 개인과 사회

모든 자연과학자들이 알고 있는 바와 같이, 극단적인 사례들은 평소의
애매한 상황하에서 불명료한 상태로 남아 있는 관계들을 명백하고도
부인할 수 없는 형태로 조명해 줄 수 있다. 그러므로 우리가 지금 펼치
고 있는 탐구에서 하나 내지 두 개의 더욱 일반적인 결론들을 추출해
보고자 하는 것은 시도해 볼 만한 일이며, 그것은 사회와 문화, 철학적
인 신조와 개별적인 인간이 어떻게 서로 작용하고 반응하는지를 단지
세기말 빈의 지엽적인 특수 현상으로서가 아니라 당연한 자연의 순리
로서 인식하는 데 도움을 줄 수 있을 것이다.

　핵심적이고도 가장 의미심장한 요점을 끄집어내기 위해서는, 비트
겐슈타인 본인의 후기 철학의 용어법을 활용하는 것이 편리하다. 가치
에 대한 언어와 가치 판단은 실제 삶의 문제와 상황이라는 맥락 안에서
학습되며, 거기서 그 표준적인 용법이 주어진다. 그리고 일상적인 방
식에서 보면, 사람들은 자신들의 평가 작업에 무엇이 수반되며, 그리고

그 정당성을 옹호하는 과정에서 무엇이 요구되는지에 대한 이해를, 그에 상응하는 언어게임들이 어떤 방식으로 그들이 자라난 삶의 형식의 공통된 뼈대 안에서 수행되는지를 인식함으로써 획득한다. 매우 자연스러운 일이지만, 그들이 배움을 얻는 사례들은 천차만별의 가치와 진실성을 가진 것들이다. 진실로 정직한 평가란 무엇이고, 최고의 표준을 염두에 두고 도달했을 때의 평가란 어떠해야 하는지 이해해 나가는 과정에서, 우리는 또한 우리의 일상에서 아주 흔히 '가치 평가'로 둔갑하곤 하는 부주의하고, 불성실하고, 분별없는 승인이나 혐오의 표현들로부터 진실한 평가를 분별해 내는 방법을 배우게 된다. 모름지기, 대개 인간은 정상적인 유년기와 청년기를 거치면서 다양한 경험을 축적할 수 있고, 그런 경험을 통해 결국은 가장 고귀한 것이 눈에 띌 때 그것을 **알아보게** 된다. 물론 그것을 성공적으로 **사랑하게** 되느냐 여부는 다른 얘기지만 말이다.

그렇지만 지금 우리는 이렇게 물을 수 있다. 만일 어떤 특수한 사회의 삶의 형식들이 정직하고 고결한 신조에서 나온 판단들을 일관되게 좌절시키는 구조로 되어 있다면 어떻게 되는 것인가? 만일 사람들의 실제 삶의 문제들에 관한 객관적인 요구사항들이 제기된 상황에서, 진실로 작동해야만 하는 모든 고려사항에 모두가 집중할 수 있게끔, 정치적 변화나 사회적 개혁, 혹은 개인적인 도덕성을 집단적으로 논의할 수 있는 효과적인 기회나 메커니즘이 존재하지 않는다면 어떻게 되는 것인가? 우리는 그러한 불상사에 직면하지 않는 길만이, 우리가 지금까지 보아 온 카카니아 식 환경이 길러 낸 개인주의적 소외와 같은, 극단적인 유형의 지적이고 도덕적인 소외를 치유하는 완벽한 처방이 되리라고 주장할 수 있을 것이다. 사실의 영역과 가치의 영역이 뒤섞이면 그 두 영역 모두 부패할 수 있다는 크라우스적인 후렴은 철학적일 뿐 아니라 사회학적인 차원에서도 의미를 가진다. 빈의 상황이 치유할 수 없을 만큼 악화되어 버렸을 때, 현실 세계 속의 정치·사회·문화적인 활동 영역 내에서는, 당시의 여건에 관한 근본적인 사실들을 이해할 수 있게 하는 방식으로 도덕적이고 미적인 논의들을 제기할 수 있는 여지가 더는 존재하지 않았다.

실제로 존재했던 당시의 공동체적인 상황 속에서, 진정한 도덕적 원리와 미적 가치 들은 오로지 이상화된 추상을 통해서만 도달할 수 있었다. 그리고 그것들은 그나마 그렇게 추상할 능력이 있던 성실한 청교도 같은 몇몇 개인들의 삶 속에서만 실현될 수 있을 뿐이었다. 따라서 그러한 추상적이고 이상화된 가치들이, 상응하는 언어게임의 기회를 얻지 못한 '말할 수 없는 것'이었다는 사실에는 그야말로 엄격한 의미가 들어 있었다. 일상적으로 수용된 공공의 언어게임들은 실제로 '훌륭한good'이라는 어휘에, 그 어휘가 '훌륭한 취향'이라는 어구 안에서 사용되었을 때보다 더 엄격한 용법을 부여하지 않았다. 한편 지극히 충성스러운 오스트리아인에게 프란츠 요제프의 정치적 결정들이 옳았는지 아니었는지를 묻는 것은 무의미했다(합스부르크 하우스마흐트의 성스러운 권리가 그것 말고 또 무엇을 함축하겠는가?) 그렇게 해서 의도적인 사회 정책의 부산물로서, 정상적인 평가의 언어게임이 제거되어 버린 부조리한 상황이 전개된 것이다. 원리와 도덕성에 관한 의문은 그렇게 확립된 사회·정치적인 상황에서는 완전히 낯선 것이었다. 그에 상응하여 원리와 도덕에 대한 숙고를 최우선적인 충절의 대상으로 여기고 있던 사람들은 사실상 그로 인해 기성사회와 정치에서 '소외'되었다.

## 역사의 철폐와 그 귀결

합스부르크 사람들은 산업화의 사회·정치적인 귀결이 국가 정체와 제도의 **적응력**을 약화시키기 시작하자, 마침내 사실상 역사를 아예 완전히 파괴해 버리고자 시도하였다. 영국이나 미국처럼 좀더 실용주의적으로 경영되는 사회에서조차, 19세기 후반기는 변화와 압박의 기간이었고, 그런 갈등은 때때로 폭력, 혹은 더 나아가 내전으로 분출되었다. 그러나 그런 나라에서, 얼마나 많은 국민들이 온갖 복잡함과 시급함을 지닌 자신들의 사회 문제들을 인식할 수 있는 능력을 상실했는지는 몰라도, 그런 문제들이 존재한다는 사실 그 자체를 부인한다거나 혹은 그런 문제들이 중대한 제도적 정비 없이도 간단히 바라는 대로 처리될 수 있다고 제안하는 경우는 거의 없었다. 그런데 그것이 바로 합스부르크 사람들이 했던 일이었다. 프란츠 요제프는 기회가 있을 때마다, 변화가 정말로 불가피한 것은 아니라는 듯이 행동하였다. 그는 변화의 존재를 부인할 수 없게 되었을 때도, 그로 인한 문제들에는 눈을 감아 버렸다. 문제들이 억제할 수 없는 지경에 이르자, 그는 가벼운 정치적 술수를 동원하여 그것들을 처리하는 데 진력하였다. 그리고 어떤 일이 벌어지더라도, 기름등잔과 18세기 식 위생 설비와 더불어 궁전의 친위대와 외교 통제권은 고스란히 보존하였다.

그렇지만 '역사를 철폐'하려고 제아무리 애쓴다 하더라도, 역사가 저절로 철폐되는 일은 없을 것이다. 특정한 단계를 넘어서게 되면, 역사적 변화의 진실과 그것이 야기하는 예사롭지 않은 진정한 문제들을 부인했을 때, 그것은 반드시 파멸의 위험을 초래하게 된다. 현실적인 방식으로 실제 삶의 문제들에 대처하는 것을 불가능하게 만들었던 합스부르크의 정치제도하에서, 그러한 문제들은 오로지, 말하자면 병리적인 현상으로서만 그 본색을 드러낼 수 있었을 뿐이었다. 곧 오스트리아-헝가리 제국의 후기 역사에서 반복적으로 점철된 돌연한 '사건들'이 바로 그것이다. 따라서 슈테판 츠바이크가 '레들 사건'을 접한 뒤 공포감을 느꼈던 것은 매우 당연한 것이었다. 왜냐하면 그 사건은 눈앞에 직접 보이는 사태, 다시 말해 늘 '지켜져야만' 했던 '겉모습'이, 그 시점에 이르러 얼마나 뒤틀려 있고 인위적인 것이었는지를 여실히 입증해 주었기 때문이었다. 그리고 규모는 크고 작을 수 있지만, 1870년 이래로 연이어 터진 다른 모든 '사건들'(칠리 사태, 프리트융 사건 등)은 민족주의, 산업화, 그리고 사회적 변화가 낳은 진정한 문제들에 대처하는 합스부르크 체제의 무능력을 예증하는 것이었다. 물론 모든 사회들은 저마다 사회적 전통과 기성의 선입관이 현실적인 상황과 단절되어 버린 요인이 무엇이었는지를 해명해 주는 그 나름대로의 추문과 유명 범죄 사건들을 보유하고 있다. 그러나 카카니아의 경우에 눈에 띄는 특징은, 적어도 1848년에 벌써 다른 곳에서는 설득력이 없는 것으로 증명된 바 있는 제도와 정치적인 구조를 20세기에까지 보존하려고 한 합스부르크 왕조의 의도적인 노력이었다.

우리는 연구에 착수하면서, 정통으로 인정받는 강단의 분할 구도, 예를 들면 헌정사와 정치사의 분리, 음악사와 철학사의 분리, 사회 이론과 개인적인 자서전의 분리에 매몰되어서는 완벽하게 답할 수 없는 몇 가지 질문을 제기하였다. 유럽의 모든 정권 중에서 왜 유독 오스트리아-헝가리만이 1차 대전이 부과한 중압감을 극복할 수 없었을까? (우리는 오스만 제국에도 동시에 닥친 유사한 운명을 염두에 두고 '유럽의' 정권들에 대해 이야기해야 한다.) 그리고 합스부르크 왕가는 어째서 권력을 잃은 후에라도 왕정의 복고를 요구하는 열성적인 군주 지지 세력을 갖지 못하였는가? 다시 한 번 말하건대 1880년대와 1930년대 사이에 미술, 음악, 문학이라는 상이한 모든 분야가 발전해 온 각각의 방식

안에서 나타나는 비범한 유사성을 무엇으로 설명할 것인가? 또는 그 문제라면 루트비히 비트겐슈타인과 카를 크라우스, 혹은 아돌프 로스 같은 사람의 인품이나 사상에서 나타나는 닮은꼴은 어떤가?

지금까지 우리는 대체로 그런 의문들이 저절로 답해지도록 만드는 데 필요한 자료들을 제시해왔다. 1900년경에 합스부르크의 권력과 권위는 단지 거북이의 등딱지 같은 두꺼운 껍데기로 변해 버린 상태였다. 그리고 그 안에서 오스트리아인, 헝가리인, 그리고 그 밖의 다른 민족 구성원들은 합스부르크 체제와의 진정한 모든 유기적 관계를 단절하는 방식으로, 각자의 실제 생활을 향유하면서 각자 진정한 문제들에 대처해 나가고 있었다. 당시에 공식적으로 수행된 정책은, 진정한 사회·정치적 문제들에 대한 실질적인 해결책과는 전혀 거리가 멀었다. 어쩌다 실질적인 해결책을 채택하게 되는 경우에조차 그것 역시 합스부르크적인 상황의 외관을 존중하는 형태로 제시되어야 한다는 관습적인 요구가 반드시 뒤따랐다. 만일 이것이 정치적 토론은 일종의 겉 다르고 속 다른 식으로 진행되어야 한다는 것을 의미하는 것이었다면, 그것은 그렇다고 치자. 본질적인 토론에 형식주의의 화려한 의복을 입힐 수 있는 능력은, 보통의 시장이나 주지사라면 어려움 없이 획득할 수 있는 의심의 여지가 없는 능력이기 때문이다. 아무리 그렇다 해도, 그곳이 유기체적인 유의미성을 결여하고 있었다는 바로 그 사실이 의미하는 바는, 대부분의 사람들이 그 군주국의 소멸로 인해 이제 더는 **거짓 시늉**을 할 필요가 없게 되었다는 안도감을 느꼈다는 사실뿐이었다.

이러한 기본적인 오류를 무시하는 데 골몰하고 있는 사회 속에서 '의사소통'이 설령 문제가 되었다고 해서, 혹은 도덕성, 판단, 그리고 취향에 관한 의문들에 대해 사람들이 실제의 모습과 그 껍데기를 구분하지 못해 어려움을 겪고 있다고 해서 이상할 것은 없는 셈이다. 표준들의 부패 정도가 너무나 심각해져 있는 상황에서 효과적인 유일한 대응 방식은 극단적이기는 매한가지인 청교도주의뿐이었다. 크라우스와 크라우스주의자들에 관한 한, 직접적인 정치적 수단은 논외의 문제였다. 핵심부에서는 정치적 변화에 대한 요구가 민족주의를 중심으로 구체화되고 있었고, 주변부에서는 노동자 계급의 열망이 그 중심이 되어 있었는데, 그 두 부류 모두 크라우스 같은 인격적인 고결성을 지닌 사람이 호의를 보일 수 있는 유형의 운동은 아니었다. 따라서 오직 두 가지 가능한 사회 운동이 남아 있을 뿐이었다. 한 가지 방법은 선 밖으로 물러서서 크라우스가 《횃불》에서 했던 것처럼 이를테면 고대 그리스의 연극에 등장하는 코러스의 역할을 수행하는 것이 될 수 있을 것이다. 그렇게 함으로써 그의 동시대인들 가운데 판단의 표준을 조금이나마 남겨 놓은 사람들은, 인위성과 허위를 기반으로 건설된 사회 안에서 언어와 사회적 태도, 그리고 문화적 가치가 한결같이 얼마나 천박해질 수 있는지를 스스로 깨달을 수 있었을 것이다. 그와는 다른 방법으로는, 공공의 일상사에서 완전히 손을 털고 결별하는 길이 있을 것이다. 그런 식으로 나가면 사회는 결국 지옥에 떨어지고 말 것이다. 개인이 할 수 있는 전부란 비트겐슈타인처럼 인간성, 지적인 정직성, 장인다운 숙련도와 인격적인 고결성에 관한 자기 자신의 엄격한 표준을 삶 속에서 유지하고 체현하면서 자기 나름의 고결한 방식으로 살아가려고 노력하는 것뿐이다.


## 정체상의 외양과 정치적 현실의 괴리

만일 오늘날 우리 시대의 경험이 합스부르크의 상황을 새로이 더듬어 볼 수 있게 해 준다면, 마찬가지로 크라우스와 비트겐슈타인 같은 사람들의 삶과 그들의 시대에 한층 더 친근해짐으로써 우리는 거꾸로 우리 자신의 상황을 좀더 분명하게 이해할 수 있게 될 것이다. 1914년 이전의 나날과 마찬가지로 오늘날에도 정치적인 정직과 교활함은 타락한 언어 안에서 신속하게 그 모습을 드러내고 있으며, 그로 인해 자신의 행위와 정치적 수단에 대한 정치 행위자의 도덕적 민감성은 떨어지고 있다. 그래서 타인을 기만하려는 의도는 결국 자기기만을 양산하고 만다. 반론은 이러한 술책에 맞서는 무기가 전혀 아니다. 왜냐하면 일단 문제가 관료 집단의 용어를 통해 번역되고 나면, 늘 논점이 희미해지기 때문이다. 유일한 효과적인 반응은 크라우스 자신이 보여 주었던 것처럼, 정치가가 한 말을 그 사람 앞에서 원래대로 똑같이 다시 인용하는 것이다. 그럼으로써 모든 사람은, 아니 적어도 정치가를 뺀 나머지 모든 사람은 당면한 실제 상황이 무엇이며, 제멋대로 하는 부정확한 기술로 인해 그 상황이 어떻게 왜곡되었는지 이해할 수 있는 기회를 가지게 될 것이다. 이런 방법은 실제로 베트남 전쟁과 워터게이트 사건이 벌어지던 시기에 미국의 몇몇 정치 평론가들(예를 들면 《뉴요커》의 편집자들)이 스스로 재발견해 낸 절차이다.

다른 측면에서도 의사소통에 관한 크라우스적인 문제들은 현대의 미국 사회와 닮은꼴을 하고 있다. 유럽계 이민자들의 후손들이 (그들보다는 소규모지만) 아프리카계와 아시아계 사람들과 더불어 단일한 미국 국민으로 살아가는 법을 배우게 될 인종과 문화의 도가니가 되고자 미국이 그간 얼마나 많은 노력을 기울여왔든지 간에, 그런 이상주의적인 희망은 오로지 부분적으로만 실현되었을 뿐이다. 중부 유럽의 인종적인 경쟁 관계들, 앵글로 색슨의 사회적 배타성, 라틴계와 슬라브계에 대한 게르만계의 우월감, '황인종'과 '흑인종'에 대한 유럽계의 편견들, 이 모든 것들은 잊혀졌다기보다는 다만 침묵되고 있을 뿐이며, 모든 경제적인 좌절은 민족적인 원한과 인종차별적인 감정을 소생시킬 수 있는 잠재력을 가지고 있다. 그러므로 오늘날의 미국에서 우리는 종종 합스부르크 제국의 마지막 나날에 초연된 정치 드라마가 어설프게 개작된 듯한 어떤 작품을 보는 것 같은 느낌을 받는다.

이를테면 미국의 흑인이나 푸에르토리코인과, 그들을 상대해야만 하는 공무원들 사이에 존재하는 순전히 언어적 차원의 소통 불능 수준은 오스트리아-헝가리 제국의 경험에 비추어 검토해 볼 만한 의사소통의 문제들을 제기하고 있다. 1776년에 입안된 북아메리카 신생 공화국의 헌정 이론들은 이해관계의 일치와 국가적 목표들에 대한 합의를 전제로 하였다. 하지만 그 후로 그러한 측면은, 처음에는 1848년 이후의 대규모 이주에 의해서, 둘째는 노예 해방과 선거권 부여에 의해서, 그리고 최종적으로는 애팔래치아 산맥에서 멕시코, 태평양 및 그 너머의 세상에 이르기까지 서쪽과 남쪽으로 전개된 그 공화국의 저돌적인 영토 확장에 의해서 점차 무효화되었다. 1776년에 이룬 헌정 합의가 그 후로 비현실적인 것이 되어 버렸다는 이러한 측면을 고려할 때, 그 당시에 마련된 제도와 절차는 마땅히 좀더 융통성 있게 바뀔 필요가 있을 것이다. 그런 것들이 지금 현재 그 공화국의 삶 속에서 나름의 역할을 담당하고 있는 모든 개인과 집단이 가지는 합당한 인간적 목적에 기여하고자 한다면 말이다. 그렇게 하지 않았다가는, 사람들은 결과적으로 합스부르크 제국에서 유난히 기승을 부렸던 것과 같은 유형의 인위성과 거짓 가치를 창조하고 강화하게 되는 위험에 처하게 될지도 모른다. 또한 정치가와 행정 관료 들이 제아무리 사리에 밝고 좋은 의도를 가지고 있더라도, 이러한 비현실적인 상황에서 활동할 수밖에 없다면, 그들은 동료 시민들과 유권자들이 진정으로 필요로 하는 것들을 결국은 언급할 수 없다는 사실을 깨닫게 될 것이다. 그것은 결국 그들의 요구에 담겨 있는 현실적인 특성을 반영할 수 있는 사고방식과 제도, 그리고 더 나아가 그 언어 자체를 결여하고 있음을 뜻하기 때문이다.

한편 러시아인들이 세운 초강대국은 합스부르크 카카니아라는 초강대국과 한층 더 비슷한 조건을 만들어 가는 쪽으로 발전해 왔다. 민족과 종교, 포부와 이해득실이 거대하게 뒤얽힌 그 나라의 내부적 복잡다단함의 맨 꼭대기에는, 이념적 원리들에 근거하여 성스럽게 보장받은 하우스마흐트만큼이나 영구적이고 불변적인 권위를 주장하는 한 헌정체계가 덧씌워져 있다. 소련 공산당은 국제 프롤레타리아트를 옹호하는 역사의 대변자로서 자신들의 '지도적인 역할'을 자임함으로써, 스스로에게 광대무변한 통치권을 수여하고, 또한 스스로에게 비판과 심판으로부터 자유로울 수 있는 특권을 부여하고 있다. 그것은 합스부르크 제국에 성스러운 왕권이 하사되었다는 주장이 함축하는 것과 동일한 것이다. 그렇게 되면 결과적으로 정부의 통치기관과 당의 권력자들은, 그 나라 국민과 시민 들이 사전에 주입된 행정적이거나 이념적인 범주들에 지레 순종하게 되는 경우를 제외하고는, 그들의 실제 삶에서 우러나는 진정한 요구, 이해관계, 그리고 갈등을 확인하거나 반영하지 못하고, 그런 문제들에 적절히 대처하지도 못하게 된다.

정치체제의 외양과 정치 현실 사이의 이러한 불일치가 빚은 결과는, 다시 한 번 말하자면, 오스트리아의 경험이 암시하는 바와 같은 것이다. 변경의 비러시아계 공화국들과 '자치 지역'에서 살고 있는 사람들은 비러시아계 인종의 소련 시민들로서 이중적인 상황에 처해 있으며, 그것이 이를테면 합스부르크 제국의 슬라브인 거주 지역에 존재한 것과 유사한 현실적인 타협을 가능하게 만든다. 예를 들어 그루지아인이나 아르메니아인은, 자신의 법적 지위와 형식적인 경력, 그리고 공공의 활동 등을 꾸려 나가기 위해 인생의 중심으로 삼아야만 하는 소비에트 적인 삶의 '공식적인' 패턴이, 그다지 행복하지 않은 사랑에 빠져 그럭 저럭 아파트 한 채를 용케 마련하고, 지하출판물 Samizdat들을 구입하기 위해 부업으로 약간의 돈을 벌고 있는 현실 속의 삶과는 대체로 무관하 다는 사실을 다른 누구 못지않게 잘 알고 있다. 그러니 합스부르크의 체코인들처럼, 그들에게도 민족주의는 당연하고도 용이한 탈출구를 제공한다. 진정한 삶과 그 삶의 문제들은 이를테면 그루지아인의 삶과 그 삶의 문제들과 같다고 생각될 수 있다. 다시 말해 그 문제들은, 그루 지야인들이 직접 마주쳐 자신들의 고유한 언어로 토론하고 그들 자신 의 문자로 쓰고 '그들 모스크바의 관료들'이 허가해 줄 만한 일들 못지 않게 현실적인 기반 위에서 그 지역의 특성에 맞게 다루어야 할 문제들 인 것이다. 이에 대응하는 공식적인 소비에트 식 삶의 인위성은 러시 아어를 사용하는 어리석은 관료주의 집단에 의한 독단적인 외적 강제 로 나타난다. 그들은 자신들의 정책이 '우리 그루지야 사람들'의 현실적 인 삶과 문제들에 어떤 영향을 미칠 것인지 이해하지 못한다.

세기말 빈 사람들의 경우가 그랬던 것처럼, 그런 상황이 야기하는 진정한 부담의 무게는 바로 그 대大러시아인들 자신에게로 얹혀진다. 그들에게는 민족주의로부터의 도피로가 없다. 그들은 이데올로기주의 자와 정부 관료들이 수용할 수 있는 어휘들로 수행되는 공식적인 상황 해석과 사람들이 일상 속에서 직접 마주치는 실제 삶의 문제들 사이의 절연을 변경에 거주하는 이해력 부족한 이민족 무리에게 납득시키지 못한다. 분명히 그들에게는 오히려 그러한 절연이 국가와 당 조직의 실질적인 운영에 필요한 하나의 요소이다. 그러므로 '현상 유지'를 위 한 현존 소련 체제의 강요를 참고 견디는 것이 아니라, 이러한 실질적 인 현실적 상황들을 공적인 문제로서 철저하게 다뤄 보고자 하는 모든 시도는, 다시 한 번 '사건'으로 분출되기 쉽다. 오스트리아-헝가리 제국이 프리트융 사건과 레들 사건을 겪었다면, 소련은 나름대로 파스테르나크와 솔제니친 사건, 메드베데프와 사하로프 사건으로 유사한 고통을 받아 왔다. 오늘날의 러시아를 특징짓는 것은 현실적인 삶의 문제들에 대해서 지극히 인위적이고 지극히 부적합한 상황들이 창조되고 있다는 사실뿐이다. 그래서 그 나라에서 가장 재능 있고 국제적으로도 명망 있는 작가와 과학자 들조차 (갈릴레오가 훌륭한 가톨릭 신도였던 것만큼이나 훌륭한 마르크스주의자들인) 자신들의 소임을 제대로 소화하려면 자신들에게 '국가의 적'이나 '당의 배신자' 혹은 '정신분열증 환자'나 '적국의 스파이'라는 딱지가 붙을지도 모르는 큰 위험을 감수해야 할 정도이다. 한편 국가와 당 조직을 운영하는 사람들은 솔제니친이나 메드베데프에게 그들이 드러내는 반사적인 반응들이 외부 사람들의 눈에 그들 자신을 얼마나 우스꽝스럽게 비춰지게 하는지를 깨닫지 못하고 있다. 그것은 그들의 최악의 적들이 가할 수 있는 해악보다 더 심각한 것이다.[3]


## 의사소통과 유령 언어게임들

만일 후기 합스부르크 시대의 사회·문화적인 역설들에 대한 우리의 검토에 어떤 교훈이 있다면 그것은 결국 다음과 같은 것들이 될 것이다.

첫째, 우리는 실질적이고도 시급한 문제들에 관한 유의미한 토론을 가로막는 극복할 수 없는 장애물들을 구축하는 문화가 어떻게 이른바 '병적'인 문화로 바뀌는지를 보아 왔다. 실제의 모습을 감추고 마치 그렇지 않은 듯 허세를 부리는 태도가 무한정 지탱될 수는 없다. 또한 그런 현상을 그저 용인하고 마는 것이 전부인 정도의 타협적인 해결책이 무한정 효과를 거둘 수도 없다. 그리고 그로 인해 귀결되는 일련의 추문들이나 '사건들'은 단지 그렇게 지속되는 일탈의 표면적인 징후들일 뿐이다. 오스트리아-헝가리 제국의 수많은 조짐과 징후들은 단일하고 좀더 확장된 증후군으로 이어졌다. 우리는 반유대주의, 자살, 성에 관한 엄격한 관행, 예술적 감상벽, 정치적인 '이중 사유', 지하 언론의 부상, 분열적인 민족주의, 진지한 지성인들의 소외 등, 이 모든 것들이 프란츠 황제가 건설하고 메테르니히와 프란츠 요제프가 지속시킨 합스부르크 전제 정권이 용인할 수 있는 외양과 실제적인 정치·사회적 현실의 절연을 통해 생겨났거나 증대된 것이라고 주장해 왔다. 그리고 국가 정치체제에 관한 이론과 정치적 관행이 현실 속의 실제 상황과 지나치게 오랫동안 유리된 곳이라면 어디에서나 이와 유사한 병적 증후군은 예견될 수 있다.

둘째로, 카카니아 식 증후군에 대한 정치, 사회, 예술, 그리고 철학의 요소들을 모두 망라한 우리의 연구는 몇 가지 전형적인 비트겐슈타인식 사유들을 활용하여 지적이고 사회적인 역사 전개의 과정을 조명할 수 있게 해 주었다. 비트겐슈타인이 가르쳐 준 것처럼, 철학적인 논증은 철학자들이 특별히 문제가 되는 어떤 용어들이나 개념들을 이해하거나 오해할 때 의거하게 되는 고정관념들이 무엇인지를 잘 보여 준다. 그러한 개념들이 가지는 현실적인 실천적 의미는, 그 개념들에 현실적인 삶 속에서의 용법을 부여한 언어게임들로부터 도출된다. 그리고 그러한 언어게임들이 그 자체로 확고한 삶의 형식들 안에 뿌리를 내리고 있는 한, 그런 개념들은 진정한 힘과 적용성을 가진다. 우리가 지금까지 연구해 온 복잡한 사회·문화적 증후군들을 놓고 볼 때, 그와 같은 사유와 표준의 타락이 철학적 이론에서부터 정치적 관행에 이르기까지 사회적이고 문화적인 삶의 전 차원에서 동시다발적으로 모습을 드러낼 수 있다는 사실에 놀랄 이유는 없는 셈이다.

또한 이 경우에 우리는 어찌하여 철학의 개념적인 문제들이 예술과 문학을 지배하고 있던 동일한 표현과 의사소통의 문제들을 축약하여 반영하게 되었는지, 혹은 어떻게 그러한 예술적인 문제들이 차례로 사회 내의 상응하는 제도적 문제들을 반영하게 되었는지 설명하기 위해 '시대정신' 같은 거창한 무언가를 요청할 필요도 없다. 당시의 상황은 언어의 타락을 통해서, 다시 말해 실제와는 다르게 거짓으로 꾸며진 현존하는 삶의 형식들에 의거하여 고안된 '유령 언어게임들'을 통해서 오스트리아의 사회·정치적 문제들을 회피하고자 한 일관된 시도의 귀결이었으며, 그러한 언어의 타락이 바로 표현과 의사소통의 문제들에 관해 사람들이 겪은 보편적 혼란의 근본적인 이유를 창조했던 것이다. 그리고 그러한 혼란은, 후기 합스부르크 빈의 상이한 모든 예술 분야에서 전형적으로 나타난 특유의 미적 비판과, 마우트너가 시작하고 그 뒤를 다름 아닌 비트겐슈타인이 이어 받았던 일반적인 철학적 언어비판 안에서 동시에 그 배출구를 찾았던 것이다(실제로 '유령 언어게임'이라는 현상은 '허위의식'이라는 마르크스주의적 개념의 언어적인 측면으로 간주될 수 있을지 모른다. 마르크스주의적인 측면에서 볼 때 우리의 탐구 결과는, 그런 '허위의식'이 도대체 어느 정도까지 포괄적이어야만 특정한 사회나 문화의 작동 과정에까지 침투하여 그 과정을 왜곡시킬 수 있는지를 드러내는 데 도움을 주기 때문이다).

### 혁명의 의미

마지막으로 우리는 1920년 이후의 시기에까지 우리의 연구를 확장함으로써, 인간 활동의 모든 영역을 아우르는 한 가지 개념을 재평가할 수 있는 위치에 있게 되었다. 바로 혁명의 개념이다. 지금까지 우리는 마르크스를 어느 정도 협소하게 독해함으로써 '혁명적 상황'을 지나치게 경제적인 측면에서만 고려하는 경우가 많았다. 빈곤과 경제적 불평등이 폭정 또는 기타 불의에 맞서는 봉기를 촉발하는 최후의 방아쇠역할을 할 수 있다는 것은 의심할 여지가 없지만, 혁명적 상황의 기원에는 단지 계급 간의 경제적 불평등 이상의 그 무언가가 있다. 최후의 몇십 년간 합스부르크 제국은 분명히 혁명이 일어날 가능성이 매우 높은 나라였으며, 실제로 1918년 패전 후에 부다페스트에서는 비록 단명하기는 했지만 벨라 쿤이 헝가리 공산주의 정권을 수립하려는 시도를 감행하기도 하였다. 그렇지만 합스부르크 정권의 치명적 약점은 그나라의 경제적 기반이 아니라(어쨌든 1910년의 경제적 기반이 1790년과 매우 달라져 있던 것은 사실이다) 정치 구조의 지나친 경직성에 있었다. 프란츠 요제프의 모든 개혁 조치들은 극히 일부만을 양보하는 형태를 취했고, 그나마도 내부 압력이 견딜 수 없을 지경에 도달했을 때에만 하우스마흐트에 끼칠 피해를 최소화하도록 조심스럽게 결정된 특정 시점에 조심스럽게 결정된 특정 방향으로만 이루어졌다. 1914년부터 1918년 사이에 일어난 전쟁이 없었다면, 광적인 굳은 결의를 지닌 프란츠 요제프의 후계자들이 국방과 외교 문제에 관하여 과연 어떤 방식으로 자신들의 절대 권력을 지켜 냈을 것인지 현재로서는 알 길이 없다. 또한 그런 점에서 볼 때, 만일 주변 여건이 달랐다면 오스트리아가 20세기의 정치·경제·사회적인 요구에 창조적으로 대응할 수 있는 입헌군주국으로 진화할 수 있었을지 또한 지금은 알 길이 없다.

우리가 여기서 혁명에 관해 새롭게 인식하게 된 것은(그리고 그것은 사회, 문화 및 지식 사회에서 일어난 혁명에도 똑같이 적용된다) 그러한 혁명의 결과가 얼마나 쉽게 자기 파멸적으로 변모할 수 있는가이다.

낡은 정치 체제가(혹은 예술적 절차나 철학 사상의 경우도 마찬가지다) 권위로 에워싸여 있고, 극복할 수 없을 정도로 경직되어 있으며, 모든 도전에 맞서 자신의 권위를 지키겠다는 광적인 결의에 차 있다면, 그러한 권위를 전면적인, 즉 **혁명적인** 방식으로 전복하는 것 외에는 대안이 없을 것이다. 그렇지만 단지 혁명만으로 얻을 수 있는 것이 얼마나 적은지를 우리는 알고 있지 않은가! 언제나 혁명 그 자체를 위한 혁명이 불러올 수 있는 가장 개연성 높은 결과는 전임자 못지않게 강압적이고 경직되어 있는 새로운 중앙집권주의나 정통성이 수립되는 것이다. 예를 들어 더 나은 제도적 통제를 성취하지 못했을 때, 전제 군주정을 관료주의로 대체한 효과는(그들이 내세운 구호가 아무리 감복할 만한 것이라 해도), 단지 1인 독재정치를 아홉 개의 머리가 달린 히드라의 독재정치로 대체하는 꼴이 되기 십상이다. 반면에 만일 낡은 제도와 표준, 그리고 사상의 체계가 극복할 수 없을 만큼 경직되어 있지 않고, 그 체계의 옹호자들이 적어도 자신들의 쇠퇴할 수 없는 권위를 보존하기 위해 어떤 희생도 불사하겠다는 광적인 결의에 차 있는 것이 아니라면, 그러한 점진적인 개선의 가능성을 증대할 수 있는 미처 생각지 못했던 영역이 존재한다는 사실이 당연히 드러날 것이다. 이를테면 해당되는 인간적 활동들 안에 참신한 안전장치들을 도입하고, 또한 관련 제도들을 공식적으로 운영할 때에도 인간적인 활동들이 원래 지향하는 바인 현실적인 인간적 요구에 조금 더 가까워질 수 있게끔 노력하는 것이다.

어떤 특수한 상황이 여전히 내적 개선의 여지를 남겨 놓고 있는 시점, 혹은 아예 가망이 없어서 진정한 혁명적 상황으로 변모하게 되는 시점이 정확히 언제인지는 불가피하게도 각각의 경우에 따라 달리 판단해야 할 문제이다. 그렇지만 만일 20세기의 경험이 우리에게 무언가를 가르쳐 주었음에 틀림없다면, 그것은 바로 이것이다. 점차 그 속도가 빨라지는 역사적 변화의 시기에는 정치적이든, 경제적이든, 사회적이든, 문화적이든, 과학적이든, 지성적이든 어느 분야를 가리지 않고, 혁명에 착수한 사람이라면 누구나 그 자신에게 새롭고도 중대한 책임이 부여된다는 사실이다. 왜냐하면 오늘날 혁명가가 해결해야 할 가장 중요하고도 어려운 문제는 자신이 일으킨 쿠데타가 단지 활력을 잃은 기존의 경직된 체제를 그와 유사한 또 다른 체제로 대체한 것 이상의 더 큰 성과를 얻어낸 것이라고 사람들에게 확신시키는 일이기 때문이다. 만일 후대 역사가들이 20세기를 평가하면서 정치, 예술, 사상 등의 분야에서 전개된 우리의 모든 비판과 고뇌, 그리고 혁명이 단지 무능한 왕을 폭군으로 바꾼 것에 지나지 않았다고 판단하게 된다면, 그것은 비극일 것이다.

## 주석

### 1. 문제와 방법에 관하여

1. 원문의 인용은 이 책의 뒷부분에 달아 놓은 참고문헌 목록을 보라.

2. 비트겐슈타인, 《논고》, 저자 서문.

3. H. 스튜어트 휴스, 《의식과 사회*Consciousness and Society*》, 399쪽.

4. H. H. 리스, 《17세기의 과학과 예술*Seventeenth-Century Science and the Arts*》에 수록된 스티븐 툴민의 표제 논문을 참고하라.

5. 이 표현은 크라우스가 1차 대전을 주제로 한 자신의 희곡에 붙인 제목이다. 또한 프랭크 필드의 《인류 최후의 나날*The Last Days of Mankind*》도 참고하라.

6. 비트겐슈타인에 대한 노먼 맬컴의 개인적인 회상록 역시 많은 장점에 비하여 인간 비트겐슈타인과 그의 철학적 견해 사이의 관계를 여전히 불명료한 것으로 남겨 놓았다.

7. 나(툴민)는 2차 대전이 끝나고 20년도 더 지난 뒤인 1968년에 코소보와 마케도니아 지방을 여행하다가 10대와 20대의 젊은이들까지도 터키어를 능숙하게 사용하는 광경을 본 적이 있다.

8. 브루노 발터, 《주제와 변주*Theme and Variations*》, 86쪽.

9. 쇤베르크와 크라우스에 관해서는 4장을 보라.

10. 이 구절은 크라우스의 것이다. 3장을 보라.

11. 아마도 이 모임의 실체와 그들의 관심사가 무엇인지에 관한 설명은 존 메이너드 케인스가 《두 개의 전기*Two Memoirs*》에 수록한 에세이 〈나의 초창기 믿음들My Early Beliefs〉에 가장 잘 묘사되어 있을 것이다.

12. 러셀의 《자서전*Autobiography*》 1권과 2권, 그리고 이러한 회고담이 담겨 있는 서한집을 보라. 한편, 온타리오 주의 해밀턴에 위치한 맥매스터 대학교가 소장하고 있는 러셀 관련 문서들 중에는 러셀과 비트겐슈타인 사이에 오간 출간되지 않은 또 다른 희귀한 편지들이 있다.

13. 나는 특히 1946년부터 1947년까지 케임브리지 대학교의 도덕과학클럽the Moral Sciences Club에서 대화를 나누던 중에 러셀이 비트겐슈타인의 후기 철학 작업에 관해 했던 이야기들이 떠오른다. 그리고 1950년대 초 옥스퍼드 대학교의 한 토론 모임에서도 다시 한 번 그런 언급이 있었다(툴민).

14. 리처드 브레이스웨이트에게서 개인적으로 들은 이야기이다. 그 보고서가 기밀 문건이었기 때문에 표현 자체는 정확하지 않을 수 있으나, 대체로 그런 내용에 가깝다(툴민).

15. 1946년 1월부터 1947년 6월까지의 시기에 대한 개인적인 회상이다. 그 후에 비트겐슈타인은 교수직을 사임하고 철저하게 사적인 삶의 양식으로 되돌아갔다(툴민).

16. 비트겐슈타인, 《논고》, 저자 서문.

17. 이것은 《논고》에 관한 중요한 주석서들에 모두 적용되는 사실이다. 그리고 우리가 소위 '표준적인 해석'이라 부르는 측면을 형성하는 주석들에는 특히 더 그렇다. 예를 들면 맥스 블랙과 엘리자베스 앤스콤의 책들이 바로 그것이다.

18. 1969년 겨울부터 이듬해 봄까지 빈에서 나눈 대화들(재닉). 그리고 또한 루트비히 핸젤, 《만남과 논쟁Begegmungen und Auseinandersetzungen》, 357쪽을 보라.

19. 파울 엥겔만, 《비트겐슈타인 전기 및 서한집Letters from Ludwig Wittgenstein, with a Memoir》. G. H. 폰 브리트, 〈루트비히 비트겐슈타인, 그 전기적 소묘Ludwig Wittgenstein, a Biological Sketch〉, 《철학평론Philosophical Review》, 64호.

20. 엥겔만과 주고받은 서신을 보라.

21. G. E. M. 앤스콤, 《비트겐슈타인의 논고 입문An Introduction to Wittgenstein's Tractatus》, 12쪽.

22. 엥겔만, 같은 책, 123-132쪽.

23. M. O'C. 드루어리, 〈향연A Symposium〉, K. T. 팬 편, 《루트비히 비트겐슈타인: 한 인간과 그의 철학Ludwig Wittgenstein: The Man and his Philosophy》, 70쪽.

24. 엔스콤, 앞의 인용문.

25. 패트릭 가디너, 《쇼펜하우어Schopenhauer》, 275-82쪽을 보라. 앤스콤, 앞의 책, 11쪽 이하, 168쪽 이하. 재닉, 〈쇼펜하우어와 전기 비트겐슈타인Shopenhauer and Early Wittgenstein〉, 《철학 연구Philosophical Studies》, 15호.

26. 에리히 헬러, 〈루트비히 비트겐슈타인: 비철학적인 주석들Ludwig Wittgenstein: Un-philosophical Notes〉, 팬 편, 앞의 책, 89-106쪽. 또한 64-65쪽도 보라. 베르너 크라프트, 〈루트비히 비트겐슈타인과 카를 크라우스Ludwig Wittgenstein und Karl Kraus〉, 《신독일평론Neue Deutsche Rundschau》, 72호.

27. 에릭 슈테니우스, 《비트겐슈타인의 논고: 비판적 해설Wittgenstein's Tractatus: A Critical Exposition》, 214-26쪽. S. 모리스 엥겔, 《언어의 독재에 대한 비트겐슈타인의 신조Wittgenstein's Doctrine of the Tyranny of Language》를 보라.

28. 애친스테인과 베이커의 《논리실증주의의 유산The Legacy of Logical Positivism》에 수록된 툴민의 〈논리적 분석에서 개념의 역사로From Logical Analysis to Conceptual History〉를 보라.

29. D. F. 페어스, 《비트겐슈타인Wittgenstein》

30. 《논고》, 저자 서문.

31. 우리가 폰 브리트 교수와 제각기 나눈 개인적인 대화. 이 견해는 다소 맥락을 벗어난 채 여기에 인용된 것일 수도 있지만, 그 의의는 우리가 지금 펼치는 논의에 분명히 적용될 수 있다.

32. 하인리히 헤르츠, 《역학의 원리*The Principles of Mechanics*》(특히 서론 부분)와 《전집*Gesammelte Werke*》을 보라. 또한 로버트 S. 코언의 유용한 영문판도 참고하라.
33. 조세프 루퍼의 《아르놀트 쇤베르크의 작품들: 그의 작곡, 저술, 그림의 목록*The Works of Arnold Schönberg: A Catalog of His Composition, Writings, and Paintings*》.

## 2. 역설의 도시, 합스부르크 빈

1. 아서 메이, 《프란츠 요제프 시대의 빈*Vienna in the Age of Franz Josef*》, 74~75쪽.
2. 헨리(하인리히) 슈니츨러, 〈화려한 빈 – 신화와 현실Gay Vienna - Myth and Reality〉, 《관념의 역사*Journal of History of Ideas*》, 15호, 115쪽.
3. 슈니츨러로부터 인용, 앞의 책, 112쪽.
4. 메이, 《프란츠 요제프 시대의 빈》, 23쪽.
5. 브루노 발터의 《구스타프 말러*Gustav Mahler*》에서 에른스트 크레네크가 쓴 논문을 보라.
6. 헨리 플레전츠가 《에두아르트 한슬리크: 음악 비평 1846~99*Eduard Hanslick: Music Criticisms 1846-99*》라는 제목으로 한슬리크의 논문들을 모아 놓은 책의 서문을 보라. 이 책의 요약본은 《빈의 황금시대 1850~1900*Vienna's Golden Years 1850-1900*》이라는 제목으로 출판되었다.
7. 메이, 《프란츠 요제프 시대의 빈》, 56쪽.
8. 메이, 《프란츠 요제프 시대의 빈》, 54쪽.
9. 버턴 파이크, 《로베르트 무질: 그의 작품에 대한 개론*Robert Musil: An Introduction to His Work*》, 40쪽에서 인용.
10. 로베르트 무질, 《특성 없는 남자*The Man Without Character*》, 1권, 32~33쪽.
11. C. A. 매카트니, 《합스부르크 제국 1790~1918*The Habsburg Empire 1790-1918*》, 190쪽.
12. 같은 책, 151쪽.
13. 야시 오스카르, 《합스부르크 군주국의 해체*The Dissolution of the Habsburg Monarchy*》, 81쪽 이하 여러 곳.
14. 매카트니, 앞의 책, 211쪽 주석.
15. 아서 메이, 《합스부르크 군주국 1867~1914*The Habsburg Monarchy 1867-1914*》, 22쪽.
16. 같은 책, 22쪽.
17. 야시, 앞의 책, 92쪽.
18. 메이, 《합스부르크 군주국 1867~1914》, 358쪽.
19. 매카트니, 앞의 책, 667쪽.
20. 야시, 앞의 책, 70쪽 이하.
21. 매카트니, 앞의 책, 104쪽. 야시, 앞의 책, 61쪽 이하 또한 참조하라.

22. 매카트니, 앞의 책, 661쪽 이하. A. J. P. 테일러, 《합스부르크 군주국 1809-1918: 오스트리아 제국과 오스트리아-헝가리의 역사*The Habsburg Monarchy 1809-1918: A History of the Austrian Empire and Austria-Hungary*》 또한 참조하라.

23. A. J. P. 테일러, 앞의 책, 184쪽.

24. 야시, 앞의 책, 33-34쪽 이하 여러 곳.

25. 무질, 《특성 없는 남자》 1권, 32쪽.

26. 매카트니, 앞의 책, 603쪽 이하 여러 곳.

27. 무질, 《특성 없는 남자》, 1권, 93쪽.

28. 같은 책, 97쪽.

29. 메이, 《프란츠 요제프 시대의 빈》, 79쪽 이하.

30. 메이, 《합스부르크 군주국 1867~1914》, 154쪽.

31. 어니스트 존스, 《지그문트 프로이트의 삶과 업적*The Life and Work of Sigmund Freud*》, 1권, 25쪽.

32. 카를 마르크스, 프리드리히 엥겔스, 《공산당 선언*Communist Manifesto*》, 62쪽

33. 슈테판 츠바이크, 《어제의 세계: 자서전*The World of Yesterday: An Autobiography*》, 7쪽.

34. 무질, 《특성 없는 남자》, 1권, 330쪽.

35. 카를 E. 쇼르스케, 〈정원의 변모: 오스트리아 문학의 이상과 사회The Transformation of the Garden: Ideal and Society in Austrian Literature〉, 《미국 역사 평론*American Historical Review*》, 72호, 4권, 1304-5쪽. 우리가 빈의 중산층 가정에 대해 펼치는 기술은, 여러 가지 자료들 중에 가장 중요한 것들만 언급하자면, 쇼르스케의 논문, 〈세기말 빈의 정치와 정신: 슈니츨러와 호프만슈탈Politics and Psyche in fin-de-siècle Vienna: Schnitzler and Hofmannsthal〉, 《미국 역사 평론*American Historical Review*》, 66호, 4권과 츠바이크의 자서전에서 도움을 받았다.

36. 츠바이크, 앞의 책, 15쪽.

37. 같은 책, 99쪽.

38. 쇼르스케, 〈정치와 정신〉, 935쪽.

39. 츠바이크, 앞의 책, 36쪽.

40 같은 책, 74쪽 이하.

41 같은 책, 91쪽 이하.

42. 윌마 아벨스 이거스, 《카를 크라우스: 20세기 빈의 비평가*Karl Kraus: A Viennese Critic of the Twentieth Century*》, 155쪽.

43. 츠바이크, 앞의 책, 79쪽.

44. 같은 책, 83쪽.

45. 쇼르스케, 〈정치와 정신〉, 932쪽.

46. 매카트니, 앞의 책, 519쪽 이하.

47. A. J. P. 테일러, 앞의 책, 27쪽.

48. 메이, 《합스부르크 군주국 1867~1914》, 3쪽 이하.

49. 같은 책, 204쪽.

50. 쇼르스케, 〈새로운 양식의 정치학: 오스트리아 삼부작Politics in a New Key: An Austrian Triptych〉, 《현대 역사Journal of Modern History》, 39호 4권, 350-51쪽.

51. 빈의 전쟁 이전 상황에 대한 논의는 찰스 O. 하디의 《빈의 도시 주택 공급 계획The Housing Program of the City of Vienna》, 1장을 참조하라.

52. 매카트니, 앞의 책, 718쪽.

53. 20세기 초 빈 노동 계층의 생활과 노동 조건에 관한 논의는 메이의 《프란츠 요제프 시대의 빈》, 44-45쪽을 참조하라.

54. 윌리엄 A. 쟁크스의 《빈과 청년 히틀러Vienna and Young Hitler》, 7장을 보라. 또한 알베르트 푹스, 《오스트리아의 정신적 흐름 1867~1918Geistige Strömungen in Oesterreich 1867-1918》, 85-129쪽을 참조하라.

55. 메이, 《프란츠 요제프 시대의 빈》, 59-60쪽. 또한 푹스, 앞의 책, 25-30쪽도 참조하라.

56. 뤼거에 관한 논의는 다음을 참조하라. P. G. 풀처, 《독일과 오스트리아에서 정치적 반유대주의의 발흥The Rise of Political Anti-Semitism in Germany and Austria》, 162-70쪽. 쟁크스, 앞의 책, 4장. 푹스, 앞의 책, 58-63쪽. 쇼르스케, 〈새로운 양식의 정치학〉, 355-65쪽.

57. 푹스, 앞의 책, 51쪽.

58. H. 폰 포싱거, 한스 로젠베르크, 〈1873-1896 대불황의 정치·사회적 귀결Political and Social Consequences of the great Depression of 1873-1896), 《경제사 평론Economic History Review》, 13호, 63쪽 주석 2번에서 인용.

59. 필드, 앞의 책, 62쪽에서 인용.

60. 쇠네러에 대한 논의는 다음을 참조하라. 풀처, 앞의 책, 148-61쪽, 177-189쪽, 199-218쪽. 쟁크스, 앞의 책, 5장. 푹스, 앞의 책, 176-86쪽. 쇼르스케, 〈새로운 양식의 정치학〉, 346-55쪽.

61. 풀처, 앞의 책, 152쪽.

62. 같은 책, 153쪽. 나머지 열한 개 조항은 152쪽에 언급되어 있다.

63. 같은 책, 151쪽.

64. 쇼르스케, 〈새로운 양식의 정치학〉, 355쪽.

65. 앤드루 글래딩 화이트사이드, 《1918년 이전 오스트리아의 민족적 사회주의Austrian National Socialism before 1918》.

66. 풀처, 앞의 책, 269쪽에서 인용.

67. 헤르츨에 대한 우리의 해석은 전적으로는 아니지만 대체로 쇼르스케의 〈새로운 양식의 정치학〉, 365-68쪽에서 이끌어 낸 것이다. 또한 알렉스 배인의 《테오도어 헤르츨: 전기Theodore Herzl: A Biography》와 솔로몬 립트친, 《독일의 배다른 자식들Germany's

Stepchildren》, 113-23쪽을 참조하라.

68. 쇼르스케, 〈새로운 양식의 정치학〉, 378쪽에서 인용.

69. 츠바이크, 앞의 책, 26쪽, 192쪽 이하.

70. 레들의 경력을 재구성하는 것에 관해서는 로버트 B. 애스프레이, 《팬더의 재주*The Panther's Feast*》를 참조하라. 존 오스본의 희곡 〈나를 위한 애국자A Patriot for Me〉는 레들 사건에 대한 애스프레이의 설명에 기반하고 있다.

71. 츠바이크, 앞의 책, 208쪽.

72. 슈니츨러의 일생은 솔로몬 립트친의 《아르투어 슈니츨러*Arthur Schnitzler*》에 연대 기적으로 소개되어 있다.

73. 쇼르스케, 〈정치와 정신〉, 936쪽. 그다음에 말한 내용 중 상당 부분은 쇼르스케의 통찰력 있는 분석뿐 아니라, 로버트 A. 칸의 뛰어난 논문 〈아르투어 슈니츨러의 저술 에 나타난 오스트리아인의 이미지The Image of the Austrian in the Writings of Arthur Schnitzler〉, 《아르투어 슈니츨러 연구*Studies in Arthur Schnitzler*》, 45-70쪽에서도 도움을 받았다.

74. 무질, 《특성 없는 남자》, 3권, 188쪽.

75. 이거스, 앞의 책, 33쪽.

76. 필드, 앞의 책, 56쪽.

77. 에밀 뒤르켐, 《자살: 사회학적 연구*Suicide: A Study in Sociology*》, 299쪽.

78. 무질, 《특성 없는 남자》, 3권, 236쪽.


### 3. 카를 크라우스와 빈의 마지막 나날

1. 아돌프 히틀러, 《나의 투쟁*Mein Kampf*》, 162쪽.

2. 카를 크라우스, 《횃불*Die Fackel*》, 400호, 1914년 여름, 2쪽.

3. 메이, 《프란츠 요제프 시대의 빈》, 114쪽.

4. 크라우스에 관한 전기적 정보에 관해서는 다음을 보라. 필드, 《인류 최후의 나날*The Last Days of Mankind*》. 이거스, 《카를 크라우스》. 파울 시크, 《증언과 화보로 본 카를 크라우스*Karl Kraus in Selbstzeugnissen und Bilddokumenten*》.

5. 시크, 앞의 책, 43쪽.

6. 이거스, 앞의 책, 42쪽.

7. 테오도어 해커, 《쇠렌 키르케고르와 내재성의 철학*Søren Kierkegaard und die Philosophie der Innerlichkeit*〉, 57쪽.

8. 바이닝거의 전기로는 다음을 참고하라. 데이비드 에이브러험슨, 《한 천재의 정신과 죽음*The Mind and Death of a Genius*》.

9. 오토 바이닝거, 《성과 성격》, 14쪽.

10. 같은 책, 1-10쪽, 78-84쪽.

11. 같은 책, 46-52쪽,

12. 같은 책, 301-30쪽.

13. 필드, 앞의 책, 66쪽.

14. 카를 달라고, 《오토 바이닝거와 그의 작품*Otto Weininger und sein Werk*》, 3쪽.

15. 같은 책, 6쪽.

16. 같은 책, 38쪽.

17. 여성에 관한 크라우스의 견해는 《전집*Werke*》, 3권, 13-56쪽을 보라. 그리고 이거스, 앞의 책, 7장, 155-70쪽도 보라.

18. 크라우스, 《전집》, 3권, 293쪽. 이 번역은 파울 엥겔만의 책 《비트겐슈타인 전기 및 서한집*Letters from Ludwig Wittgenstein, with a Memoir*》, 10쪽에서 재인용한 것이다.

19. 같은 책, 351쪽.

20. 프리츠 비텔스, 〈햇불 신경증The Fackel Neurosis〉, 《빈 정신분석학회 회의록 1908-1910*Minutes of the Vienna Psychoanalytic Society 1908-1910*》, 382-93쪽.

21. 크라우스, 《전집》, 3권, 55쪽.

22. 필드, 앞의 책, 59쪽 인용.

23. 크라우스, 《전집》, 3권, 82쪽. 이거스의 번역본, 앞의 책, 218쪽 주석.

24. 이거스, 앞의 책, 94쪽.

25. 메이, 《프란츠 요제프 시대의 빈》, 48-49쪽. 또한 필드, 앞의 책, 44쪽도 참조하라.

26. 이거스, 앞의 책, 113쪽.

27. 같은 책, 95쪽.

28. 필드, 앞의 책, 58쪽.

29. 이 책 66-67쪽을 보라.

30. 이 책 64-65쪽을 보라.

31. 이거스, 앞의 책, 110쪽.

32. 크라우스, 《전집》, 3권, 103쪽.

33. 이 책 4장 161쪽 이하를 보라.

34. 바버라 터치먼, 《자랑스러운 탑*The Proud Towea*》, 390쪽.

35. 이거스, 앞의 책, 86쪽.

36. 크라우스, 《전집》, 3권, 131쪽.

37. 이거스, 앞의 책, 85쪽에서 인용.

38. 같은 책, 87-88쪽.

39. 필드, 앞의 책, 10쪽.

40. 요한 네스트로이, 《세 편의 희극*Three Comedies*》, 역자 서문, 21쪽.

41. 에곤 프리델, 《현대 시대의 문화사*A Cultural History of the Modern Age*》, 3권, 139쪽.

42. 엥겔만, 《비트겐슈타인 전기 및 서한집》, 131쪽.

43. 크라우스, 《전집》, 3권, 326쪽.

44. 필드, 앞의 책, 3-4쪽.

45. 이거스, 앞의 책, 99쪽. '그루벤훈트Grubenhund'는 사실 크라우스의 말장난이다. 그것은 원래 예전에 탄광에서 원광을 옮길 때 사용했던 일종의 손수레를 의미한다.

46. 같은 책, 100쪽.

47. 크라우스, 《전집》, 3권, 341쪽.

48. J. P. 스턴, 〈카를 크라우스의 언어관Karl Kraus's Vision of Language〉, 《현대 언어 평론Modern Language Review》, 1966년 1월, 73-74호.

49. G. C. 리히텐베르크, 《리히텐베르크 독본The Lichtenberg Reader》, 85쪽.

50. 이거스, 앞의 책, 26쪽.

51. 라이너 마리아 릴케, 《두이노의 비가 영역 대조본The Duino Elegies, with an English Translation》, 69쪽. 릴케의 아홉 번째 비가에 끼친 청년 부버의 영향에 관해서는 모리스 프리드먼이 번역한 마르틴 부버, 《다니엘: 깨달음에 관한 대화Daniel: Dialogues on Realization》의 역자 서문을 참고하라.

52. 필드, 앞의 책, 51쪽에서 인용.

**4. 사회 비판과 예술 표현의 한계**

1. 엥겔베르트 브로다, 《루트비히 볼츠만: 인간, 물리학자, 철학자Ludwig Boltzmann: Mensch, Physiker, Philosoph》, 15쪽.

2. 어니스트 존스, 《지그문트 프로이트의 삶과 업적The Life and Work of Sigmund Freud》, 2권, 80쪽.

3. 같은 책, 56쪽.

4. 메이, 《합스부르크 군주국 1867~1914》, 183-84쪽.

5. 폭스, 《오스트리아의 정신적 흐름 1867~1918》, 99쪽.

6. 아돌프 로스, 《전집Sämtliche Schriften》, 1권, 277쪽.

7. 피터 젤츠, 《독일 표현파의 회화German Expressionist Painting》, 149쪽.

8. 메이, 《합스부르크 군주국 1867~1914》, 321쪽.

9. 젤츠, 앞의 책, 48-64쪽, 147-160쪽.

10. 같은 책, 60쪽.

11. 같은 책, 150-151쪽.

12. 프리델, 《현대 시대의 문화사》, 3권, 299-300쪽.

13. 같은 책, 300쪽.

14. 로스, 앞의 책, 1권, 276쪽. 이 영향력 있는 논문은 루트비히 문츠와 구스타프 쿤스틀러의 《아돌프 로스: 현대 건축의 선구자Adolf Loos: Pioneer of Modern Architecture》에 번역돼 수록되어 있다.

15. 로스, 앞의 책, 1권, 277쪽.

16. 같은 책, 여러 곳.

17. 같은 책, 283쪽.

18. 파울 엥겔만의 미출간 선집 《등불 곁에서*Bei der Lampe*》에서 인용.

19. 로스, 앞의 책, 314-15쪽.

20. 메이, 《프란츠 요제프 시대의 빈》, 111쪽.

21. 젤츠, 앞의 책, 164쪽.

22. 같은 책, 165쪽.

23. 시크, 《카를 크라우스》, 151쪽에서 인용.

24. 빌리 라이히, 《쇤베르크: 비판적 전기*Schönberg: A Critical Biography*》, 81쪽 이하.

25. 젤츠, 앞의 책, 209쪽.

26. 바버라 터치먼, 《자랑스러운 탑》, 347쪽.

27. 에두아르트 한슬리크, 《음악의 아름다움에 관하여*The Beautiful in Music*》, 2장 〈음악은 감정을 표현하는가?Does Music Represent Feeling?〉

28. 《에두아르트 한슬리크: 음악 비평 1846~99》에 수록된 〈에두아르트 한슬리크〉.

29. 같은 책, 17쪽.

30. 같은 책, 206쪽.

31. 같은 책, 121쪽.

32. 한슬리크, 《음악의 아름다움에 관하여》, 30쪽.

33. 같은 책, 29쪽.

34. 같은 책, 125쪽.

35. 같은 책, 51쪽.

36. 앞의 인용문.

37. 같은 책, 50쪽.

38. 아르놀트 쇤베르크, 〈양식과 관념Style and Idea〉, 143쪽.

39. H. H. 슈트켄슈미트, 《아르놀트 쇤베르크*Arnold Schönberg*》, 66쪽에서 인용.

40. 요제프 루퍼, 《아르놀트 쇤베르크의 작품들*The Works of Arnold Schönberg*》, 140쪽.

41. 같은 책, 151쪽.

42. 같은 책, 142쪽.

43. 하우어에 관한 정보를 얻기 위해서는 라이히, 앞의 책, 136-38쪽을 보라.

44. 루퍼, 앞의 책, 151쪽.

45. 라이히, 앞의 책, 45쪽.

46. 필드, 《인류 최후의 나날》, 8쪽에서 인용.

47. 브루노 발터가 편집한 《구스타프 말러》에 수록된 에른스트 크레네크의 논문, 128-29쪽.

48. 쇤베르크, 〈양식과 관념〉, 109쪽.

49. 같은 책, 47쪽.

50. 라이히, 앞의 책, 202-3쪽.

51. 한슬리크, 《에두아르트 한슬리크: 음악 비평 1846–99》, 270–74쪽.

52. 루퍼, 앞의 책, 143쪽.

53. 에곤 벨레스, 《아르놀트 쇤베르크》, 54쪽에서 인용.

54. 볼프람 마우저, 《호프만슈탈의 언어에서 상과 경험*Bild und Gebärde in der Sprache Hofmarmsthals*》, 5쪽에서 인용.

55. 에른스트 마흐, 《감각의 분석*The Analysis of Sensations*》, 12쪽.

56. 한스 함멜만, 《후고 폰 호프만슈탈*Hugo von Hofmannsthal*》, 14쪽에서 인용.

57. 후고 폰 호프만슈탈, 《산문 선집*Selected Prose*》, 133쪽.

58. 같은 책, 138쪽.

59. 게르하르트 마주어, 《어제의 예언자들: 1890–1914 유럽 문화 연구*Prophets of Yesterday: Studies in European Culture 1890-1914*》, 132쪽.

60. 마우저, 앞의 책, 58쪽.

61. 무질, 《생도 퇴를레스의 혼란*Young Torless*》, 178–85쪽.

62. 무질, 《특성 없는 남자》(카프리콘 북스 판), 1권, 서문 3–4쪽.

## 5. 언어, 윤리, 그리고 표상

1. 프리츠 마우트너, 《철학사전: 언어비판에 관한 새로운 논고*Wörterbuch der Philosophie: Neue Beiträge zu einer Kritik der Sprache*》, 11쪽, 1968년에 나눈 R. H. 팝킨Popkin 교수와의 대화는 내가 마우트너에 접근하는 데 큰 도움이 되었다(재닉).

2. 마우트너, 《언어비판에 관한 논고*Beiträge zu einer Kritik der Sprache*》, 1권, 25쪽

3. 마우트너, 《언어비판에 관한 논고》, 3권, 646쪽.

4. 마우트너, 《언어*Die Sprache*》, 109쪽.

5. 마우트너, 《언어비판에 관한 논고》, 1권, 86–92쪽.

6. 같은 책, 1권, 92쪽.

7. 같은 책, 1권, 34쪽.

8. 같은 책, 1권, 159쪽.

9. 같은 책, 3권, 397쪽.

10. 같은 책, 2권, 66쪽.

11. 같은 책, 1권, 640쪽.

12. 같은 책, 1권, 649쪽.

13. 마우트너, 《언어》, 114쪽.

14. 마우트너, 《언어비판에 관한 논고》, 1권, 111쪽.

15. 마우트너, 《철학사전: 언어비판에 관한 새로운 논고》, 11쪽.

16. 베르너 폴케, 《증언과 화보로 본 후고 폰 호프만슈탈*Hugo von Hofmannsthal in Selbstzeugnissen und Bilddokumenten*》, 52쪽.

17. 필드, 《인류 최후의 나날》, 245쪽 주석 43번.
18. 로버트 S. 코언, 〈에른스트 마흐: 물리학, 지각, 그리고 과학철학Ernst Mach: Physics, Perception, and Philosophy of Science〉, 《진테제Synthese》, 18권, 2/3 호, 162쪽. 필드는 앞서 인용한 책에서 오스트리아 사회민주당 당수의 아들인 프리드리히 아들러가 슈튀르크 백작을 암살하고 투옥되어 있던 중에 마흐에 관한 책을 집필하면서 시간을 보냈다고 전한다.
19. 코언, 〈에른스트 마흐〉, 162쪽.
20. 같은 책, 168쪽 주석 42번.
21. 알베르트 아인슈타인, 〈자전적 수기Autobiographical Notes〉, P. A. 실프 편. 《알베르트 아인슈타인: 철학자 겸 과학자Albert Einstein: Philosopher-Scientist》, 1권, 21쪽.
22. 제럴드 홀턴, 〈마흐, 아인슈타인, 그리고 실재의 탐색Mach, Einstein, and the Search for Reality〉, 《다이달로스Daedalus》(1968년 봄), 640쪽 이하.
23. 홀턴, 앞의 책, 646쪽 주석.
24 에른스트 마흐, 《에너지 보존의 원리의 역사와 뿌리History and Root of the Principle of Conservation of Energy》, 91~92쪽.
25. 마흐, 〈아베나리우스와 나의 관련성Mein Verhältniss zu R. Avenarius〉, 《감각의 분석 및 물적인 것과 심적인 것의 관계Die Analyse der Empfindungen und das Verhaltniss des Physichen zum Psychischen》, 25쪽. 이 번역은 영어 번역본 《The Analysis of Sensations and the Relation of the Physical to the Psychical》, 46쪽에서 인용한 것이다.
26. 존 패스모어, 《백 년간의 철학A Hundred Years of Philosophy》, 213쪽.
27. 웬델 D. 부시, 〈아베나리우스와 순수경험의 견지Avenarius and the Standpoint of Pure Experience〉, 《철학, 심리학, 그리고 과학적 방법에 관한 문헌집Archives of Philosophy, Psychology and Scientific Method》, 2권(1905), 26쪽.
28. I. M. 보헨스키, 《현대 유럽 철학Contemporary European Philosophy》, 137-138쪽.
29. 부시, 앞의 책.
30. 리하르트 아베나리우스, 《최소한의 힘의 척도의 원리에 따른 세계 사유로서의 철학: 순수경험 비판 서론Philosophie als Denken der Welt gemäss dem Prinzip des Kleinsten Kraftmasses: Prolegomena zu einer Kritik der reinen Erfahrung》.
31. 에른스트 마흐, 《역학의 발전에 관한 비판적이고 역사적인 설명Die Mechanik in ihrer Entwicklung Historisch-Kritisch Dargestellt》, 521쪽. 이 번역은 영어 번역본 《The Science of Mechanics: A Critical and Historical Account of Its Development》, 577쪽에서 인용한 것이다.
32. 마흐, 《역학의 발전에 관한 비판적이고 역사적인 설명》, 238쪽(영어 번역본, 273쪽)
33. 같은 책, 493쪽(영어 번역본, 546쪽).
34. 같은 책, 278-79쪽(영어 번역본, 316쪽).
35. 코언, 《에른스트 마흐: 물리학, 지각, 그리고 과학철학》, 149쪽 이하.

36. 마흐, 《역학의 발전에 관한 비판적이고 역사적인 설명》, 523쪽(영어 번역본, 578쪽).

37. 막스 플랑크, 〈과학적 세계상의 통합The Unity of the Scientific World Picture〉(이 강좌는 1908년 12월에 레이덴에서 열렸으며, 이 글은 《물리적 실재Physical Reality》라는 선집의 1쪽부터 이어지는 마흐의 응답과 그에 대한 플랑크 본인의 답변이 함께 실린 영어 번역본으로도 접할 수가 있다). 로베르트 무질의 베를린 대학교 박사학위 논문인 〈마흐 이론의 평가에 관한 논고Beitrag zur Beurteilung der Lehren Machs〉는 어느 측면에서는 플랑크보다 더 날카로운 마흐 비판서이다. 우리가 이 단원에서 충분히 다루기에는 너무 늦게 우리는 이 저술에 주목했다.

38. 같은 책,

39. 홀턴, 상기 인용문 중.

40. H. 폰 헬름홀츠가 쓴 헤르츠의 《역학의 원리》의 서문에서 인용하였다.

41. 마흐, 《감각의 분석 및 물적인 것과 심적인 것의 관계》, 368쪽.

42. 마흐, 《역학의 발전에 관한 비판적이고 역사적인 설명》, 318쪽 주석.

43. R. B. 브레이스웨이트, 《과학적 설명Scientific Explanation》, 90쪽.

44. 아베나리우스, 앞의 책, 5쪽.

45. 헤르츠, 《역학의 원리》, 2쪽(우리는 bild라는 어휘와 그 파생어들이 '모델', '모델링' 등으로 번역되는 경우를 제외하고는 표준적인 영어 번역을 따를 것이다).

46. 같은 책, 40쪽.

47. 같은 책, 38쪽.

48. 같은 책, 로버트 S. 코언의 서문.

49. A. 다브로, 《새로운 물리학의 부흥The Rise of the New Physics》, 1권, 388-94쪽.

50. 플랑크, 앞의 책.

51. 비트겐슈타인, 《논고》, 명제 1.13, 1.2, 1.21, 2.1, 2.201, 2.202, 3.4, 3.411.

52. 툴민, 《물리적 실재》, 서문.

53. E. 카시러, 《지식의 문제The Problem of Knowledge》, 103쪽 이하.

54. 이마누엘 칸트, 《순수이성비판Kritik der Reinen Vernunft》, 1권, A7. 전체적인 쪽수 표시는 베를린 아카데미 판의 것이다.

55. 칸트, 《학으로 성립할 수 있는 모든 미래의 형이상학에 대한 입문Prolegomena zu einer jeden künftigen Metaphysik die als Wissenschaft wird auftreten können》, 2권, 353쪽.

56. 같은 책, 353쪽.

57. 같은 책, 350쪽.

58. 같은 책, 352쪽.

59. 같은 책, 352쪽.

60. 칸트, 《도덕 형이상학의 기초Grundlegung zur Metaphysik der Sitten》, 2권, 463쪽.

61. 칸트, 《순수이성비판》, B8.

62. 같은 책, B8.

63. 아르투어 쇼펜하우어, 《전집*Sämtliche Werke*》, 1권, 《의지와 표상으로서의 세계*The World as Will and Representation*》, 542-54쪽(E. F. J. 페인의 번역본, 1권, 46쪽).

64. 같은 책, 563-64쪽(번역본, 433-34쪽).

65. 쇼펜하우어, 같은 책, 3권, 19-20쪽(K. 힐데브란트의 번역, 〈충족이유율의 네 가지 근거에 관하여 그리고 자연 안의 의지에 관하여〉, 4쪽).

66. 같은 책, 44쪽(번역본, 32-33쪽).

67. 같은 책, 1권, 72쪽(번역본, 34쪽).

68. 같은 책, 47쪽(번역본, 15쪽).

69. 같은 책, 67쪽(번역본, 30-31쪽).

70. 같은 책, 166쪽(번역본, 110쪽)

71. 같은 책, 3권, 《도덕의 기초에 관하여*The Basis of Morality*》, 513쪽(A. B. 불록의 번역본, 32쪽).

72. 같은 책, 597쪽(번역본, 163쪽).

73. 같은 책, 1권, 489쪽(번역본, 372쪽).

74. 같은 책, 511쪽(번역본, 390쪽).

75. 쇠렌 키르케고르, 《키르케고르의 일기*Journals of Kierkegaard*》, 234쪽.

76. 키르케고르, 《저자로서 나의 저술을 보는 관점: 역사를 향한 공표*The Point of View for My Work as an Author: A Report to History*》, 43쪽.

77. 키르케고르, 《오늘날의 시대*The Present Age*》, 40쪽.

78. 같은 책, 59쪽.

79. 같은 책, 60쪽.

80. 키르케고르, 《저자로서 나의 저술을 보는 관점: 역사를 향한 공표》, 24쪽.

81. 키르케고르, 《오늘날의 시대》, 75쪽.

82. 키르케고르, 《저자로서 나의 저술을 보는 관점: 역사를 향한 공표》, 35쪽.

83. 같은 책, 38쪽.

84. 키르케고르, 《결론적인 비과학적 후기*Concluding Unscientific Postscript*》, 182쪽.

85. 같은 책, 191쪽.

86. 같은 책, 197쪽.

87. 톨스토이, 《나의 고백, 나의 종교, 그리고 요약 복음서*My Confession, My Religion and the Gospel in Brief*》, 76쪽.

88. 같은 책, 22쪽.

89. 이 구절들은 《안나 카레니나*Ama Karenina*》(가넷의 번역본)에서 인용한 것들이다. 8부, 10-13장.

90. 단편 〈두 노인〉은 이 점을 잘 보여 준다. 기독교 정신에 대한 톨스토이의 이해를 가장 잘 서술하고 있는 그의 우화들로는 〈바보 이반〉과 〈인간에게는 얼마나 많은

땅이 필요한가?〉가 있다. 레프 톨스토이, 《스물세 편의 이야기*Twenty-Three Tales*》를 보라.

91. 톨스토이, 《예술이란 무엇인가?*What Is Art?*》, 61쪽.

92. 툴민, 〈논리적 분석에서 개념의 역사로From Logical Analysis to Conceptual History〉를 보라.


## 6. 다시 생각해 본 논고

1. 이 단락에서 제시된 비트겐슈타인의 개인적인 성장 배경과 양육에 대한 묘사는 주로 재닉이 1969년 겨울부터 봄까지 빈에서 토머스 스톤버러와 루트비히 비트겐슈타인의 다른 직계 가족들, 그리고 그 가족이 살았던 환경에 익숙한 다른 인사들과 나눈 대화에 기초를 둔 것이다. 몇 가지 점에 관해서는 파울 엥겔만과 G. H. 폰 브릭트가 쓴 전기들을 참고하라. 카를 비트겐슈타인의 화려한 사업적 성공에 관한 정보는 한스 멜차처Hans Melzacher가 쓴 《나의 인생행로에서의 만남들*Begegnungen auf meinen Lebensweg*》에서 찾아볼 수 있다. 우리는 너무 늦게 이 책에 주목하는 바람에 이 단원을 준비하는 데 미처 활용하지 못하였다(재닉).

2. 카를 비트겐슈타인, 《신문 기고문과 강연록*Zeitungsartikel und Vorträge*》.

3. 엥겔만, 《비트겐슈타인 전기 및 서한집》, 31-33쪽.

4. P. A. 실프가 편집한 《알베르트 아인슈타인: 철학자 겸 과학자》에 수록된 아인슈타인의 지적 자서전을 참고하라.

5. 프리드리히 바이스만, 《루트비히 비트겐슈타인과 빈학파*Ludwig Wittgenstein und der Wiener Kreis*》, 46쪽.

6. 같은 책, 41-43쪽.

7. G. H. 폰 브릭트, 《철학 평론*Philosophical Review*》, 64호에 실린 〈루트비히 비트겐슈타인, 그 전기적 소묘〉를 보라.

8. 루트비히 비트겐슈타인, 《미학, 심리학, 그리고 종교적 믿음에 관한 강의와 대화 *Lectures and Conversations on Aesthetics, Psychology and Religious Belief*》를 보라.

9. 1946년부터 1948년 사이 필립 래드클리프, 티모시 무어, 그리고 G. E. 무어 여사와 나눈 개인적인 대화들(툴민).

10. 마흐의 지적인 자서전 〈나의 과학적 지식 이론과 그에 대한 나의 동시대인들의 반응 My Scientific Theory of Knowledge and Its Reception by My Contemporaries〉을 보라. S. 툴민 편, 《물리적 실재*Physical Reality*》.

11. 폰 브릭트, 앞의 책.

12. 비트겐슈타인이 사용한 이 용어는(그뿐만 아니라 리히텐베르크, W. H. 왓슨, N. R. 한슨을 비롯하여 그 밖의 다른 언어철학자나 과학철학자 들과 마찬가지로) 최근 활발히 논의되는 토머스 S. 쿤의 책 《과학 혁명의 구조*The Structures of Scientific Revolutions*》 때문

에 친숙해진 그 용어와는 중요한 의미에서 다르다. 툴민의 《예측과 이해 *Foresight and Understanding*》, 그리고 특히 툴민의 《인간 오성*Human Understanding*》, 1부 단원 1.4 를 참조하라.

13. J. M. 케인스, 《두 개의 전기》에 수록된 〈나의 초창기 믿음들〉을 참조하라. 또한 버트 런드 러셀이 D. H. 로런스와 나눈 우정에 관해서는 《추억으로부터의 초상*Portraits from Memory*》에 수록한 그의 글을 참조하라.

14. 테오도어 해커, 〈쇠렌 키르케고르와 내재성의 철학〉, 29쪽.

15. 같은 책, 57쪽.

16. 하인리히 헤르츠, 《역학의 원리》, 로버트 S. 코언의 서문.

17. 비트겐슈타인, 《논고》, 4.0031.

18. 여기에 언급된 것은 D. F. 페어스와 B. F. 맥기니스의 《논고》 번역본. 그중에서도 특히 2.1 이하 부분이다.

19. 비트겐슈타인, 《논고》, 2.182.

20. 같은 책, 2.1.

21. 같은 책, 2.1512.

22. 비트겐슈타인, 《공책 1914~1916》, 14쪽, 14e.

23. 비트겐슈타인, 《논고》, 2.15.

24. 같은 책, 2.15121.

25. 같은 책, 2.221.

26. 같은 책, 2223.

27. 같은 책, 2.11.

28. 같은 책, 3.42.

29. 통계역학에서 '위상 공간'에 관한 논의는 A. 다브로, 《새로운 물리학의 부흥》, 1권, 388~94쪽을 참조하라. 또한 E. H. 케너드, 《기체 운동 이론*Kinetic Theory of Gases*》, 338~92쪽도 보라.

30. 앞에서 언급한 것처럼, 비트겐슈타인은 1906년에 빈에서 볼츠만과 함께 물리학을 연구하고자 하는 뜻을 내비쳤다. 그해는 볼츠만이 자살한 바로 그해였다. 폰 브릭트, 앞의 책, 3쪽을 보라.

31. 비트겐슈타인, 《논고》, 3.3.

32. 바이스만, 앞의 책, 46쪽.

33. 비트겐슈타인, 《논고》, 2.022.

34. 같은 책, 3.031.

35. 같은 책, 2.17.

36. 같은 책, 2.172.

37. 같은 책, 4.1212.

38. 같은 책, 1.1.

39. 같은 책, 2.03.

40. 이것이 《논고》의 마지막 구절에 담긴 요점이다. 거기서 비트겐슈타인은 전체적인 논증을, 누구든 타고 올라간 다음에는 걷어치워 버려야 하는 사다리로 활용하라고 말한다.

41. 비트겐슈타인, 《논고》, 6.42.

42. 같은 책, 6.421.

43. 엥겔만, 《비트겐슈타인 전기 및 서한집》, 97쪽.

44. 이거스, 《카를 크라우스》, 114쪽.

45. 《브레너 연구집Brenner Studien》, 1권에 수록된 루트비히 비트겐슈타인의 〈루트비히 폰 피커에 대한 소론Briefe an Ludwig von Ficker〉에는 메틀라글이 비트겐슈타인과 피커 사이의 관계에 관해 쓴 소론과 폰 브릭트가 《논고》의 출판에 관련된 일화에 관해 쓴 소론(그 책의 출판 과정에 관한 우리의 설명은 폰 브릭트의 소론에 근거를 두었다)뿐만 아니라 비트겐슈타인이 피커에게 보낸 편지와 엽서의 내용이 포함되어 있다.

46. 같은 책, 32쪽.

47. 같은 책, 33쪽.

48. 같은 책, 38쪽.

49. 같은 책, 35쪽.

50. 비트겐슈타인, 《논고》, 6.421.

51. 같은 책, 6.421.

52. 같은 책, 6.432.

53. 같은 책, 4.014.

54. 같은 책, 6.41.

55. 같은 책, 6.5.

56. 카를 크라우스, 《전집》, 3권, 338쪽.

57. 바이스만, 앞의 책, 115쪽.

58. 같은 책, 118쪽.

59. 같은 책, 68-69쪽.

60. 비트겐슈타인, 《공책 1914~1916》, 76쪽.

61. 비트겐슈타인, 《논고》, 6.43.

62. 엥겔만, 《비트겐슈타인 전기 및 서한집》, 79-81쪽.

63. 같은 책, 92-93쪽.

64. 파울 엥겔만, 〈루트비히 비트겐슈타인의 논고에 관하여Über den Tractatus Logico-Philosophicus von Ludwig Wittgenstein〉, 《등불 곁에서Bei der Lampe》, 15쪽.

65. 비트겐슈타인, 《논고》, 6.53.

66. 같은 책, 6.54.

67. 크라우스, 앞의 책, 161쪽.
68. 비트겐슈타인, 《논고》, 저자 서문, 1-2쪽.
69. 크라우스, 앞의 책, 124쪽.

## 7. 인간 비트겐슈타인과 그의 후기 철학

1. 케인스의 《두 개의 전기》와 러셀의 《추억으로부터의 초상》(6장 주석 13번)을 보라.
2. 톨스토이, 《안나 카레니나》, 8부, 10-13장.
3. 나는 이 주제에 관해 도움이 되는 대화를 나눈 서식스 대학교의 한스 헤스에게 많은 신세를 졌다(툴민).
4. 여기서 이야기한 설명은 부분적으로는 엥겔만과 폰 브리크트의 회상록에, 그리고 부분적으로는 재닉이 빈에서 나눈 대화들에 기초한 것이다.
5. 리처드 브레이스웨이트와 나눈 개인적인 대화(툴민).
6. 이 방문에 관해서는 약간의 의구심이 있었으나, 비트겐슈타인이 G. E. 무어에게 보낸 그림엽서가 발견됨으로써 문제가 깨끗이 해결되었다.
7. 나는 텔아비브의 에릭 루카스 덕분에 고든이 차지하는 중요성에 주목하게 되었다. 루카스는 팔레스타인 키부츠 운동의 톨스토이적인 관련성에 관해 설명해 주었다(툴민).
8. 나는 그들이 만난 직후에 도로시 무어를 만났고, 그녀는 나에게 이 이야기를 대단히 밝은 표정으로 해 주었다(툴민).
9. 드루어리와 왓슨은 비트겐슈타인이 철학을 직업으로 추구하지 말라고 강력하게 제지한 총명한 젊은 철학자들 중 특히 주목할 만한 두 인물이었다. 그러한 제지는 1946년 이후에도 여전히 비트겐슈타인이 구두로 표현하던 태도였다(툴민).
10. 스탠리 로젠의 《허무주의: 철학적 소론Nihilism: a Philosophical Essay》, 5-8쪽을 보라.
11. 비트겐슈타인, 《쪽지Zettel》, 82쪽.
12. 바이스만, 《루트비히 비트겐슈타인》, 69쪽.
13. 1946년부터 1947년 사이 강단에 재직하던 시기에 적은 단평(툴민).
14. 1969년에 루돌프 코더가 해 준 이야기이다(재닉).
15. 로스에 관해서는 이 책 4장 146-160쪽을 보라.
16. 베른하르트 리히트너의 〈비트겐슈타인의 건축술Wittgenstein's Architecture〉, 《아트포럼Art Forum》(1970년 2월)에는 그 집에 관한 몇 가지 흥미로운 사진들이 실려 있다.
17. 이러한 전도의 궁극적인 결과는 H. 라이헨바흐의 《과학철학의 등장The Rise of Scientific Philosophiy》과 A. J. 에이어의 《언어, 진리, 논리Language, Truth and Logic》와 같은 책들에서 "철학을 과학이라는 확실한 행로 위에 정초해야 할" 필요성의 주장과 더불어 잘 나타나 있다.

18. 《마인드!*Mind!*》라는 제목이 붙은 실러의 소위 '크리스마스' 특별호는 대체로 후기 관념주의 철학에 대해 온갖 상이한 표현방식을 동원하여 끊임없이 조롱하는 데 할애되었다.

19. G. E. 무어의 유명한 논문 〈관념론 반박The Refutation of Idealism〉, 《마인드》(12호)를 보라. 그 논문은 관념론자들이 실제로 주장하고 있는 요점들에 대한 공격은 어디에도 없으며, 오히려 그들의 용어들을 시치미 뚝 떼고 문자 그대로 받아들인 다음, 그 용어들이 가리키고 있는 것처럼 보이는 내용을 부정하고 있다.

20. 존 맥팔랜드 씨는 1967-68년에 브랜다이스 대학교의 한 대학원 세미나에서 발표한 논문을 통해 브래들리와 러셀의 논리적 논변들 사이에 밀접한 유사성이 있음에 주목할 수 있게 해 주었다(툴민).

21. 윌리엄 스톡턴 씨는 같은 세미나에서 맥타가트와 무어의 윤리적 논변들 사이의 연결 관계들을 입증하였다(툴민).

22. 로이 해러드, 《존 메이너드 케인스의 생애*Life of John Maynard Keynes*》, 78쪽.

23. 케인스, 〈나의 초창기 믿음들〉, 《두 개의 전기》.

24. 이 모임에 관한 방대하고도 점차 증가하는 문헌 중에서 레너드 울프의 두툼한 자서전이 특히 추천할 만하다.

25. 존 로크, 〈독자에게 보내는 서한Epistle to the Reader〉, 《인간오성론*An Essay Concerning Human Understanding*》.

26. 1930년대 이래로 시카고 대학교 출판부에서 출간해 오고 있는 《통일과학 국제 백과 사전*International Encyclopedia of Unified Science*》 같은 출판물에서 나타나는 바와 같다.

27. 비트겐슈타인, 《논고》, 5 이하.

28. 이것은 C. K. 오그던과 I. A. 리처즈의 《의미의 의미*The Meaning of Meaning*》, C. L. 스티븐슨의 《윤리와 언어*Ethics and Language*》, 그리고 R. M. 헤어의 《도덕의 언어 *Language of Morals*》 같은 책들에 잘 나타나 있는 견해이다.

29. 앞에서 인용한 바와 같다. 이 책 5장 243-45쪽.

30. B. A. W. 러셀, 《철학에서 과학적 방법을 위한 장으로서의 외계의 세계에 대한 우리 의 지식*Our Knowledge of the External World as a Field for Scientific Method in Philosophy*》, 런던과 뉴욕, 1914.

31. 엥겔만의 회상록에 나오는 설명을 참조하라. 그것은 슐리크와 비트겐슈타인이 나눈 대화에 관한 기록들에서 확인되는 바와 같다(바이스만, 앞의 책).

32. 바이스만, 앞의 책, 65-67쪽.

33. 비트겐슈타인, 《논고》, 6.54.

34. R. 카르나프, 《확률의 논리적 기초*Logical Foundations of Probability*》, C. G. 햄펠의 《과 학적 설명의 측면*Aspects of Scientific Explanation*》, 그리고 E. 네이글, 《과학의 구 조*The Structure of Science*》를 참조하라.

35. 《과학적 설명의 측면들》에서 '이론가의 딜레마'에 관하여 헴펠이 주장한 논증들과, 애친스테인과 바커가 편집한 《논리실증주의의 유산*The Legacy of Logical Positivism*》에서 D. S. 샤피어가 주장한 논증들을 비교해 보라.

36. 비트겐슈타인, 《논고》, 6.342.

37. H. 스튜어트 휴스, 《의식과 사회》, 10장.

38. 브라이언 패럴, 〈치유적 실증주의에 대한 한 평가An Appraisal of Therapeutic Positivism〉, 《마인드》, 55호.

39. 존 위즈덤의 선집 《철학과 정신분석*Philosophy and Psychoanalysis*》에서 제시하는 논증들을 참조하라. 그러나 '대뇌질환'이라는 용어는 내가 새로 붙인 표현이다(툴민). 영국의 일부 정통 프로이트주의 분석가들 또한 신경증의 해결을 대체로 그러한 '오해들'을 규명하는 작업과 관련한 것으로 간주한다. 이 점은 1950년대 초에 로저 머니카이를Roger Money-Kyrle과 그 외의 여러 사람들이 나눈 논의들 속에서 분명하게 밝혀졌다.

40. 엥겔만, 《비트겐슈타인 전기 및 서한집》, 97쪽.

41. 모리스 라제로비츠의 〈철학의 본성에 관한 비트겐슈타인의 견해Wittgenstein on the Nature of Philosophy〉, K. T. 팬 편, 《루트비히 비트겐슈타인: 그 인간과 그의 철학 *Ludwig Wittgenstein: The Man and His Philosophy*》, 139-40쪽에서 인용.

42. 같은 책, 182-86쪽.

43. 같은 책, 209-10쪽. 비트겐슈타인에 관해 썼던 초기의 한 소론(《인카운터*Encounter*》, 1969년 1월)에서 나는 이 단평에 나타난 'hinweisende Erklärung'이라는 구절의 정확한 번역을 놓고 곤경을 겪은 바 있다. 몇몇 사람들은 잡지사로 편지를 보내 '결과적인 명료화consequential clarification'라는 내 용어를 '직시적 정의ostensive definition'로 바꾸어야 한다고 주장했다. 비트겐슈타인의 실증주의적 추종자들은 그 구절을 그런 의미로 받아들일 수 있을 법했다. 그렇지만 비트겐슈타인 자신은 그런 Erklärung이 어떤 종류의 '정의'가 아니라고 주장한다. 어쨌든 그런 이유로, 비록 마이클 립턴과 다른 사람들의 논증들이 있었지만, 나는 여기서 비트겐슈타인이 사용한 단어들의 의미를 그것들의 철학적 맥락 속에서 가장 잘 포착해 내는 것으로 보이는 '직시적 증명'이라는 번역어를 사용하기로 한다(툴민).

44. 비트겐슈타인, 《철학적 탐구》, 125쪽.

45. 같은 책, 11-12쪽.

46. 헤르츠, 《역학의 원리》, 서문, 8쪽.

47. 램지가 비트겐슈타인에 대해 언급하면서, 《논고》의 전체적인 논증이 지니는 애매한 위상에 관해 했던 논평을 상기하라. "만일 그것을 말할 수 없다면, 그것을 말할 수 없을 뿐 아니라 그것으로 휘파람을 불 수도 없다!" 칸트가 (그 자신의 원리에 따르면) 의미 있게 언급될 수 없는 사물 자체에 관하여 무언가를 말하고자 시도했을 때 빠졌던 유사한 곤경들 또한 상기해 보라.

48. 《G. E. 무어의 철학*The Philosophy of G. E. Moore*》, P. A. 실프 편, 661쪽 이하를 참고하라.

49. W. V. O. 콰인, 〈경험론의 두 독단Two Dogmas of Empiricism〉, 《논리적 관점에서 *From a Logical Point of View*》 중.

50. 1946년부터 1947년 사이에 케임브리지 대학교에서 내가 직접 받아 적은 비트겐슈타인의 강의록(미출간) 안에 그런 몇 가지 사례들이 들어 있다(툴민).

51. 바이스만, 앞의 책, 115쪽.

52. 같은 책, 117쪽.

53. 비트겐슈타인, 《강의와 대화들*Lectures and Communications*》, 59~64쪽.

54. 비트겐슈타인, 《철학적 탐구》, 116쪽.

55. 폴 L. 홀머의 〈간접적 의사소통Indirect Communication〉을 보라. 《퍼킨스 저널*Perkins Journal*》, 1971년 봄, 14-24쪽.

56. 엥겔만, 《비트겐슈타인 전기 및 서한집》, 39쪽.

57. 같은 책, 50쪽.

58. 같은 책, 59쪽.

59. 같은 책, 55쪽.

## 8. 직업주의와 문화: 현대 사조의 자살

1. W. W. 바틀리 3세는 이 시기에 관해 아주 특별하고 유용한 작업을 수행했다. 그는 1919년 이래로 오스트리아에서 진행된 교육과정 개혁의 기초가 된 교육 이론들에서 '상 없는 사유imageless thought'와 '규칙의 자각rule awareness'에 관한 뷜러의 생각들이 수행한 역할을 조명했다.

2. 툴민이 편집한 논문집 《물리적 실재》에 수록된 마흐의 자전적 논설을 참고하라.

3. 존 패스모어가 자신의 논문인 〈철학의 역사에 관한 관념The Idea of a History of Philosophy〉, 《역사와 이론*History and Theory*》, 보론 5, 4쪽에 비트겐슈타인의 《공책 1914~1916》, 82쪽을 인용.

4. J. J. 사피로 씨 덕분에 나는 칸트의 만년의 논문인 〈만물의 종말Die Ende aller Dinge〉에 나오는 몇몇 중요한 구절들에 주목할 수 있게 되었다. 그 논문은 흔히 '노쇠한' 작품으로 잊혀져 있으나 세심하게 읽어 보면 칸트의 '자유주의 이념'에 담긴 역사적인 함축들을 분명하게 드러낸다(툴민).

5. 1946년부터 1947년까지의 기간 중에 케임브리지에서 동료 연구원이 내게 들려주었다(툴민).

6. F. 바이스만, 《수학적 사유 입문*An Introduction to Mathematical Thinking*》.

7. 나는 《인간 오성*Human Understanding*》 1권에서 그러한 '역사—합리주의적'인 방향을 더욱 멀리까지 직접 추적해 보고자 하였다(툴민).

8. C. A. 매카트니, 《합스부르크 제국 1790~1918》, 88쪽.

9. 라이히, 《쇤베르크, 혹은 보수적 혁명주의자Schönberg oder der konservativ Revol-
utionär》.

10. 쿠르트 블라우코프, 《말러, 혹은 미래의 현재인Mahler oder der Zeitgenosse der Zu-
kunft》.

11. 비트겐슈타인, 《논고》, 6.53.

12. 1946년부터 1947년 당시에 받아 적은 내용(툴민).

13. 비트겐슈타인은 아리스토텔레스 학회Aristotelian Society와 정신 협회Mind Association
가 1946년 여름에 케임브리지에서 연합 학술 대회를 개최했을 당시, 개막 당일에
여봐란 듯이 그 도시를 떠남으로써 깊은 적개심을 내비쳤다.

14. 그는 한 번에 두 시간 내지 세 시간씩 최소한 매주 한 차례 이상 케임브리지의 체스터
턴가 86번지에서 자신의 연구를 놓고 무어와 대화를 나누었다. 도로시 무어에게는
그렇게 대화를 나누는 동안 그들을 방해해서는 안 된다는 엄격한 지시가 내려졌다(툴
민).

15. 1946년부터 1947년 동안 존 위즈덤과 나눈 대화에서 인용하였다(툴민).

16. 1953년경에 있었던 개인적인 대화들에서 인용하였다(툴민).

17. A. J. 에이어가 편집한 《철학의 혁명The Revolution in Philosophy》에 수록된 G. 라일
의 서문.

18. 비트겐슈타인이 아우구스티누스, 쇼펜하우어, 키르케고르를 비롯해 하이데거 등과
같은 저술가들을 긍정적으로 평가했다는 점에 관해서는, 이미 인용된 바 있는 바이스
만, 드루어리, 리이트, 맬컴, 그리고 그 밖의 여러 사람들의 기록을 참고하라.

19. A. J. 에이어에 대한 비트겐슈타인의 언급은 실제로 다음과 같은 식이었다. "에이어의
문제는 그가 늘 영리한 사람이라는 것이다." 1946년부터 1947년 당시에 받아 적은 내용
(툴민).

20. 물론 카시러는 베르너, 카플란, 그리고 그 밖의 사람들의 인지심리학에 상당한, 그리
고 건전한 영향을 미쳤다. 카시러 말고도 우리는 살아생전에는 비트겐슈타인보다
더 '보수적'인 것처럼 보였지만 대단히 훌륭한 역사적 감각을 지녔기 때문에 그 논증
에 후대 사람들이 부가적인 흥미를 느꼈던 또 다른 철학자로서 R. G. 콜링우드를 지
목할 수 있을 것이다.

### 9. 후기: 소외의 언어

1. 레이먼드 챈들러, 《누이동생The Little Sister》, 67쪽.

2. 앤디 워홀Andy Warhol의 영화 〈잠Sleep〉은 아마도 그런 경향을 보여 주는 극단적인
사례일 것이다.

3. 로이 메드베데프와 조레스 메드베데프의 《메드베데프의 기록The Medvedev Papers》을

보라. 그리고 안드레이 아말리크의 《본의 아닌 시베리아 여행*Involuntary Journey to Siberia*》도 참고하라.

# 참고 문헌

Abrahamsen, David, *The Mind and Death of a Genius*, New York: Columbia University Press, 1946.

Abro, A. d', *The Rise of the New Physics*, 2 vols. New York: Dover, 1952.

Achinstein, Peter, and Barker, S. F., eds., *The Legacy of Logical Positivism*. Baltimore: Johns Hopkins Press, 1969.

Amalrik, Andrei, *Involuntary Journey to Siberia*, trans. by Manya Harari and Max Hayward. New York: Harcourt, Brace, Jovanovich, 1970.

Anscombe, G. E. M., *An Introduction to Wittgenstein's Tractatus*. London: Hutchinson University Library, 1959.

Asprey, Robert B., *The Panther's Feast*. New York: Bantam Books, 1969.

Avenarius, Richard, *Kritik der reinen Erfahrung*, 2 vols. Leipzig: Füs, 1888–1890.

_____, *Philosophie als Denken der Welt gemäss dem Prinzip des Kleinsten Kraftmasses: Prolegomena zu einer Kritik der reinen Erfahrung*. Leipzig: Füs, 1876.

Ayer, Alfred Jules, *Language, Truth and Logic*, 2nd ed. New York: Dover, 1946.

Bein, Alex, *Theodore Herzl: A Biography*, trans. by Maurice Samuel. Philadelphia: Jewish Publication Society of America, 1940.

Black, Max, *A Companion to Wittgenstein's Tractatus*. Ithaca, N. Y.: Cornell University Press, 1964.

Blaukopf, Kurt, *Mahler oder der Zeitgenosse der Zukunft*. Vienna: Fritz Molden, 1968.

Bochenski, I. M., *Contemporary European Philosophy*, trans. by Donald Nicholl and Karl Aschenbrenner. Berkeley and Los Angeles: University of California Press, 1961.

Boltzmann, Ludwig, *Lectures on Gas Theory*, trans. by Stephen G. Brush. Berkeley and Los Angeles: University of California Press, 1964.

_____, *Populäre Schriften*. Leipzig: Johann Ambrosius Barth, 1905.

Braithwaite, Richard B., *Scientific Explanation*. Cambridge: Cambridge University Press, 1953.

Braunthal, Julius, *In Search of the Millennium*. London: Victor Gollancz, 1945.

Breicha, Otto, and Fritsch, Gerhard, *Finale und Auftakt: Wien, 1898–1914*. Salzburg: Otto Müller, 1964.

Broch, Hermann, *Hofmannsthal und seine Zeit*. Munich: R. Piper, 1964.

Broda, Engelbert, *Ludwig Boltzmann, Mensch, Physiker, Philosoph*. Vienna: Franz Deutike,

1955.

Buber, Martin, *Daniel: Dialogues on Realization*, trans., with an introductory essay, by Maurice Friedman. New York: Holt, Rinehart and Winston, 1964.

Carnap, Rudolf, *The Logical Foundations of Probability*. Chicago: University of Chicago Press, 1950.

Cassirer, Ernst, *The Problem of Knowledge: Philosophy, Science and History since Hegel*, trans. by William H. Woglom, M. D., and Charles W. Hendel. New Haven and London: Yale University Press, 1950.

Chandler, Raymond, *The Little Sister*. Boston: Houghton, 1949.

Copi, Irving M., and Beard, Robert W., eds., *Essays on Wittgenstein's Tractatus*. London: Routledge and Kegan Paul, 1966.

Copleston, Frederick, S. J., *A History of Philosophy;* Vol. VII, Part II, *Schopenhauer to Nietzsche*. Garden City, N.Y.: Doubleday Image Books, 1965.

Crankshaw, Edward, *Vienna: The Image of a City in Decline*. New York: Macmillan, 1938.

Dallago, Carl, *Otto Weininger und sein Werk*. Innsbruck: Brenner Verlag, 1912.

Dugas, René, *La Théorie physique au sens de Boltzmann et ses prolongements modernes*. Bibliothèque Scientifique. Neuchatel: Le Griffon, 1959.

Durkheim, Emile, *Suicide: A Study in Sociology*, trans. by John A. Spaulding and George Simpson. New York: Free Press of Glencoe, 1951.

Engel, S. Morris, *Wittgenstein's Doctrine of the Tyranny of Language*. The Hague: Martinus Nijhoff, 1971.

Engelmann, Paul, *Dem Andenken an Karl Kraus*. Vienna: Otto Kerry, 1967.

____, *Bei der Lampe*. Unpublished manuscript.

____, *Letters from Ludwig Wittgenstein, With a Memoir*, B. F. McGuinness, ed., trans. by L. Furtmüller. Oxford: Basil Blackwell, 1967.

Fann, K. T., ed., *Ludwig Wittgenstein: The Man and His Philosophy*. New York: Dell, 1967.

Favrholdt, David, *An Interpretation and Critique of Wittgenstein's Tractatus*. Copenhagen: Munksgaard, 1964.

Field, Frank, *The Last Days of Mankind: Karl Kraus*. London: Macmillan, 1967; New York: St. Martin's Press, 1967.

Fraenkel, Josef, ed., *The Jews of Austria: Essays on Their Life, History and Destruction*. London: Valentine Mitchell, 1967.

Frege, Gottlob, *The Basic Laws of Arithmetic: Exposition of the System*, trans. and ed., with an Introduction, by Montgomery Furth. Berkeley and Los Angeles: University of California Press, 1967.

____, *The Foundations of Arithmetic: A Logico-Mathematical Enquiry into the Concept of*

*Number*, trans. by J. L. Austin. Oxford: Basil Blackwell, 1968.

Friedell, Egon, *A Cultural History of the Modern Age*, trans. by Charles Francis Atkinson; 3 vols. New York: Knopf, 1954.

Friedman, Maurice S., *Martin Buber: The Life of the Dialogue*. New York: Harper and Row, 1960.

Fuchs, Albert, *Geistige Strömungen in Osterreich 1867–1918*. Vienna: Globus Verlag, 1949.

Gardiner, Patrick, *Schopenhauer*. Baltimore: Penguin Books, 1963.

Geach, Peter, and Black, Max, eds., *Translations from the Philosophical Writings of Gottlob Frege*. Oxford: Basil Blackwell, 1960.

Gould, Glenn, *Arnold Schoenberg: A Perspective*. University of Cincinnati Occasional Papers, No. 3, University of Cincinnati, 1964.

Griffin, James, *Wittgenstein's Logical Atomism*. Oxford: Oxford University Press, 1965.

Gurney, Ronald W., *Introduction to Statistical Mechanics*. New York: McGraw–Hill, 1949.

Gustav Klimt, *Egon Schiele* Graphische Sammlung Albertina. Vienna: Rosenbaum, 1968.

Haecker, Theodor, *Søren Kierkegaard und die Philosophie der Innerlichkeit*. Munich: J. F. Schreiber; Innsbruck: Brenner Verlag, 1913.

Hammelmann, Hans, *Hugo von Hofmannsthal. Studies in Modern European Literature and Thought*. New Haven: Yale University Press, 1957.

Haensel, Ludwig, *Begegnungen und Auseinandersetzungen mit Denkern und Dichtern der Neuzeit*. Vienna: Österreichischer Bundesverlag für Unterricht, Wissenschaft und Kunst, 1957.

Hanslick, Edward, *The Beautiful in Music*; trans. by Gustav Cohen. Library of Liberal Arts. Indianapolis and New York: Bobbs–Merrill, 1957.

____, *Music Criticisms 1846–99*; trans. and ed. by Henry Pleasants. Peregrine Books. Baltimore: Penguin Books, 1963. A revised edition of *Vienna's Golden Years 1850–1900* (New York, 1950).

Hardy, Charles O., *The Housing Program of the City of Vienna*. Washington, D.C.: Brookings Institution, 1934.

Hare, R. M., *The Language of Morals*. Oxford: Clarendon Press, 1961.

Harrod, Roy, *The Life of John Maynard Keynes*. New York: Harcourt, Brace, 1951.

Heller, Erich, *The Disinherited Mind: Essays in Modern German Literature and Thought*. New York: Farrar, Straus and Cudahy, 1957.

Helmholtz, Hermann von, *Popular Scientific Lectures*, Morris Kline, ed., trans. by H. W. Eve et al. New York: Dover, 1962.

Hempel, Carl, *Aspects of Scientific Explanation*. New York: Free Press, 1965.

Hertz, Heinrich, *Gesammelte Werke*, 3 vols. Leipzig: Johann Ambrosius Barth, 1894.

_____, *The Principles of Mechanics Presented in a New Form*, trans. by D. E. Jones and J. T. Walley, with Preface by H. von Helmholtz and Introduction by Robert S. Cohen. New York: Dover, 1956.

Hitler, Adolf, *Mein Kampf*, trans. by Alvin Johnson. New York: Reynal & Hitchcock, 1939.

Höffding, Harald, *Modern Philosophy*, trans. by Alfred C. Mason. London: Macmillan, 1915.

Hoffmann, Edith, *Kokoschka: Life and Work*. Boston: Boston Book and Arts Shop, 1946.

Hofmannsthal, Hugo von, *Gesammelte Werke*, 3 vols. Berlin: S. Fischer Verlag, 1924.

_____, *Selected Plays and Libretti*, edited with an Introduction by Michael Hamburger. Bollingen Series XXXIII. New York: Pantheon Books, 1963.

_____, *Selected Prose*, trans. by Mary Hattinger et al., with an Introduction by Herman Broch. Bollingen Series XXXIII. New York: Pantheon Books, 1952.

Hughes, H. Stuart, *Consciousness and Society: The Reorientation of European Social Thought 1890–1930*. New York: Vintage Books, 1958.

Iggers, Wilma Abeles, *Karl Kraus: A Viennese Critic of the Twentieth Century*. The Hague: Martinus Nijhoff, 1967.

Jàszi, Oscar, *The Dissolution of the Hapsburg Monarchy*. Chicago: University of Chicago Press; London: Phoenix Books, 1961.

Jenks, William A., *Vienna and the Young Hitler*. New York: Columbia University Press, 1960.

Jones, Ernest, *The Life and Work of Sigmund Freud*, 3 vols. New York: Basic Books, 1953–57.

Kant, Immanuel. *Werke*, 3 vols. Berlin: Th. Knauer, n.d.

_____, *Critique of Practical Reason and Other Works on the Theory of Ethics*, trans. by Thomas Kingsmill Abbott, 6th ed. London: Longmans, 1909.

_____, *Critique of Pure Reason*, trans. by Norman Kemp Smith. London: Macmillan, 1964.

_____, *Prolegomena to Any Future Metaphysics*, trans. with an Introduction by Lewis White Beck. The Library of Liberal Arts. Indianapolis: Bobbs–Merrill, 1950.

Kappstein, Theodor, *Fritz Mauthner: Der Mann und sein Werk*. Berlin and Leipzig, 1926.

Kennard, Earle H., *Kinetic Theory of Gases with an Introduction to Statistical Mechanics*. New York: McGraw–Hill, 1938.

Keynes, John Maynard, *Two Memoirs*. London: A. M. Kelley, 1949.

Kierkegaard, Søren, *Concluding Unscientific Postscript*, trans. by David F. Swenson, and completed after his death with and Introduction and Notes by Walter Lowrie. Princeton: Princeton University Press, 1941.

_____, *The Journals of Kierkegaard*, trans. by Alexander Dru. New York: Harper and Row,

1959.

____, *The Point of View for My Work as an Author: A Report to History*, trans. with Introduction and Notes by Walter Lowrie; newly edited with a Preface by Benjamin Nelson. New York: Harper and Row, 1962.

____, *The Present Age and Of the Difference Between a Genius and an Apostle*, trans. by Alexander Dru. New York: Harper and Row, 1962.

Kneale, William and Martha, *The Development of Logic*. Oxford: Clarendon Press, 1962.

Kohn, Caroline, *Karl Kraus*. Stuttgart: J. B. Metzlersche Verlagsbuchhandlung, 1966.

Kohn, Hans, *Living in a World Revolution: My Encounters with History*. The Credo Series. New York: Pocket Books, 1965.

Kraft, Werner, *Karl Kraus: Beiträge zum Verstandnis seines Werkes*. Salzburg: Otto Müller, 1956.

____, *Rebellen des Geistes*. Stuttgart: Kohlhammer, 1968.

Kraus, Karl, *Werke*, Heinrich Fischer, ed., 14 vols. Munich: Kösel Verlag, 1952–1966.

Křenek, Ernst, *Exploring Music: Essays by Ernst Křenek*, trans. by Margaret Shenfield and Geoffrey Skeleton. London: Calder and Boyars, 1966.

Kroner, Richard, *Kant's Weltanschauung*, trans. by John Smith. Chicago: University of Chicago Press, 1956.

Kuhn, Thomas. *The Structure of Scientific Revolutions*. Chicago: University of Chicago Press, 1963.

Landauer, Gustav, *Skepsis und Mystik: Versuche ins Anschluss an Mauthners Sprachkritik*. Berlin: Egon Fleischel, 1903.

*Lichtenberg Reader: Selected Writings of Georg Christoph Lichtenberg*, trans. and ed. with an Introduction by Franz Mauthner and Henry Hatfield. Boston: Beacon Hill Press, 1959.

Liptzin, Solomon, *Arthur Schnitzler*. New York: Prentice-Hall, 1932.

____, *Germany's Stepchildren*. Philadelphia: Jewish Publication Society of America, 1944.

Locke, John. *An Essay Concerning Human Understanding*. New York: Dover, 1959.

Loos, Adolf, *Sämtliche Schriften*, Vol. I. Vienna: Verlag Herald, 1962.

Macartney, C. A., *The Habsburg Empire 1790–1918*. London: Weidenfeld and Nicholson, 1968.

Mach, Ernst, *The Analysis of Sensations and the Relation of the Physical to the Psychical*, trans. from the 1st German edition by C. M. Williams; revised and supplemented from the 5th German edition by Sydney Waterlow. New York: Dover, 1959.

____, *The History and Root of the Principle of Conservation of Energy*, trans. by Philip E. B. Jourdain. Chicago: Open Court Press; London: Kegan Paul, Trench, Trübner,

1911.

\_\_\_, *Die Mechanik in ihrer Entwicklung, Historisch–Kritisch Dargestellt*, 5th ed. Leipzig: F.
A. Brockhaus, 1904.

\_\_\_, *The Science of Mechanics: A Critical and Historical Account of Its Development, trans.
by Thomas J. McCormack*, 6th edition with revisions through the 9th German
edition. La Salle, Ill.: Open Court, 1960.

Malcolm, Norman, *Ludwig Wittgenstein: A Memoir*, with a bibliographical sketch by G. H.
von Wright. London: Oxford University Press, 1958.

Marx, Karl, and Engels, Friedrich, *The Communist Manifesto*, trans. by Samuel Moore. New
York: Washington Square Press, 1964.

Maslow, Alexander, *A Study in Wittgenstein's Tractatus*. Berkeley and Los Angeles:
University of California Press, 1961.

Masur, Gerhard, *Prophets of Yesterday: Studies in European Culture 1890–1914*. New York:
Harper and Row, 1961.

Mauser, Wolfram, *Bild und Gebärde in der Sprache Hofmannsthals. Österreichische
Akademie der Wissenschaften, Philosophisch–Historische Klasse, Sitzungsberichte*
238. Vienna: Hermann Bohlaus, 1961.

Mauthner, Fritz, *Beiträge zu einer Kritik der Sprache*, 3 vols. Stuttgart: J. G. Cotta, 1901–3.

\_\_\_, *Die Sprache*. Die Gesellschaft: Sammlung Sozial–Psychologischer Monographien.
Herausgegeben von Martin Buber. Vol. 9. Frankfurt a/M: Ruetten & Loening, 1906.

\_\_\_, *Wörterbuch der philosophie: Neue Beiträge zu einer Kritik der Sprache*. Munich: Georg
Müller, 1910.

May, Arthur J., *The Habsburg Monarchy 1867–1914*. Norton Library. New York: W. W.
Norton, 1968.

\_\_\_, *Vienna in the Age of Franz Josef*. Norman, Okla.: University of Oklahoma Press, 1966.

Medvedev, Zhores, *The Medvedev Papers*, trans. by Vera Rich. London: Macmillan, 1971.

Mehta, Ved, *Fly and the Fly–Bottle: Encounters with British Intellectuals*. London:
Weidenfeld and Nicholson, 1963.

Munz, Ludwig, and Kunstler, Gustav, *Adolf Loos: Pioneer of Modern Architecture*. New
York: Praeger, 1966.

Musil, Robert, *Beitrag zur Beurteilung der Lehren Machs*. Ph.D. Dissertation, University of
Berlin, 1908.

\_\_\_, *The Man Without Qualities*, trans. by Eithne Wilkins and Ernst Kaiser; 3 vols. London:
Secker and Warburg, 1953–60.

\_\_\_, *The Man Without Qualities*, trans. by Eithne Wilkins and Ernst Kaiser, Vol. 1. New
York: Capricorn Books, 1965.

_____, *Young Törless*, trans. by Eithne Wilkins and Ernst Kaiser. New York: New American Library, 1964.

Nagel, Ernest, *The Structure of Science*. New York: Harcourt, Brace, 1961.

Nestroy, Johann, *Gesammelte Werke*. Herausgegeben von Otto Rommel; 6 vols. Vienna: Anton Schroll, 1948–49.

_____, *Three Comedies*, trans. ("and fondly tampered with") by Max Knight and Joseph Fabry. New York: Frederick Ungar, 1967.

Norman, F., ed., *Hofmannsthal: Studies in Commemoration*. University of London Institute of Germanic Studies, No. 5. London, 1963.

Ogden, E. K., and Richards, I. A., *The Meaning of Meaning*. New York: Harcourt, Brace and World, 1946.

Osborne, John, *A Patriot for Me*. New York: Random House, 1970.

Passmore, John, *A Hundred Years of Philosophy*. London: Gerald Duckworth, 1957.

Pears, D. F., *Wittgenstein*. London: Fontana, 1969.

Peters, H. F., *My Sister, My Spouse: A Biography of Lou Andreas–Salomé*. New York: Norton, 1962.

Peursen, C. A. van, *Ludwig Wittgenstein: An Introduction to His Philosophy*, trans. by Rex Ambler. London: Faber and Faber, 1969.

Pike, Burton, *Robert Musil*: An Introduction to His Work. Ithaca, N.Y.: Cornell University Press, 1961.

Pitcher, George, *The Philosophy of Wittgenstein*. Englewood Cliffs, N.J.: Prentice–Hall, 1964.

Planck, Max, *Heinrich Rudolf Hertz: Rede zu seinen Gedächtniss*. Leipzig: Johann Ambrosius Barth, 1897.

Plockman, Geroge Kimball, and Lawson, Jack B., *Terms in Their Propositional Contexts in Wittgenstein's Tractatus: An Index*. Carbondale, Ill.: Southern Illinois University, 1962.

Puzler, Peter G. J., *The Rise of Political Anti–Semitism in Germany and Austria*. New Dimensions in History: Essays in Comparative History. New York, London, Sydney: John Wiley & Sons, 1964.

Quine, W. V. O., *From a Logical Point of View*. Cambridge, Mass.: Harvard University Press, 1961.

Ramsey, Frank P., *Foundations of Mathematics and Other Logical Essays*. London: Kegan Paul, Trench, Trübner, 1931; New York: Harcourt, Brace, 1931.

Reich, W., *Schoenberg: a Critical Biography*, trans. by Leo Black. London: Longmans, 1971.

Reichenbach, Hans, *The Rise of Scientific Philosophy*. Berkeley: University of California Press, 1951.

Rhys, H. H., ed., *Seventeenth Century Science and the Arts*. Princeton, N.J.: Princeton University Press, 1961.

Rilke, Rainer Maria, *The Duino Elegies, with an English Translation*, trans. by C. F. MacIntyre. Berkeley and Los Angeles: University of California Press, 1965.

Rosen, Stanley, *Nihilism: A Philosophical Essay*. New Haven and London: Yale University Press, 1969.

Rufer, Josef, *The Works of Arnold Schoenberg: a Catalog of his Compositions, Writings and Paintings*, trans. by Dika Newlin. New York: Free Press of Glencoe, 1963.

Russell, Bertrand. *The Autobiography of Bertrand Russell*, 3 vols. Boston: Little, Brown, 1968-70.

____, *Mysticism and Logic*. Garden City, N.Y.: Doubleday, 1957.

____, *Our Knowledge of the External World*. London: Allen and Unwin, 1926.

____, *Portraits From Memory*. London: Allen and Unwin, 1956.

____, *Principles of Mathematics*. New York: Norton, 1964.

Schachter, Josef, *Prolegomena zu einer kritischen Grammatik. Schriften zur Wissenschaftlichen Weltauffassung*. Vienna: Julius Springer Verlag, 1935.

Schick, Paul, *Karl Kraus in Selbstzeugnissen und Bilddokumenten*. Reinbeck bei Hamburg: Rowohlt, 1965.

Schilpp, Paul Arthur, ed., *Albert Einstein Philosopher-Scientist*, 2 vols. Library of Living Philosophers. New York: Harper and Row, 1959.

____, ed., *The Philosophy of G. E. Moore*. Library of Living Philosophers. La Salle, Ill.: Open Court Press, 1945.

____, ed., *The Philosophy of Rudolf Carnap*. Library of Living Philosophers. La Salle, Ill.: Open Court Press, 1963.

Schmalenbach, Fritz, *Oskar Kokoschka*, trans. by Violet M. Macdonald. Greenwich, Conn.: New York Graphic Society, 1967.

Schnitzler, Arthur, *Anatol: Living Hours: The Green Cockatoo*, trans. by Grace Isabel Colbron. New York: Modern Library, 1925.

____, *Hands Around: A Roundelay in Ten Dialogues*, trans. by Keene Wallis. New York: Julian Press, 1929.

____, *Professor Bernhardi*, trans. by Louis Borell and Ronald Adam. London: Victor Gollancz, 1936.

Schönberg, Arnold, *Style and Idea*, ed. and trans. by Dika Newlin. New York: Philosophical Library, 1950.

\_\_\_\_, *The Theory of Harmony*, trans. by Robert D. W. Adams. New York: Philosophical Library, 1948.

Schopenhauer, Arthur. *Sämtliche Werke*, 5 vols. Leipzig: Insel Verlag, n.d.

\_\_\_\_, *The Basis of Morality*, trans. by Arthur Broderick Bullock, 2nd ed. London: Allen & Unwin, 1915.

\_\_\_\_, *Die beiden Grundprobleme der Ethik*, 5th ed. Leipzig: F. A. Brockhaus, 1908.

\_\_\_\_, *On the Fourfold Root of the Principle of Sufficient Reason and On the Will in Nature*, trans. by Mme. Karl Hillebrand. London: George Bell and Sons, 1881.

\_\_\_\_, *The Will to Live: Selected Writings of Arthur Schopenhauer*, trans. by R. B. Haldane, J. Kemp et al, ed. by Richard Taylor. New York: Doubleday Anchor, 1962.

\_\_\_\_, *The World as Will and Representation*, trans. by E. F. J. Payne, 2 vols. New York: Dover, 1966.

Sedgwick, Henry Dwight, *Vienna: The Biography of a Bygone City*. Indianapolis: Bobbs-Merrill, 1939.

Selz, Peter, *German Expressionist Painting*. Berkeley and Los Angeles: University of California Press, 1957.

Shakespeare, William, *The Life of Timon of Athens*. Folger Library General Reader's Shakespeare. New York: Washington Square Press, 1967.

Spranger, Eduard, *Lebensformen: Geisteswissenschaftliche Psychologie und Ethik der Persönlichkeit*. Halle: M. Niemeyer; 1922. Trans. by Paul J. Pigors as Types of Men. Halle: M. Niemeyer. New York: Hafner Publishing Co., 1928.

Stenius, Erik, *Wittgenstein's Tractatus: A Critical Exposition of Its Main Lines of Thought*. Oxford: Basil Blackwell, 1960.

Stern, J. P., *Lichtenberg, A Doctrine of Scattered Occasions*. Bloomington: University of Indiana Press, 1959.

Stevenson, C. L., *Ethics and Language*. New Haven: Yale University Press, 1960.

Stuckenschmidt, H. H., *Arnold Schoenberg*, trans. by Edith Temple Roberts and Humphrey Searle. New York: Grove Press, 1959.

Taylor, A. J. P., *The Hapsburg Monarchy: a History of the Austrian Empire and Austria-Hungary*. Harmondsworth: Penguin Books, 1948.

Taylor, Ona, *Maurice Maeterlinck: A Critical Study*. Port Washington, N.Y.: Kennikat Press, 1968.

Tolstoy, Leo, *Anna Karenina*, trans. by Constance Garnett. New York: Grosset and Dunlap, 1931.

\_\_\_\_, *Hadji Murat: A Tale of the Caucasus*, trans. by W. G. Carey. New York, Tronto, San Francisco: McGraw-Hill, 1965.

_____, *Twenty-Three Tales*, trans. by Louise and Aylmer Maude. The World's Classics. London: Oxford University Press, 1965.

_____, *What Is Art?*, trans. by Aylmer Maude. Library of Liberal Arts. Indianapolis: Bobbs–Merrill, 1960.

_____, *My Confession: The Complete Works of Lyof Tolstoï*, translator anonymous. New York: Thomas Y. Crowell, 1889.

Toulmin, S. E., *Foresight and Understanding*, New York: Harper and Row, 1961.

_____, *Human Understanding*. Oxford: Oxford University Press. Princeton, N.J.: Princeton University Press, 1972

_____, ed., *Physical Reality: Philosophical Essays on Twentieth Century Physics*. New York: Harper and Row, 1970.

Tuchman, Barbara, *The Proud Tower: a Portrait of the World Before the War*, 1914–18. New York: Bantam Books, 1967.

Urmson, J. O., *Philosophical Analysis: Its Development Between the Two World Wars*. Oxford: Clarendon Press, 1956.

Volke, Werner, *Hugo von Hofmannsthal in Selbstzeugnissen und Bilddokumenten*. Reinbeck bei Hamburg: Rowohlt, 1965.

Waismann, Freidrich, *Ludwig Wittgenstein und der Wiener Kreis*, B. F. McGuinness, ed. Oxford: Basil Blackwell, 1967.

Walter, Bruno, *Gustav Mahler*, trans. by James Galston, with a biographical essay by Ernst Křenek. New York: Greystone Press, 1941.

_____, *Theme and Variations: An Autobiography*, trans. by James A. Galston. New York: Knopf, 1946.

Warnock, G. J., *English Philosophy Since 1900*. London: Oxford University Press, 1958.

Weiler, Gershon, *Mauthner's Critique of Language*. Cambridge: Cambridge University Press, 1970.

Weininger, Otto, *Sex and Character*, translator anonymous. London: William Heinemann, 1906. New York: G. P. Putnam's Sons, 1906.

Wellesz, Egon, *Arnold Schoenberg*, trans. by W. H. Kerridge. New York: Da Capo Press, 1969.

Whitehead, Alfred North, and Russell, Bertrand, *Principia Mathematica*. Cambridge: Cambridge University Press, 1962.

Whiteside, Andrew Gladding, *Austrian National Socialism Before 1918*. The Hague: Martinus Nijhoff, 1962.

*Wien am 1900*. Exhibition Catalogue. Vienna: Rosenbaum, 1964.

Wisdom, John, *Philosophy and Psychoanalysis*. Oxford: Basil Blackwell, 1953.

Wiskemann, Elizabeth, *Czechs and Germans: A Study of the Struggle in the Historic Province of Bohemia and Moravia.* London: Oxford University Press, 1938.

Wittgenstein, Karl, *Zeitungsartikel und Vorträge.* Vienna, 1913.

Wittgenstein, Ludwig, *Briefe an Ludwig von Ficker*, G. H. von Wright ed., in collaboration with Walter Methlagl. Brenner Studien Vol. I. Salzburg: Otto Müller, 1969.

_____, *Lectures and Conversations on Aesthetics, Psychology and Religious Belief.* Berkeley: University of California Press, 1967.

_____, *Notebooks 1914-1916*, G. H. von Wright and G. E. M. Anscombe eds., trans. by G. E. M. Anscombe. Oxford: Basil Blackwell, 1961.

_____, *Philosophical Investigations*, G. H. von Wright and G. E. M. Anscombe eds., trans. by G. E. M. Anscombe. Oxford: Basil Blackwell, 1953.

_____, *Tractatus Logico-Philosophicus*, trans. by C. K. Ogden, with and Introduction by Bertrand Russell. London: Kegan Paul, Trench, Trübner, 1922; New York: Harcourt, Brace, 1922.

_____, *Tractatus Logico-Philosophicus*, trans. by D. F. Pears and B. F. McGuinness, with an Introduction by Bertand Russell. International Library of Philosophy and Scientific Method. London: Routledge and Kegan Paul, 1961. New York: Humanities Press, 1961.

_____, *Zettel*, G. H. von Wright and G. E. M. Anscombe eds., trans. by G. E. M. Anscombe. Oxford: Basil Blackwell, 1967.

Wood, Frank, *Rainer Maria Rilke: The Ring of Forms.* Minneapolis: University of Minnesota Press, 1958.

Ziolkowski, Theodore, *Hermann Broch.* Columbia Essays on Modern Writers, No. 3. New York: Columbia University Press, 1964.

Zohn, Harry, ed., *Der farbenvolle Untergang: Österreichisches Lesebuch.* Englewood Cliffs, N.J.: Prentice-Hall, 1971.

_____, *Karl Kraus.* Twayne's World Author Series. New York: Twayne Publishers Inc., 1972.

Zweig, Stefan, *The World of Yesterday: An Autobiography*, translator anonymous. New York: Viking Press, 1943.

## 논문 등

Ableitinger, Alfred, "The Movement Toward Parliamentary Government in Austria Since 1900: Rudolf Sieghart's Memoir of June 28, 1903", *Austrian History Yearbook* II(1966), pp. 111-35.

Boltzmann, Ludwig, "Theories as Representations", *The Philosophy of Science*, Arthur

Danto and Sidney Morgenbesser, eds. Cleveland and New York: Meridian Books, 1960, pp. 245-52.

____, "Über die Methoden der theoretischen Physik", *Katalog mathematischer und mathematisch-physikalischer Modelle, Apparate und Instrument*. Munich, 1892, pp. 89-97.

Bush, Wendell D., "Avenarius and the Standpoint of Pure Experience", *Archives of Philosophy*, Psychology and Scientific Method, II(1905).

Čapek, Milič, "Ernst Mach's Biological Theory of Knowledge", *Synthèse*, XVIII, No. 2/3(April, 1968), pp. 171-91.

Carstanjen, Friedrich, "Richard Avenarius and His General Theory of Knowledge: Empiriocriticism", *Mind*, VI(1897), pp. 449-75.

Cohen, Robert S., "Ernst Mach: Physics, Perception, and Philosophy of Science", *Synthèse*, XVIII, No. 2/3(April 1968), pp. 132-70.

Cowan, Joseph L., "Wittgenstein's Philosophy of Logic", *Philosophical Review*, LXX(July, 1961), pp. 362-75.

Daly, C. B., "New Light on Wittgenstein", *Philosophical Studies*, X(1960), pp. 5-48; XI(1961-1962), pp. 28-62.

Daviau, Donald G., "The Heritage of Karl Kraus", *Books Abroad*, 1964.

____, "Language and Morality in Karl Kraus's Die Letzten Tage der Mensch heit", *Modern Language Quarterly*, XXII, No. 1(March, 1961).

Dummert, Michael, "Wittgenstein's Philosophy of Mathematics", *Philosophical Review*, LXVIII(July, 1959).

Engel, S. Morris, "Schopenhauer's Impact upon Wittgenstein", *Journal of the History of Philosophy*, VII, No. 3(July, 1969), pp. 285-302.

Fann, K. T., "A Wittgenstein Bibliography", *International Philosophical Quarterly*, VII(August, 1967), pp. 317-39.

Farrell, Brian, "An Appraisal of Therapeutic Positivism", *Mind*, LV(1946), pp. 25-48, 133-50.

Favrholdt, David, "Tractatus 5.542", *Mind*, LXXIII(January, 1965), pp. 557-562.

Fischer, Heinrich, "The Other Austria and Karl Kraus", *In Tyrannos: Four Centuries of Struggle Against Tyranny in Germany*, Hans J. Rehfisch, ed. London: Lindsay Drummond, 1944.

Frege, Gottlob, "On Herr Peano's Begriffschrift and My Own", *Australasian Journal of Philosophy*, XLVII, No. 3(May, 1969).

Geach, P. T., "Review of G. Colombo's Translation of the Tractatus into Italian", *Philosophical Review*, LXVI(December, 1957), pp. 556-59.

Hall, Roland, "Review of Schopenhauer by Patrick Gardiner", *Philosophical Quarterly*,

XIV(April, 1964), pp. 174-75.

Hamburg, Carl, "Whereof One Cannot Speak", *Journal of Philosophy*, L(October 22, 1953), pp. 662-64.

Heller, Erich, "Ludwig Wittgenstein: Unphilosophical Notes", *Encounter*, XIII(September, 1959), pp. 40-48.

———, et al., "Ludwig Wittgenstein: A Symposium, Assessments of the Man and the Philosopher", *The Listener*, LXIII(January 8 and February 4, 1964), pp. 163-65, 207-9.

Hintikka, Jaakko, "On Wittgenstein's Solipsism", *Mind*, LXVII(January, 1958), pp. 88-91.

Holmer, Paul L., "Indirect Communication", *Perkins Journal*, Spring 1971, pp. 14-24.

Holton, Gerald, "Mach, Einstein, and the Search for Reality", *Daedalus*, XCVII(Spring, 1968), pp. 636-73.

Janik, Allan S., "Schopenhauer and the Early Wittgenstein", *Philosophical Studies*, XV(1966), pp. 76-95.

Jenks, William A., "The Later Habsburg Concept of Statecraft", *Austrian History Yearbooks* II(1966), pp. 92-110.

Johnson, W. E., "The Logical Calculus", *Mind*, I(1892), pp. 1-30, 235-50, 340-58.

Kann, Robert A., "The Image of the Austrian in the Writings of Arthur Schnitzler", *Studies in Arthur Schnizler*, Herbert Reichert and Herman Salinger, eds. Chapel Hill: University of North Carolina Press, 1963, pp. 45-70.

Keyt, David, "Wittgenstein's Notion of an Object", *Philosophical Quarterly*, XIII(January, 1963), pp. 13-25.

Kraft, Werner, "Ludwig Wittgenstein und Karl Kraus", *Die Neue Deutsche Rundschau*, LXXII, No.4(1961), pp. 812-44.

Kraus Karl, *Die Fackel*, No. 400(Summer, 1914).

Leitner, Bernhard, "Wittgenstein's Architecture", *Art Forum*, February 1970, pp. 59-61.

Levi, Albert William, "Wittgenstein as Dialectician", *Journal of Philosophy*, LXI(February 13, 1964), pp. 127-39.

McGuinness, B. F., "The Mysticism of the Tractatus", *Philosophical Review*, LXXV(July, 1966), pp. 305-28.

Methlagl, Walter, and Rochelt, Hans, "Das Porträt: Ludwig Wittgenstein zur 80 Wiederkehr seines Geburtstags." Unpublished radio broadcast of April 19, 1969.

Moore, G. E., "The Refutation of Idealism", *Mind*, XII(1903), pp. 433-53.

Munson, Thomas, "Wittgenstein's Phenomenology", *Philosophy and Phenomenological Research*, XXIII(September, 1962), pp. 37-50.

"Passionate Philosopher, The", *The Times Literary Supplement*, Friday, May 1, 1959, pp.

249-50.

Passmore, John, "The Idea of the History of Philosophy", *History and Theory*, Beiheft 5(1965), pp. 1-32.

Payne, E. F. J., "Schopenhauer in English: A Critical Survey of Existing Translations", *Schopenhauer Jahrbuch*, XXXIII(1949-50), pp. 95-102.

Peursen, C. A. van, "Edmund Husserl and Ludwig Wittgenstein", *Journal of Philosophy and Phenomenological Research*, XX(September, 1959), pp. 181-95.

Plochman, George Kimball, "Review of An Introduction to Wittgenstein's Tractatus by G. E. M. Anscombe", *The Modern Schoolman*, XXXVII (March, 1960), pp. 242-46.

Ramsey, Frank P., "Review of the Tractatus Logico-Philosophicus by Ludwig Wittgenstein", *Mind*, XXXII(October, 1923), pp. 465-78.

Rhees, Rush, "Miss Anscombe on the Tractatus", *Philosophical Quarterly*, X(January, 1960), pp. 21-31.

_____, "The Tractatus: Seeds of Some Misunderstandings", *Philosophical Review*, LXXII(April, 1963), pp. 213-20.

Rochelt, Hans, "Das Creditiv der Sprache", *Literatur und Kritik*, XXXIII(April, 1969), pp. 169-76.

_____, "Vom ethischen Sinn des Wittgensteinischen Tractatus." Unpublished manuscript.

Rosenberg, Hans. "Political and Social Consequences of the Great Depression of 1873-1896 in Central Europe", *Economic History Review*, XIII(1943), pp. 58-73.

S., "A Logical Mystic", *The Nation and Athenaeum*(January 27, 1923).

Schaper, Eva, "Kant's Schematism Reconsidered", *Review of Metaphics*, XVIII(December, 1964), pp. 267-92.

Schick, Paul, "Die Beiden Sphären", *Der Alleingang*, I, No. 1(February, 1964), pp. 28-36.

Schnitzler, Henry, "Gay Vienna-Myth and Reality", *Journal of the History of Ideas*, XV, No. 1(January, 1954), pp. 94-118.

Schorske, Carl E., "Politics and the Psyche in fin-de-siècle Vienna: Schnitzler and Hofmannsthal", *American Historical Review*, LXVI, No. 4(July, 1961), pp. 930-46.

_____, "Politics in a New Key: An Austrian Triptych", *Journal of Modern History*, XXXIV, No. 4(December, 1967), pp. 343-86.

_____, "The Transformation of the Garden: Ideal and Society in Austrian Literature", *American Historical Review*, LXXII, No. 4(July, 1967), pp. 1283-1320.

Schwayder, David, "Review of Wittgenstein's Tractatus: A Critical Exposition of its Main Lines of Thought", *Mind*, LXXII(April, 1963), pp. 275-88.

Smith, Norman, "Avenarius' Philosophy of Pure Experience", *Mind*, XV(1906), pp. 13-31, 149-60.

Stern, J. P., "Karl Kraus's Vision of Language", *Modern Language Review*, (January, 1966), pp. 71-84.

Toulmin, Stephen, "Criticism in the History of Science: Newton, Time and Motion", *Philosophical Review*, LXVIII(1959), pp. 1-29, 203-27.

——, "Ludwig Wittgenstein", *Encounter*, XXXII, No. 1 (January, 1969), pp. 58-71.

Weiler, Gershon, "Fritz Mauthner", *Encyclopedia of Philosophy*, Paul Edwards, ed., 8 vols. New York: Macmillan, and The Free Press, 1967.

——, "Fritz Mauthner as an Historian", *History and Theory*, IV, No. 1(1964), pp. 57-71.

——, "Fritz Mauthner: A Study in Jewish Self-Rejection", *Leo Baeck Yearbook*, VIII(1963), pp. 136-48.

——, "On Fritz Mauthner's Critique of Language", *Mind*, LXVII(January, 1958), pp. 80-87.

Wittels, Fritz, "The Fackel Neurosis", *Minutes of the Vienna Psychoanalytical Society 1908-1910*. Edited by H. Nanberg and E. Federn. New York: International Universities Press, 1967, pp. 382-93.

Wittgenstein, Ludwig, "Logisch-Philosophische Abhandlung", *Annalen der Naturphilosophie*, XIV(1921), pp. 185-262.

——, "Wittgenstein's Lecture on Ethics", *The Philosophical Review*, LXXIV(January, 1965), pp. 3-27.

Wright, Georg Henrik von, "Georg Christoph Lichtenberg", *Encyclopedia of Philosophy*, Paul Edwards, ed., 8 vols. New York: Macmillan and The Free Press, 1967.

——, "Ludwig Wittgenstein, a Biographical Sketch", *Philosophical Review*, LXIV(October, 1955), pp. 527-44.

Zemach, Eddy, "Wittgenstein's Philosophy of the Mystical", *Review of Metaphysics*, XVIII(September, 1964), pp. 38-57.

옮긴이의 글

# 빈의 역사와 문화 속에서
# 비트겐슈타인의 철학을 논하다

비트겐슈타인은 《논리철학논고》저자 서문의 첫머리에 "이 책에서 표현된 생각들이나 그와 유사한 생각들을 이전에 직접 해본 적이 있는 사람들만이 이 책을 이해하게 되리라"라고 적었다. 역설적이지만, 언뜻 이 구절은 자신의 책이 장차 광범위하게 오해되리라는 사실을 이미 예견하고 있는 듯 들린다. 아닌 게 아니라, 비트겐슈타인이 극구 반대한 버트런드 러셀의 서문이 결국 그 책에 함께 실려 출판된 것을 필두로 빈학파의 논리실증주의가 유럽 철학계 전반에 맹위를 떨치던 시기 내내 《논고》에 담긴 비트겐슈타인의 철학적 사유는 주류 철학자들 사이에서 많은 오해를 불러일으키고 말았다.

실제로 비트겐슈타인은 그의 생각에서 중대한 착상을 얻었다고 찬사를 보내거나, 혹은 그의 생각과의 철학적인 동질성을 주장하는 거의 모든 철학적 입장들에 대해서 일관되게 반대의 뜻을 표명하였다. 이런 사정은 그가 《논고》의 출판 이후 강단 철학을 떠났다가 7년 후에 다시 복귀하여 이전에 자신이 가졌던 많은 생각을 수정하고, 그래서 일견 보기에 이전과는 전혀 다른 철학을 시작한 다음에도 크게 달라지지 않았다. 케임브리지의 분석적 철학, 빈의 논리실증주의 철학, J. L. 오스틴으로 대표되는 옥스퍼드의 일상 언어 철학 등 당시 철학계의 주류로 인정받던 주요 철학 사상들은 제 나름대로 비트겐슈타인 전·후기 철학과의 이론적 관련성을 내세우거나 기대했으나 정작 비트겐슈타인은 그런 접점들을 인정하지 않았다(물론 비트겐슈타인이 그런 유형의 철학들을 대놓고 비판하거나 거부한 적도 거의 없는 것은 사실이며, 그것이 철학자들 사이에서 오해를 키운 또 다른 이유리고도 말할 수 있다).

사실이 그렇다면, 애당초 이러한 사태가 발생한 근본적인 원인은 무엇이었을까? 비트겐슈타인의 말을 뒤집어 생각해 보면, 애당초 비트겐슈타인이 《논고》를 내놓기 훨씬 전 철학에 본격석으로 입문하기 이진부디 마음속에 품고 있던 것과 유사한 생각들을 직접 진지하게 생각한 적이 없는 사람들이 섣부르게 그의 책을 자의적으로 해석하기 시작한 데에 문제의 근본 원인이 있는 것이 아닐까? 그리고 비트겐슈타인의 전·후기 철학에서 드러난 중대한 철학적 전환에도 불구하고, 그의 철학의 어떤 중요한 측면은 애초에 그의 마음속에 뿌려진 사유의 씨앗들에 의해서 끝까지 일관되게 유지되었던 것은 아닐까? 그렇다면 《논고》를 구상하고 집필하기 이전부터 비트겐슈타인이 하고 있던 그 생각들이란 과연 무엇이었을까? 그래서 《논고》와 그 이후에 전개된 비트겐슈타인의 철학이 진정으로 목표했던 바는 실제로 무엇이었단 말인가?

1973년에 《Wittgenstein's Vienna》라는 제목으로 이 책을 출간한 스티븐 툴민과 앨런 재닉은 바로 이러한 문제의식에서 논의를 출발하고 있다. 그리고 비트겐슈타인과 같은 생각을 가져 본다는 것이 과연 무엇인지 규명하기 위하여, 이들은 기존 영미권 철학계의 관행에 전혀 어울리지 않게도, 비트겐슈타인의 삶과 철학을 그가 자란 곳의 역사와 그가 그곳에서 체험한 문화의 조망 위에서 고찰한다(물론 철학의 '역사' 또한 그들의 탐구 범위 안에 포함되지만, 실제로 현대 영미 철학은 철학적인 논의에서 철학사의 흐름에 호소하는 방식에 냉담한 것이 사실이라는 점에서 이 또한 마찬가지로 이색적인 측면이라 할 수 있다). 한마디로 세기말 빈의 포괄적인 문화적 풍경 속에서 비트겐슈타인 사상의 출발점을 추적해 보려는 것이다.

역사가 마르크 블로크는 "동일한 사회 환경 속에서 비슷한 시기에 태어난 사람들은, 특히 자기들이 살고 있는 시기에 필연적으로 유사한 영향을 받는다. … 그러한 사실에서 비롯된 이와 같은 정신적인 영향의 공유가 하나의 세대를 형성한다"라고 말한다. 그러나 곧이어 "(그렇지만) 예를 들어 한 사람의 젊은 노동자에게 작용하는 힘이 적어도 같은 강도로 젊은 농부에게 미치지는 않을 것이다"라고 덧붙인다(마르크 블로크 저, 고봉만 역, 《역사를 위한 변명》, 한길사, 2000).

자, 그렇다면 비트겐슈타인과 같은 소위 세기적인 천재 철학자에게는 그런 사정이 어느 정도까지 적용된다고 말해야 할까. 철학자 비트겐슈타인과 지성인 비트겐슈타인 사이의 불균형을 바로잡으려는 의도로 비트겐슈타인에 대한 전기적 해설서를 출간한 에드워드 캔터리언은, 서문에서 하이데거가 아리스토텔레스에 대해 강의하면서 이렇게 말했다는 얘기를 전한다. "아리스토텔레스는 태어나서, 일하다가, 죽었습니다. 자, 그럼 이제 그의 사상으로 넘어갑시다." 그는 이런 투의 얘기가 비트겐슈타인에게도 해당될 수 있을지 묻는다. 그는 비트겐슈타인이 분석철학의 선구자였고, 주로 이론적이고 추상적인 연구 영역에서 활동했다는 점에서 그런 식의 접근도 어느 정도 가능하겠지만, 비트겐슈타인의 사상이 전문적인 철학의 영역을 넘어서 현대사회 전반에 미친 직간접적인 영향을 고려할 때 그런 일방적인 접근은 불균형적 결과를 낳을 것이라고 지적한다(Edward Kanterian, *Wittgenstein*, Reaktion Books, 2007).

이 문제에 대한 툴민과 재닉의 입장은 무엇일까? 결론적으로 말해 그들은 캔터리언 같은 사람들의 태도보다 훨씬 더 멀리까지 나아간다. 왜냐하면 이들은 바로 '철학자' 비트겐슈타인을 제대로 이해하기 위해서 그의 삶과 그의 삶에 영향을 미친 빈의 문화사를 면밀히 훑어 냈기 때문이다. 이들은 비트겐슈타인의 철학이야말로 그가 살았던 역사와 문화 속에서 그의 삶을 사로잡았던 문제들의 산물이라고 주장한다. 그렇기 때문에 그런 배경을 무시하고 통상 그의 공식적인 철학이라 불리는 것만을 도려내서 책상 위에 올려놓고 씨름했던 많은 철학자들은 겉으로 드러난 그의 공식적인 철학적 결과물들을 오해할 수밖에 없었고, 겉으로 분명하게 드러나지 않은 그의 진정한 철학적 사유들은 아예 놓쳐 버릴 수밖에 없었다는 것이다. 물론 그런 관점에서 접근한다고 해서 비트겐슈타인의 독창성과 천재성이 퇴색되는 것은 결코 아니다. 비록 그의 철학이 궁극적으로 그가 살았던 시대적 선입관의 산물이라 해도 그가 그렇게 해서 이룩한 수학적이고, 논리적이고, 분석적이고, 고도로 추상적인 일련의 가시적인 철학 작업들은 같은 조건하에 처해 있던 다른 사람들이 쉽사리 범접할 수 없었던, 말 그대로 천재적인 업적이기 때문이다. 다만 문제는 그런 놀라운 철학적 업적을 온전히 이해하기 위해서는 그의 마음속 더욱 깊숙한 곳에 자리하는 근본적인 철학의 동기를 찾아내야 한다는 것이다.

그렇다면 도대체 당대의 시대적 상황 속에서 비트겐슈타인을 사로잡았던 그 선입관이란 무엇인가? 비트겐슈타인은 원래 무슨 생각을 갖고 있었나? 그의 궁극적인 철학적 목표는 무엇이었나? 저자들은 한마디로 그의 근본적인 선입관과 철학적 목표는 윤리적인 것이었다고 말한다. 그는 초월적인 철학자였고, 그의 관심은 삶의 의미와 윤리적인 것, 다시 말해 말로 할 수 없고 다만 보여 줄 수밖에 없는, 인간의 삶에서 가장 중요한 바로 그것에 늘 초점이 맞추어져 있었다는 것이다. 그들에 따르면, 비트겐슈타인이 진정으로 중요하게 여겼던 것, 그리고 일생에 거쳐 결코 그 생각을 바꾸지 않았던 주제는 바로 그 윤리의 문제였다. 그리고 그의 그런 지향점은 그가 태어나고 자란 허위와 가식으로 가득 찬 세기말 빈의 시대 상황 속에서만 온전히 이해될 수 있다. 비트겐슈타인은 바로 《논고》의 저술을 통해서 그 점을 드러내 보인 것이며, 따라서 그 책은 순전히 언어와 논리의 본성을 다룬 책이 아니라 바로 윤리적인 책이라는 것이 이들 저자들이 내린 결론이다. 윤리적인 책이라고 하기에는 윤리에 관한 내용이라고 할 만한 부분이 책 전체에서 극히 일부에 불과하지만, 그런 불균형은 비트겐슈타인이 생각한 윤리란 무엇이었는지 깨닫게 될 때 어렵사리 납득할 수 있는 문제가 된다. 비트겐슈타인에게 윤리적인 문제란 우리가 실재하는 세계 속에서 찾아내 인식할 수 있는, 다시 말해 말로 표현할 수 있는 그런 것이 아니다. 그것은 우리의 인식의 대상이 아니라 우리의 삶의 의미를 규정하는 하나의 근본적인 조건이다. 비트겐슈타인은 삶의 진정한 의미와 조건의 문제에 직면하여 더 이상 말하기를 멈추고 몸소 행동에 나서는 윤리적 실천의 문제가 진정으로 중요한 우리의 과제임을 보여주기 위해서 《논고》의 지면 대부분을 할애하여 우리가 말로 표현할 수 있는 한계가 어디까지인지를 치밀하게 입증해 낸 것이다. 그리고 그렇게 해서 우리는 철학자의 삶이었다고 믿기 어려운 비트겐슈타인의 그 극적이고 치열한 일생이 바로 그 점을 몸소 드러내 보여준 윤리적 실천의 삶이었음을 비로소 깨닫게 된다.

언젠가 비트겐슈타인은 제자인 노먼 맬컴에게 이렇게 말했다고 한다. "만일 철학 공부가 해 줄 수 있는 일이라는 것이 논리학 같은 어떤 추상적인 문제들에 관하여 그럴듯한 언변으로 얘기할 수 있게 해 주는 것이 전부라면, 그래서 철학 공부가 일상의 삶이 갖는 중요한 문제들에 관한 생각을 개선하는 데 도움이 되지 않는다면, 도대체 철학을 공부해서 어디에 쓸 것인가?"(Norman Malcolm, *Ludwig Wittgenstein: Memoir*, Oxford University Press, 1966)

저자들이 이 책을 처음 출간할 당시와는 달리 오늘날에는 이런 식의 관점이 나름 많은 철학자들에게 널리 인정되고 있지만, 오늘날에도 《논고》에 나타나는 지독한 내용적 불균형은 그러한 관점의 중요성을 간혹 간과하게 만들기 십상이며, 그런 측면에서 이 책에서 주장되고 있는 그러한 결론들은 꾸준히 음미될 필요가 있다고 할 것이다. 이 책을 통해서 우리는 단지 논리철학자 혹은 언어철학자로서의 비트겐슈타인을 넘어서서 실천적 윤리의 철학자로서 비트겐슈타인의 또 다른, 그리고 아마도 다른 어떤 측면보다도 더 중요한 측면을 볼 수 있게 될 것이다.

이 책에서 저자들은 세기말 합스부르크 빈의 기본적인 삶의 조건들을 정치·사회·문화·예술 등 다양한 각도에서 객관적으로 고려하는 동시에, 제반 문화·예술 영역에서 다양하게 활동한 또 다른 '천재'들의 삶을 집중적으로 조명하고 그들과 비트겐슈타인 사이의 사상적 연계성을 추적함으로써, 한 세대의 구성원이자 동시에 독특한 지성적 사유와 논쟁의 소유자였던 비트겐슈타인을 효과적으로 규명해 내면서 자신들의 원래의 목표, 즉 비트겐슈타인의 근본적인 선입관이 무엇이었는지를 찾아 나선다. 당시의 시대 상황에 대한 저자들의 탁월한 이해와 묘사는 그 자체만으로도 충분한 일독의 가치를 지녔다고 할 것이다. 특히 로베르트 무질, 카를 크라우스, 아돌프 로스, 쇤베르크 등 우리에게 그리 잘 알려지지 않은 당시 문화·예술계의 중추적 인물들이 비트겐슈타인에게 어떤 영향을 미쳤는지를 이해하게 됨으로써, 그간 우리가 비트겐슈타인의 사상이나 삶에서 느낄 수 있었던 많은 낯선 요소들은 이제 한결 납득할 만한 것으로 비추어질 수 있게 되지 않을까 생각한다. 비트겐슈타인의 사상적 선입관에 대한 세밀한 문화사적인 분석은 비트겐슈타인의 언뜻 보기에 기이해 보이는 여러 행적들을 납득할 수 있게 만들어 줄 뿐만 아니라, 비트겐슈타인의 철학적 사유의 발전이 많은 굴곡을 겪었음에도 불구하고, 변치 않고 지속된 일관된 요소들이 과연 무엇이었는지를 잘 설명해 준다. 그리고 그럴 때 우리는, 왜 비트겐슈타인은 강단 철학에 대해서 그렇게 부정적인 태도를 보였으며, 자신이 진정한 제자로 여겼던 학생들에게 왜 절대로 '철학'을 공부하지 말라고 요구했는지도 이해할 수 있게 될 것이다.

이 번역서는 원래 2005년에 이제이북스 출판사에서 《빈, 비트겐슈타인, 그 세기말의 풍경》이라는 제목으로 출간되었다. 당시 이제이북스 출판사가

이 책을 출간하기 위해서 역자의 나태함과 부족함을 인내해 가며 기울인 노력은 지금도 눈에 선하며 역자로서 늘 감사한 마음을 잊지 않고 있다. 그때 출간 이후 한동안 절판되어 있던 이 번역서를 이번에 다시 출판할 계획이라는 연락을 필로소픽 출판사에서 받게 되었다. 이 책의 가치를 인정하여 재출간을 결정해 준 필로소픽 출판사에 감사할 따름이다. 무엇보다 처음 번역서를 낼 때 혹시 나중에 또 기회가 주어진다면 장차 발견될 부족한 부분들을 꼭 수정·보완하겠다고 했던 약속을 지킬 수 있게 되어 역자로서 천만다행이 아닐 수 없다. 독자들이 조금이라도 더 읽기 편하게 만들어야겠다고 욕심을 부리다 보니 생각보다 꽤 많은 부분을 고치게 되었다. 아무쪼록 새 옷을 입고 다시 탄생한 이 번역서가 새로운 독자들을 만나서 위대한 철학자의 삶에서 우러나오는 철학의 참된 가치와 의미를 전할 수 있게 되길 바란다.

2013년 5월
석기용

# 찾아보기

# 비트겐슈타인과 세기말 빈

**초 판 1쇄 발행** | 2013년 6월 17일
**개정판 1쇄 발행** | 2020년 1월 29일

**지은이** | 앨런 재닉 · 스티븐 툴민
**옮긴이** | 석기용
**펴낸이** | 이은성
**펴낸곳** | 필로소픽
**편 집** | 이상복, 김지은
**교 정** | 김은미
**디자인** | 백지선

**주 소** | 서울시 동작구 상도동 206 가동 1층
**전 화** | (02) 883-3495
**팩 스** | (02) 883-3496
**이메일** | philosophik@hanmail.net
**등록번호** | 제 379-2006-000010호

ISBN 979-11-5783-171-5 93100

필로소픽은 푸른커뮤니케이션의 출판브랜드입니다.

이 도서의 국립중앙도서관 출판시도서목록(CIP)은 서지정보유통지원시스템 홈페이지(seoji.nl.go.kr)와
국가자료공동목록시스템(www.nl.go.kr/kolisnet)에서 이용하실 수 있습니다. (CIP제어번호: CIP2020000290)